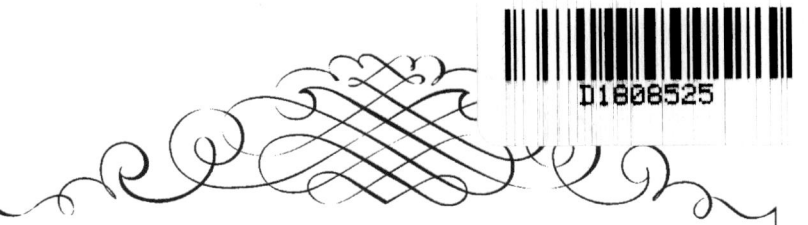

ISBN 978-1-5284-3117-0
PIBN 10928647

1 MONTH OF
FREE
READING

at

www.ForgottenBooks.com

By purchasing this book you are eligible for one month membership to ForgottenBooks.com, giving you unlimited access to our entire collection of over 1,000,000 titles via our web site and mobile apps.

To claim your free month visit:

www.forgottenbooks.com/free928647

L'INSTRUCTION PUBLIQUE

EN FRANCE

PENDANT LA RÉVOLUTION

DU MÊME AUTEUR

SAINT-QUENTIN. — IMPRIMERIE JULES MOUREAU.

L'INSTRUCTION PUBLIQUE

EN FRANCE

PENDANT LA RÉVOLUTION

DISCOURS ET RAPPORTS DE MIRABEAU,
TALLEYRAND-PÉRIGORD, CONDORCET, LANTHENAS, ROMME,
LE PELETIER, SAINT-FARGEAU, CALÈS, LAKANAL,
DAUNOU ET FOURCROY

PUBLIÉS

Par C. HIPPEAU

PARIS

LIBRAIRIE ACADÉMIQUE
DIDIER ET Cie, LIBRAIRES-ÉDITEURS
35, QUAI DES GRANDS-AUGUSTINS, 35

—

1881

PRÉFACE

Dans la plupart des discussions qui ont eu lieu depuis plusieurs années sur l'instruction et l'éducation publiques, on a souvent cité les rapports faits pendant la Révolution à nos diverses assemblées, par Talleyrand-Périgord, Condorcet, Lakanal et Daunou.

Mais on n'ignore pas sans doute qu'à côté d'eux un nombre considérable d'orateurs ayant fait partie des mêmes assemblées ont traité avec talent, avec compétence et souvent avec l'éloquence enthousiaste qui caractérise cette époque mémorable, les questions d'éducation, reprises aujourd'hui avec plus d'attention et d'ardeur que jamais. J'ai pensé qu'il y aurait grand profit pour les études pédagogiques, en même temps que pour l'histoire des diverses manifestations de l'esprit humain à cette époque, à relire, non seulement les rapports étendus dont j'ai cité plus haut lès auteurs, mais encore les discours, rapports, opinions, motions d'ordre, etc., disséminés dans les colonnes du *Moniteur*. Quelques-uns de ces documents ont été publiés à part; mais on ne peut se procurer que très difficilement les brochures qui les contiennent.

Si au sujet des questions politiques, juridiques ou financières, des orateurs dont le nom ne périra pas ont fait entendre à la tribune nationale les accents d'un patriotisme qu'on ne saurait trop admirer, on les retrouvera aussi bien dans les débats ayant pour objet l'éducation publique. Les assemblées n'ont cessé de les traiter, au milieu même des plus terribles moments où la France avait à gémir sous le triple fléau de la guerre étrangère, de la guerre civile et des discordes parlementaires les plus furieuses. Que de noms, dont aujourd'hui quelques-uns sont tombés dans l'oubli, n'aurais-je pas à citer, si j'avais à réunir dans un recueil les rapports et les discours présentés aux assemblées, depuis les premiers jours de la Révolution jusqu'à l'époque où, s'emparant de ses immenses travaux, le fondateur de l'université fit taire toutes les voix pour se faire entendre seul à la France et lui imposer sa volonté capricieuse et tyrannique !

Tous les principes d'éducation, tous les procédés d'enseignement, avaient été étudiés et exposés au point de vue d'un gouvernement fondé sur la volonté nationale s'élevant sur les ruines de la monarchie de droit divin. L'éducation, comme tout le reste, devait avoir pour point de départ le respect des droits de l'homme. Elle devait être appropriée aux besoins et aux destinées du peuple généreux qui venait de conquérir sa liberté.

J'avoue que l'étude de ces mémorables débats et des monuments d'éloquence auxquels ils ont donné lieu ont produit sur mon esprit la plus vive impression. Quelque jugement que l'on porte sur le mérite et la valeur des idées exprimées ou des mesures proposées, on peut assurer, que les annales d'aucun peuple ne possèdent sur les institutions nécessaires à l'éducation publique, des considérations plus élevées, de plus nobles aspirations, un plus intelligent patriotisme. Il n'est pas, aux yeux des législateurs de la Révolution, de devoir plus impérieux, plus sacré pour l'Etat, que de veiller à ce que tous les habitants du pays

riches ou pauvres, les pauvres surtout, aient à leur portée une instruction qui leur permette, d'abord d'accomplir leurs devoirs et de connaître leurs droits comme citoyens, puis de remplir avec les lumières nécessaires les
fonctions qu'ils auront à occuper dans la société. Dans
leur amour de l'*égalité*, ils veulent fonder des institutions qui donnent satisfaction à toutes les conditions, à
tous les âges : dans leur zèle pour la *liberté*, ils cherchent
à concilier les devoirs de l'Etat avec les droits des familles. Si, pendant une période douloureuse, les esprits les
plus modérés et les plus sages, semblent être en proie à
une sorte de vertige, et croient pouvoir assurer le Salut
public en sacrifiant les droits de la famille, on revient à
des principes plus libéraux, aussitôt que l'ordre et la
paix se rétablissent.

Dans les rapports présentés à l'assemblée constituante
et à l'assemblée législative, les grandes lignes ont été tracées ; les principes généraux ont été posés et mis en
lumière, avec une ampleur, et un désir de bien faire
auxquels il est temps de rendre justice.

Le génie organisateur de la Convention a créé toutes
les institutions destinées à les mettre en pratique. Tout
ce que les Mirabeau, les Talleyrand, les Condorcet, ont
exposé en termes magnifiques sur les moyens de donner, dans les écoles primaires les notions utiles à tous les
hommes, et dans des institutions d'un ordre supérieur un
enseignement approprié aux fonctions les plus importantes de l'Etat, a été soumis à l'examen le plus sérieux.
Après l'organisation des écoles primaires, des écoles centrales, des collèges, des lycées, la Convention a créé
l'école polytechnique, les écoles normales, le conservatoire des arts et métiers, le conservatoire de musique,
l'école des beaux-arts et l'institut. Toutes les institutions
de la monarchie qu'il a fallu détruire ont été partout

remplacées par des établissements conformes par leur esprit aux conditions d'un Etat républicain.

Elle a de plus organisé les bibliothèques publiques, les musées des beaux-arts ; elle a eu la première idée des ateliers de travail manuel annexés aux écoles primaires et des musées cantonaux pour l'instruction des campagnes ; Elle a proclamé la nécessité des lectures et des conférences publiques, toutes choses dont plusieurs n'existent encore que sur le papier.

Dans mes études sur l'instruction publique en France et à l'étranger, j'ai constaté que c'est partout où dominent les institutions politiques qui se rapprochent le plus de la constitution républicaine que se sont accomplies la plupart des réformes dont la Révolution a conçu l'idée et jeté les bases.

Par une coïncidence bien digne d'être signalée, tandis que nos assemblées françaises s'occupaient de constituer à tous les degrés une éducation vraiment nationale et digne d'un peuple libre, un autre peuple qui, de l'autre côté de l'océan, trouvait la liberté toute faite et n'avait pas besoin de la disputer à des partis attachés aux ruines d'un passé détruit sans retour, les Etats-Unis, mettaient en pratique les principes proclamés par ces assemblées, en ce qui concerne l'éducation publique. Je suis heureux d'avoir un des premiers fait connaître en France qu'il était un pays au monde qui dépensait chaque année pour qu'aucun de ses habitants ne fût dépourvu d'instruction, 450 millions ; où les enfants des deux sexes, traités sur le pied de la plus parfaite égalité, pouvaient participer gratuitement à l'enseignement, depuis l'école enfantine jusqu'aux cours les plus élevés des universités (1). Mais ce qui établit une différence capitale entre les moyens

(1) *L'Instruction publique aux Etats-Unis*, Paris, Didier ; première édition 1870.

employés par la République américaine et les immenses difficultés dont la nôtre a dû triompher, c'est que la première n'a eu besoin de recourir ni à une convention, ni à un empereur, ni à un gouvernement quelconque, pour réaliser le système scolaire le plus libéral qui soit au monde. Un peuple qui ignorait le fatal dualisme qui existe forcément entre l'Etat et les citoyens, les gouvernements et le peuple, mais qui se gouvernait et s'administrait lui-même, n'avait qu'à se laisser guider par la toute-puissance de son initiative.

Ce n'est pas en vertu d'une loi, c'est par le libre exercice de leur volonté que les pères de famille se sont imposé à eux-mêmes l'obligation de donner à leurs enfants l'instruction la plus large et la plus complète ; qui ont reconnu les droits de la conscience et la liberté des cultes, en séparant complètement l'enseignement religieux de l'enseignement scientifique ; ce sont eux qui, éclairés par leurs propres besoins, ont établi autant de degrés dans l'enseignement des écoles qu'il y a de nécessités à satisfaire, comme le voulaient nos législateurs et particulièrement Condorcet et Romme, son courageux interprete ; qui ont gradué l'enseignement des écoles de telle sorte, qu'à quelque âge qu'on les quittât, chaque élève fût pourvu d'une provision de connaissances immédiatement utilisables. Ils n'avaient pas à s'occuper d'une organisation antérieure qui, comme celle de nos anciens collèges et de nos universités, avait été conçue dans le sens d'une instruction exclusivement classique et fondé e sur l'étude absorbante des langues anciennes uniquement propres à former des littérateurs. Elle n'avait pas eu à remplacer l'étude du latin et du grec par celle des sciences physiques et mathématiques. Elle avait résolu d'un seul coup le problème difficile qui s'agite dans les Etats d l'Europe et principalement en France ; elle avait dans ses écoles primaires graduées établi sur les plus larges bases l'éducation nécessaire à tous les citoyens, dans ses *high schools*, organisé ces écoles *moyennes*, ces *écoles primaires supérieures*, dont Paris et quelques villes seulement possèdent quelques modèles (1) et qu'il faudrait multiplier pour le grand avantage des jeunes gens se préparant aux professions industrielles et commerciales. Elle avait, dans ses *grammar schools*, ses académies, ses instituts, donné satisfaction à la jeunesse ayant besoin de se préparer, par une instruction scientifique et littéraire, à ses universités et à ses grandes écoles spéciales. Elle avait ouvert aux femmes, avec une hardiesse justifiée par les résultats, la porte de ces établissements, sans craindre de voir réunis sur les mêmes bancs les étudiants des deux sexes, destinés à se trouver en contact continuel dans le monde. En sorte que si un habitant des Etats-Unis eût assisté aux séances dans lesquelles les Mirabeau, les Talleyrand, les Condorcet, ont exposé leurs théories, il aurait pu dire, comme le Spartiate après avoir entendu l'éloquent discours du citoyen d'Athènes : « Tout ce que vient de nous exposer l'orateur, nous avons le pouvoir et la volonté de le faire. »

Les écrits et les discours dans lesquels nos assemblées législatives ont posé d'une manière si complète les principes d'éducation applicables à un grand peuple, régi par des institutions républicaines, ne pouvaient être qu'un objet de dédain ou de dénigrement systématique pour ceux de nos hommes d'Etat qui depuis le Consulat jusqu'à nos jours, semblent s'être plutôt préoccupés de refaire ce qui avait été renversé par la Révolution, que d'obéir aux nécessités de l'esprit moderne.

M. Guizot reprochait à Talleyrand, à Condorcet, à

---

(1) Le Collège Chaptal et les écoles Turgot, Lavoisier, Colbert, J.-B. Say, Arago.

Daunou, de n'avoir eu pour idéal que la République, de n'avoir songé qu'à faire des républicains !

Mais si nous trouvons naturel que les législateurs appartenant soit à l'école doctrinaire, soit à toute autre, aient cherché à conformer leurs institutions aux conditions de la Monarchie, aujourd'hui que, par un juste retour des choses d'ici-bas, c'est la République qui s'élève une troisième fois sur les ruines des gouvernements autoritaires, ne semble-t-il pas tout aussi naturel que l'on se tourne vers les orateurs philosophes qui ont exposé les doctrines de la pédagogie républicaine, afin d'y puiser des inspirations et au besoin des leçons ?

La plupart des hommes politiques ou des membres de l'enseignement qui, dans ces derniers temps ont traité des matières d'éducation publique, ont exprimé le désir de les voir publiés et mis entre les mains du public, leurs rapports et leurs discours. J'ai voulu donner satisfaction à ce désir et je n'ai pas trouvé de meilleure introduction pour l'ouvrage que je prépare sur l'instruction publique en France, depuis 1789, qu'en reproduisant pour les lecteurs ces précieux documents qui seront l'éternel honneur de notre première République.

Les nombreux problèmes qui n'ont point encore été résolus, donnent et donneront encore longtemps lieu à d'intéressants débats dans nos assemblées législatives. Les documents que je publie pourront leur rendre plus d'un service. Le souffle d'un ardent patriotisme et d'une vive sympathie pour les classes laborieuses, c'est-à-dire pour la partie la plus nombreuse et la plus utile de la nation, sont propres à inspirer des sentiments dont on n'est pas encore assez généralement pénétré. Les députés, les sénateurs, les membres du nouveau Conseil supérieur de l'instruction publique, y puiseront de nouveaux arguments à opposer à ceux de leurs collègues, qui, ne partageant pas

leur foi profonde dans l'avenir des institutions républicaines, cherchent en vain à en comprimer l'essor, s'obstinant à conserver ce qui doit périr, ou à restaurer ce qui
a péri sans retour.

On verra, par exemple, qu'une des premières pensées
qui se présentèrent aux législateurs dès le début de la
Révolution, fut celle de rétablir dans tous ses droits la
société civile, soit dans l'ordre politique, soit dans l'ordre
moral. Ils sécularisèrent toutes les institutions et en particulier celle de la famille, en faisant du mariage un contrat
civil, indépendant de la foi religieuse. Comme conséquence nécessaire, ils proclamèrent la neutralité religieuse
de l'école, ce grand principe qui, abandonné par les gouvernements ayant travaillé depuis un siècle à détruire une
à une toutes les conquêtes de la Révolution, vient enfin de
recevoir des pouvoirs publics une consécration nouvelle.

Les objections faites de nos jours à la sécularisation des
écoles publiques, sous prétexte que l'enseignement de la
morale ne peut avoir pour fondement que la foi religieuse, avaient été réfutées avec une grande force par
l'auteur de l'*Education nationale*, l'éloquent La Chalotais.
Quels que fussent son respect pour la religion et sa confiance dans l'efficacité morale du culte, il soutenait qu'il
était dangereux d'associer dans l'esprit du jeune homme
par des liens inséparables, les principes de la morale et
les dogmes religieux « Qu'arrive-t-il, en effet, dit-il,
quand on établit la morale sur la religion seule ? C'est que
dans l'âge des passions surtout, la religion disparaissant,
on voit crouler avec elle l'édifice moral tout entier. Il
faut donc séculariser la morale, il faut apprendre au
jeune homme que, en dehors des lois religieuses, il y a
des lois naturelles qui font de la tempérance et des
autres vertus un ensemble de devoirs auxquels l'honnête
homme ne peut se soustraire. »

Après lui, Talleyrand et Condorcet, revendiqueront pour 'enseignement l'autonomie des lois naturelles, distinctes de toute religion positive, antérieures et supérieures à toute constitution.

« Il faut, dit Talleyrand, que l'on enseigne la morale comme une science véritable, dont les principes seront démontrés à la raison de tous les hommes, à celle de tous les âges. C'est par là seulement qu'elle résistera à toutes les épreuves. On a gémi longtemps de voir les hommes de toutes les nations, de toutes les religions, la faire dépendre exclusivement de cette multitude d'opinions qui les divisent. Il en est résulté de grands maux ; car en les livrant à l'incertitude, souvent à l'absurdité ; on l'a nécessairement compromise ; on l'a rendue versatile et chancelante. Il est temps de montrer aux hommes que, si de funestes divisions les séparent, ils ont du moins dans la morale un rendez-vous commun où ils doivent tous se réfugier et se réunir. Il faut donc en quelque sorte la détacher de tout ce qui n'est pas elle, pour la rattacher ensuite à ce qui mérite notre assentiment et notre hommage... Ce sentiment est simple, il ne blesse rien ; surtout il est possible. Comment ne pas voir, en effet, que, abstraction faite de tout système, de toute opinion et en ne considérant dans les hommes que leurs rapports avec les autres hommes, on peut leur enseigner ce qui est bon, ce qui est juste, le leur faire aimer, leur faire trouver du bonheur dans les actions honnêtes, du tourment dans celles qui ne le sont pas ? »

La Chalotais, écrivant au moment même où disparaissait, pour revenir plus tard plus puissante que jamais, la société fameuse qui revendiquait le droit de diriger l'éducation publique, était plus explicite sur ce point important que l'ancien évêque d'Autun :

« L'enseignement des lois divines, disait-il, regarde

l'Eglise, mais l'enseignement de la morale appartient à l'Etat.

« Comment a-t-on pu penser que des hommes qui ne tiennent point à l'Etat, qui sont accoutumés à mettre un religieux au-dessus des chefs de l'Etat, leur ordre au-dessus de la patrie, leur institut et leurs constitutions au-dessus des lois seraient capables d'élever et d'instruire la jeunesse d'un royaume ? L'enthousiasme et les prestiges de la dévotion avaient livré les Français à de pareils instituteurs, livrés eux-mêmes à un maître étranger. Ainsi l'enseignement de la nation entière, cette portion de la législation qui est la base et le fondement des Etats, était resté sous la direction immédiate d'un régime ultramontain, nécessairement ennemi de nos lois ! Quelle inconséquence et quel scandale ! »

C'est du même patriotisme, relevé par une raison supérieure que se sont inspirés, comme notre vaillant ministre, M. Jules Ferry, les orateurs qui dans nos deux Chambres ont enfin réussi à rétablir la société civile dans ses droits si longtemps méconnus, en lui rendant la direction de l'éducation publique.

Les documents contenus dans le volume que je publie permettront d'étudier la marche qu'ont suivie dans nos diverses assemblées les discussions ayant pour objet la constitution ou l'organisation de l'instruction publique.

Mirabeau, jugeant avec sévérité les institutions scolaires de l'ancien régime, et reconnaissant que l'Assemblée constituante « pour tout reconstruire, avait été forcée de tout démolir », compte au nombre de ses plus grands bienfaits la recherche des moyens d'élever les âmes au niveau de la constitution nouvelle et de combler l'intervalle qu'elle a mis entre l'état des choses et celui des habitudes. Il voudrait y parvenir au moyen d'une transition qui conserverait tout ce qui, dans l'héritage du passé, pouvait convenir aux institutions nouvelles. Il voudrait déraciner tous les abus de la monarchie, en conservant la monarchie elle-même. Sa politique essentiellement libérale demande à l'Etat l'organisation la plus large et la plus complète de l'enseignement à tous les degrés ; mais il reconnaît expressément le droit des pères de famille de diriger eux-mêmes l'éducation de leurs enfants ou de les confier à des maîtres particuliers et même aux corporations enseignantes (1).

Talleyrand-Périgord, plus sévère encore que Mirabeau envers les institutions pédagogiques de l'ancien régime, développe avec le même libéralisme, mais avec plus d'ampleur, le système d'éducation publique qui devra remplacer les institutions *barbares* appartenant à l'ancien ordre de choses, et sur lesquelles « on ne pouvait, dit-il, arrêter sa pensée sans être effrayé de cette privation totale de lumières, qui s'étendait sur la grande majorité des hommes, sans être révolté ensuite et des opinions déplorables que l'on jetait dans l'esprit de ceux qui n'étaient pas tout à fait dévoués à l'ignorance, des préjugés de tous les genres dont on les nourrissait et de la discordance, ou plutôt de l'opposition absolue qui existait entre ce qu'un enfant était forcé d'apprendre et ce qu'un homme était tenu de faire. »

L'organisation de l'instruction, telle que l'a proposée Talleyrand, réclame les conditions suivantes :

Elle doit exister pour tous ; nul ne peut en être légitimement exclus.

Si chacun a le droit de recevoir les bienfaits de l'instruction, chacun a réciproquement le droit de concourir

_____

(1) Les quatre discours de Mirabeau sont en général peu connus. Mais comme ils n'ont pas été l'objet d'un rapport spécial, et n'ont par conséquent donné lieu à aucune discussion à l'Assemblée constituante, je me suis borné à n'en reproduire que quelques fragments.

à les répandre. Tout privilège est par sa nature odieux ; un privilège en matière d'instruction serait plus odieux et plus absurde encore.

L'instruction, quant à son objet, doit être *universelle*, car c'est alors qu'elle est véritablement un bien commun dans lequel chacun peut s'approprier la part qui lui convient.

L'instruction doit exister pour l'un et l'autre sexe ; puisqu'elle est un bien commun, sur quel principe l'un des deux pourrait-il en être déshérité par la société, protectrice des droits de tous ?

Enfin elle doit exister pour tous les âges.

Nous avons, dans ce rapport qui offre la plupart des qualités et malheureusement quelques-uns des défauts des discours académiques, un brillant spécimen des doctrines de l'Assemblée constituante. Il donna lieu à une discussion violente et passionnée et la gauche fit décider que l'on renverrait à la prochaine législature un projet déjà combattu et repoussé par les sociétés populaires.

Le rapport de Condorcet nous donne la note de l'esprit qui animait les hommes les plus éclairés et les plus honnêtes de l'Assemblée législative. Si, pour la Constituante, le plus grand bienfait de la législation était l'affermissement de la *liberté*, c'est vers les institutions qui consacreront *l'égalité* des citoyens que tendront les efforts de la seconde et surtout de la troisième Assemblée.

« La loi a pour but, selon Condorcet, d'offrir à tous les individus de l'espèce humaine les moyens de pourvoir à leurs besoins, d'assurer leur bien-être, de connaître leurs droits, d'entendre et de remplir leurs devoirs. Elle doit assurer à chacun d'eux la facilité de perfectionner son industrie, de se rendre capable des fonctions sociales auxquelles il a droit d'être appelé, de développer toute l'étendue des talents qu'il a reçus de la nature, et par là établir entre les citoyens une égalité du fait et rendre réelle l'égalité politique.

Distinguant *l'instruction*, c'est-à-dire les connaissances positives et certaines, les vérités de fait et de calcul, et *l'éducation*, c est-à-dire les croyances politiques et religieuses, autant il accorde de pouvoir à l'Etat pour étendre la première, autant il lui interdit le droit de diriger et de dispenser la seconde. L'Etat, selon Condorcet, doit s'arrêter au seuil de la conscience et laisser à leur libre spontanéité les sentiments religieux et politiques. C'est par respect pour les droits de la conscience qu'à l'exemple de La Chalotais et de Talleyrand, Condorcet n'admet dans l'instruction publique aucun culte religieux. « Chacun d'eux, dit-il, doit être enseigné dans les temples par ses propres ministres. Les parents, quelle que soit leur opinion sur telle ou telle religion, pourront alors sans répugnance envoyer leurs enfants dans les établissements nationaux. »

On verra dans le magnifique plan d'études tracé par Condorcet avec quelle netteté, quelle sûreté, quelle science, sont indiqués tous les degrés qui doivent constituer le majestueux édifice de l'enseignement public. Il n'est pas une seule des questions d'éducation débattues depuis le commencement de ce siècle, qui n'y trouve une solution conforme aux aspirations les plus élevées et aux besoins les plus impérieux du temps présent. Ce ne sont pas seulement les considérations philosophiques, les théories générales dont les législateurs actuels devraient s'inspirer, pour l'application des principes relatifs à la gratuité, à l'obligation, à la sécularisation de l'enseignement, à la nécessité de donner aux femmes l'instruction la plus élevée ; l'organisation rationnelle des divers degrés de l'instruction publique présente une coordination que l'on serait heureux de pouvoir mettre en pratique dans nos établissements scolaires.

On reconnaîtra dans ses écoles primaires, les conditions dans lesquelles nous concevons que doit se constituer leur enseignement ; dans les *écoles secondaires*, cet enseignement intermédiaire qui, sous le nom *d'école primaire supérieure, d'enseignement secondaire spécial*, est destiné au grand nombre d'élèves qui ont besoin de se préparer au commerce, à l'industrie, à des fonctions pour lesquelles l'instruction classique n'est pas indispensable ; dans les *instituts*, les établissements qui correspondent à nos collèges et à nos lycées actuels; dans ses *lycées*, l'idée de l'enseignement supérieur dévolu aujourd'hui à nos facultés, et enfin dans ce qu'il nomme la *Société nationale des sciences et des arts*, les cinq classes qui composent aujourd'hui l'Institut.

Condorcet et son prédécesseur avaient construit ainsi de toutes pièces un plan d'instruction publique pour l'établissement duquel ils n'avaient à redouter aucun obstacle. L'Assemblée constituante ayant fait table rase de toutes les institutions de l'ancien régime, un champ sans limites était ouvert aux plus vastes conceptions des legislateurs. Jamais on n'avait embrassé dans son ensemble et dans ses moindres détails un système d'éducation nationale. C'est ce qui fait l'originalité et l'importance d'une œuvre dont les auteurs, n'étant gênés par aucune entrave, pouvaient tracer un cadre que, si l'on en dégage les erreurs et les exagérations dues à l'époque, nous nous efforçons aujourd'hui de remplir.

La Convention pouvait, dans sa toute-puissance, réaliser toutes les améliorations qu'elle avait rêvées dans le domaine politique et social, précieuses conquêtes successivement détruites par les gouvernements autoritaires et que le régime républicain pourra seul rendre à la France.

Les rapports de Talleyrand et de Condorcet s'étaient produits au milieu d'événements dont la marche imprévue et rapide n'avait pas permis de les mettre à exécution.

La Convention va nous présenter le spectacle étrange et grandiose d'une assemblée qui, d'un côté, semble n'avoir d'autre mission que d'écraser, au nom du salut public, tout ce qui fait obstacle au triomphe de l'établissement républicain, et n'imagine d'autre moyen d'y parvenir que la plus terrible et la plus sanglante des tyrannies ; et de l'autre, se livrant avec une sorte de calme et de sérénité stoïques qui forment avec ses actes le plus étonnant contraste, à l'étude, à l'examen, à la discussion de toutes les questions qu'embrasse l'enseignement public, de toutes les mesures à prendre pour assurer les progrès de la science.

Elle a eu la gloire de créer des institutions dont quelques-unes ont été emportées par le souffle des Révolutions, mais dont les plus importantes, existant encore pour le plus grand honneur de la France, attestent la hauteur de ses conceptions.

Oubliant pour un moment les plans d'organisation générale de Talleyrand et de Condorcet, la Convention s'occupa avant tout de l'instruction du peuple, et ce fut Joseph Chénier qui, organe du Comité d'instruction publique, lui fit rendre le 12 décembre 1792, ce simple décret, point de départ de toutes ses créations futures :

«Les études primaires formeront le premier degré d'instruction: On y enseignera les connaissances rigoureusement nécessaires à tous les citoyens. Les personnes chargées de l'enseignement dans ces écoles s'appelleront *instituteurs* »

L'organisation complète de ces écoles primaires fut, huit jours après, l'objet d'un rapport de Lanthenas, député de Rhône et Loire, dont le nom est attaché à un grand nombre d'écrits attestant son dévouement à l'éducation populaire.

Ce rapport était suivi d'un projet de décret déterminant les objets d'enseignement, la distribution des écoles, les appointements des instituteurs, le mode de leur nomination (1).

Mais pour les esprits plus ardents et comme on le dirait aujourd'hui plus *radicaux*, le projet était loin de répondre aux besoins et aux exigences du moment.

Depuis que les écoles publiques avaient été fermées, les établissements privés, dirigés le plus souvent par d'anciens prêtres et protégés par les ennemis de la République s'étaient multipliés.

La Convention ne pensa pas qu'il fût possible de les laisser subsister à côté des écoles publiques, où devaient avant tout s'enseigner les droits de l'homme et le respect des institutions républicaines. « Il faut opter, dit Ducos de la Gironde, entre l'éducation domestique et la liberté. Tant que par une instruction commune vous n'aurez pas rapproché le pauvre du riche..., c'est en vain que vos lois proclameront la sainte égalité, la République sera toujours divisée en deux classes, les *citoyens* et les *messieurs*. »

Après Ducos, Rabaud-Saint-Etienne, Michel-Edme Petit et Lequinio prirent la parole pour approuver ou combattre le plan présenté par Lanthenas et le 20 décembre suivant, le député Romme présenta un nouveau rapport, brillant résumé des idées précédemment exposées par Condorcet.

---

(1) Le premier article qui figure en tête de ce projet et reproduit celui qui avait été sur la proposition de Chénier, adopté par la Convention le 12 décembre précédent, est le seul qui ait été transformé en loi.

Après la proclamation de ta Constitution de 1792, achevée la 23 juin, lue dans la séance du 24, et envoyée à la sanction du peuple, la Commission d'instruction publique fit présenter par Lakanal un autre plan d'éducation qui rencontra une vive opposition de la part de plusieurs députés et entre autres de Couppé de l'Oise et de Lequinio. Mais les partisans outrés de l'égalité devaient trouver, dans Michel Le Peletier Saint-Fargeau, l'interprète le plus complet de leurs idées. Ce fut Robespierre qui présenta à la Convention le 13 juillet 1793, l'œuvre posthume du député assassiné, comme on sait, quelques jours après son vote dans le procès de Louis XVI.

Ce plan d'éducation, l'un des plus curieux qu'ait produits l'époque révolutionnaire, est tout entier dans l'article qui porte que « tous les enfants depuis l'âge de cinq ans jusqu'à douze pour les garçons, jusqu'à onze pour les filles, seront élevés en commun aux dépens de la République, *sous la sainte loi de l'égalité.* »

Appuyé par Léonard Bourdon et par Danton et Fourcroy, avec certaines réserves de la part de ce dernier, le projet fut combattu par Grégoire et Thibaudeau, et adopté par la Convention, qui le rapporta plus tard.

L'année 1793 qui, plus que celle qu'a racontée notre grand poète, mérite le nom d'*année terrible*, est précisément celle où se produit le contraste étrange que j'ai déjà signalé, où, dans son désir de régénérer par l'instruction et les lumières une nation qui voyait avec horreur se dresser les échafauds, la Convention travaillait avec une ardeur fébrile à la création des écoles de tous les degrés. Jamais l'enseignement ne fut l'objet d'un plus grand nombre de rapports, de discours, de décrets qu'à cette époque. On a remarqué avec raison qu'en comparant l'activité des douze comités de la Convention, il n'en est point qui approche plus du Comité du Salut public que le Comité d'instruction publique.

Pendant toutes les périodes de la Révolution, les membres des Assemblées ont donné une légitime attention à l'éducation et à l'instruction des femmes. Si Condorcet dans son rapport, semble se contenter pour elles d'un enseignement peu élevé, il a exposé dans un de ses mémoires dont le rapport était accompagné, une théorie complète, qui sur ce point est d'accord avec celle qu'ont pratiquée les Etats-Unis. Le seul discours dans lequel les orateurs de la Convention aient traité directement ce sujet, a été prononcé par le député Calès.

La mort de Robespierre ne suspendit ni les luttes des factions, ni le courage avec lequel, au milieu même des plus grands périls, la Convention poursuivit la tâche qu'elle s'était imposée. Lakanal présentait le 9 brumaire an III, son rapport sur la création des *Ecoles normales*, et le 26 frimaire de la même année, un autre rapport sur la création des *écoles centrales* (1).

La Constitution de l'an III renfermait plusieurs articles relatifs à l'organisation des divers établissements d'instruction. Daunou fut chargé par la Commission des Onze et par le Comité d'instruction publique de proposer une loi générale dont il exposa les motifs dans la séance du 27 vendémiaire an IV.

On lira avec plaisir ce rapport élégant et substantiel, ainsi que celui de Fourcroy, sur l'organisation de l'école polytechnique.

Mais déjà nous arrivons au moment où les institutions ré-

_____

(1) Né à Serres (Ariège) le 14 juillet 1862, Lakanal est mort à Paris le 17 février 1845, à l'âge de 82 ans. Au moment ou je publie les rapports de cet excellent citoyen, de ce zélé promoteur de l'instruction à l'époque révolutionnaire. je suis heureux de pouvoir m'associer à l'hommage public que la France reconnaissante se dispose à rendre à sa mémoire dans le département qui l'a vu naître.

publicaines vont céder la place à un nouveau régime; où ce ne seront plus des assemblées délibérantes qui auront à examiner et à proposer à la sanction du peuple français leurs systèmes d'éducation. Organe de l'heureux soldat devenu le dominateur de la France avec le titre de premier Consul, Fourcroy fera connaître (1802), dans le rapport qui termine cette publication, que le futur empereur conservera des institutions républicaines, jusqu'au moment où il croira trouver (et fort heureusement ne trouva pas,) dans la corporation laïque, créée sous le nom d'*Université*, le plus solide soutien de ses doctrines autoritaires.

Je n'ai publié dans ce volume que les discours et les rapports dus aux membres des diverses assemblées qui ont eu sur leurs décisions la plus grande part d'influence. Il en est d'autres en grand nombre qui offriraient un incontestable intérêt et fourniraient sur l'instruction publique pendant la Révolution, et surtout sous la Convention, les renseignements les plus précieux. On peut se faire une idée de l'utilité qu'aurait leur publication en y voyant figurer parmi les orateurs des hommes tels que Barère, Rabaut-Saint-Etienne, Thibaudeau, Grégoire, Fouché, Ducos, Deleyre, Chénier, Dulaure, Barbé-Marbois, Boissy-d'Anglas, Chaptal, Daru et d'autres membres plus ou moins célèbres.

J'offre aujourd'hui à ceux de mes confrères et de mes amis qui s'occupent de l'instruction publique en France, un ample sujet d'études. Ils trouveront comme moi sans doute que c'est en s'inspirant des grands orateurs de la Révolution que l'on réalisera les améliorations et les réformes auxquelles la génération présente travaille avec une si louable ardeur.

15 mars 1881.

C. HIPPEAU

L'INSTRUCTION PUBLIQUE

PENDANT LA RÉVOLUTION

RAPPORTS ET DISCOURS

I

DISCOURS DE MIRABEAU

Le grand orateur avait composé, pour être plus tard l'objet d'un rapport à l'Assemblée constituante quatre discours publiés après sa mort par Cabanis [1]

« Dans la dernière partie de sa vie, dit l'éditeur, il se disposait à mettre la dernière main aux quatre discours qui étaient le résultat de ses méditations sur l'éducation publique ; et c'est au moment où il allait y rêver dans les riantes promenades de sa maison d'Argenteuil qu'une mort précoce l'enleva à la chose publique et à ses amis. »

[1] Ils ont pour titre : *Travail sur l'éducation publique* trouvé dans les papiers de Mirabeau et publié par J.-G. Cabanis, docteur en médecine. Paris, imprimerie nationale 1791.

Le premier discours est l'exposé d'un *projet de décret sur l'organisation du corps enseignant.*

Le second a pour objet *les fêtes publiques et militaires.*

Le troisième : *l'organisation d'un lycée national.*

Le quatrième : *l'éducation de l'héritier présomptif de la couronne et la nécessité d'organiser le pouvoir exécutif*

Les fragments qui suivent appartiennent seulement aux trois premiers discours.

PREMIER FRAGMENT

ORGANISATION GÉNÉRALE DE L'ÉDUCATION PUBLIQUE.

Quand les angoisses du despotisme, expirant de ses propres excès, vous ont appelés pour chercher des remèdes à tant de maux, quand la voix d'une nation toute entière, où les sages commençaient à régénérer l'opinion, vous a confié le soin d'effacer jusqu'aux moindres vestiges de son ancienne servitude, vous avez senti que les abus formaient un système dont toutes les ramifications s'entrelaçaient et s'identifiaient avec l'existence publique; que pour tout reconstruire, il fallait tout démolir ; qu'une machine politique avait besoin, comme toutes les autres, de l'accord de ses parties ; et que plus votre ouvrage serait parfait, plus le moindre vice laissé dans ses rouages pourrait intervertir ou embarrasser ses mouvements. Ainsi donc, Messieurs, avant de mettre la main à l'œuvre, vous vous êtes environnés de ruines et de décom-

bres ; vos matériaux n'ont été que des débris :
vous avez soufflé sur ces restes qui paraissaient
inanimés. Tout-à coup, une constitution s'orga-
nise ; déjà ses ressorts déploient une force active:
la monarchie française recommence ; le cadavre
qu'a touché la liberté se lève et ressent une vie
nouvelle. Ce concert d'approbation et d'éloges
qui vous a constamment soutenus dans vos travaux, prouve assez que les principes dont vous
êtes partis sont à la fois les plus solides et les
plus féconds. L'abolition de toutes les tyrannies
qui pesaient sur nos têtes ; l'organisation du meilleur système de liberté que les penseurs aient encore imaginé dans leurs rêves bienfaisants ; l'établissement d'une véritable morale publique : tels
sont en résumé les dons inappréciables que la
France a reçus de vous. La restitution des droits
de la nature humaine, le germe impérissable du
salut et de la félicité de l'espèce entière : tels sont
les biens que vous devront, et tous les climats du
globe et tous les siècles à venir.

Car, Messieurs, malgré les résistances impies
que le génie du mal vous oppose, ce grand ouvrage s'achèvera : l'imprimerie, dont la découverte a prononcé dès longtemps l'arrêt des tyrans et des imposteurs, ira promulguer partout
vos lois philantropiques ; toutes les langues les
répèteront à toutes les nations : et si le cours
orageux des événements pouvait priver de leurs
fruits le peuple auquel elles sont destinées et qui
s'en montre digne par son courage, croyez, et
j'en atteste ici les progrès que l'homme a déjà

faits dans tous les arts, dans toutes les sciences, et cette perfection sans doute infinie dont il est susceptible et les idées les plus douces à son esprit et les passions les plus puissantes sur son cœur : croyez que vos travaux, perdus pour nous, ne le seraient pas pour des contrées plus sages ou plus heureuses, et que du moins nos descendants recueilleraient bientôt cet héritage sacré pour le partager avec tous leurs frères.

C'est vous, Messieurs, qui chercherez le moyen d'élever promptement les âmes au niveau de votre constitution, et de combler l'intervalle immense qu'elle a mis tout-à-coup entre l'état des choses et celui des habitudes. Ce moyen n'est autre qu'un bon système d'éducation publique : par lui votre édifice devient éternel ; sans lui, l'anarchie et le despotisme, qui se donnent secrètement la main, n'auraient peut-être pas de longs efforts à faire pour en renverser toutes les colonnes et peut-être aussi vous auriez à vous reprocher cette perfection elle-même, que vous ne perdez jamais de vue, et à laquelle vous tâchez d'atteindre.

Dans l'esclavage, l'homme ne peut avoir ni lumières, ni vertus, mais tant que la cruelle nécessité l'y retient, il n'a besoin ni des uns, ni des autres. Sa situation, ses vertus y seraient déplacées. Mais sous le régime de la liberté, ses rapports deviennent plus étendus ; tous ses mouvements prennent une activité singulière, ses passions acquièrent une énergie qui veut être dirigée : ce n'est plus cet engourdissement et cette paix de mort qui nous présentent de grands empires sous

l'image de vastes tombeaux. Les peuples libres
vivent et se meuvent : il faut qu'ils apprennent
à se servir des forces dont ils ont recouvré l'u-
sage. La science de la liberté n'est pas si simple
qu'elle peut le paraître au premier coup-d'œil;
son étude exige des réflexions, sa pratique des
préparations antérieures, sa consécration des
maximes mesurées, des règles inviolables et plus
sévères que les caprices mêmes du despote. Cette
science est intimement liée à tous les grands travaux de l'esprit et à la perfection de toutes les
branches de la morale. Or, Messieurs, c'est d'une
bonne éducation publique seulement que vous
devez attendre ce complément de régénération qui
fondera le bonheur du peuple sur ses vertus, et
ses vertus sur ses lumières.

Mais les législateurs anciens cherchaient tous
à donner à leurs peuples une tournure particulière, et ne prétendaient souvent à rien moins qu'à
les dénaturer, pour ainsi dire, et à leur faire
prendre des habitudes destructives de toutes nos
dispositions originelles.

Quant à vous, Messieurs, vous n'avez pas d'o-
pinions favorites à répandre ; vous n'avez aucune
vue particulière à remplir, votre objet unique est
de rendre à l'homme l'usage de toutes ses facultés, de le faire jouir de tous ses droits, de faire
naître l'existence publique de toutes les existences
individuelles librement développées et la volonté
générale de toutes les volontés privées, constan-
tes ou variables, suivant qu'il plaira aux circonstances.

En un mot, dans vos principes, les hommes doivent être ce qu'ils veulent, vouloir ce qui leur convient, et faire toujours exécuter ce dont ils sont convenus.

Ainsi, c'est peut-être un problème de savoir si les législateurs français doivent s'occuper de l'éducation publique, autrement que pour en protéger les progrès, et si la constitution la plus favorable au développement du *moi humain*, et les lois les plus propres à mettre chacun à sa place, ne sont pas la seule éducation que le peuple doive attendre d'eux.

Ici, comme dans tout le reste, le législateur se contenterait de parler à l'intérêt individuel, de lui fournir tous les moyens de s'exercer, et de le diriger invinciblement vers l'intérêt général par le plus simple de tous les ressorts politiques. D'après cela, les principes rigoureux sembleraient exiger que l'Assemblée nationale ne s'occupât de l'éducation que pour l'enlever à des pouvoirs ou à des corps qui peuvent en dépraver l'influence. Il semble que pour lui donner plus d'énergie ce serait assez de la livrer à elle-même ; ou, s'il paraissait disconvenable de retirer les fonds destinés à son encouragement, il faudrait du moins les employer en faveur des individus qui ont, par leurs lumières, payé déjà quelque tribut à la société, plutôt que de ceux qui cherchent encore seulement à s'instruire.

Mais l'ignorance du peuple est si profonde, l'habitude de regarder les établissements pour l'instruction publique et gratuite, comme le plus grand bienfait des rois est si générale, et les idées que j'énonce se trouvent si peu conformes à l'opinion dominante, qu'en les supposant démontrées dans la théorie, il serait sans doute dangereux, peut-être même impossible, de les mettre en pratique sans de grandes modifications. Dans les circonstances actuelles, si l'éducation n'était pas dirigée d'après des vues nationales, il pourrait en résulter plusieurs inconvénients graves et menaçants pour la liberté.

Mais quelles sont donc les vues fondamentales d'après lesquelles on doit se conduire dans cette réforme?

La première, et peut-être la plus importante de toutes, est de ne soumettre les collèges et les académies qu'aux magistrats qui représentent véritablement le peuple, c'est-à-dire qui sont élus et fréquemment renouvelés par lui. Aucun pouvoir permanent ne doit avoir à sa disposition des armes aussi redoutables. C'est la plume qui conduit l'épée, et qui donne ou enlève les sceptres ; ce sont les instituteurs de la jeunesse, les philosophes et les écrivains de tous les genres qui font marcher les nations à la liberté, ou qui les précipitent dans l'esclavage. Il faut donc qu'ils soient toujours aux ordres de l'intérêt public. En conséquence les académies et les collèges doivent être mis entre les mains des départements ; et je crois utile de les reconstituer sous des formes nouvelles, ne fût-ce que pour les avertir qu'ils n'appartiennent plus au même régime.

L'Assemblée nationale ne voit en France que des hommes et des citoyens. Ainsi, tant qu'un enfant ne s'est pas fait connaître comme plus intelligent et plus laborieux que ses camarades, du même âge ou à peu près, lui donner une bourse, c'est commettre une véritable iniquité envers tous ceux qui pourraient y prétendre comme lui.

Je conclus qu'il ne faut point de bourses pour les premières études, et qu'elles doivent toujours être le prix de quelque succès.

Au premier coup d'œil, on peut croire l'éducation gratuite nécessaire au progrès des lumières ; mais en y réfléchissant mieux, on voit, comme je l'ai dit, que le maître qui reçoit un salaire, est bien plus intéressé à perfectionner sa méthode d'enseignement, et le disciple qui le paye à profiter de ses leçons. Les meilleures écoles de l'Europe sont celles où les professeurs exigent une rétribution de chacun de leurs disciples. [1]

Sans rejeter entièrement les congrégations, qui, sans doute ont, à certains égards, plusieurs avantages. je voudrais les voir employer avec ménagement ; je voudrais qu'on se mît en garde contre l'esprit de corps, dont elles ne seront jamais entièrement exemptes.

La révolution actuelle est l'ouvrage des lettres et de la philosophie. La nation pourrait-elle ne pas respecter ses bienfaiteurs ? Qui ne sent aujourd'hui l'importance d'enchaîner les écrivains

---

[1] C'est une erreur, l'expérience a prouvé le contraire.

à la patrie, et uniquement à elle ? Mais d'ailleurs,
la liaison de toutes les sciences et de tous les arts
entre eux et avec la prospérité publique, ne
peut de nos jours être méconnue que des esprits
les plus superficiels. Ainsi, philosophes, littérateurs, savants, artistes, la nation doit tout honorer, tout récompenser.

Mais faudra-t-il que l'Assemblée nationale discute et trace les plans d'enseignement ? Des méthodes pour toutes les sciences qui peuvent être
enseignées, seraient-elles un ouvrage de sa
compétence ? Non, sans doute : ces méthodes vont
se perfectionner par les progrès successifs des
lumières publiques, et par l'influence indirecte
des lois. En exigeant de l'instruction pour les
places ambitionnées, vous aurez bientôt des hommes instruits ; en récompensant les bons livres
élémentaires, vous en aurez bientôt dans tous
les genres.

Il ne vous est pas donné, Messieurs, de faire
éclore tout à coup une race nouvelle, ni même
de tracer les moyens de détail qui doivent régénérer les habitudes de tout un peuple comme
vous avez régénéré sa constitution. Vous devez
donc vous borner à jeter patiemment les germes
de tout le bien que la perfectibilité de l'homme
nous promet ; à créer la machine de l'éducation
nationale d'après les mêmes motifs et dans le
même esprit que toutes les autres ; je veux dire
organiser le corps enseignant sur des principes
simples qui lui communiquent la plus énergique
activité, qui préviennent les inconvénients, qui

repoussent les abus, qui résistent même à l'action destructive du temps, et se prêtent à toutes les additions utiles. Tel est l'objet que notre devoir nous prescrit, que les circonstances nous permettent. que la plus saine raison nous indique, et c'est le seul vers lequel je me propose de tourner vos regards.

Dans les universités on enseigne beaucoup de choses en latin. Je suis loin de vouloir proscrire l'étude des langues mortes, il est au contraire à désirer qu'on l'encourage ; je voudrais surtout qu'on pût faire renaître de ses cendres cette belle langue grecque dont le mécanisme est si parfaitement analytique, et dont l'harmonie appelle toutes les beautés du discours. Pour bien apprécier sa propre langue, il faut pouvoir la comparer avec une autre ; et c'est les meilleures qu'il faut prendre pour objet de comparaison. Que le grec et le latin soient donc regardés comme propres à fournir des vues précieuses sur les procédés de l'esprit, dans l'énonciation des idées ; qu'on les estime, qu'on les recommande à raison des excellents livres qu'ils nous mettent à portée de connaître beaucoup mieux : rien de plus raisonnable, sans doute. Mais je crois nécessaire d'ordonner que tout enseignement public se fasse désormais en français.

Vous ne serez point étonnés, Messieurs, que la médecine occupe une place considérable dans mon plan d'instruction publique.

D'après cela, l'Assemblée nationale ordonnera sans doute qu'il soit formé des écoles pratiques

partout où la médecine s'enseigne, c'est-à-dire,
des écoles dont les leçons se donneront dans des
infirmeries.

Je proposerai peu de chose sur l'éducation des
femmes. Les hommes destinés aux affaires
doivent être élevés en public. Les femmes, au
contraire, destinées à la vie intérieure, ne doivent
peut-être sortir de la maison paternelle que dans
quelques cas rares. En général, le collège forme
un plus grand nombre d'hommes de mérite que
l'éducation domestique la mieux soignée ; et les
couvents élèvent moins de femmes qu'ils n'en
gâtent. J.-J. Rousseau, dont le souvenir et les
maximes se présentent sans cesse à l'esprit toutes
les fois qu'on parle de liberté, de philosophie, de
culture de l'homme ; Jean-Jacques, plus grand
encore, peut-être, par la multitude d'observations
morales de détail ou de leçons applicables au
bonheur journalier de l'individu, qui remplissait
toutes les pages de ses livres, que par ses systèmes généraux, métaphysiques ou politiques,
était fortement pénétré de cette vérité si familière
aux peuples anciens, que l'homme et la femme
jouant un rôle entièrement différent dans la
nature ne pouvaient jouer le même rôle dans
l'état social, et que l'ordre éternel des choses ne
les faisait concourir à un but commun qu'en leur
assignant des places distinctes.

La constitution robuste de l'homme et les habitudes actives, énergiques, hardies, persévérantes
qui doivent en résulter, déterminent le caractère
de ses travaux : tous ceux qui demandent une

force considérable, des courses lointaines, du courage, de la constance, des discussions opiniâtres, le regardent exclusivement. C'est lui qui doit labourer, négocier, voyager, combattre, plaider ses droits et ceux de ses frères, les autres humains, dans les assemblées publiques ; enfin, régler toutes les affaires qui ne se traitent pas dans le sein même de la famille ; et c'est à cela que son éducation le prépare, lorsqu'elle est conforme à la nature. La constitution délicate des femmes, parfaitement appropriée à leur destination principale, celle de perpétuer l'espèce, de veiller avec sollicitude sur les époques périlleuses du premier âge, et dans cet objet si précieux à l'auteur de notre existence, d'enchaîner à leurs pieds toutes les forces de l'homme, par la puissance irrésistible de la faiblesse ; cette constitution dis-je, les borne aux timides travaux du ménage, aux goûts sédentaires que ces travaux exigent, et ne leur permet de trouver un véritable bonheur, et de répandre autour d'elles tout celui dont elles peuvent devenir les dispensatrices, que dans les paisibles emplois d'une vie retirée. Imposer à ses frêles organes des tâches pénibles, charger ses débiles mains de lourds fardeaux, c'est outrager la nature avec la plus lâche barbarie : enlever ces êtres modestes, et dont la pudique retenue fait le plus grand charme, au cercle des habitudes domestiques, qui font éclore ou du moins perfectionnent toutes leurs aimables qualités ; les transporter au milieu des hommes et des affaires, les exposer aux périls d'une vie qu'elles ne pourraient apprendre à supporter qu'en dénaturant leur constitution physique, c'est vouloir oblitérer cette exquise sensibilité qui constitue, pour ainsi dire, leur essence, et devient le garant de leur aptitude à rèmplir les fonctions intérieures qu'un bon plan social leur attribue. C'est tout confondre ; c'est, en voulant les flatter par de vaines prérogatives, leur faire perdre de vue les avantages réels dont elles peuvent embellir leur existence ; c'est les dégrader et pour elles-mêmes et pour nous ; c'est, en un mot, sous prétexte de les associer à la souveraineté, leur faire perdre tout leur empire.

Sans doute la femme doit régner dans l'intérieur de sa maison ; mais elle ne doit régner que là : partout ailleurs elle est comme déplacée ; la seule manière dont il lui soit permis de s'y faire remarquer, c'est par un maintien qui rappelle la mère de famille, ou qui caractérise tout ce qui rend digne de le devenir. La juridiction d'une femme respectable n'est pas pour cela moins étendue, au contraire ; son époux l'honore autant qu'il la chérit ; il la consulte dans les occasions les plus difficiles ; ses enfants ont pour elle la soumission la plus tendre et la plus religieuse ; elle maintient la paix parmi ses proches et ses voisins ; le jeune homme vient lui demander une compagne qui lui ressemble ; elle verse autour d'elle les avis les plus salutaires, avec les aumônes et les consolations. Ainsi, en interdisant aux femmes l'entrée des assemblées publiques où leur présence occasionnerait des désordres de plus d'un genre, en les écartant des fonctions politiques qui ne leur conviennent sous aucun rapport, je regrette beaucoup qu'on ne les ait point admises au conseil de famille dont elles me paraissent devoir être l'âme, et que l'on n'ait pas saisi cette occasion pour établir les différences qui doivent distinguer les citoyens des citoyennes dans un ordre de choses conforme à l'admirable place de l'auteur de l'univers.

Pardon, Messieurs, si je sors de mon sujet. Je me hâte d'y rentrer en concluant que l'éducation des jeunes filles doit être ordonnée de manière à faire des femmes telles que je viens de les peindre, non telles que les imaginent des philosophes égarés par un intérêt qui fait souvent perdre l'équilibre à la raison la plus sûre. La vie intérieure est la véritable destination des femmes ; il est donc convenable de les élever dans les habitudes qui doivent faire leur bonheur et leur gloire ; et peut-être serait-il à désirer qu'elles ne sortissent jamais de la garde de leur mère. Je ne demande cependant pas la suppression de toutes les maisons d'éducation qui leur sont consacrées. Mais comme ces maisons ne peuvent plus être régies que par des associations libres, je voudrais qu'on en confiât le soin à l'industrie et à la considération publique. Il suffirait d'ailleurs de conserver les écoles de lecture, d'écriture et d'arithmétique qui existent pour les filles, et d'en former de semblables dans toutes les municipalités qui n'en ont pas, sur les mêmes principes que pour celles des garçons.

Dans chaque endroit où l'organisation nouvelle

du clergé conservera un curé ou un vicaire, il y aura une école d'écriture et de lecture, pour l'entretien de laquelle il sera affecté une somme, depuis cent jusqu'à deux cents livres, payable chaque année sur les fonds du département. Le maître d'école sera autorisé à recevoir une rétribution de ses élèves ; il enseignera à lire, à écrire, à calculer, et même, s'il est possible, à lever des plans et arpenter. Il se servira, pour enseigner à lire, des livres qui feront connaître la constitution ; et qui expliqueront d'une manière simple et nette les principes de la morale. Tout maître d'école qui se distinguera dans ce genre d'enseignement recevra des récompenses qui seront fixées et distribuées par le directeur du département. La nomination des maîtres d'école de paroisse se fera de la manière suivante. La commune présentera trois sujets au directeur de district qui sera tenu d'en choisir un ; et le sujet choisi ne pourra être destitué sans que les motifs de la destitution aient été discutés et trouvés valables par le même directeur.

DEUXIÈME FRAGMENT

ORGANISATION DES FÊTES NATIONALES [1]

En vous soumettant mes vues sur l'éducation publique, j'ai cru devoir diriger vos regards vers une question subsidiaire qui se liait étroitement à mon sujet, et dont le régime de la liberté nous apprendra bientôt à sentir la haute importance : je veux parler des fêtes nationales.

L'homme a des besoins de plus d'un genre, qui veulent tous être satisfaits pour le complément de son existence. Les uns tiennent à la conservation de l'individu, à la propagation de l'espèce : ils constituent plus spécialement la partie physique de l'existence humaine ; les autres résultent des rapports sociaux qui s'établissent nécessairement entre des êtres sensibles réunis ; ils constituent le moral de l'homme, en prenant ce mot dans le sens le plus étendu.

---

[1] Pendant tout le cours de la Révolution, on ne cessera de considérer, comme le fait ici Mirabeau, les fêtes nationales comme une des parties les plus importantes de l'éducation publique.

raisonnement. Ce n'est pas assez de lui montrer la vérité : le point capital est de le passionner pour elle ; c'est peu de le servir dans les objets de nécessité première, si l'on ne s'empare encore de son imagination. Il s'agit donc moins de le convaincre que de l'émouvoir ; moins de lui prouver l'excellence des lois qui le gouvernent, que de les lui faire aimer par des sensations affectueuses et vives, dont il voudrait vainement effacer les traces, et qui, le poursuivant en tous lieux, lui présentent sans cesse l'image chère et vénérable de la patrie.

Je dis, Messieurs, que vous ne pouvez vous dispenser de jeter un regard sur cette partie essentielle de votre mission; et j'ajoute que par une bonne organisation des fêtes nationales, vous commenceriez à remplir utilement l'objet politique et moral dont je viens de vous parler.

Depuis longtemps une grande nation gémissait sous le triple joug du despotisme, du sacerdoce et de la féodalité ; ces principales branches de tyrannie se subdivisaient dans un nombre infini de ramifications qui venaient atteindre l'homme jusque dans les plus petits détails de la vie domestique. Partout ses droits étaient méconnus. S'il voulait agir, il sentait ses mouvements empêchés ; s'il voulait suivre une route, à chaque pas des barrières injustes lui fermaient le passage ; une ombre de société donnait à cet état cruel quelque chose de plus désolant, en lui donnant le caractère du système et de la règle. On parlait de lois, et la volonté publique n'avait jamais été recueillie ; on parlait de gouvernement, et les chefs du peuple n'avaient aucun compte à rendre ; on parlait de justice, et les magistrats n'en prononçaient les oracles que pour s'y soustraire, pour exécuter quelquefois en grand les mêmes rapines qu'ils punissaient en petit ; on parlait d'un Dieu, père de tous les humains, d'une religion de paix, destinée à les réunir par des sentiments fraternels , à perfectionner la morale, et ce Dieu, cette religion servaient de prétexte aux barbaries les plus révoltantes, d'aliment aux divisions les plus cruelles, d'instrument pour la violation de tous - les droits de l'homme, sur lesquels sont fondés ses devoirs et la moralité de ses actions. Les forces publiques s'étaient concentrées dans un petit nombre de mains ; les fortunes avaient suivi la même pente. Dans ce beau pays où la nature a prodigué ses largesses, à peine pouvait-on compter quelques milliers d'opulents sur plusieurs millions de misérables. D'un côté se trouvaient le pouvoir, la richesse, le caprice furieux et le dégoût qu'ils enfantent ; de l'autre, la pauvreté, l'abjection et l'effroyable état moral qu'elles nécessitent. Ainsi, tout était tombé dans le dernier abîme de la corruption ; les uns par l'excès des jouissances sans désirs, par le défaut de rapport entre leurs circonstances et leurs moyens naturels ; les autres, par l'excès des besoins, par leur avilissement extrême, par la distance incommensurable que le hasard avait mise entre eux et les êtres de la même espèce.

Cependant au milieu de ce désordre, et s'il faut le dire, par un enchaînement d'effets qui lui faisaient porter son remède avec lui, les arts avaient été cultivés ; la culture des arts avait amené celle des lettres ; les lettres nous avaient appris à nous mieux servir du raisonnement ; et la philosophie ne s'était peut-être élevée à ce degré de perfection, qui rendait nos métaphysiciens, nos moralistes et nos écrivains d'économie publique, les précepteurs des peuples même les plus libres alors, que par le sentiment sans cesse renouvelé des maux et des outrages qu'éprouvait parmi nous la nature humaine.

D'autre part, les abus de tout genre, portés à leur comble, étaient devenus intolérables pour le peuple le plus patient qui fut jamais ; les déprédations du trésor public affaiblissaient chaque jour l'autorité du monarque ; l'excès des impôts en avait rendu toute extension nouvelle absolument impossible ; et par un juste retour, les calamités de la nation commençaient à se faire sentir à leurs propres auteurs, à ceux dont elles avaient été jusque-là le patrimoine.

Tout à coup une crise imprévue s'annonce ; un déficit énorme dans ce qu'on appelait les *finances du Prince*, se déclare ; la révolution commence. Votre convocation, Messieurs, vos sages décrets, les fautes des ennemis du bien public et l'énergie d'un peuple déjà mûr pour la liberté ont fait le reste.

La Révolution, la Constitution ; voilà ce que nos fêtes publiques doivent retracer, honorer, consacrer. Il n'y sera pas question d'une victoire remportée sur le sanglier d'Erimanthe, sur le lion de Némée, sur l'hydre de Lerne ; mais de l'extirpation des abus féodaux, sacerdotaux, judiciaires, despotiques ; vous y parlerez au peuple des évènements qui ont amené les institutions nouvelles ; et pour donner à ces institutions un accent plus animé, un aspect plus pittoresque et plus sensible, vous les attacherez à ces événements immortels.

Je propose à l'Assemblée le projet de décret suivant :

ARTICLE 1er .

L'Assemblée nationale, Considérant que chez tous les peuples libres, les fêtes publiques ont été l'un des moyens les plus puissants d'attacher les citoyens à la patrie, de les unir entre eux par des liens d'une heureuse fraternité, de nourrir le respect des lois, de donner plus d'éclat aux récompenses dont les actions utiles, les grands talents et les grandes vertus sont jugés dignes par la nation : Considérant en outre que les rapports et les devoirs des troupes de ligne diffèrent essentiellement de ceux des autres membres de la société ; qu'il est nécessaire que la même différence se retrouve dans leur culte patriotique ; mais qu'il ne l'est pas moins d'instituer une cérémonie commune, qui les rassemble sous tous les étendards de la constitution : Décrète qu'il y aura chaque année quatre fêtes civiles, quatre fêtes militaires, et une grande fête nationale, dans laquelle soldats et citoyens viendront se confondre à la voix fraternelle de l'égalité, et renouveler au nom de tous les départements et de toutes les fractions de l'armée, le serment de maintenir l'unité de l'empire.

ARTICLE II.

Les quatres fêtes civiles se célèbreront aux quatre grandes époques de l'année, dans la huitaine qui précède, ou dans celle qui suit les solstices et les équinoxes. La première se nommera la fête de la *Constitution*, en mémoire du jour où les communes de France se constituèrent en Assemblée nationale. La seconde se nommera *la Fête de la réunion ou de l'abolition des ordres ;* elle sera destinée à rappeler l'un des plus grands évènements de la Révolution ; celui peut-être dont les résultats doivent devenir un jour le plus utiles au peuple. La troisième sera dite la *Fête de la Déclaration* ; on y célèbrera la déclaration des droits de l'homme, sur laquelle est fondé tout le système des lois nouvelles et la constitution elle-même. La quatrième enfin s'appellera la *fête de l'armement* ou *de la prise d'armes* ; son objet est de conserver le souvenir de l'accord admirable et du courage héroïque avec lequel les gardes nationales se formèrent tout-à-coup pour protéger le berceau de la liberté.

Rappelez-vous ce jour mémorable, où, de toutes les parties de l'empire, accourant dans une douce ivresse, les enfants de la Constitution vinrent lui jurer sous vos yeux une invincible fidélité :

rappelez-vous cette foule de scènes touchantes
et sublimes, dont la capitale fut alors le théâtre,
et qui se répétèrent comme par une sorte de
sympathie ou d'inspiration, non-seulement dans
nos campagnes les plus reculées, mais jusque
chez les nations les plus lointaines. Ce jour ne
vous a-t-il pas montré l'homme sous des rapports
nouveaux ? Ne vous a-t-il pas fait connaître des
jouissances dont l'imagination ne peut deviner
le charme, et que vous aviez entièrement ignorées ?

En vous rendant à cette salle, quel spectacle
frappa vos regards dans tout l'espace occupé par
la longue chaîne de cette phalange fédérale, dépositaire des vœux et des serments de la France
entière ! En vain l'horizon se couvre de nuages
épais ; en vain ces nuages versent à grands flots
une pluie presque continuelle, comme pour
retracer dans cette fête l'image des obstacles que
le patriotisme avait rencontrés sur tous ses pas :
l'ordre de la marche n'est jamais interrompu, la
gaîté circule sans cesse de rang en rang ; des
femmes délicates descendent au milieu des rues,
apportent du pain, du vin, des aliments de toute
espèce aux soldats de la liberté, et se plaisent à
braver auprès d'eux les torrents du Ciel. On
marche aux acclamations d'une foule innombrable : on arrive dans un cirque immense qui
semble renfermer tout un peuple. Ces spectateurs,
que l'œil se fatigue à parcourir, sont là depuis
l'aube du jour, se jouant, assis, de l'inclémence
du temps. D'autres spectateurs couvrent les

arbres, les maisons, le côteau qui domine le lieu de la scène. La pluie redouble ; elle ne fait que rendre plus vifs et plus animés les chants, les ris et les danses.

Mais qui peindra le moment où le drapeau sacré s'élève dans l'air, où l'engagement solennel se prononce, où le pacte de la grande famille sociale se consomme ? Pour espérer de tout reproduire, il faudrait n'avoir rien senti. Le désordre s'empare de toutes les âmes, un même sentiment les remplit, un même vœu s'exhale de toutes les bouches ; des larmes délicieuses roulent dans tous les yeux. Les foudres guerriers qui tonnent, ajoutent à l'émotion générale des impressions dont on ne peut se rendre compte ; et tout cet appareil militaire prête un charme inexprimable à cette cérémonie de paix et de fraternité.

Mais les travaux du Champ-de-Mars qui l'avaient précédée, ne sont-ils pas impossibles à décrire ? Quel est donc ce peuple qui, secouant encore, pour ainsi dire, son esclavage, connaît déjà tous les mouvements de la liberté ; qui, prononçant à peine, depuis un an, le doux nom de patrie, sait trouver ses plaisirs les plus purs dans son dévouement à cette divinité tutélaire ? Les philosophes ne le croyaient-ils pas eux-mêmes incapable de sortir, sans de longs efforts de l'état d'abjection où l'avait précipité le despotisme ? Peuple sensible et généreux ! comblé de tous les bienfaits de la nature, ah ! qu'il jouisse enfin de tous les bienfaits des lois ! il les a mérités par ses vertus ; il les a conquis par son courage.

O saint amour de la patrie ! ô amour plus saint encore de l'humanité ! vous faites la véritable gloire, le véritable bonheur de l'homme. Régnez pour toujours chez une nation digne de ressentir vos nobles élans et votre inépuisable enthousiasme ; enflammez les courages, élevez les âmes, épurez les mœurs, enfantez les plus grands exemples, resserrez tous les cœurs par les liens fraternels d'une égalité touchante ; et faites que chacun de nous trouve à jamais sa propre félicité dans l'aspect de la félicité publique, dans l'exercice de toutes les vertus, dans les sacrifices que les lois ou l'intérêt de nos frères pourront exiger, et dans le ravissement continuel des sentiments qui dictaient ces généreux sacrifices.

TROISIÈME FRAGMENT

ÉTABLISSEMENT D'UN LYCÉE NATIONAL

C'est dans les mêmes vues, et d'après les mêmes principes, que je viens vous proposer, Messieurs, un établissement pour lequel je sollicite toute la munificence nationale.

L'objet de cet établissement est de procurer à l'élite de la jeunesse française les moyens de terminer une éducation dont le complément exige, dans l'état actuel, le concours des circonstances les plus rares et des secours les plus étendus. Son enceinte renfermerait une immense collection des produits de la nature, des chefs-d'œuvre du génie dans les sciences ou dans les arts, des machines par lesquelles leurs découvertes se démontrent ou leurs travaux s'exécutent. Cent élèves envoyés par tous les départements, d'après des formes prescrites, y seraient entretenus aux frais de la nation, chacun pour un temps déterminé : là se trouveraient réunis en vertu des incorruptibles suffrages de l'opinion publique, les philosophes, les gens de lettres, les savants, les

artistes les plus célèbres que la France a vu naître dans son sein, ou qu'elle s'est appropriés par
une généreuse adoption. Tout ce qui peut faire
éclore, agrandir, développer les facultés intellectuelles, y serait enseigné par eux, dans un esprit
et d'après une méthode générale, applicable à
tous les genres, et que la concentration de tant
de lumières, leur influence réciproque et le caractère même de l'Institution rendraient de jour
en jour plus parfaite; ou plutôt l'enseignement
de la méthode formerait la base et serait le but
le plus essentiel du *Lycée national* (car tel est le
nom que je donne à cette école, dépositaire des
plus riches espérances de la nation); c'est-à-dire
que l'art de diriger l'entendement dans la recherche de la vérité, ou de l'appliquer aux différents
objets de nos études, doit être regardé comme la
partie fondamentale des vues que je me propose.
Il s'agit de cultiver l'instrument universel; cet
instrument dont le plus ou le moins de perfection fixe la place des individus, et par eux celle
des empires dans la scène du monde; il s'agit de
former des hommes propres à tout, qui puissent
également, ou discuter les lois au milieu des représentants du peuple, ou tenir les rênes de l'É-
tat, ou doter les sciences de nouvelles découvertes,
ou porter dans les arts le seul génie vraiment in-
ventif, puisque lui seul nous met sur la route
des inventeurs; il s'agit de créer ou de perfectionner pour le secours de l'esprit, des télescopes
et des leviers semblables à ceux que l'optique et
la mécanique ont créés pour le secours des yeux

et des mains, et de les rendre également propres
à lui soumettre tous les objets sur lesquels il
peut vouloir diriger son attention. L'enseignement de cet art demande une chaire particulière,
et cette chaire un esprit capable de communiquer
son impulsion à tous les autres professeurs ; car
leurs leçons, quelque diverses qu'elles paraissent,
ne doivent être qu'un développement expérimen-
tal de ses principes, abstraits et généraux par
leur essence ; elles doivent en offrir l'application
usuelle sous toutes les formes, et contribuer à
les rendre plus nettes, plus ineffaçables, plus familières aux élèves, par cet exercice continuel et
varié, ou même répandre sur elles toutes les nouvelles lumières dont la pratique des sciences et
des arts peut les enrichir.

Un lycée tel que je le projette, ne peut être exécuté que dans une grande ville. Là seulement se
trouvent rassemblés tous les instruments et tous
les objets de nos études ; de riches bibliothèques,
des collections de ce que la nature offre de plus
curieux, et de ce que l'art a créé de plus extraordinaire, de plus grand ou de plus utile ; à côté des
excès effrénés du luxe, et comme pour en expier
le délire, une foule de précieux monuments des
arts ; des théâtres perfectionnés par le génie de
quelques poètes sublimes, et par le goût d'un public éclairé, la réunion des philosophes, des savants, des littérateurs, des artistes les plus célèbres, qui sont venus eux-mêmes y chercher tous
les éléments de leur instruction, et dans le commerce desquels l'on puise un grand nombre d'i-

dées et de connaissances que la lecture seule des livres ne donne jamais.

Parmi les villes à qui je pourrais, au nom du genre humain, payer un juste tribut d'éloges et de reconnaissance, ne me serait-il pas permis au moins de citer Paris ? Paris, célèbre depuis tant de siècles par les mœurs aimables et hospitalières de ses habitants : Paris, qui dans les chaînes du despotisme, conservait une indépendance d'esprit, que les tyrans étaient forcés de respecter ; qui, par le règne des lettres et des arts, a préparé celui de la philosophie, et par la philosophie tous les triomphes de la morale publique ; Paris, qui, après en avoir créé les principes, après avoir enseigné aux campagnes et leurs véritables besoins, et leurs droits impérissables, s'est armé le premier pour sceller de son sang le signal qu'il donnait à l'empire ; Paris enfin, qui, depuis le commencement de cette révolution, déterminée par son courage, offre à l'Europe attentive le spectacle des plus persévérants et des plus généreux sacrifices. Eh bien ! Messieurs, cette ville d'où sont parties tant de lumières, mérite d'en être toujours le foyer.

Voici quelles seraient les principales dispositions du décret relatif à l'organisation de cet enseignement supérieur :

Dans la ville de Paris, que toutes les circonstances appellent à rester toujours la patrie des talents et le théâtre de leurs progrès, il sera formé, sous le nom de *Lycée national*, une école encyclopédique, destinée à perfectionner l'éducation de cent jeunes hommes choisis dans toutes les fractions de l'empire, et par eux, l'esprit public, qui seul peut conserver aux lois toute leur puissance. Les professeurs et les élèves seront également entretenus aux frais de la nation.

La première chaire sera celle de méthode, ou de l'art de diriger l'esprit dans tous les objets de nos études ; le professeur ou les professeurs, à qui cette chaire sera confiée, enseigneront les procédés du raisonnement et le mécanisme du langage, ou la grammaire universelle, qu'on peut en regarder à la fois, comme le principal instrument, et comme le premier modèle.

La seconde sera celle d'économie publique, et de morale.

La troisième sera celle d'histoire universelle, dont l'objet principal doit être la peinture des mœurs et des gouvernements de tous les peuples de la terre.

Ces trois chaires auront chacune deux professeurs.

Celles des sciences exactes et des sciences naturelles se réduiront aux suivantes :

Une de géométrie et d'algèbre ;

Une de mécanique et d'hydraulique ;

Une de physique générale ;

Une d'histoire naturelle, dont les leçons embrasseront le tableau des trois règnes ;

Une de chimie où se fera leur analyse ;

Une de physique expérimentale ;

Une de physiologie, ou de physique animale.

Les professeurs de ces trois dernières chaires

auront chacun un adjoint ; les deux premiers
pour les opérations qu'exigent les expériences,
le dernier pour le manuel des démonstrations
anatomiques. Ces trois adjoints auront chacun
douze cents livres d'appointements, et un logement dans le Lycée. Ils seront choisis par le professeur auquel ils seront attachés.

Les chaires de langues seront :

1º Trois de langues anciennes ;

Une d'hébreu et de ses dialectes ;

Une de grec ;

Une de latin ;

2º Trois de langues orientales ;

Une de turc ;

Une d'arabe ;

Une de persan ;

3º Quatre de langues d'Europe :

Une d'italien ;

Une d'espagnol ;

Une d'anglais ;

Une d'allemand.

Les professeurs de toutes ces langues ne se
contenteront pas d'en enseigner les mots et la
grammaire; ils mettront aussi dans les mains de
leurs élèves les meilleurs ouvrages qu'elles ont
produits ; et ils s'en serviront comme du moyen
le plus sûr de donner à leurs leçons de l'intérêt
et du succès.

L'utilité des langues modernes doit être considérée sous deux rapports très divers, mais très
étendus l'un et l'autre. Le premier embrasse tout
ce qu'elles ont de relatif à l'étude même de l'en-

tendement humain, et des modifications que ses procédés ou leurs signes éprouvent de la part des circonstances locales et politiques. Sous ce rapport, les langues modernes entrent dans les éléments de la véritable métaphysique, mais uniquement comme les langues anciennes, dont elles ne diffèrent point en cela. Le second rapport est fondé sur les connaissances qui se puisent dans leurs écrits, sur les relations commerciales dont elles peuvent devenir le moyen, sur les voyages savants ou diplomatiques qu'on ne saurait entreprendre sans leur secours, sur les échanges de lumières et de richesses qui doivent en résulter : c'est le côté par lequel l'étude des langues vivantes est de l'application pratique la plus vaste, de l'utilité la plus immédiate et la plus sensible.

Mirabeau proposait enfin de créer une *Académie nationale* et une *Académie des Arts* (Peinture, Sculpture, Architecture, Musique, Art dramatique) qui devaient remplacer l'Académie française, celle des Sciences et celle des Belles-Lettres.

RAPPORT DE TALLEYRAND [1]

Les pouvoirs publics sont organisés. La liberté, l'égalité existent sous la garde toute-puissante des lois; la propriété a retrouvé ses véritables bases, et pourtant la constitution pourrait sembler incomplète, si l'on n'attachait enfin, comme partie conservatrice et vivifiante, l'Instruction publique, que sans doute on aurait le droit d'appeler *un pouvoir*, puisqu'elle embrasse un ordre de fonctions distinctes qui doivent agir sans relâche sur le perfectionnement du corps politique et sur la prospérité générale.

Nous ne chercherons pas ici à faire ressortir la nullité ou les vices innombrables de ce qu'on a nommé jusqu'à ce jour *Instruction*. Même sous l'ancien ordre de choses, on ne pouvait arrêter sa pensée sur la barbarie de nos institutions, sans être effrayé de cette privation totale de lumières,

[1] *Rapport sur l'Instruction publique*, fait au nom du Comité de Constitution, à l'Assemblée nationale les 10, 11 et 19 septembre 1791, par M. de Talleyrand Périgord, ancien évêque d'Autun, administrateur du département de Paris. Imprimé par ordre de l'Assemblée à Paris, 1791.

qui s'étendait sur la grande majorité des hommes, sans être révolté ensuite et des opinions déplorables que l'on jetait dans l'esprit de ceux qui n'étaient pas tout à fait dévoués à l'ignorance, et des préjugés de tous les genres dont on les nourrissait, et de la discordance, ou plutôt de l'opposition absolue qui existait entre ce qu'un enfant était contraint d'apprendre, et ce qu'un homme était tenu de faire ; enfin, de cette déférence aveugle et persévérante pour des usages dès longtemps surannés, qui, nous replaçant sans cesse à l'époque où tout le savoir était concentré dans les cloîtres, semblait encore, après plus de dix siècles, destiner l'universalité des citoyens à habiter des monastères.

Toutefois ces choquantes contradictions, et de plus grandes encore, n'auraient pas dû surprendre ; elles devaient naturellement exister là où constitutionnellement tout était hors de sa place ; où tant d'intérêts se réunissaient pour tromper, pour dégrader l'espèce humaine ; où la nature du gouvernement repoussait les principes dans tout ce qui n'était pas destiné à flatter ses erreurs ; où tout semblait faire une nécessité d'apprendre aux hommes, dès l'enfance à composer avec des préjugés, au milieu desquels ils étaient appelés à vivre et à mourir ; où il fallait les accoutumer à contraindre leur pensée, puisque la loi elle-même leur disait avec menace qu'ils n'en étaient pas les maîtres ; et où, enfin, une prudence pusillanime, qui osait se nommer vertu, s'était fait un devoir de distraire leur esprit de ce qui pouvait un jour leur rappeler des droits qu'il ne leur était pas permis d'invoquer : et telle avait été, sous ce rapport, l'influence de l'opinion publique elle-même, qu'on était parvenu à pouvoir présenter à la jeunesse l'histoire des anciens peuples libres, à échauffer son imagination par le récit de leurs héroïques vertus, à la faire vivre, en un mot, au milieu de Sparte et de Rome, sans que le pouvoir le plus absolu eût rien à redouter de l'impression que devaient produire ces grands et mémorables exemples. Aimons pourtant à rappeler que, même alors, il s'est trouvé des hommes dont les courageuses leçons semblaient appartenir aux plus beaux jours de la liberté : et, sans insulter à de trop excusables erreurs, jouissons avec reconnaissance des bienfaits de l'esprit humain, qui, dans toutes les époques, a su préparer, à l'insu du despotisme. la révolution qui vient de s'accomplir.

Or si, à ces diverses époques, dont chaque jour nous sépare par de si grands intervalles, la simple raison, la saine philosophie ont pu réclamer, non-seulement avec justice, mais souvent avec quelque espoir de succès, des changements indispensables dans l'instruction publique ; si, dans tous les temps, il a été permis d'être choqué de ce qu'elle n'était absolument en rapport avec rien, combien plus fortement doit-on éprouver le besoin d'une réforme totale dans un moment où elle est sollicitée à la fois, et par la raison de tous les pays, et par la constitution particulière du nôtre.

Il est impossible, en effet, d'être pénétré de l'esprit de cette constitution sans y reconnaître que tous les principes invoquent les secours d'une instruction nouvelle.

Forts de la toute-puissance nationale, vous êtes parvenus à séparer, dans le corps politique, la volonté commune ou la faculté de faire des lois, de l'action publique ou des divers moyens d'en assurer l'exécution ; et c'est là qu'existera éternellement le fondement de la liberté politique. Mais, pour le complément d'un tel système, il faut sans doute que cette volonté se maintienne toujours droite, toujours éclairée, et que les moyens d'action soient invariablement dirigés vers leur but; or, ce double objet est évidemment sous l'influence directe et immédiate de l'instruction.

La loi, rappelée enfin à son origine, est redevenue ce qu'elle n'eût jamais dû cesser d'être, l'expression de la volonté commune. Mais pour que cette volonté, qui doit se trouver toute dans les représentants de la nation, chargés par elle d'être ses organes, ne soit pas à la merci des volontés éparses ou tumultueuses de la multitude souvent égarée; pour que ceux de qui tout pouvoir dérive ne soient pas tentés, ni quant à l'émission de la loi, ni quant à son exécution, de reprendre inconsidérément ce qu'ils ont donné, il faut que la raison publique, armée de toutes les puissances de l'instruction et des lumières, prévienne ou réprime sans cesse ces usurpations individuelles, destruction de tout principe, afin que le parti le plus fort soit aussi, et pour toujours, le parti le plus juste.

Les hommes sont déclarés libres; mais ne sait-on pas que l'instruction aggrandit sans cesse la sphère de la liberté civile, et, seule, peut maintenir la liberté politique contre toutes les espèces de despotisme ? Ne sait-on pas que, même sous la constitution la plus libre, l'homme ignorant est à la merci du charlatan, et beaucoup trop dépendant de l'homme instruit ; et qu'une instruction générale, bien distribuée, peut seule empêcher, non pas la supériorité des esprits qui est nécessaire, et qui même concourt au bien de tous, mais le trop grand empire que cette supériorité donnerait, si l'on condamnait à l'ignorance une classe quelconque de la société ?

Celui qui ne sait ni lire, ni compter, dépend de tout ce qui l'environne : celui qui connaît les premiers éléments du calcul, ne dépendrait pas du génie de Newton, et pourrait même profiter de ses découvertes.

Les hommes sont reconnus égaux : et pourtant combien cette égalité de droit serait peu sentie, serait peu réelle, au milieu de tant d'inégalités de fait, si l'instruction ne faisait sans cesse effort pour rétablir le niveau, et pour affaiblir du moins les funestes disparités qu'elle ne peut détruire !

Enfin, et pour tout dire, la constitution existerait-elle véritablement, si elle n'existait que dans notre code ; si de là elle ne jetait ses racines dans l'âme de tous les citoyens ; si elle n'y imprimait à jamais de nouveaux sentiments, de nouvelles mœurs, de nouvelles habitudes ? Et n'est-ce pas à l'action journalière et toujours croissante de l'instruction, que ces grands changements sont réservés ?

Tout proclame donc l'instante nécessité d'organiser l'instruction ; tout nous démontre que le nouvel état de choses, élevé sur les ruines de tant d'abus, nécessite une création en ce genre ; et la décadence rapide et presque spontanée des établissements actuels qui, dans toutes les parties du Royaume, dépérissent comme des plantes sur un terrain nouveau qui les rejette, annonce clairement que le moment est venu d'entreprendre ce grand ouvrage.

En nous livrant au travail qu'il demande, nous n'avons pu nous dissimuler un instant les difficultés dont il est entouré. Il en est de réelles, et qui tiennent à la nature d'un tel sujet. L'instruction est en effet un pouvoir d'une nature particulière. Il n'est donné à aucun homme d'en mesurer l'etendue ; et la puissance nationale ne peut elle-même lui tracer des limites. Son objet est immense, indéfini ; que n'embrasse-t-il pas ? Depuis les éléments les plus simples des arts, jusqu'aux principes les plus élevés du droit public et de la morale ; depuis les jeux de l'enfance jusqu'aux représentations théâtrales et aux fêtes les plus imposantes de la nation, tout ce qui, agissant sur l'âme, peut y faire naître et y graver d'utiles ou de funestes impressions, est essentiellement de son ressort. Ses moyens, qui vont toujours en se perfectionnant, doivent être diversement appliqués suivant les lois, le temps, les hommes, les besoins. Plusieurs sciences sont encore à naître ; d'autres n'existent déjà plus ; les méthodes ne sont point fixées ; les principes des sciences ne peuvent l'être, les opinions moins encore ; et, sous aucun de ces rapports, il ne nous appartient d'imposer des lois à la postérité. Tel est néanmoins le pouvoir qu'il faut organiser.

A côté de ces difficultés réelles, il en est d'autres plus embarrassantes peut-être, par la raison que ce n'est pas avec des principes qu'on parvient à les vaincre, et qu'il faut en quelque sorte composer avec elles.

Celles-ci naissent d'une sorte de frayeur qu'éprouvent souvent les hommes les mieux intentionnés à la vue d'une grande nouveauté ; toute perfection leur semble idéale ; ils la redoutent presque à l'égal d'un système erroné, et souvent ils parviennent à la rendre impraticable, à force de répéter qu'elle l'est.

C'est à travers ces difficultés qu'il nous a fallu marcher ; mais nous croyons avoir écarté les plus fortes, en réduisant extrêmement les principes, et en nous bornant à ouvrir toutes les routes de l'instruction sans prétendre fixer aucune limite à l'esprit humain, aux progrès duquel on ne peut assigner aucun terme.

Quant aux autres difficultés, ceux qu'un trop grand changement effraye ne tarderont pas à voir que, si nous avons tracé un plan pour chaque partie de l'instruction, c'est que dans la chose la plus pratique il fallait se tenir en garde contre les inconvénients des principes purement spéculatifs ; qu'il ne suffisait pas de marquer le but, qu'il fallait aussi ouvrir les routes : mais en même temps nous avons pensé qu'il était nécessaire de laisser aux divers départements, qui connaîtront et ce qu'exigent les besoins, et ce que permettent les moyens de chaque lieu, à déterminer le moment où tel point en particulier pourra être réalisé avec avantage, comme aussi à le modifier dans quelques détails; car nous voulons que le passage de l'ancienne instruction à la nouvelle se fasse sans convulsion, et surtout sans injustice individuelle.

Pour nous tracer quelque ordre dans un sujet aussi vaste, nous avons considéré l'instruction sous les divers rapports qu'elle nous a paru présenter à l'esprit.

L'instruction en général a pour but de perfectionner l'homme dans tous les âges, et de faire servir sans cesse à l'avantage de chacun et au profit de l'association entière, les lumières, l'expérience, et jusqu'aux erreurs des générations précédentes.

Un des caractères les plus frappants dans l'homme est la *perfectibilité*; et ce caractère, sensible dans l'individu, l'est bien plus encore dans l'espèce : car peut-être n'est-il pas impossible de dire de tel homme en particulier, qu'il est parvenu au point où il pouvait atteindre, et il le sera éternellement de l'affirmer de l'espèce entière, dont la richesse intellectuelle et morale s'accroît sans interruption de tous les produits des siècles antérieurs. Les hommes arrivent sur la terre avec des facultés diverses, qui sont à la fois les instruments de leur bien être et les moyens d'accomplir la destinée à laquelle la société les appelle; mais ces facultés, d'abord inactives, ont besoin, et du temps, et des choses, et des hommes pour recevoir leur entier développement, pour acquérir toute leur énergie; mais chaque individu entre dans la vie avec une ignorance profonde sur ce qu'il peut et doit être un jour; c'est à l'instruction à le lui montrer; c'est à elle à fortifier, à accroître les moyens naturels de tous ceux que l'association fait naître, et que le temps accumule. Elle est l'art plus ou moins perfectionné de mettre les hommes en toute valeur, tant pour eux que pour leurs semblables; de leur apprendre à jouir pleinement de leurs droits, à respecter et remplir facilement tous leurs devoirs, en un mot, à vivre heureux et à vivre utiles, et de préparer ainsi la solution du problème, le plus difficile peut-être des sociétés, qui consiste dans la meilleure distribution des hommes.

On doit considérer en effet la société, comme un vaste atelier. Il ne suffit pas que tous y travaillent; il faut que tous y soient à leur place, sans quoi il y a opposition de forces, au lieu du concours qui les multiplie. Qui ne sait qu'un petit nombre, distribué avec intelligence, doit faire plus et mieux qu'un plus grand, doué des mêmes moyens, mais différemment placé? La plus grande de toutes les économies, puisque c'est l'économie des hommes, consiste donc à les mettre dans leur véritable position; or il est incontestable qu'un bon système d'instruction est le premier des moyens pour y parvenir.

Comment le former ce système? Il sera sans doute, sous beaucoup de rapports l'ouvrage du temps, épuré par l'expérience ; mais il est essentiel d'en accélérer l'époque. Il faut donc en indiquer les bases, et reconnaître les principes dont il doit être le développement progressif.

L'Instruction peut être considérée comme un produit de la société, comme une source de biens pour la société ; comme une source également féconde de biens pour les individus.

Et d'abord, il est impossible de concevoir une réunion d'hommes, un assemblage d'êtres intelligents, sans y apercevoir aussitôt des moyens d'instruction. Ces moyens naissent de la libre communication des idées, comme aussi de l'action réciproque des intérêts. C'est alors surtout qu'il est vrai de dire que les hommes sont disciples de tout ce qui les entoure : mais ces éléments d'instruction, aussi universellement répandus, ont besoin d'être réunis, combinés, et dirigés, pour qu'il en résulte un art, c'est-à-dire, un moyen prompt et facile de faire arriver à chacun, par des routes sûres, la part d'instruction qui lui est nécessaire. Dans une heureuse combinaison de ces moyens réside le vrai système d'instruction. Sous ce premier point de vue, l'instruction réclame les principes suivants :

1º Elle doit exister pour tous : car puisqu'elle est un des résultats, aussi bien qu'un des avantages de l'association, on doit conclure qu'elle est un bien commun des associés : nul ne peut donc en être légitimement exclu ; et celui-là qui a le moins de propriétés privées, semble même avoir un droit de plus pour participer à cette propriété commune.

2° Ce principe se lie à un autre. Si chacun a le droit de recevoir les bienfaits de l'instruction, chacun a réciproquement le droit de concourir à les répandre : car c'est du concours et de la réalité des efforts individuels que naîtra toujours le plus grand bien. La confiance doit seule déterminer les choix pour les fonctions instructives; mais tous les talents sont appelés de droit à disputer ce prix de l'estime publique. Tout privilége est, par sa nature, odieux ; un privilége, en matière d'instruction, serait plus odieux et plus absurde encore.

3° L'instruction, quant à son objet, doit être universelle ; car c'est alors qu'elle est véritablement un bien commun, dans lequel chacun peut s'approprier la part qui lui convient. Les diverses connaissances qu'elle embrasse, peuvent ne pas paraître également utiles ; mais il n'en est aucune qui ne le soit véritablement, qui ne puisse le devenir davantage, et qui par conséquent doive être rejetée ou négligée. Il existe d'ailleurs entre elles une éternelle alliance, une dépendance réciproque ; car elles ont toutes, dans la raison de l'homme, un point commun de réunion, de telle sorte que nécessairement l'une s'enrichit et se fortifie par l'autre : de là il résulte que, dans une société bien organisée, quoique personne ne puisse parvenir à tout savoir, il faut néanmoins qu'il soit possible de tout apprendre.

4° L'instruction doit exister pour l'un et l'autre sexe ; cela est trop évident ; car, puisqu'elle est un bien commun, sur quel principe l'un des deux pourrait il en être deshérité par la société pro-protectrice des droits de tous ?

5° Enfin elle doit exister pour tous les âges. C'est un préjugé de l'habitude de ne voir toujours en elle que l'institution de la jeunesse. L'instruction doit conserver et perfectionner ceux qu'elle a déjà formés : elle est d'ailleurs un bienfait social et universel, elle doit donc naturellement s'appliquer à tous les âges si tous les âges en sont susceptibles ; or, qui ne voit qu'il n'en est aucun où les facultés humaines ne puissent être utilement exercées où l'homme ne puisse être affermi dans d'heureuses habitudes, encouragé à faire le bien, éclairé sur les moyens de l'opérer : et qu'est-ce que tous ces secours, si ce n'est des émanations du pouvoir instructif ?

De ces principes qui ne sont, à proprement parler, que des conséquences du premier, naissent des conséquences ultérieures et déjà clairement indiquées.

Puisque l'instruction doit exister pour tous, il faut donc qu'il existe des établissements qui le propagent dans chaque partie de l'Empire, en raison de ses besoins, du nombre de ses habitants, et de ses rapports dans l'association politique.

Puisque chacun a le droit de concourir à la répandre, il faut donc que tout privilège exclusif sur l'instruction soit aboli sans retour. Puisqu'elle doit être universelle, il faut donc que la société encourage, facilite tous les genres d'enseignement, et en même temps qu'elle protège spécialement ceux dont l'utilité actuelle et immédiate sera le plus généralement reconnue et le plus appropriée à la constitution et aux mœurs nationales.

Puisque l'instruction doit exister pour chaque sexe, il faut donc créer promptement des écoles, et pour l'un, et pour l'autre ; mais il faut aussi créer pour elles des principes d'instruction : car ce ne sont pas les écoles, mais les principes qui les dirigent, qu'il faut regarder comme les véritables propagateurs de l'instruction.

Enfin, puisqu'elle doit exister pour tous les âges, il ne faut pas s'occuper exclusivement, comme on l'a fait jusqu'à ce jour parmi nous, d'établissements pour la jeunesse; il faut aussi créer, organiser des institutions d'un autre ordre qui soient pour les hommes de tout âge, de tout état, et dans les diverses positions de la vie, des sources fécondes d'instruction et de bonheur.

L'instruction, considérée dans ses rapports avec l'avantage de la société, exige, comme principe fondamental qu'il soit enseigné à tous les hommes : 1° A connaître la constitution de cette société ; — 2° A la défendre ; — 3° A la perfectionner ; — 4° Et, avant tout, à se pénétrer des principes de la morale, qui est antérieure à toute constitution, et qui, plus qu'elle encore, est la sauvegarde et la caution du bonheur public. De là, diverses conséquences relatives à la constitution française.

Il faut apprendre à connaître la constitution. Il faut donc que la déclaration des droits et les principes constitutionnels composent à l'avenir un nouveau catéchisme pour l'enfance, qui sera enseigné jusque dans les plus petites écoles du royaume.

Vainement on a voulu calomnier cette déclaration : c'est dans les droits de tous que se trouveront éternellement les devoirs de chacun.

Il faut apprendre à défendre la constitution. Il faut donc que partout la jeunesse se forme, dans cet esprit, aux exercices militaires, et, par conséquent, qu'il existe un grand nombre d'écoles générales, où toutes les parties de cette science soient complètement enseignées : car le moyen de faire rarement usage de la force est de bien connaître l'art de l'employer.

Il faut apprendre à perfectionner la constitution. En faisant serment de la défendre, nous n'avons pu renoncer, ni pour nos descendants, ni pour nous-mêmes, au droit et à l'espoir de l'améliorer.

Il importerait donc que toutes les branches de l'art social pussent être cultivées dans la nouvelle instruction; mais cette idée, dans toute l'étendue qu'elle présente à l'esprit, serait d'une exécution difficile au moment où la science commence à peine à naître. Toutefois, il n'est pas permis de l'abandonner, et il faut du moins encourager tous les essais, tous les établissements partiels en ce genre, afin que le plus noble, le plus utile des arts ne soit pas privé de tout enseignement.

Il faut apprendre à se pénétrer de la morale,
qui est le premier besoin de toutes les constitutions. Il faut non seulement qu'on la grave
dans tous les cœurs par la voie du sentiment
et de la conscience, mais aussi qu'on l'enseigne comme une science véritable, dont les
principes seront démontrés à la raison de tous
les hommes, à celle de tous les âges. C'est par là
seulement qu'elle résistera à toutes les épreuves.
On a gémi longtemps de voir les hommes de
toutes les nations, de toutes les religions, la faire
dépendre exclusivement de cette multitude d'opinions qui les divisent. Il en est résulté de grands
maux : car en la livrant à l'incertitude, souvent
à l'absurdité, on l'a nécessairement compromise.
On l'a rendue versatile et chancelante. Il est
temps de l'asseoir sur ses propres bases; il est
temps de montrer aux hommes que si de funestes divisions les séparent, il est du moins
dans la morale un rendez-vous commun où ils
doivent tous se réfugier et se réunir. Il faut donc,
en quelque sorte, la détacher de tout ce qui n'est
pas elle, pour la rattacher ensuite à ce qui mérite notre assentiment et notre hommage, à ce
qui doit lui prêter son appui. Ce changement est
simple; il ne blesse rien; surtout il est possible.
Comment ne pas voir, en effet, qu'abstraction
faite de tout système, de toute opinion, et en ne
considérant dans les hommes que leurs rapports
avec les autres hommes, on peut leur enseigner
ce qui est bon, ce qui est juste, le leur faire aimer, leur faire trouver du bonheur dans les ac-

tions honnêtes, du tourment dans celles qui ne le sont pas, former enfin de bonne heure leur esprit et leur conscience, et les rendre, l'un et l'autre, sensibles à la moindre impression de tout ce qui est mal. La nature a pour cela fait de grandes avances; elle a doué l'homme de la raison et de la compassion : par la première, il est éclairé sur ce qui est juste; par la seconde, il est attiré vers ce qui est bon : voilà le double principe de toute morale. Mais cette nouvelle partie de l'instruction, pour être bien enseignée, exige un ouvrage élémentaire, simple, à la fois clair et profond. Il est digne de l'assemblée nationale d'appeler sur un tel objet les veilles et les méditations de tous les vrais philosophes.

L'instruction, comme source d'avantages pour les individus, demande que toutes les facultés de l'homme soient exercées ; car c'est à leur exercice bien réglé qu'est attaché son bonheur, et c'est en les avertissant toutes, qu'on est sûr de décider la faculté distinctive de chaque homme.

Ainsi, l'instruction doit s'étendre sur toutes les facultés, *physiques, intellectuelles, morales.*

Physiques. — C'est une étrange bizarrerie de la plupart de nos éducations modernes de ne destiner au corps que des délassements. Il faut travailler à conserver sa santé, à augmenter sa force, à lui donner de l'adresse, de l'agilité : car ce sont là de véritables avantages pour l'individu. Ce n'est pas tout : ces qualités sont le principe de l'industrie, et l'industrie de chacun crée sans cesse des jouissances pour les autres. Enfin, la raison découvre dans les différents exercices de la gymnastique, si cultivée parmi les anciens, si négligée parmi nous, d'autres rapports encore qui intéressent particulièrement la morale et la société. Il importe donc, sous tous les points de vue, d'en faire un objet capital de l'instruction.

Intellectuelles. — Elles ont été divisées en trois classes : l'*Imagination*, la *Mémoire* et la *Raison*.

A la première ont paru appartenir les beaux-arts et les belles-lettres ; à la seconde, l'histoire, les langues ; à la troisième, les sciences exactes· Mais cette division déjà ancienne, et les classifications qui en dépendent, sont loin d'être irrévocablement fixées ; déjà même elles sont regardées comme incomplètes et absolument arbitraires par ceux qui en ont soumis le principe à une analyse réfléchie ; toutefois, il n'y a nul inconvénient à les employer encore comme formant la dernière carte des connaissances humaines. L'essentiel est que, dans tous les établissements complets, l'instruction s'étende sur les objets qu'elles renferment, sans exclure aucun de ceux qui pourraient n'y être pas indiqués. C'est au temps à faire le reste.

Morales. — On ne les a, jusqu'à ce jour, ni classées, ni définies, ni analysées ; et peut-être une telle entreprise serait-elle hors des moyens de l'esprit humain ; mais on sait qu'il est un sens interne, un sentiment prompt, indépendant de toute réflexion, qui appartient à l'homme et paraît n'appartenir qu'à l'homme seul. Sans lui, ainsi qu'il a été déjà dit, on ne peut connaître le

bien; par lui seul on l'affectionne, et l'on con-
tracte l'habitude de le pratiquer sans efforts. Il
est donc essentiel d'avertir, de cultiver, et surtout de diriger de bonne heure une telle faculté,
puisqu'elle est, en quelque sorte, le complément
des moyens de vertu et de bonheur.

En rapprochant les divers points de vue sous
lesquels nous avons considéré l'industrie, nous
en avons déduit les règles suivantes sur la répartition de l'enseignement.

Il doit exister pour tous les hommes une première instruction commune à tous. Il doit exister
pour un grand nombre une instruction qui tende
à donner un plus grand développement aux facultés, et éclairer chaque élève sur sa destination
particulière. Il doit exister pour un certain
nombre une instruction spéciale et approfondie,
nécessaire à divers états dont la société doit retirer de grands avantages. La première instruction
serait placée dans chaque canton, ou, plus exactement, dans chaque division qui renferme une
assemblée primaire; la seconde, dans chaque
district; la troisième répondrait à chaque département; afin que par là chacun pût trouver, ou
chez soi, ou autour de soi, tout ce qu'il lui importe de connaître. De là une distribution gra-
duelle, une hiérarchie instructive correspondante à la hiérarchie de l'administration.

Cette distribution ne doit pas au reste être purement topographique. Il faut que l'instruction
s'allie le plus possible au nouvel état des choses,
et qu'elle présente, dans ces diverses gradations,

des rapports avec la nouvelle constitution. Voici l'idée que nous nous en sommes faite. Près des assemblées primaires qui sont les *unités* du corps politique, les premiers élémens nationaux, se place naturellement la première école, l'école élémentaire. Cette école est pour l'enfance, et ne doit comprendre que des documents généraux, applicables à toutes les conditions. C'est au moment où les facultés intellectuelles annoncent l'être qui sera doué de la raison, que la société doit en quelque sorte introduire un enfant dans la vie sociale, et lui apprendre à la fois ce qu'il faut pour être un jour un bon citoyen et pour vivre heureux. On ne sait encore quelle place il occupera dans cette société ; mais on sait qu'il a le droit d'y être bien et d'aspirer à en être un jour un membre utile ; il faut donc lui faire connaître ce qui est nécessaire et pour l'un et pour l'autre.

Au-dessus des assemblées primaires s'élèvent, dans la hiérarchie administrative, celles de Districts, dont les fonctions sont presque toutes préparatoires, et dont les membres se composent d'un petit nombre pris dans ces assemblées primaires ; de même aussi au-delà des premières écoles seront établies, dans chaque district, des écoles moyennes ouvertes à tout le monde, mais destinées néanmoins, par la nature des choses, à un petit nombre seulement d'entre les élèves des écoles primaires. On sent en effet qu'au sortir de la première instruction, qui est la portion commune du patrimoine que la société répartit à tous, le grand nombre, entraîné par la loi du besoin, doit prendre sa direction vers un état promptement productif ; que ceux qui sont appelés par la nature à des professions mécaniques, s'empressent (sauf quelques exceptions) à retourner dans la maison paternelle, ou à se former dans des ateliers : et que ce serait une véritable folie, une sorte de bienfaisance cruelle, de vouloir faire parcourir à tous les divers degrés d'une instruction inutile et par conséquent nuisible au plus grand nombre. Cette seconde instruction sera donc pour ceux qui, n'étant appelés, ni par goût, ni par besoin, à des occupations mécaniques, ou aux fonctions de l'agriculture, aspirent à d'autres professions, ou cherchent uniquement à cultiver, à orner leur raison et à donner à leurs facultés un plus grand développement. Là n'est donc pas encore la dernière instruction : car le choix d'un état n'est point fait. Il s'agit seulement de s'y disposer ; il s'agit de reconnaître, dans le développement prompt de celle des facultés qui semble distinguer chaque individu, l'indication du vœu de la nature pour le choix d'un état préférablement à tout autre. D'où il suit que cette instruction doit présenter un grand nombre d'objets, et néanmoins qu'aucun de ces objets ne doit être trop approfondi, puisque ce n'est encore là qu'un enseignement préparatoire.

Enfin, dans l'échelle administrative se trouve placée au sommet l'administration de département, et à ce degré d'administration doit correspondre le dernier degré de l'instruction, qui est

l'instruction nécessaire aux divers états de la société. Ces états sont en grand nombre ; mais on
doit ici les réduire beaucoup : car il ne faut un
établissement national que pour ceux dont la pratique exige une longue théorie, et dans l'existence desquels les erreurs seraient funestes à la
société. L'état de ministre de la religion, celui
d'homme de loi, celui de médecin, qui comprend
l'état de chirurgien, enfin celui de militaire, voilà
les états qui présentent ce caractère. Ce dernier
même semblerait d'abord pouvoir ne pas y être
compris, par la raison que, dans plusieurs de ses
parties, il peut être utilement exercé dès le jour
même qu'on s'y destine ; mais comme il y en a de
très multipliées qui demandent une instruction
profonde ; comme il importe au salut de tous que,
dans l'art difficile d'employer et de diriger la
force publique, nous ne soyons inférieurs à aucune
autre puissance ; comme enfin, d'après nos principes constitutionnels, chacun est appelé, à remplir des fonctions militaires, il nous a semblé
qu'il était nécessaire de le comprendre aussi dans
la classe des états auxquels la société destinera
des établissements particuliers.

Par là répondront aux divers degrés de la hiérarchie administrative les différentes gradations
de l'Instruction publique ; et de même qu'au delà
de toutes les administrations, se trouve placé le
premier organe de la nation, le corps législatif,
investi de toute la force de la volonté publique ;
ainsi, tant pour le complément de l'instruction,
que pour le rapide avancement de la science, il

existera dans le chef-lieu de l'Empire, et comme
au faîte de toutes les instructions une école plus
particulièrement nationale, un *Institut* universel
qui, s'enrichissant des lumières de toutes les parties de la France, présentera sans cesse la réunion
des moyens les plus heureusement combinés pour
l'enseignement des connaissances humaines et
leur accroissement indéfini. Cet institut, placé
dans la capitale, cette patrie naturelle des arts,
au milieu des grands modèles de tous les genres
qui honorent la nation, nous a paru correspondre,
sous plus d'un rapport dans la hiérarchie instructive, au corps législateur lui-même, non qu'il
puisse jamais s'arroger le droit d'imposer des
lois ou d'en surveiller l'exécution, mais parce que
se trouvant naturellement le centre d'une correspondance toujours renouvelée avec tous les départements, il est destiné, par la force des choses
à exercer une sorte d'empire, celui que donne
une confiance toujours libre et toujours méritée ;
que réunissant des moyens dont l'ensemble ne
peut se trouver que là, il deviendra, par le privilège légitime de la supériorité, le propagateur des
principes et le véritable législateur des méthodes ;
qu'à l'instar du corps législatif, ses membres seront aussi l'élite des hommes instruits de toutes
les parties de la France, et que les élèves eux-
mêmes, dont la première éducation distinguée par
des succès méritera d'être perfectionnée pour le
plus grand bien de la nation, étant choisis dans
chaque département pour être envoyés à cette
école, ainsi qu'il sera expliqué ci-après, seront,

en vertu d'un tel choix, comme les jeunes députés, sinon encore de la conflance, au moins de l'espérance nationale.

Cette hiérarchie ainsi exposée, il paraît naturel de passer à l'indication des objets et des moyens d'instruction, pour chacun des degrés que nous venons de marquer ; mais auparavant, il est une question à résoudre et sur laquelle les bons esprits eux-mêmes sont partagés ; c'est celle qui regarde la *gratuité* de l'instruction.

Il doit exister une instruction gratuite : le principe est incontestable ; mais jusqu'à quel point doit-elle être gratuite? Sur quels objets seulement doit-elle l'être ? Quelles sont, en un mot, les limites de ce grand bienfait de la société envers ses membres ? Quelque difficulté semble d'abord obscurcir cette question. D'une part, lorsqu'on réfléchit sur l'organisation sociale et sur la nature des dépenses publiques, on ne se fait pas tout de suite à l'idée qu'une nation puisse donner gratuitement à ses membres, puisque, n'existant que par eux, elle n'a rien qu'elle ne tienne d'eux. D'autre part, le trésor national ne se composant que des contributions dont le prélèvement est toujours douloureux aux individus, on se sent naturellement porté à vouloir en restreindre l'emploi, et l'on regarde comme une conquête tout ce qu'on s'abstient de payer au nom de la société.

Des réflexions simples fixeront sur ce point les idées.

Qu'on ne perde pas de vue qu'une société quelconque, par cela même qu'elle existe, est soumise à des dépenses générales, ne fût-ce que pour les frais indispensables de toute association : de là résulte la nécessité de former un fonds à l'aide des contributions particulières.

De l'emploi de ce fonds naissent, dans une société bien ordonnée, par un effet de la distribution et de la séparation des travaux publics, d'incalculables avantages pour chaque individu, acquis à peu de frais par chacun d'eux ; ou plutôt la contribution, qui semble' d'abord être une atteinte à la propriété, est, sous un bon régime, un principe réel d'accroissement pour toutes les propriétés individuelles. Car chacun reçoit en retour le bienfait inestimable de la protection sociale qui multiplie pour lui les moyens, et par conséquent les propriétés : et de plus, délivré d'une foule de travaux auxquels il n'aurait pu se soustraire, il acquiert la faculté de se livrer, autant qu'il le désire, à ceux qu'il s'impose lui-même, et par là de les rendre aussi productifs qu'ils peuvent l'être.

C'est donc à juste titre que la société est dite accorder gratuitement un bienfait, lorsque, par le secours de contributions justement établies et impartialement réparties, elle en fait jouir tous ses membres sans qu'ils soient tenus d'aucune dépense nouvelle.

Reste à déterminer seulement dans quel cas et sur quel principe elle doit appliquer ainsi une partie des contributions ; car, sans approfondir la théorie de l'impôt, on sent qu'il doit y avoir un terme, passé lequel, les contributions seraient un fardeau dont aucun emploi ne pourrait ni justifier, ni compenser l'énormité, On sent aussi que la société, considérée en corps, ne peut ni tout faire, ni tout ordonner, ni tout payer, puisque, s'étant formée principalement pour assurer et étendre la liberté individuelle, elle doit habituellement laisser agir ¡plutôt que faire elle-même.

Il est certain qu'elle doit d'abord payer ce qui est nécessaire pour la défendre et la gouverner, puisqu'avant tout, elle doit pourvoir à son existence.

Il ne l'est pas moins qu'elle doit payer ce qu'exigent les diverses fins pour lesquelles elle existe, par conséquent ce qui est nécessaire pour assurer à chacun sa liberté et sa propriété; pour écarter des associés une foule de maux auxquels ils seraient sans cesse exposés hors de l'état de société; enfin, pour les faire jouir des biens publics qui doivent naître d'une bonne association : car voilà les trois fins pour lesquelles toute société s'est formée; et, comme il est évident que l'instruction tiendra toujours un des premiers rangs parmi ces biens, il faut conclure que la société doit aussi payer tout ce qui est nécessaire pour que l'instruction parvienne à chacun de ses membres.

Mais s'en suit-il de là que toute espèce d'instruction doive être accordée gratuitement à chaque individu?

Non.

La seule que la société doive avec la plus
entière gratuité, est celle qui est essentiellement
commune à tous, parce qu'elle est nécessaire à
tous. Le simple énoncé de cette proposition en
renferme la preuve : car il est évident que c'est
dans le trésor commun que doit être prise la
dépense nécessaire pour un bien commun : or
l'instruction primaire est absolument et rigoureusement commune à tous, puisqu'elle doit
comprendre les éléments de ce qui est indispensable, quelque état que l'on embrasse. D'ailleurs,
son but principal est d'apprendre aux enfants à
devenir un jour des citoyens. Elle les initie en
quelque sorte dans la société, en leur montrant
les principales lois qui la gouvernent, les premiers moyens pour exister : or n'est-il pas juste
qu'on fasse connaître à tous gratuitement ce que
l'on doit regarder comme les conditions mêmes
de l'association dans laquelle on les invite d'entrer? Cette première instruction nous a donc paru
une dette rigoureuse de la société envers tous.
Il faut qu'elle l'acquitte sans aucune restriction.

Quant aux diverses parties d'instruction qui
seront enseignées dans les écoles de district et de
département, ou dans l'institut, comme elles ne
sont point en ce sens communes à tous, quoiqu'elles soient accessibles à tous, la société n'en
doit nullement l'application gratuite à ceux qui
librement voudront les apprendre. Il est bien
vrai que, puisqu'il doit en résulter un grand
avantage pour la société, elle doit pourvoir à ce
qu'elles existent. Elle doit par conséquent se

charger envers les instituteurs de la part rigoureusement nécessaire de leur traitement, en sorte
que dans aucun cas leur existence et le sort de
l'établissement ne puissent être compromis : elle
doit organisation, protection, même secours, à
ces divers établissements : elle doit faire, en un
mot, tout ce qui sera nécessaire pour que l'enseignement y soit bon, qu'il s'y perpétue et qu'il
s'y perfectionne ; mais comme ceux qui fréquenteront ces écoles en recueilleront aussi un avantage très réel, il est parfaitement juste qu'ils
supportent une partie des frais, et que ce soit
eux qui ajoutent à l'existence de leurs instituteurs les moyens d'aisance qui allégeront leurs
travaux, et qui s'accroîtront par la confiance
qu'ils auront inspirée. Il ne conviendrait sous
aucun rapport que la société s'imposât la loi de
donner pour rien les moyens de parvenir à des
états qui, en proportion du succès, doivent être
très productifs pour celui qui les embrasse.

A ces mots de raison et de justice s'unissent de
grands motifs de convenance. On a pu mille fois
remarquer que, parmi la foule d'élèves que la
vanité des parents jetait inconsidérément dans
nos anciennes écoles ouvertes gratuitement à
tout le monde, un grand nombre parvenus à la
fin des études qu'on y cultivait, n'en étaient pas
plus propres aux divers états dont elles étaient
les préliminaires, et qu'ils n'y avaient gagné
qu'un dégoût insurmontable pour les professions
honorables et dédaignées auxquelles la nature
les avait appelés ; de telle sorte qu'ils devenaient

des êtres très embarrassants dans la société. Maintenant qu'il y aura une rétribution quelconque à donner, qui stimulera à la fois le professeur et l'élève, il est clair que les parents ne seront plus tentés d'être les victimes d'une vanité mal entendue, et que par là l'agriculture et les métiers, dont un sot orgueil éloignait sans cesse, reprendront et conserveront tous ceux qui sont véritablement destinés à les cultiver.

Mais si la nation n'est point obligée, si même elle n'a pas le droit, de s'imposer de telles avances, il est une exception honorable qu'elle est tenue de consacrer : c'est celle que la nature elle même semble avoir faite en accordant le talent.

Destiné à être un jour le bienfaiteur de la société, il faut que, par une reconnaissance anticipée, il soit encouragé par elle ; qu'elle le soigne, qu'elle écarte d'autour de lui tout ce qui pourrait arrêter ou retarder sa marche ; il faut que, quelque part qu'il existe, il puisse librement parcourir tous les degrés de l'instruction, que l'élève des écoles primaires, qui a manifesté des dispositions précieuses qui l'appellent à l'école supérieure, y parvienne aux dépens de la société, s'il est pauvre ; que de l'école de district lorsqu'il s'y distinguera, il puisse s'élever sans obstacle, et encore à titre de récompense, à l'école plus savante du département, et ainsi de degré en degré et par un choix toujours plus sévère, jusqu'à l'*Institut national*.

Par là aucun talent véritable ne se trouvera

perdu ni négligé, et la société aura entièrement acquitté sa dette. Mais on sent qu'un tel bienfait ne doit pas être prodigué, soit parce qu'il est pris sur la fortune publique dont on doit se montrer avare, soit aussi parce qu'il est dangereux de trop encourager les deux talents.

Ainsi, la gratuité de l'instruction s'étendra jusqu'où elle doit s'étendre : elle aura pourtant encore des bornes; mais ces bornes sont indiquées par la' raison : il était nécessaire de les poser. Toute la question sur l'instruction gratuite se résume donc en fort peu de mots.

Il est une instruction absolument nécessaire à tous ; la société la doit à tous ; non seulement elle en doit les moyens, elle doit aussi l'application de ces moyens.

Il est une instruction qui, sans être nécessaire à tous, est pourtant nécessaire dans la société en même temps qu'elle est utile à ceux qui la possèdent. La société doit en assurer les moyens ; mais c'est aussi aux individus qui en profitent, à prendre sur eux une partie des frais de l'application. Il est enfin une instruction qui, étant nécessaire dans la société, paraît lui devoir être beaucoup plus profitable, si elle parvient à certains individus qui annoncent des dispositions particulières. La société, pour son intérêt, autant que pour sa gloire, doit donc à ces individus, non pas seulement l'existence des moyens d'instruction, mais encore tout ce qu'il faut pour qu'ils puissent en faire usage. Ces principes une fois posés, leur vérité sentie, leur nécessité re-

connue, il faut passer à l'application, et organiser
ces institutions diverses que nous n'avons fait
qu'indiquer. Cette organisation doit comprendre
à la fois et les objets et les moyens d'instruction
pour chacune d'elles ; ce qui est nécessaire pour
qu'elles existent, pour qu'elles soient utiles,
pour qu'elles se perpétuent, pour qu'elles s'amé-
liorent.

Avant d'entrer dans l'organisation des établissements d'instruction, j'observe qu'il ne sera point
nécessaire, que peut-être même à raison de l'insuffisance des moyens dans quelques départements, il serait dangereux que cette organisation.
prise dans son ensemble, s'établît tout à coup
dans tout le royaume ; car c'est surtout en matière d'instruction qu'il faut que chaque établissement soit provoqué par le besoin, par l'opinion,
par la confiance. Il faut que tout arrive, mais que
tout arrive à temps.

J'observe aussi que des inégalités inévitables
entre les départements doivent rompre, dans
quelques points, cette uniformité de plan que
nous avons tracée : ainsi, lorsqu'au jugement de
l'administration supérieure du lieu, on ne pourra
dans un département, dans un district, et même
dans un canton, réunir le nombre d'instituteurs
nécessaires, ou que d'autres localités présenteront
des obstacles à la formation d'un établissement
d'instruction, il faudra, pour que tout marche,
pour que surtout il n'y ait point de lacune dans
l'instruction publique, que chacune de ces sec-

tions puisse s'associer à une section correspondante pour le genre d'enseignement qui lui est attribué. De là résulteront de nouveaux liens entre tous les départements du royaume et entre toutes les subdivisions de chaque département. Ce que nous présentons ici aux différents départements est donc moins ce qu'ils sont tenus de faire aujourd'hui, que ce qu'ils doivent préparer, que ce qu'ils doivent commencer aussitôt qu'ils en auront rassemblé les moyens.

Nous nous sommes assurés que Paris était en état, avait même besoin de recevoir toutes ces institutions nouvelles ; il est instant de les y établir, afin que toutes les parties du royaume voient promptement en activité un modèle dont chacun, suivant sa localité, pourra se rapprocher. En vous présentant un plan général d'organisation, il a donc été naturel. presque nécessaire, que nous en fissions l'application directe à ce département.

Ces observations par lesquelles nous nous sommes interrompus, en quelque sorte, nous-mêmes, mais qu'il était peut-être indispensable de faire, nous ramènent avec plus de sécurité au développement de nos idées.

ECOLES PRIMAIRES

Jusqu'à l'âge de six à sept ans, l'instruction publique ne peut guère atteindre l'enfance : ses facultés sont trop faibles, trop peu développées ; elles demandent des soins trop particuliers, trop exclusifs. Jusqu'alors il a fallu la nourrir, la soigner, la fortifier, la rendre heureuse ; c'est le devoir des mères. L'assemblée nationale, loin de contrarier en cela le vœu de la nature, le respectera, au point de s'interdire toute loi à cet égard; elle pensera qu'il suffit de les rappeler à ces fonctions touchantes par le sentiment même de leur bonheur, et de conserver par le plus éclatant suffrage, les immortelles leçons que leur a données l'auteur d'Emile. Mais à peu près vers l'âge de sept ans, un enfant pourra être admis aux écoles primaires. Nous disons admis, pour écarter toute idée de contrainte. La nation offre à tous le bienfait de l'instruction ; mais elle ne l'impose à personne. Elle sait que chaque famille est aussi une École primaire, dont le père est le chef ; que ses instructions, si elles sont moins énergiques, sont aussi plus persuasives, plus pénétrantes ; qu'une tendresse active peut souvent suppléer à des moyens dont l'ensemble n'existe que dans une instruction commune ; elle pense, elle espère que les vrais principes pénétreront insensiblement, de ces nombreuses institutions, dans le sein des familles, et en banniront les préjugés de tout genre qui corrompent l'éducation domestique ; elle respectera donc ces éternelles convenances de la nature qui, mettant sous la sauvegarde de la tendresse paternelle le bonheur des enfants, laisse au père le soin de prononcer sur ce qui leur importe davantage jusqu'au moment où, soumis à des devoirs personnels, ils ont le droit de se décider eux-mêmes. Elle se défendra des erreurs de cette République austère qui,pour établir une éducation strictement nationale, osa d'abord ravir le titre de citoyen à la majorité de ses habitants, qu'elle réduisit à la plus monstrueuse servitude, et se vit ensuite obligée de briser tous les liens des familles, tous les droits de la paternité, par des lois contre lesquelles s'est soulevée dans tous les temps la voix de la nature ; elle saura atteindre au même but, mais par des voies légitimes ; elle apprendra, elle inculquera de bonne heure aux enfants qu'ils ne sont pas destinés à vivre uniquement pour eux ; que bientôt ils vont faire partie intégrante d'un tout auquel ils doivent leurs sentiments et souvent leurs volontés ; et qu'un intérêt qui n'est qu'individuel, par là même qu'il isole l'homme, le dégrade et détruit pour lui tout droit aux avantages que dispense la société : enfin elle se contentera d'inviter les parents, au nom de l'intérêt public, à envoyer leurs enfants à l'instruction commune, comme à la source des plus pures leçons et au véritable apprentissage de la vie sociale.

Cette instruction première, nous l'avons dit, est la dette véritable de la société envers ses membres ; elle doit donc comprendre des documents généraux nécessaires à tous, et dont l'ensemble puisse être regardé comme l'introduction de l'enfance dans la société. Ce caractère nous a paru désigner les objets suivants :

1° Les principes de la langue nationale, soit parlée, soit écrite ; car le premier besoin social est la communication des idées et des sentiments.

Les règles élémentaires du calcul seront placées presque au même rang, puisque le calcul est aussi une langue abrégée dont les rapports inévitables la desociété rendent à tous l'usage nécessaire. Il faut y joindre celles du toisé, qui est l'application du calcul à la mesure des héritages et des bâtiments, objets de l'intérêt journalier des citoyens, et par rapport auxquels des lumières générales peuvent prévenir ou terminer la plupart des contestations qui les divisent.

2° Les éléments de la religion, car si c'est un malheur de l'ignorer, c'en est un plus grand peut-être de la mal connaître.

3° Les principes de la morale : car elle est à la fois, et pour tous, le bonheur de l'âme, le supplément nécessaire des lois, et la caution véritable des hommes réunis par le besoin, et trop souvent divisés par l'intérêt.

4° Les principes de la constitution : car on ne peut trop tôt faire connaître, et trop tôt faire apprécier cette constitution sous laquelle on doit vivre, et que bientôt on doit jurer de défendre au péril de sa vie.

5° Ce que demandent à cet âge les facultés physiques, intellectuelles et morales, — *Physiques*, c'est-à-dire des leçons ou plutôt des exercices propres à conserver, à fortifier, à développer le corps, et à le disposer pour l'avenir à quelque travail mécanique. Il faut, de bonne heure, leur apprendre quelques principes du dessin, de l'arpentage ; leur donner le coup d'œil juste, la main sûre, les habitudes promptes : car ce sont là des éléments pour tous les métiers, et des moyens d'économiser le temps : tout cela est donc nécessaire, tout cela l'est pour tous, et l'on ne peut trop faire sentir aux enfants, quels qu'ils soient, que le travail est le principe de toute chose ; que nul n'est tenu de travailler pour un autre, et qu'on n'est complètement libre qu'autant qu'on ne dépend pas d'autrui pour subsister. — *Intellectuelles*. Nous avons vu plus haut qu'on les avait divisées en trois ; la *raison*, la *mémoire*, l'*imagination*. Ce n'est pas encore le moment d'exercer cette dernière faculté ; car elle est presque nulle dans l'enfance ; elle tient à une sensibilité qui n'est pas de cet âge, et elle a besoin, pour exister, d'une réunion d'idées, de sensations, de souvenirs qui supposent quelque expérience dans la vie ; mais il est nécessaire d'offrir à leur *raison*, non les hautes sciences qui la fatigueraient sans l'éclairer. mais la clé de toutes les sciences, c'est-à-dire, une logique pour leur âge : car il en est une. Leur raison n'est pas forte ; mais elle est pure ; mais elle est libre : ils ne voient pas loin ; mais ils voient communément juste ; ils voient du moins ce qui est, en attendant qu'on leur montre ce qui doit être, et l'on est souvent étonné de tout le raisonnement qu'ils mettent dans ce qui les intéresse.

La logique est bien plus à leur portée que la métaphysique des langues que néanmoins on se tourmente à leur faire entendre ; et enfin il est parfaitement constitutionnel de leur apprendre de bonne heure qu'ils sont destinés à obéir à la raison, à la loi, mais à n'obéir qu'à elles. Il faut offrir à leur *mémoire* la partie des connaissances élémentaires, soit géographiques, soit historiques, soit botaniques, qui leur feront aimer davantage la patrie et chérir le lieu qui les a vu naître. Il en est d'autres qui, sans doute, orneraient leur mémoire, mais qu'on doit regarder comme une sorte de luxe pour le grand nombre ; et il faut ici se renfermer dans le strict nécessaire : or quoi de plus nécessaire aux yeux de la société que les connaissances qui attachent de plus en plus à cette société? Il est d'ailleurs indispensable de cultiver cette faculté des enfants, et parce que c'est celle qui amasse des matériaux pour la raison, et parce qu'elle ne peut être exercée avec succès que dans cet âge. — Enfin les *facultés morales*. On ne peut ici rien déterminer ; mais on sent que c'est avec un soin particulier, avec une attention délicate et continue, qu'on doit éveiller et entretenir, particulièrement dans l'enfance et dans tous les instants, ce sens précieux qui fait trouver un charme au bien que l'on fait, à celui que l'on voit faire, et qui imprime l'honnêteté dans l'âme par l'attrait même du plaisir.

Tels sont les divers points d'instruction qui seront enseignés dans les écoles primaires. Que si le grand nombre des élèves est tenu de s'arrêter à cette première instruction ; si les travaux de l'agriculture et des arts appellent tel individu à d'autres leçons, du moins il aura appris ce qu'il lui sera éternellement nécessaire de savoir ; son corps se sera utilement préparé au travail ; son esprit aura acquis des idées saines, des connaissances premières, dont la trace ne s'effacera pas; son âme aura reçu, avec le germe des sentiments honnêtes, des actions vertueuses, ce qui doit servir à le développer ; enfin, il sera désormais en état de s'approprier, par la réflexion, les inépuisables leçons qui vont découler de la seule existence du nouvel ordre des choses, comme aussi de tourner à son profit les institutions publiques dont il sera parlé bientôt, et qui seront le grand complément de l'instruction nationale.

Les écoles de district sont placées comme intermédiaires entre celles dont l'objet est nécessaire à toutes les écoles dont l'enseignement complet regarde uniquement ceux qui sont destinés à un des quatre états auxquels la société consacre des établissements particuliers.

Le but de ces écoles est de donner aux facultés individuelles un plus grand développement, et de disposer de loin à toutes les fonctions utiles de la société. Or ce double objet, qui intéresse si directement le bien particulier et l'avantage commun, se trouvera rempli par une instruction ordonnée de telle sorte, qu'elle ne sera que la suite et comme la progression naturelle de l'instruction des écoles primaires.

Ainsi, aux principes de la langue nationale succéderont dans les écoles de district, une théorie plus approfondie de l'art d'écrire et la connaissance de celles des langues anciennes qui

conservent le plus de richesses pour l'esprit
humain. On ajoutera, dans plusieurs de ces
écoles, l'enseignement d'une des langues vivantes
que les relations locales ou nationales semble-
ront recommander davantage.

Aux simples éléments de la religion, on joindra
l'histoire de cette religion et l'exposé des titres
d'après lesquels elle commande la croyance.

Aux principes de la morale, dont l'application
est si bornée dans le premier âge de la vie, le
développement de la morale dans ses applications privées et publiques.

Aux principes de la constitution, qui ne peuvent être qu'indiquées à des enfants, une exposition développée de la déclaration des droits et
de l'organisation des divers pouvoirs.

Quant à ce qui concerne plus directement
encore les facultés, un plus parfait développement leur sera donné de la manière suivante.

Facultés physiques. Au lieu des exercices de
l'enfance, qui ne sont pour la plupart que des
jeux, des exercices qui supposent et donnent à la
fois de la force et de l'agilité, telles que la natation,
l'escrime, l'équitation, et même la danse.

Intellectuelles. Au lieu d'une logique élémentaire et accommodée aux forces de l'esprit du
premier âge, l'art du raisonnement dans toutes
ses parties, avec l'indication des principales
sources de nos erreurs. On offrira aussi à la
raison des élèves les éléments des mathématiques
dont la méthode est le plus parfait modèle de
l'art de raisonner ; ceux de la physique qui, dans

plusieurs de ses parties, est si étroitement liée
aux mathématiques, et les premiers éléments de
la chimie, qui sont reconnus maintenant pour
être les véritables principes de la physique. On
offrira à leur *mémoire* l'histoire des peuples libres,
l'histoire de France, ou plutôt des Français, quand
il en existera une, et des modèles de tout genre,
soit parmi les anciens, soit parmi les modernes,
mais en l'exerçant, en l'enrichissant, on se gar-
dera de la fatiguer, car à son tour, elle fatiguerait
l'esprit et pourrait nuire au développement naturel des idées. On offrira à leur *imagination* les
règles et surtout les beautés de l'éloquence et de
la poésie ; les éléments de la musique et de la
peinture ; en un mot, le principe de ce qui l'émeut
avec le plus de charme et de puissance.

Morales. Il est clair que ces facultés seront bien
plus utilement exercées, bien plus facilement
développées à l'âge où les sentiments commencent
à se raisonner ; car c'est à cette époque, surtout,
que tous les moyens d'imprimer l'honnêteté ont
une action forte sur l'homme.

Mais il faudra que, par d'utiles institutions, cet
exercice soit pratiqué entre les élèves, de telle
sorte que les rapports qui constituent la morale,
deviennent des rapports réels qui s'étendent à
leurs yeux, et s'agrandissent chaque jour davantage.

Ces divers points d'instruction vont se réaliser
par un enseignement dont le plan s'écartera
nécessairement de l'ancien.

Un des changements principaux dans la distribution consistera à diviser en cours ce qui était divisé en classes ; car la division par classe ne répond à rien, morcelle l'enseignement, asservit tous les ans et pour le même objet à des méthodes disparates, et par là jette de la confusion dans la tête des jeunes gens. La division par cours est naturelle ; elle sépare ce qui doit être séparé : elle circonscrit chacune des parties de l'enseigne- ment ; elle attache davantage le maître à son élève, et établit une sorte de responsabilité qui devient le garant du zèle des instituteurs.

Nous graduerons, nous ordonnerons ces cours en raison de l'âge, et nous nous appliquerons à suivre dans leur distribution le progrès naturel des idées et des sensations de l'enfance. C'est cet ordre nécessaire que nous avons tâché d'indiquer.

Cette indication annonce suffisamment que l'instruction des districts, dès qu'elle sera orga- nisée, atteindra le but auquel elle est destinée, celui de parler à toutes les facultés, et d'éclairer de bonne heure toutes les routes de la vie, de telle sorte que chaque élève reconnaisse d'une manière sûre à quelle fin la nature l'appelle ; car, s'il n'est aucun de ces documents généraux qu'on puisse dire étranger à un état quelconque, si même quelques-uns d'entre eux sont nécessaires à tous, il n'est pas moins sensible à la réflexion que chacun d'eux dispose plus naturellement à un état qu'à un autre, et qu'ensemble ils doivent être regardés comme le premier apprentissage de tous les divers états.

Jusqu'à présent nous n'avons présenté qu'un

simple aperçu sur les deux premières écoles. L'ordre de notre travail nous amènera bientôt au développement pratique des moyens dont la plupart sont applicables à toutes. Auparavant il faut connaître la division des objets qui formeront l'enseignement de la seconde.

ÉCOLES DE DÉPARTEMENT

Chaque chef-lieu de département contiendra d'abord l'école de district, puisqu'il offrira le même enseignement; mais il comprendra de plus, quoiqu'avec des différences sensibles, les écoles nommées *écoles de département*, pour les états auxquels la société réserve des moyens particuliers d'instruction.

Nous annonçons des différences, parce qu'il est impossible, comme je l'ai déjà observé, que partout, et surtout dans les commencements, l'enseignement soit également complet et que le bien public exigera qu'à l'égard de certains états, plusieurs départements s'associent pour un même enseignement: mais alors même la hiérarchie sera conservée, et chacun des départements concourra du moins à former des écoles pour le dernier degré de l'instruction.

ÉCOLES POUR LES MINISTRES DE LA RELIGION

L'état de ministre de la religion est un de ceux auxquels la nation destine des établissements particuliers. Celui où les élèves trouveront l'instruction qui leur est nécessaire sera placé, ainsi que vous l'avez ordonné près de l'Église Cathédrale, et sous les yeux de l'évêque. Nous n'en déterminons pas le nombre.

Chaque département aura le droit de se réunir en tout temps pour cette partie d'instruction à un département voisin.

Quant à l'enseignement, il convient qu'il soit divisé de la manière suivante:

1° Les titres fondamentaux de la Religion Catholique, qu'on sera tenu de puiser dans leur source.

2° L'exposition raisonnée des divers articles que doit comprendre explicitement la croyance de chaque fidèle.

3° Le développement de la morale de l'Evangile.

4° Les lois particulières aux ministres du Culte Catholique.

5° Les principes ainsi que les objets habituels de prédication.

6° Les détails qui appartiennent à un Ministère de consolation et de paix, soit dans l'administration des Sacrements, soit dans le gouvernement des Paroisses. En circonscrivant ainsi cet enseignement, vous usez d'un droit incontestable, celui de renfermer tous les genres de pouvoirs dans leurs véritables limites.

Je vais parcourir ces divers points d'instruction. —Qu'on ne s'étonne pas de trouver ici un langage qui ne peut être familier: c'est avec la sévérité et l'exactitude de ses propres expressions qu'un tel sujet doit être traité.

1° C'est un principe Catholique que la croyance est un don de Dieu ; mais ce serait étrangement

abuser de ce principe que d'en conclure que la
raison doit se regarder comme étrangère à l'étude
de la religion car elle est aussi un présent de
la Divinité et le premier guide qui nous a été ac-
cordé par elle pour nous conduire dans nos re-
recherches ; et c'est à vous, surtout, qu'il appartient de la rétablir dans ses droits. Or si, suivant
les principes de la Religion Catholique, la raison
ïndividuelle n'a pas le droit de se constituer juge
de chaque article isolé de la foi, et surtout de pénétrer ses incompréhensibles mystères, il est non
moins incontestable que c'est à la raison qu'il appartient de reconnaitre les titres primordiaux de
la Religion, les caractères distinctifs de l'Eglise.
Mais ces titres, ces caractères doivent nécessairement se trouver, et dans le code de la révélation,
et dans les monuments des premiers siècles de
la religion; la raison doit donc les chercher là
comme à leur source. Que si chaque fidèle, pour
être en état de rendre à la Religion cet *hommage
raisonnable* qui seul est digne d'elle, doit examiner attentivement les titres de sa croyance, com·
bien plus y est obligé le ministre de la Religion
qui doit toujours être prêt à les opposer au doute
ou à l'erreur? Cette partie de la théologie, qui
en est en quelque sorte la partie philosophique
doit être complètement enseignée dans les écoles
où se formeront les élèves du sacerdoce, en même
temps que les bons esprits travailleront à la
perfectionner et à l'épurer par une grande sévérité dans le choix des preuves; car, on l'a dit
souvent, les mauvaises preuves en faveur de la

religion ont plus nui à la croyance publique que les plus fortes objections par lesquelles on s'est efforcé de la combattre.

2° Dès que les titres de la Religion sont reconnus, que le fondement de la foi catholique repose sur une révélation divine, et qu'il est de principe que les points révélés nous sont transmis par une autorité toujours visible, il devient plus qu'inutile de se rengager dans des discussions interminables qui étaient l'aliment de l'ancienne théologie, et qui semblent remettre sans cesse en problème ce qui est déjà décidé. Il ne s'agit plus que de bien connaître ces objets révélés pour les présenter aux peuples de la manière la plus propre à être saisie par leur intelligence. Une exposition raisonnée est donc tout ce qu'il faut pour le grand nombre des Ministres chargés de cette fonction. Peut-être même serait-elle plus qu'il ne faut, si elle embrassait l'universalité des points décidés ; car, si l'église catholique, dépositaire de la tradition, a dû s'élever, à diverses époques, contre toute altération du dogme ou de la morale évangélique ; si ses décisions se sont multipliées avec les erreurs, il n'est pas moins vrai que le dépôt de la révélation n'a pas dû se grossir en traversant les siècles, et que les fidèles de nos jours ne sont pas tenus de croire davantage que ceux de l'église des premiers siècles. L'exposition des points révélés, qui doit être enseignée à tout élève du sacerdoce, pour qu'il l'enseigne à son tour, peut donc être réduite à ce qu'il était nécessaire à tout chrétien de croire et professer avant la nais-

sance des hérésies ; c'est-à-dire, à ce qui constitue
la pratique journalière de la Religion. Chacun
pourra sans doute, à son gré, étendre plus loin et
ses recherches et ses études particulières : il lui
sera libre de parcourir, s'il le veut, tous les canaux
de la tradition, de charger son esprit ou sa mémoire des longs débats de la théologie, et de s'armer contre les plus anciennes erreurs, de tous les
arguments employés pour les combattre ; mais
aussi la nation, qui retrouve, à chaque page de
son histoire, la trace profonde des maux qu'ont
enfantés tant de querelles religieuses, a le droit
non moins incontestable de chercher à s'en défendre pour l'avenir, en écartant de l'enseignement
public qu'elle protège, tout ce qui n'est pas indispensable à un Ministre de la Religion. La théologie d'ailleurs ne doit point être regardée comme
une science. Les sciences sont susceptibles de
progrès, d'expériences, de découvertes : la théologie, qui ne peut être que la connaissance de la
Religion, est étrangère à tout cela ; immuable
comme elle, elle est comme elle ennemie de toute
innovation. Il faut qu'elle soit aujourd'hui ce
qu'elle était d'abord. On doit donc s'occuper non
pas à l'étendre, mais à la renfermer dans ses
limites, que trop souvent d'ambitieuses subtilités
s'efforcèrent de lui faire franchir dans des siècles
d'ignorance. L'assemblée nationale, en même
temps qu'elle encourage les progrès des sciences
et les inventions de l'esprit humain doit donc,
par le même principe, s'opposer à toute extension
de la théologie, à toute invasion des théologiens :

car, puisque la religion commande à la pensée, c'est-à-dire, à ce qu'il y a de plus libre en nous, il est du devoir des fondateurs de la liberté publique de retirer de l'enseignement religieux, et tout ce qu'il est permis de ne pas croire, et tout ce qu'on a le droit d'ignorer. Concluons que l'assemblée nationale doit enjoindre à tous les évêques, comme étant les premiers surveillants de la doctrine religieuse, de travailler avec leur conseil à réduire les objets dogmatiques qui entreront dorénavant dans l'enseignement public des ministres du culte, aux seuls points indispensables à l'instruction des fidèles, par conséquent à en bannir et les vaines opinions qui divisent les esprits, et les discussions oiseuses sur des articles dès longtemps décidés, et même aussi un développement trop étendu de ceux de ces articles qui ne font point partie essentielle de l'instruction des peuples ; de telle sorte que, du concours de ces travaux épuratoires, résulte enfin un enseignement complet, uniforme et réduit à ses véritables bornes.

3° La morale évangélique est le plus beau présent que la divinité ait fait aux hommes ; c'est un hommage que la nation française s'honore de lui rendre. On ne peut donc trop pénétrer de ses bienfaisantes maximes les ministres de la religion, pour qu'ils en nourrissent les peuples qui leur sont confiés. Les principes de la morale naturelle leur auront été développés dans les écoles précédentes : ils en seront d'autant plus disposés à en goûter la perfection dans l'évan-

gile ; car c'est là qu'elle existe avec toute la force
d'une sanction qui lui donne sur les âmes une
puissance surnaturelle. L'assemblée nationale ne
dictera point ici les règles d'un tel enseignement,
quoi qu'elle ait le droit de s'affliger des vues des
anciennes méthodes où l'onction évangélique disparaissait sous la sécheresse des discussions :
elle se borne à recommander cette réforme au
nouveau clergé qui s'élève de toutes parts. Cependant, comme il lui appartient de reconnaître ce
qui importe le plus au bien général de la nation,
elle peut, et sans doute aussi elle doit, ordonner
que l'on s'attache surtout à enseigner aux élèves
du sacerdoce la partie de la morale évangélique
qui consacre en termes si énergiques la parfaite
égalité des hommes, et cette indulgence religieuse que les philosophes eux-mêmes n'osaient
appeler que tolérance, mais qui doit être un sentiment bien plus pur, bien plus fraternel, bien
plus respectueux pour le malheur.

4° Les lois sur l'organisation du clergé forment
tout le droit canonique. C'est là que tout ministre
de la religion doit s'instruire de ses droits, d'une
partie de ses devoirs et de ses rapports avec la
nouvelle organisation sociale ; les lois nouvelles
doivent donc faire partie essentielle des études
ecclésiastiques.

5° La prédication est une des fonctions ecclésiastiques qui appelle le plus l'attention des
législateurs. Il faut que, ramenée à son but, qui
est de rendre les hommes meilleurs par les motifs
que la religion consacre, elle devienne ce qu'elle

doit être; mais il faut aussi qu'elle ne puisse pas abuser de son influence, et que d'invincibles barrières s'opposent à ses écarts. Le premier objet sera le fruit de l'instruction; le second doit être l'ouvrage des lois. Jusqu'à ce jour les écoles les plus célèbres n'étaient que des arènes dogmatiques: on y apprenait longuement à devenir de vains et dangereux disputeurs: on dédaignait d'y apprendre à être d'utiles propagateurs de la morale de l'Evangile. Cela ne doit plus subsister. Les nouveaux instituteurs des écoles ecclésiastiques seront obligés de montrer à leurs élèves les principes, les sources, les modèles, les objets, comme aussi l'extrême importance de la prédication; ils auront le courage d'enseigner avec persévérance ce qui est bon, ce qui est utile, et de n'enseigner que cela. Mais l'assemblée nationale ne peut borner là sa sollicitude : elle sait que la prédication est un des grands moyens que le fanatisme de tous les temps employa pour égarer les peuples; elle la regarde comme une sorte de puissance toujours redoutable, lorsqu'elle n'est pas bienfaisante; et dont par conséquent il importe de régler et de circonscrire l'action. Cet objet sera rempli, autant qu'il peut l'être, lorsque l'assemblée nationale aura déclaré que toute atteinte portée au respect dû à la loi dans l'exercice de cette fonction sera mise au rang des plus grands délits. Et cela doit être; car quoi de plus criminel aux yeux d'une nation, qu'un fonctionnaire qui se sert de ce qu'il y a de plus saint pour exciter le peuple à désobéir à ses lois.

6° Dans le régime journalier des paroisses, dans l'administration des sacrements, il est une foule de détails qui échappent à l'indifférence, mais qui sont précieux à la piété. C'est par eux surtout que les pasteurs se concilient cette tendre vénération, qui est la plus douce récompense de leur ministère. Il faut que rien de ce qui est propre à adoucir les souffrances, à consoler les malheureux, à prévenir les dissensions, à calmer les haines, ne soit étranger à un ministre de la religion: car ce sont des fonctions bien dignes d'elle. Ainsi les règles de l'arpentage et du toisé, plus développées que dans les écoles primaires, la connaissance des simples, quelques principes d'hygiène et quelques-uns de droit, etc., nous paraissent devoir faire dorénavant partie de l'instruction ecclésiastique. Il faut que la religion, que les peuples confondent si facilement avec ses interprètes, se montre toujours à eux ce qu'elle est véritablement, l'ouvrage sublime de la bonté divine; et en la voyant toujours attentive à leur bonheur, toujours consolatrice dans leurs peines, ils aimeront à en bénir l'auteur, et à l'honorer par l'hommage et la pratique de toutes les vertus.

ÉCOLES DE MÉDECINE.

La médecine vous demande aussi un établissement particulier.

C'est après avoir combiné ensemble les rapports de cette belle partie de la physique avec

5.

l'homme, et les vices des anciennes méthodes d'enseignement, et les vues particulières qui nous ont été communiquées par des hommes célèbres, que nous vous proposons avec confiance de régler l'enseignement de cette science, d'après les principes suivants :

D'abord les écoles seront partout organisées de la même manière ; dans toutes, on enseignera les mêmes objets ; on communiquera les mêmes pouvoirs ; on imposera les mêmes épreuves ; car c'est manquer essentiellement à l'homme que de requérir plus de savoir pour un lieu que pour un autre, pour les cités que pour les campagnes.

Jusqu'à ce jour on a divisé cet art en trois : la médecine, la chirurgie, la pharmacie, et il en est résulté un désaccord funeste et à l'art et aux hommes. Il est clair que ce sont les parties d'un même tout : elles doivent donc être réunies dans les mêmes écoles. Cet art doit sa naissance aux Grecs ; jamais chez eux la pharmacie et la chirurgie ne furent séparées de la médecine.

Tout collège de médecine, pour être complet, comprendra désormais dans son enseignement : 1° la physique connue sous le nom de médicale, c'est-à-dire appliquée dans toutes ses parties à l'art de guérir ; car c'est en elle que résident tous les principes sur lesquels peut se fonder cet art ; 2° l'analyse ou la connaissance exacte de toutes les substances que les trois règnes de la nature lui fournissent ; 3° l'étude du corps humain dans l'état de santé ; 4° celle des maladies, quant à leurs symptômes, à leur traitement, au

mode de les observer et d'en recueillir l'histoire ;
5e les connaissances requises pour être en état
d'éclairer, dans des circonstances difficiles, le jugement de ceux qui doivent prononcer sur la
vie et l'honneur des citoyens ; 6e enfin, car c'est
là que tout doit aboutir, l'enseignement de la
médecine pratique. Pour faciliter toutes ces parties d'un même enseignement, vous jugerez que
les écoles doivent être établies dans l'enceinte
même des hôpitaux ; car on ne peut trop rapprocher les institutions de ceux pour qui elles
sont plus nécessaires. C'est là que le bien des
malades est toujours d'accord avec les progrès de
l'instruction ; que la théorie ne marche point
au hasard, et que souvent un seul jour rassemble
tous les bienfaits de l'expérience d'un siècle ;
c'est là que les élèves commenceront par soigner
les malades pour être mieux en état de les traiter
un jour, qu'ils apprendront presque en même
temps à ordonner, à préparer, à appliquer les
remèdes, et que par là ceux qui se destineront
particulièrement à une des branches de l'art, se
trouveront, partant, suffisamment instruits sur
toutes.

Tel sera l'enseignement.

Il serait sans doute à désirer que tout département eût son école ; mais cette convenance doit
ici fléchir devant la nécessité. Il est clair que des
écoles de médecine trop multipliées, ne pourraient
se soutenir, soit parce qu'on manquerait de professeurs, soit parce qu'on manquerait d'élèves.

En matière d'enseignement, c'est avant tout, la

médiocrité qu'il faut qu'on éloigne : elle nuit de plusieurs manières, et parce qu'elle n'apprend pas, et parce qu'elle apprend mal, et parce qu'elle ne communique point aux élèves ce zèle, cet enthousiasme créateur que les grands talents peuvent seuls inspirer.

Quatre collèges complets ont paru suffire au besoin de tout le royaume.

Cependant, pour rapprocher le plus possible l'instruction de chaque lieu, on a pensé que tout corps administratif pourrait utilement établir, dans son arrondissement, une espèce d'école secondaire qui serait placée dans l'hôpital le mieux organisé du département. Là tous les jeunes gens peu favorisés de la fortune, mais annonçant des dispositions particulières pour l'état de médecin, seraient nourris et logés à peu de frais. Ils rendraient des services à la maison, et ils en recevraient en retour les premiers éléments de l'art, et par de bons livres élémentaires, et par des leçons pratiques de tous les jours. Leur éducation médicale ainsi commencée, quelquefois même terminée, ils n'auraient plus qu'à se transporter au collège de médecine le plus prochain pour y subir les examens requis, et y être, bientôt après, proclamés médecins.

La nécessité de ces examens doit être rigoureusement maintenue : car il faut ici surtout défendre la crédule confiance du peuple contre la séduction du charlatanisme. Il faut donc donner une caution publique à la profession de cet état ; mais en même temps vous voudrez que les anciennes lois coërcitives, qui fixaient l'ordre et le temps des études soient abolies. Vous ne souffrirez pas qu'aucune école s'érige en jurande ; ainsi ce ne sera plus le temps, mais le savoir qu'il faudra examiner ; on ne demandera point de certificats ; on exigera des preuves ; on pourra n'avoir fréquenté aucune école et être reçu médecin ; on pourra les avoir parcourues toutes, et ne pas être admis : par cette double disposition, on accordera parfaitement, et dans cette juste mesure qui est à désirer en tout, ce qu'exige la justice, ce que demande la liberté, et ce que réclame la sûreté publique.

Nota. — Il reste à pourvoir aux progrès de la science médicale, par le moyen des correspondances et par des travaux concertés, ainsi que font aujourd'hui les sociétés savantes et les corps académiques Cet objet fera partie du grand Institut où il doit être traité dans la section des sciences.

ECOLES DE DROIT.

Ce n'est qu'à dater de la Constitution que la science du Droit peut devenir une et complète. Jusqu'à cette époque, le Droit public, qui en fait partie essentielle, a été nécessairement une science occulte, livrée à un petit nombre d'augures qui la travestissaient à leur gré, ou plutôt c'était une science mensongère qu'il était impossible d'apprendre, parce qu'elle n'avait pas de réalité.

Le Droit privé était plus réel, plus constaté dans son existence ; mais son immensité, mais la multitude de ses éléments hétérogènes, accumulés par le temps et le hasard, devaient effrayer l'esprit le plus vaste, la raison la plus forte. Comment au milieu de ce chaos, retenir toujours le fil des principes, ou comment consentir à s'en passer? Ce n'était pas le vice de la science, encore moins celui de l'enseignement ; c'était celui de son objet.

On a fait pourtant de justes reproches à l'enseignement, ou plutôt à quelques abus du corps enseignant ; c'est celui qui portait sur la facilité scandaleuse des épreuves. Il serait impossible, il serait coupable de chercher ici à la justifier ; car elle tendait à avilir la science ; mais elle tenait à une cause qu'on ne peut imputer qu'au gouvernement. Les facultés de Droit étaient presque partout uniquement payées par les élèves ; de là la tentation de n'en refuser aucun, et d'en attirer beaucoup. Encore si cet abus, pour exister, avait eu besoin de l'assentiment du plus grand nombre des facultés, l'amour du bien public, le respect pour la science, et une sorte de décence l'auraient sans doute repoussé ; mais il suffisait qu'il existât une seule faculté dans le Royaume qui eût acquis cette déplorable renommée ; il suffisait même de la seule existence d'une faculté étrangère (celle d'Avignon) à laquelle il était libre de recourir, pour corrompre, sous ce rapport, l'enseignement général : car les facultés les plus attachées à leurs devoirs, après avoir lutté quelque temps pour le maintien de la règle, se sont vues contraintes à faire du moins fléchir un peu la rigueur des principes pour retenir des élèves qui [presque tous leur auraient inévitablement échappé. — Cet abus est facile à prévenir.

Quant à l'enseignement, il présente plusieurs difficultés. Le Droit n'est pas une science spéculative ; c'est la science de ce qui est, non de ce qui doit être, et ce sera aussi dans quelque temps encore la science de ce qui ne sera plus ; car malheureusement les mauvaises lois régnent après leur mort. Ainsi l'enseignement est condamné à se ressentir pendant plusieurs années des vices de nos anciennes lois qu'il faudra savoir, qu'il faudra accorder entre elles à l'époque où l'on se disposera à les détruire, ou même après qu'elles auront été détruites. C'est un état pénible pour la science, mais un état inévitable, et qui exigera pendant quelques années des précautions dans l'enseignement. Un temps viendra où toutes les parties de cette science s'éclaireront du jour de la raison : c'est lorsque que les Législateurs auront porté ce même jour sur le code entier de la Législation, et présenteront enfin un système de lois pures et concordantes, ramené à un petit nombre de principes. En attendant, l'enseignement doit profiter de ce qui est fait, en même temps qu'il souffrira de tout ce qui reste à faire.

Le premier objet que désormais il doit offrir, est la Constitution, ou le Droit public national, dont il puisera les principes dans le texte même de l'acte constitutionnel et dans les lois qui en contiennent le principal développement. Les maîtres trouveront des élèves préparés à cette instruction: les enfants en auront reçu la première leçon de la bouche de leur père ; ils auront grandi en répétant ces titres désormais imperdables, confiés de bonne heure à leur mémoire, et dont l'amour croîtra et se développera avec eux.

Malheur aux maîtres qui auront à traiter de si nobles sujets, s'ils restaient froids au milieu de ces élèves bouillants de jeunesse et de courage ; c'est à ces cœurs neufs et purs qu'il est facile de communiquer le saint enthousiasme du patriotisme et de la liberté. Combien de récits touchants pourront animer ces leçons, y répandre du charme et de l'intérêt ! Comme l'histoire de la patrie est utilement liée à l'enseignement de sa Constitution ! Comme cette histoire parle à l'âme dans un pays libre ! Quelles douces larmes elle fait répandre !

Après la Constitution sera placée la théorie des délits et des peines, et celle des formes employées par la société pour l'application de ses lois générales : car il est juste de faire connaître à ceux qui étudient le Droit, aussitôt qu'ils ont appris la Constitution, le code pénal qui en est l'appui, tant parce qu'il définit d'une manière exacte en quoi un citoyen peut offenser la Constitution, que parce qu'il déclare la peine qui doit suivre cette offense. D'ailleurs, rien ne touche de plus près au pacte social que la connaissance des peines auxquelles est soumis un membre de la société, quand il en a violé les lois.

Il serait utile que tous les citoyens connussent la forme des jugements en matière criminelle. C'est une épreuve que l'homme le plus vertueux n'est pas sûr de ne jamais subir ; et il lui importe de savoir, avec beaucoup d'exactitude, la marche que l'on doit suivre à son égard, comme aussi les droits qu'il est autorisé à réclamer pour mettre son innocence dans tout son jour, et ne perdre aucun de ses avantages par ignorance ou par faiblesse.

La connaissance des formes de la procédure criminelle ne saurait être trop généralement répandue dans un pays qui a le bonheur de posséder l'institution du jury. La fonction solennelle de juger un accusé et de prononcer la vérité sur un fait d'où peut dépendre l'honneur ou la vie d'un homme, n'exige pas à la vérité des connaissances judiciaires ; mais il est à désirer que ceux qui ont cette belle fonction à remplir, n'y soient pas tellement étrangers, qu'ils ignorent complètement en quoi elle consiste. Lorsqu'ils y seront initiés d'avance, ils s'en formeront une idée plus juste, et ils pourront la remplir avec une plus parfaite exactitude.

La science du Droit criminel aura donc peu de chose à enseigner aux adeptes, qui ne soit presque également nécessaire aux citoyens de toutes les professions ; et la perfection de cette science consistera à devenir assez claire pour qu'elle ne puisse jamais flatter l'amour propre d'un savant, mais pour qu'elle puisse facilement éclairer la conscience de tous ceux qui auront besoin d'y recourir.

Il est permis de désirer sans doute, mais il est plus difficile d'espérer que le Droit civil particulier puisse atteindre le même degré de simplicité. On se persuade aisément, quand on y a peu réfléchi, que cette partie du Droit n'est qu'un traité de morale naturelle; et la morale est la science que tous les hommes croient posséder, sans s'être crus obligés de l'acquérir par l'étude. Cependant si l'on veut songer à l'immense variété des transactions qui doivent nécessairement avoir lieu dans une nombreuse société d hommes entre qui les propriétés sont si inégalement réparties ; à la quantité do pièges que la ruse tend sans cesse à la bonne foi trop confiante ; à la multiplicité des formes décevantes sous lesquelles l'astuce peut se reproduire, on s'étonnera moins qu'il ait fallu réduire en art la bonne foi elle-même et fortifier par des règles fixes la sûreté des contrats qui devraient n'en avoir d'autres que l'intérêt réciproque et la loyauté des parties contractantes. C'est principalement dans cette partie de leurs lois que les Romains avaient porté cet esprit de sagesse et de justice, et cette méthode pure d'analyse, qui leur ont mérité la gloire de perpétuer la durée de leur législation bien au delà de celle de leur empire. Le *Digeste*, retrouvé vers le milieu du treizième siècle, frappa les esprits de tous les peuples qui le connurent, par ce degré d'évidence et de supériorité qui n'appartient qu'à la raison universelle.

C'était un juste hommage ; il n'y fallait pas ajouter un culte superstitieux. Des parties de législation trop favorables au pouvoir arbitraire, d'autres ridiculement contrastantes avec le reste de nos institutions, ne s'établirent pas moins impérieusement que les titres les plus raisonnables ; et la féodalité seule disputa aux lois romaines le sceptre de notre législation. Ainsi la France fut partagée en deux grandes divisions. La section la plus méridionale de l'empire accueillit le droit romain comme la loi unique ou dominante du pays ; les autres provinces, en admettant le droit romain comme raison écrite, continuèrent d'être régies par leurs usages qui se conservèrent longtemps par la tradition avant d'être fixés par l'écriture, et réduits en corps de coutume, tels que nous les voyons aujourd'hui ; mais dans tous les lieux on emprunta du droit romain les notions générales de justice et d'équité, et principalement celles qui concernent la théorie des contrats qui retrouve son application chez tous les peuples et dans tous les siècles, parce qu'elle tient aux premiers besoins des hommes.

Cette partie du droit romain mérite donc d'être enseignée partout, comme la raison écrite et comme la meilleure analyse des principales transactions que produit la société.

Ce serait un ouvrage vraiment utile et digne d'un siècle éclairé que d'extraire de cette vaste collection de lois et de décisions qui forment le corps du droit romain, les titres qui sont empreints de ce caractère éternel de sagesse qui convient à tous les temps. Un tel livre servirait de base à la réforme des lois, et rendrait aussi l'enseignement plus simple, plus clair et plus complet. Reste le droit coutumier qui régit la moitié de l'Empire. Il faudra encore quelque temps enseigner partout et l'esprit général des coutumes, et dans chaque département, la coutume du lieu.

Ce sera aussi pour les maîtres un devoir d'ouvrir, sous les yeux de leurs élèves, nos principales et plus célèbres ordonnances, celles de Moulins, d'Orléans, de Blois, etc., de leur faire remarquer par quels progrès ces lois s'acheminaient insensiblement vers une sagesse supérieure, accumulant, avec trop peu de méthode, des articles dont la plupart ne subsistent plus, mais dont plusieurs aussi règlent encore quelques-uns des objets les plus importants de l'ordre social. Les ordonnances des testaments et des donations trouveraient ici leur place. Je suppose celle des substitutions abrogée.

Cet enseignement devra se terminer par des leçons sur les formes de procédure civile : car, c'est peu de connaître les lois, si l'on ne connaît aussi les moyens d'y avoir recours et d'invoquer la puissance de la justice, soit pour obtenir la réparation des torts que l'on a soufferts, soit pour défendre sa propriété contre les agressions judiciaires auxquelles on est exposé.

Je ne dirai rien du droit canonique dont on prenait dans nos anciennes écoles quelques notions superficielles. Le petit nombre de vérités comprises dans cette science appartient à la théologie, dont nous avons fait un chapitre séparé.

Jusqu'à ce jour on a exigé que les élèves parcourussent tous les degrés et tous les temps de l'instruction ; la loi était inflexible à cet égard autant que minutieuse. Le temps des inscriptions le passage d'une classe à une autre, l'époque où chaque formalité devait s'accomplir, l'apparence même de l'assiduité étaient prescrits avec une importance qui n'admettait pas d'exceptions. Ainsi l'on exigeait tout, hors la science : car on peut feindre l'assiduité, éluder les précautions, remplir extérieurement de vaines formes ; mais la science seule ne se contrefait pas, et c'est elle seule qu'on a droit de demander aux élèves.

Une mesure uniforme de temps d'études est injuste à imposer, quand la nature a départi aux hommes une mesure inégale d'attention et de mémoire.

Offrez les secours de la méthode et les avantages de l'assiduité aux esprits dont ce double bienfait rendra la marche plus directe et plus sûre. Mais ne les commandez pas aux esprits dont l'ardeur n'y verrait qu'un assujétissement pénible, et le souffrirait avec impatience. Craignez que le dégoût d'une route uniforme et lente ne produise chez eux celui de la science elle-même.

Offrez à tous un fil conducteur. Ne donnez de chaînes à personne, et n'admettez que ceux qui parviendront au but, c'est-à-dire, qui seront véritablement instruits. Ne leur demandez pas quel temps ils ont mis à se former ; mais s'ils ont acquis beaucoup de connaissances ; ne les inter-

rogez pas sur leur âge, mais sur leur capacité;
non sur leur assiduité aux leçons, mais sur le
fruit qu'ils en ont tiré.

Qu'un examen long et approfondi réponde de
la capacité des aspirants ; mais que cet examen
ne soit pas illusoire ; que ce ne soit pas une vaine
formalité. On a trop longtemps bercé les hommes
avec des paroles, il est temps d'obtenir des réa-
lités ; qu'elles soient garanties par des moyens
infaillibles. La présence du public avant tout ;
car l'œil du public écarte l'ineptie par la honte
et rend impossibles les fraudes et les préférences.

Il existe dans l'émulation des élèves un ressort
puissant dont la main du Législateur habile doit
aussi s'emparer. Laissez-le ; joignez-y celui de
leur intérêt personnel, et vous aurez la meilleure
garantie de la réalité et de l'efficacité des examens.

Je propose donc que chaque élève subisse un
examen, dans lequel interrogé, pressé par ses collègues, il ait à répondre sur toutes les parties du
Droit dont se compose un cours complet d'enseignement. Que cet examen dure assez long temps pour
que l'épreuve ne puisse pas être superficielle, et
qu'il n'y ait aucun moyen d'éviter la honte d'i-
gnorer à ceux qui n'auraient pas pris la peine de
s'instruire.

Qu'à la fin de chaque cours les élèves et les
maîtres se réunissent pour désigner l'ordre des
places, à raison du degré d'instruction dont
chaque élève aurait fait preuve dans son examen,

et que cette liste soit rendue publique par l'impression.

On sent assez quelle serait la puissance de ce moyen sur des âmes toutes neuves encore pour le désir de la gloire et les faveurs de l'opinion publique. On sent combien un tel examen commanderait de préparations au récipiendaire, et comme il ranimerait l'ardeur de ses collègues, obligés d'être ses compétiteurs. Ainsi le mérite s'ouvrirait à lui-même les chemins de la fortune, car celui qui aurait été montré au public par ses propres rivaux comme le plus capable, jouirait bientôt de tous les avantages de sa confiance.

Mais chaque département aura-t-il un établissement d'instruction pour l'enseignement du Droit ? Plusieurs motifs doivent ici se combiner : celui de rapprocher les sources de la science des hommes qui auront intérêt d'y penser ; celui d'augmenter l'émulation des élèves, en appelant à un même foyer plus de concurrence, afin de créer une lutte plus active entre les talents rivaux ; celui d'augmenter l'émulation des maîtres, en leur offrant un plus grand concours de disciples, et de réserver les chaires de l'enseignement à des professeurs d'un mérite plus éprouvé ; enfin un grand intérêt politique vous porte à réunir, par des institutions communes, ces portions d'un même tout, qui ne doivent former de circonscriptions que sous des rapports administratifs, mais non toutes les fois qu'on les considère sous des rapports nationaux.

La meilleure distribution des établissements de

Droit sera celle qui aura concilié le plus de ces avantages, et il paraît que dix établissements de ce genre tiennent un juste milieu entre tous les partis qui ont été proposés. Alors il n'y aurait ni des écoles désertes à force d'être multipliées, ni des centres d'instruction trop éloignés des points qui doivent y aboutir.

ECOLES MILITAIRES

La partie de l'instruction publique relative aux éléments de l'art militaire et à l'éducation de ceux qui se destinent à cette utile profession, a des rapports nécessaires et des bases communes avec le système militaire de tout le royaume.

La France est partagée en vingt-trois divisions militaires. On se trouve naturellement conduit à placer dans chacune de ces divisions une école militaire, qui s'appellera école de division, et sera commune à tous les départements dont se compose la même division. C'est là que les jeunes gens destinés au métier des armes, et auxquels je suppose l'instruction qu'on peut acquérir dans les écoles primaires et dans celles de District, trouveront les moyens d'étendre les connaissances que leur destination leur rend plus nécessaires.

Ils ne seront admis dans ces écoles de division, ni avant l'âge de quatorze ans, ni après l'âge de seize. Ce qui fait une loi de cette double règle, c'est la nécessité de ne prendre les élèves qu'au moment où ils auront pu déjà parcourir les premiers degrés de notre échelle d'instruction, et

l'avantage incontestable de les introduire dans
la carrière militaire, assez jeunes pour qu'ils
puissent parvenir à tous les grades encore dans
la force de l'âge ; pour qu'ils ne soient pas atteints
par la vieillesse dans ces postes où il faut une
jeune ardeur, et où ils languiraient sans gloire
pour eux, sans utilité pour leur pays. Il est bon
d'observer que ces différences d'âge et d'avancement qui condâmnaient les uns à une torpeur
décourageante, tandis que les caprices de la faveur et de la naissance assuraient aux autres une
marche rapide et privilégiée, étaient précisément
un de ces vices invétérés de l'ancienne administration, dont vous devez le plus soigneusement
préserver à l'avenir cette profession.

Le cours des études et exercices militaires sera
de quatre années, dont deux dans les écoles de
division. On enseignera, par un mélange combiné de travaux sérieux et de distractions instructives, les premières connaissances militaires, le
maniement des armes, les langues anglaise et
allemande, le dessin, les éléments de mathématiques appliqués à l'art de la guerre, surtout la
géographie et l'histoire.

Il est inutile de dire que ces jeunes citoyens
devant diriger leur premier intérêt vers le pays
qui les a vus naître, on leur donnera une idée
plus ou moins développée des productions et des
gouvernements des différentes parties du monde,
suivant la nature des relations qu'elles ont avec
nous ; que la description géographique de la
France sera l'objet particulier de leurs études

sur cette matière, comme on placera antérieu-
rement à tout des notions plus approfondies de
notre constitution, qui confirmeront et agran-
diront celles qu'ils auront déjà pu recueillir dans
les écoles primaires et de district.

C'est à ce dernier genre d'instruction qu'il faut
rapporter l'explication d'un catéchisme de morale
sociale et politique, dans lequel seront exposés
les droits et les devoirs de l'homme en société,
ce qu'il doit à l'Etat, ce qu'il doit à ses semblables.
De ces principes qui sont les bases fondamentales
de la Constitution française, et de la nécessité
de conserver l'action de tous les ressorts de la
machine sociale, on déduira de nouveaux rapports, ceux des chefs et des subordonnés, rapports dérivant de la nature même des choses qui,
loin de nuire à la liberté, à l'égalité, sont indispensables pour le maintien de l'une et de l'autre.

Le véritable instituteur a toujours un but
moral, une idée souveraine vers laquelle se dirigent toutes ses intentions. Celle qui ne doit
jamais l'abandonner dans l'apprentissage de l'art
militaire, c'est l'idée de la subordination, cette
compagne naturelle de l'amour réfléchi de la liberté, cette première vertu du guerrier, sans
laquelle un Etat n'aura jamais une armée protectrice. Il fera donc sortir de toutes les leçons de
l'histoire et de tous les résultats de la réflexion,
il rendra sensible à ses élèves, par les exemples
comme par les raisonnements et par l'impression
de l'habitude, la nécessité de cette subordination. Il
les armera contre cet étrange abus du raisonne-

ment, qui voudrait présenter l'obéissance militaire comme en contradiction avec les principes de l'égalité ; comme si, là spécialement où tous sont égaux, où tous ont concouru à la formation de la loi, tous ne devaient pas également obéir à ceux que la loi autorise à commander. Enfin nos écoles militaires élèveront à la fois des citoyens libres, des soldats subordonnés, et par conséquent de bons chefs.

Outre ces écoles de division, il y aura six grandes écoles militaires pratiques, qui seront placées aux frontières du Royaume, dans les villes les plus considérables et les places de guerre les plus importantes, à Lille, Metz, Strasbourg, Besançon, Grenoble et Perpignan. Comme ces grandes écoles ont un autre objet que les écoles de division, leur organisation sera nécessairement différente. Elles sont spécialement destinées à réaliser, par une pratique journalière, un genre d'instruction que la seule théorie laisse toujours imparfait, et à transporter parmi les habitudes de la première jeunesse les exercices et évolutions auxquelles elle est singulièrement propre, et tous les détails d'un régime actif et sévère, étranger aux arts d'agrément. Elles seront donc instituées sur le pied militaire, et pour mieux remplir leur principal objet, qui est de former de bons officiers, elles serviront aussi à élever des soldats.

Il sera entretenu dans chacune de ces grandes écoles, des jeunes gens de douze à quinze ans, qui seront nommés par les départements en proportion de ce que chacun d'eux fournit commu-

nément de soldats à l'armée et choisis de préférence parmi les enfants d'anciens soldats et les
pauvres orphelins. C'est pour cette classe un établissement de bienfaisance, en même temps qu'un
moyen d'instruction plus parfaite pour ceux qui
sont destinés au commandement. Il sera de plus
attaché à chaque grande école un certain nombre
d'élèves tirés des écoles de division par la voie
d'un concours dont les formes seront prescrites
et à l'aide de cette épreuve, on fera sortir de ces
grandes écoles tous les sous-lieutenants de l'armée.

Déjà l'on aperçoit la base sur laquelle s'élèvera
tout le système de l'avancement militaire, qui
n'appartient plus à mon travail, mais que j'ai dû
vous montrer, épuré dans la source de tous les
anciens abus, et assurant l'exécution de ce grand
acte de raison et de justice par lequel vous avez
déclaré tous les citoyens admissibles à toutes les
places et emplois.

Je ne m'arrêterai point à tous les détails de ces
établissements qui, par leur nature, se rapportent souvent à un autre ordre de choses, et doivent être renvoyés au système de l'organisation
militaire. Je me bornerai à vous présenter quelques résultats, dont vous trouverez facilement les
motifs dans vos principes, ou dans une utilité
reconnue.

Les grandes écoles seront établies dans un corps
de caserne isolé, qui n'ait point de communication
immédiate avec un autre. Le service intérieur
s'y fera comme dans une place de guerre. Chaque

école formera un régiment d'infanterie, où les grades supérieurs offriront d'honorables retraites aux anciens officiers des troupes de ligne, en même temps que d'utiles exemples aux jeunes gens, et où ceux-ci seront distribués dans les différentes compagnies, soit comme élèves-officiers, soit comme élèves-soldats, mais de manière que tous aient commencé leur apprentissage comme soldats et aient passé successivement par tous les grades.

Les élèves-officiers et les élèves-soldats recevront une instruction particulière et une instruction commune.

On expliquera aux élèves-officiers un traité de fortifications, les éléments de l'artillerie, toutes les parties du service de l'administration militaire, et on perfectionnera en eux les différentes connaissances qu'ils auront pu acquérir aux écoles de division.

On donnera aux élèves soldats la même instruction qui est prescrite pour les écoles primaires.

Tous les élèves, soit officiers, soit soldats, seront habituellement environnés et fortement pénétrés des idées simples de la morale, que les écoles de division m'ont donné occasion d'indiquer, et qui recevront pour chacun un développement proportionné à son intelligence et à sa destination.

Il en résultera que le premier apprentissage de l'art militaire, transporté à sa véritable place, dans le ressort de l'instruction publique, ne se fera plus comme autrefois dans les régiments qui ont droit

d'exiger de ceux qu'ils reçoivent des connaissances préliminaires, et un service réel et actif. Et
notre système complet, sera tel dans son ensemble
et dans ses différentes branches que les citoyens
verront la carrière des places militaires ouverte
à tous, également ; que les officiers comme les
soldats, apprendront leurs devoirs de citoyens, en
même temps que leurs devoirs de guerriers ; et
qu'enfin la société entière, en s'acquittant envers
ses membres de la dette sacrée d'une bonne éducation, multipliera tout à la fois ses moyens de
défense contre ses ennemis, et ses motifs d'une
juste confiance en ses défenseurs.

INSTITUT NATIONAL.

Lorsque les écoles primaires des cantons, et les
collèges des districts et des départements seront
organisés, on aura préparé l'instruction de l'enfance, de la jeunesse, et même celle d'une partie
des fonctionnaires publics ; mais il faudra pourvoir encore aux progrès des lettres, des sciences
et des arts.

Il faudra terminer l'éducation de ceux qui se
destinent spécialement à leur culture. Nous proposons dans cette vue l'établissement d'un Institut national, où se trouve tout ce que la raison
comprend, tout ce que l'imagination sait embellir,
tout ce que le génie peut atteindre ; qui puisse
être considéré, soit comme un tribunal où le bon
goût préside, soit comme un foyer où les vérités

se rassemblent ; qui lie, par des rapports utiles,
les départements à la capitale, et la capitale aux
départements ; qui, par un commerce non interrompu d'essais et de recherches, donne et reçoive,
répande et recueille toujours ; qui, fort du concert
de tant de volontés, riche de tant de découvertes
et d'applications nouvelles, offre à toutes les parties des sciences et des lettres, de l'économie et
des arts, des perfectionnements journaliers ; qui,
réunissant tous les hommes d'un talent supérieur
en une seule et respectable famille, par des correspondances multipliées, par des dépendances
bien entendues, attache tous les établissements
littéraires, tous les laboratoires, toutes les bibliothèques publiques, toutes les collections, soit des
merveilles de la nature, soit des chefs-d'œuvre
de l'art, soit des monuments de l'histoire, à un
point central ; et qui, de tant de matériaux épars,
de tant d'édifices isolés, forme un ensemble important, unique, propre à faire connaître au
monde, et ce que la philosophie peut pour la
liberté et ce que la liberté reconnaissante rend
d'hommages à la philosophie.

Pour que ce projet ait son entière exécution,
l'Institut doit embrasser tous les genres de connaissances et de savoir. Jugeons par ce que l'esprit humain a fait, de ce qu'il est capable de faire
encore ; examinons ce qu'il est, ce qu'il peut être,
et que ses facultés nous apprennent à satisfaire à
ses besoins.

PROGRAMME

*Des Sciences philosophiques, des Belles-Lettres
et des Beaux-Arts.*

L'homme sent, il pense, il juge, il raisonne, il
invente, il communique ses idées par des gestes,
par des sons, par des discours écrits ou prononcés ; il communique ses affections par l'harmonie
des vers, des sons, des formes et des couleurs ;
il les consacre par des monuments ; il recherche
quelle est la nature des êtres, ce qu'il est lui-
même, ce qu'il doit, ce qu'on lui doit, ce qu'il peut
et ce qu'il fut.

PROGRAMME

*Des Sciences mathématiques et physiques
et des Arts mécaniques.* ·

Vu sous d'autres rapports, l'homme sait calculer les nombres et mesurer l'étendue. Quatre
grands moyens lui ont dévoilé la connaissance
des corps ; l'observation qui suffit à leur histoire,
l'expérience qui en a découvert le mécanisme,
l'analyse et la synthèse qu'il invoque pour en
approfondir la composition intime. A l'aide de
ces moyens, il considère dans la matière ses propriétés générales, ses états divers, le mouvement
et le repos ; dans l'atmosphère son poids, sa tem-
pérature, ses balancements et ses météores ;
dans les sons leur intensité, leur vitesse, leur
mélange et leur harmonie ; dans la chaleur, sa

communication et ses degrés; dans l'électricité, ses courants, son équilibre, ses chocs, et ses orages; dans la lumière, sa propagation et ses couleurs; dans l'aimant, son attraction et ses pôles; dans le ciel, les astres dont les phénomènes lui sont connus; sur la terre, les minéraux qu'il recueille, les métaux qu'il prépare; les végétaux qu'il classe, dont il examine les organes et les produits; les animaux dont il étudie les formes, les mœurs, la structure, les éléments, la vie et la mort, la santé et les maladies; les champs qu'il cultive; les chemins qu'il ouvre; les canaux qu'il creuse; les villes qu'il fortifie; les vaisseaux dont il se sert pour communiquer avec les deux mondes; les forces combinées qu'il oppose à ses ennemis, et les arts nombreux qu'il inventa pour plier la nature à ses besoins.

Celui qui se place au milieu de cette immensité, ne sait où reposer sa vue, Partout ce sont des foyers de lumière, et l'œil s'étonne également de ce qu'il voit en masse, et de ce qu'il aperçoit en détail. Ce sont ces trésors de la plus haute instruction qu'il importe de ranger dans le meilleur ordre, et que la nation doit ouvrir à tous ceux qui sont en état d'y puiser.

Quoiqu'il n'existe pas de tableau aussi complet des connaissances humaines, nous sommes bien loin, en vous proposant d'accepter ce travail, de vouloir mettre des bornes au génie des découvertes, en traçant autour de lui ce cercle compressif de la loi.

Nous avons voulu seulement disposer avec ordre toutes nos richesses, et imiter les naturalistes, qui, pour aider notre faible mémoire, ont classé tous les trésors de la nature, sans prétendre ni la borner, ni l'asservir.

Aussi, notre travail est composé de deux parties ; l'histoire de l'homme moral y contraste avec celle de l'homme physique ; les sciences purement philosophiques marchent à coté des sciences d'observation ; les beaux-arts terminent la première série, comme les arts mécaniques se trouvent à la fin de la seconde. Partout les masses principales se correspondent dans ces deux grandes divisions : dans la première, tout est rationnel, philosophique, littéraire ; dans la seconde tout est soumis à la précision de l'expérience. Dans l'une comme dans l'autre, la raison a besoin d'être forte. La mémoire, aidée d'une bonne méthode, classera des objets nombreux, et l'imagination trouvera, dans les inspirations de l'éloquence, soit dans la haute théorie du calcul, soit dans les découvertes de la physique, soit dans les inventions des arts, cet aliment qui la nourrit et la dispose aux grandes conceptions.

Avant notre époque, les établissements relatifs aux progrès des lettres, des sciences et des arts, n'étaient point d'accord entre eux : ils n'avaient point été disposés pour s'aider mutuellement, pour se correspondre ; les préjugés y dominaient, la naissance osait y remplacer le savoir et le talent.

Maintenant que toute illusion a cessé, il faut briser les formes discordantes de ces établisse-

ments divers, et les fondre en un seul où rien ne
blesse les droits de l'égalité et de la liberté, auquel nous puissions ajouter ce qui manque aux
premières institutions, et d'où ce qui ne tient
qu'à un vain luxe, soit scrupuleusement banni.
Dans un moment où tant de débris dispersés
d'abord, changés bientôt en matériaux, étonnent
par la place qu'ils occupent dans des constructions
jusqu'à présent inconnues parmi nous, dans un
moment où tant de ressorts se meuvent pour la
première fois, au milieu de toutes les inquiétudes
qui agitent les esprits, serait-il prudent d'abandonner au hasard des circonstances le sort des
sciences, des lettres et des arts? N'est-ce pas,
lorsque tant d'idées, tant de lois, tant de fonctions
sollicitent des expressions nouvelles, lesquelles
demandent toutes à être inscrites dans le vocabu-
laire de la langue française, qu'il faut cependant
l'enrichir sans cependant le surcharger? N'est-ce
pas, lorsque sur nos théâtres, la scène s'étend à
tous les états, à toutes les situations de la vie, et
lorsqu'en se prêtant ainsi à toutes les formes, il
est à craindre qu'elle ne dégénère par cela même
qui doit contribuer à l'agrandir? N'est-ce pas,
lorsque les orateurs de nos tribunes nationales,
doivent réfléchir longtemps encore sur le genre
d'éloquence qui convient à leurs discours, lorsque
la chaire elle-même offre un champ nouveau, et
que, dans les tribunaux comme ailleurs, ce n'est
plus l'ancien langage qui peut être entendu;
n'est-ce pas alors que les hommes les plus exercés dans la connaissance du beau, que ceux dont

le goût est le plus sûr, doivent se réunir pour traiter de ces nouvelles convenances, et pour diriger dans toutes ces routes la jeunesse impatiente de les parcourir ? N'est-ce pas, lorsque, pour la première fois, on va enseigner la morale et la science du gouvernement, que les maîtres les plus habiles doivent unir leurs efforts ? Et ne convient-il pas que ces premières écoles soient dirigées, non par un seul, mais par tous ceux qui excellent dans cette belle application des vérités dont la philosophie a fait présent au genre humain ? N'est-ce pas lorsque l'histoire va être lue, et surtout écrite dans un nouvel esprit ; lorsque les beaux-arts naturellement imitateurs, doivent s'embellir de l'éclat de leur patrie ; lorsque les sciences vont être invoquées de toutes parts ; lorsque le charlatanisme qui, dans les états libres, est toujours plus entreprenant, aura besoin d'être fortement réprimé ; lorsqu'il importe à l'accroissement du commerce et de la richesse nationale, que les arts se perfectionnent ; n'est-ce pas alors que tous les citoyens connus par leurs talents dans ces divers genres, doivent être invités à réunir leurs efforts pour remplir ces vues utiles et pour achever cette partie de la régénération de l'Etat ? En France, on désire, on recherche, on honore même les lumières ; mais on ne peut disconvenir qu'elles ne sont pas encore assez répandues pour qu'on puisse confier à la liberté seule le soin de leur avancement. Il est du devoir de la nation d'y veiller elle-même ; il faut donc, par un établissement nouveau, ramener toutes nos

connaissances et tous les arts à un centre commun
de perfectionnement ; il faut y appeler de toutes
les parties de l'Empire le talent réel et bien
éprouvé; il faut que de chaque département, et aux
frais de la nation, une, quantité d'élèves choisis,
et ne devant leur choix qu'à la seule supériorité
reconnue de leur talent, viennent y compléter
leur instruction.

Nous sommes bien loin toutefois de nous
opposer aux associations littéraires et aux autres établissements de ce genre, ni d'astreindre
aucun individu à suivre telle route dans son éducation privée ou ses méthodes d'enseignement.
Le talent s'indigne quelquefois de la marche di-
dactique et réglementaire qu'on voudrait lui
imposer ; et vous donnerez une preuve de plus
de votre amour pour la liberté, en la respectant
jusque dans ses bizarreries et ses caprices.

En s'occupant de la formation de l'Institut national, on se demande d'abord s'il sera divisé en
un grand nombre de sections distinctes et séparées. L'existence d'une des plus illustres académies nous paraît répondre complètement à
cette question. L'*Académie des sciences* embrasse
toutes les branches de l'histoire naturelle et de
la physique, avec l'astronomie et ce que les mathématiques ont de plus transcendant ; et l'expérience de plus d'un siècle a prouvé que tant de
parties différentes peuvent non seulement être
traitées ensemble et dans les mêmes assemblées,
mais qu'il y a dans cette réunion un grand avantage, en ce que l'esprit de calcul ou de méthode

s'étant communiqué à toutes les classes de l'académie, chacun se trouve forcé d'être exact dans
ses recherches, clair dans ses énoncés et serré
dans ses raisonnements : qualités sans lesquelles
on ne peut ni faire une expérience, ni déduire
des résultats des observations qu'on a re-
cueillies.

On peut répondre aussi à ceux qui demande-
raient que l'Institut fût divisé en un grand
nombre de sections, que les sciences s'enchaînent
toutes, qu'elles se prêtent un mutuel appui, et
qu'on les voit chaque jour s'identifier en quelque
sorte en se perfectionnant. Loin de nous donc
cette manie de diviser, qui détruit les liaisons,
les rapports, qui coupe, qui isole, qui anéantit
tout.

Un tableau présentera les sciences physiques et
les arts rangés dans une seule section en dix
classes, qui comprennent : 1º les mathématiques
et la mécanique ; 2º la physique ; 3º l'astronomie ;
4º la chimie et la minéralogie ; 5º la zoologie
et l'anatomie ; 6º la botanique ; 7º l'agriculture ;
8º la médecine, la chirurgie, la pharmacie ; 9º l'architecture sous le rapport de la construction ;
10º les arts.

Les objets dont les quatre dernières classes
doivent s'occuper, étant très étendus et ayant
besoin d'une longue suite d'essais d'un genre qui
leur est propre, il nous a semblé que chacune
d'elles devait se réunir en particulier, en admettant à ses séances seulement celles des autres
classes qui ont des rapports immédiats avec ses

travaux. Par exemple, la classo de médecine et de chirurgie appellera à ses assemblées les anatomistes, les chimistes et les botanistes qui sont distribués dans les premières classes de la section des sciences physiques. Les botanistes seront encore appelés par la classe d'agriculture ; les géomètres le seront par celle de construction, et les mécaniciens par celle des arts.

Ces classes surajoutées suffiront pour communiquer à celles qui s'assembleront séparément, l'esprit qui animera les premières, et cependant celles-ci continueront de marcher ensemble, parce qu'il est impossible de rien changer, sous ce rapport, dans leur combinaison qu'on doit regarder comme un modèle.

Quoique séparées dans leurs séances ordinaires, les quatre dernières classes suivraient les mêmes usages que les premières ; elles obéiraient aux mêmes règlements et aux mêmes lois ; les résultats de leurs recherches seraient réciproquement communiqués entre elles, et leurs assemblées publiques se tiendraient en commun.

Comme il ne doit y avoir qu'une seule section pour les sciences physiques et les arts, il ne doit y en avoir qu'une aussi pour les sciences morales et philosophiques, pour les belles-lettres et les beaux-arts. L'histoire ne peut être séparée ni de la morale, ni de la science du gouvernement. Et pourquoi rangerait-on à part les belles lettres qui se mêlent avec tant de charme aux discussions les plus sérieuses ? C'est elles qui donnent aux écrits des philosophes cet intérêt de style sans lequel

on a difficilement des lecteurs, et elles trouveront
elles-mêmes, soit dans les annales de l'histoire,
soit dans les ouvrages des législateurs, des rap-
prochements inattendus, des vues hardies, une
instruction solide dont l'éloquence peut faire
l'usage le plus noble et le plus utile. Certes la
science de la grammaire, qui ne doit être étrangère à aucun homme de lettres, et les préceptes
de l'éloquence sont moins éloignés de l'étude de
l'histoire et de la morale, ou, si l'on veut, de la
science du gouvernement, que la chimie ne l'est
de l'astronomie, ou que l'étude des plantes ne l'est
de celle des mathématiques. Les personnes qui
cultivent les sciences philosophiques et les belles-
lettres, peuvent donc être rassemblées dans les
mêmes séances ; et puisque cette réunion est possible, il faut qu'elle ait lieu ; car c'est en séparant
les hommes en de petites associations, qu'on voit
leurs prétentions s'accroître et l'esprit de corps,
si opposé à l'esprit public, créer pour eux des
intérêts différents de ceux que le bien général
indique.

La section des sciences philosophiques, des
belles-lettres et des beaux-arts, qui compose
l'autre division de notre tableau, est, comme
celle des sciences physiques et des arts, divisée
en dix classes, qui comprennent : 1º la morale ;
2º la science du gouvernement ; 3º l'histoire ancienne et les antiquités ; 4º l'histoire et les langues
modernes ; 5º la grammaire ; 6º l'éloquence et la
poésie ; 7º la peinture et la sculpture ; 8º l'architecture, sous le rapport de la décoration et des

beaux-arts ; 9° la musique ; 10° l'art de la déclamation.

Les six premières classes, dans cette section comme dans celle des sciences physiques, tiendront des séances communes, et les quatre dernières se réuniront chacune séparément, en admettant à leurs assemblées celles des autres classes dont les recherches seront analogues à leurs travaux. Ainsi, les peintres trouveront à s'instruire dans le commerce des poètes, des historiens et dans celui des amateurs de l'antiquité. Les élèves dans l'art de la déclamation recevront des conseils utiles de la part des auteurs dramatiques les plus exercés. Cette réciprocité de services pourra même s'étendre de la section des sciences physiques à celle des belles-lettres. Les peintres, par exemple, auront besoin des lumières des anatomistes qui appartiennent à la cinquième classe de la seconde section. L'Institut national, renfermant tous les genres de savoir, offrira aussi tous les genres de secours à ceux qui viendront les invoquer.

Jusqu'ici nous avons présenté l'Institut comme divisé en deux grandes sections ; mais, sous un autre aspect, ces deux sections réunies formeront un grand corps représenté par un Comité central, auquel chacune des vingt classes enverra un député qui stipulera pour les intérêts de tous. Ce Comité surveillera l'exécution des lois de l'Institut, et s'occupera principalement de ce qui concerne son administration.

On se tromperait, si l'on regardait l'Institut national comme devant être concentré dans Paris. Ses nombreuses dépendances se répandront dans les départements. Les différentes branches des sciences physiques, qui comprennent la géographie, la navigation, l'art militaire, l'architecture itinéraire et hydraulique, la métallurgie, l'agriculture et le commerce, auront leur foyer principal dans les ports, dans les places, dans les villes de guerre, près des mines. soit en France, soit même dans les pays étrangers, sur les sols de diverse nature, et dans les ateliers des arts.

Ainsi la classe de peinture et de sculpture continuera d'avoir un collège à Rome.

Ainsi la classe des antiquités orientales pourrait en avoir une à Marseille.

Ainsi des voyageurs français, choisis par des différentes classes, parcourront le globe, soit pour le mesurer, soit pour en connaître la composition et la structure, pour en étudier les productions, pour en observer les habitants, et rassembler les connaissances qui peuvent être utiles aux hommes.

Le véritable but de l'Institut national étant le perfectionnement des sciences, des lettres et des arts, par la méditation, par l'observation et par l'expérience, il ne saurait s'établir trop de communications entre le public et les différentes classes qui le composent.

L'Institut correspondrait avec avec les départements pour tout ce qui serait relatif à l'éducation, à l'enseignement et aux nombreux travaux sur lesquels des savants de divers genres peuvent être consultés.

Les assemblées des différentes classes de l'Institut seraient ouvertes à ceux qui désireraient y lire des mémoires, y présenter des ouvrages et demander des conseils pour se diriger dans leurs recherches.

L'Institut communiquerait encore avec le public par les ouvrages qu'il ferait paraître, et par les essais de divers genres qu'il multiplierait sous ses yeux.

Enfin, l'Institut serait enseignant. Il est une classe maintenant très nombreuse d'hommes entièrement voués à l'étude des lettres, des sciences et des arts, qui, après être sortis des collèges, ont besoin de l'entretien et des conseils des grands maîtres ; ils demandent qu'on leur enseigne ce que la philosophie a de plus abstrait ; ce que les mathématiques offrent de plus savant ; ce que l'expérience a de plus difficile ; ce que le goût a de plus délicat. C'est dans le sein de l'Institut qu'on doit trouver naturellement de telles leçons. L'Institut doit donc être enseignant ; et ce nouveau rapport d'utilité publique formera l'un de ses principaux caractères.

Cette fonction ne nuira point à celles que déjà nous lui avons attribuées. Les séances tenues par l'Institut seront essentiellement séparées de l'enseignement dont il s'agit ; et cet enseignement lui-même, quoique très distinct des assemblées, n'en sera pourtant, en quelque sorte, qu'une extension : car les professeurs, élus en nombre suffisant par les classes, feront connaître dans leurs leçons, non la partie élémentaire de la science ou de l'art, mais ce qui tiendra de plus près au progrès, au perfectionnement de l'une ou de l'autre : ce qui pourra servir, en un mot, de complément à l'instruction ; de sorte que, pour ce genre d'enseignement, ce ne serait peut-être pas comme pour l'enseignement élémentaire, celui qui s'exprimerait avec le plus de netteté sur la science, mais celui qui aurait le plus fait pour elle, et qui laisserait le plus à penser aux élèves, qu'il faudrait choisir.

Jusqu'à ce jour un assez grand nombre de chaires établies à Paris, soit au Collège-Royal, soit au Jardin des Plantes, soit au collège de Navarre, et des Quatre-Nations, soit au Louvre, étaient destinées à l'enseignement des sciences naturelles et philosophiques et à celui de quelques-unes des parties des belles-lettres et des beaux-arts ; mais il n'y avait entre ces différentes chaires, non plus qu'entre les divers corps académiques, ni liaison, ni harmonie. Différentes autorités, quelquefois très opposées entre elles, dirigeaient ces établissements, et nulle part on n'avait senti que cette sorte d'enseignement dût s'exercer, non sur les premiers principes, mais sur les difficultés à vaincre : or cependant, il n'est presque aucune des principales divisions des connaissances humaines qui ne doive être enseignée dans les collèges de district ou de département. Il ne faut donc pas que les professeurs de l'Institut répètent ce qui aura été dit longuement ailleurs. Ils n'oublieront jamais que c'est à l'avancement de la science qu'ils seront destinés, ainsi que l'Institut

dont ils feront partie. Toutes les chaires fondées
au Collège-Royal, au Jardin des Plantes, etc., doivent donc disparaître, parce que, telles qu'elles
sont, la plupart n'entreraient pas dans le plan de
l'Institut où ces chaires se retrouveront sous une
autre forme.

Mais pour que l'Institut fasse tout le bien que
la nation doit en attendre, il faut que chacune des
classes qui la composent, possède les moyens de
donner à ses travaux toute la perfection dont ils
sont susceptibles. Les unes auront besoin d'un
laboratoire, d'une collection d'instruments, de
machines, de modèles : aux autres, il faudra un
jardin, un champ, une ménagerie, un troupeau ;
toutes réclameront les secours des grandes bibliothèques et une imprimerie riche en caractères de
tous les genres ; toutes désireront qu'une correspondance active leur apprenne quel est, dans
les pays étrangers, l'état des sciences, des lettres
et des arts ; que tous les ouvrages curieux, que
les instruments, que les machines nouvelles qui
les intéressent, leur soient communiqués, après
qu'ils auront été inscrits sur le catalogue de la
collection à laquelle ils devront appartenir, et
qu'un nombre suffisant d'interprètes soit chargé
de traduire ceux de ces écrits dont on croira que
les connaissances seront les plus utiles à répandre.

Ainsi organisées, les classes de l'Institut auront des rapports avec les divers établissements
qui seront analogues à leurs travaux. Le Jardin
des Plantes dépendra des classes de botanique et
d'agriculture ; le Muséum, de celles d'histoire na-

turelle et d'anatomie ; les collections de machines, de celles de mécanique et des arts ; le cabinet de physique appartiendrait à la classe de physique expérimentale ; l'École des mines serait dirigée conformément aux vues de la classe de chimie ; les collections d'antiques et de médailles le seraient par celle d'histoire, et les galeries de tableaux, de statues, de bustes et l'école gratuite de dessin le seraient par les classes des beaux-arts ; les bibliothèques seraient une dépendance commune à toutes les classes de l'Institut qui, formé de cette manière, présenterait une sorte d'encyclopédie toujours étudiante et toujours enseignante ; et Paris verrait dans ses murs le monument le plus complet et le plus magnifique qui jamais ait été élevé aux sciences.

Pour s'assurer que le choix des membres et des professeurs de l'Institut serait toujours déterminé par la justice, il serait ordonné aux classes qui auraient fait ou proposé ces élections, d'en rendre publics les motifs, en les adressant à la législature.

Encore quelques réflexions pour répondre à toutes les questions qui pourraient être faites.

1° Lorsque nous avons dit que les professeurs de l'Institut national n'enseigneraient pas les éléments des sciences et des arts, mais ce que leur étude offre de plus difficile et de plus élevé, nous avons établi un principe général qui souffre quelques exceptions dans notre plan. Ces exceptions ont lieu, lorsqu'il s'agit d'une science ou d'un art qui n'est enseigné ni dans les écoles primaires, ni dans celles de district, ni dans celles de département ; et lorsqu'il importe que cet enseignement se fasse d'une manière complète dans une école qui, étant unique, nous a paru devoir être annexée à l'Institut. Telles sont les classes des beaux-arts et celle d'architecture, considérée sous le rapport de la construction.

2° L'architecture décorative est essentiellement liée aux beaux-arts parmi lesquels on la trouvera rangée dans notre tableau. Mais la réunion des moyens qui peuvent donner aux constructions de la stabilité, de la durée, et les rendre propres à remplir l'objet de leur destination, tient surtout aux sciences mathématiques et physiques. Il s'agit en effet dans ces divers travaux, ou de la science des formes, ou de celle de l'équilibre et du mouvement. La science des formes comprend toutes les recherches géométriques au moyen desquelles on considère des corps, des surfaces et des lignes dans l'espace.

La plupart de ces dimensions n'étant point susceptibles d'être tracées sur une surface plane, il faut les représenter d'une manière artificielle, c'est-à-dire, par leur projection, et pouvoir, lorsqu'on les exécute, revenir des projections à la courbe réelle. Les personnes de l'art les plus instruites, conviennent qu'il n'existe point d'ouvrage complet sur cette matière tout à fait géométrique : il est donc à désirer qu'elle devienne l'objet d'une étude suivie et celui d'un enseignement qui lui soit particulièrement destiné.

La science du mouvement et de l'équilibre,

prise dans l'acception la plus étendue, peut être
considérée comme la collection d'autant de
sciences particulières qu'il y a d'objets principaux
auxquels elle peut être appliquée. L'enseignement de la partie de la mécanique qui est relative à la construction, ne peut donc pas être
confondu avec l'enseignement abstrait et indéterminé de la mécanique en général, et il faut que
l'application en soit confiée à un homme très
versé dans ces deux genres d'étude.

Il sera facile aux élèves de réunir les leçons sur
la partie décorative à celles dont la classe de
construction sera spécialement occupée.

Ainsi, l'espèce de séparation qu'offre notre tableau à l'article de l'architecture, ne peut avoir
aucun inconvénient réel, puisque, dans le fait,
les étudiants peuvent le regarder comme n'existant pas, et se conduire en conséquence.

3o Deux chaires nous ont paru devoir suffire,
vu l'état actuel des connaissances, pour l'enseignement de l'agriculture : l'une comprendra tout ce
qui a rapport aux eaux, aux terres, à leurs produits et aux animaux ; l'autre, ce qui est relatif
aux bâtiments et aux instruments aratoires.

Ces chaires nous ont semblé devoir être établies dans les villes, soit parce que l'agriculture
ne peut faire de grands progrès sans le secours
des autres sciences que l'on y cultive également,
soit parce que les auditeurs que l'on peut espérer
d'y avoir, seront plus en état d'entendre ces sortes
de leçons et d'en profiter. Ces auditeurs seront
principalement des propriétaires aisés et instruits,

dont le nombre va s'augmenter par le nouvel ordre de choses, et ceux qui se destinent aux fonctions curiales, qui, par la nature de leur ministère, peuvent, mieux que tous autres, propager des vérités agricoles. Deux chaires d'économie rurale et domestique pourraient d'abord être établies au Jardin des Plantes. Une partie de ce jardin serait destinée à la formation d'une École de botanique économique, en même temps qu'un terrain, situé près de Paris, et qui dépendrait du Jardin des Plantes, servirait aux travaux combinés des classes de botanique et d'agriculture. Le professeur ferait connaître les divers produits qu'on retire des végétaux que le laboureur cultive. Il aurait à sa disposition, un local où seraient élevés des animaux domestiques; et les instruments agraires seraient confiés à sa garde. Il paraîtrait prudent de fonder d'abord ces deux chaires à Paris, et l'on jugerait par leur succès, s'il serait convenable d'en établir de pareilles dans les principales villes du royaume. Le département de la Corse, dont le sol varié offre la réunion de tous les sites et de tous les climats, pourra former divers jardins d'essai pour la culture des végétaux qu'il serait utile d'acclimater en France.

4° La huitième classe de la section des sciences réunira les objets dont la Société de médecine et l'Académie de chirurgie ont fait jusqu'ici leur principale étude.

Dorénavant, ces deux établissements n'en formeront qu'un. La classe qui résultera de leur réunion, aura besoin d'un hôpital où se feront les

observations, et qui sera desservi, pour le traitement des malades, par les membres mêmes de la
classe dont il s'agit. Les nouvelles méthodes y
seront tentées avec toute la prudence nécessaire ;
et les résultats des expériences qui auront été
faites, seront toujours mises sous les yeux du
public.

Les trois chaires que nous avons annexées à la
classe de médecine, diffèrent de celles qui font
partie des collèges. Deux de ces chaires sont relatives aux soins que demandent les hommes
atteints d'épidémie, et les animaux attaqués d'é-
pizootie.

Le but de la troisième chaire est d'instruire
dans l'art de secourir les hommes dont la vie est
menacée par quelque danger pressant et imprévu.
Telles sont les personnes noyées et asphyxiées,
celles dont les membres sont gelés, celles qu'un
animal enragé a mordues, etc. A cet article, se
rapporteront les nombreux objets de salubrité
publique, qui, considérés d'une manière expérimentale, doivent tous faire partie de cet enseignement. Nous proposons encore que le professeur soit chargé de faire chaque année, un cours
sur les maladies des artisans, comme celles auxquelles sont sujets les doreurs, chapeliers, peintres, mineurs, etc.

Ce que la classe de médecine fera encore de très
utile sera de correspondre avec les Directoires sur
tout ce qui concerne la santé du peuple, de recueillir l'histoire médicale des années et celle des
maladies populaires, de faire connaître leur ori-

gine, leur accroissement, leur communication. leur nature, leurs changements, leur fin, leur retour, et la manière dont elles se succèdent. Ces annales seront un des plus beaux et des plus utiles ouvrages qu'aient exécuté les hommes.

5o Que la médecine et la chirurgie des animaux doivent être réunies à la médecine humaine, c'est une proposition qui n'a besoin que d'être énoncée pour qu'on en reconnaisse la vérité. Les grands principes de l'art de guérir ne changent point; leur application seule varie. Il faut donc qu'il n'y ait qu'un genre d'école, et qu'après y avoir établi les bases de la science, on cherche, par des travaux divers, à en perfectionner toutes les parties. Ainsi, la classe de médecine s'occupera aussi des progrès de l'art vétérinaire et les établissements qui auront cet avancement pour objet, seront dirigés de manière qu'il lui soit facile de multiplier les essais qui tendront à ce but désirable.

6o La botanique a été jusqu'ici en France, la seule partie de l'histoire naturelle pour laquelle on ait fondé des chaires et ordonné des voyages. La connaissance des animaux est cependant plus près de nous que celle des Plantes. Les chaires que nous proposons d'annexer à la classe de zoologie et d'anatomie, sont d'une création tout à fait nouvelle. Nulle part on n'a encore démontré méthodiquement la structure, tant extérieure qu'intérieure des nombreux individus qui composent le règne animal. Ces leçons ne seraient pas seulement curieuses; les produits d'un grand nombre d'animaux servent à la médecine et aux arts. Plusieurs sont venimeux, et les parties qui préparent ou qui communiquent le poison, sont importantes à connaître. Enfin, la comparaison des organes doit fournir des résultats nouveaux, des découvertes dont la physique animale saura faire son profit.

7° Ce ne seront pas seulement les chaires nouvelles qui rendront l'Institut recommandable, ce seront encore celles qui, sans avoir tout à fait le mérite de la nouveauté, par des mesures bien concertées, deviendront infiniment plus utiles qu'elles ne l'étaient auparavant. Jusqu'à ce jour, nulle surveillance réelle n'a répondu de l'exactitude des professeurs ; dans notre plan, chaque classe sera chargée du choix et de l'inspection des maîtres qui lui appartiendront ; et lorsque plusieurs enseignent la même partie, comme les mathématiques, par exemple, ils se concerteront tellement entre eux, qu'en alternant, l'un commence lorsque l'autre finira. Ainsi, les élèves trouveront chaque année un cours ouvert, et ils ne seront jamais retardés dans leurs études.

En réunissant ces chaires éparses, à un point central, en y en ajoutant de nouvelles qui ne laissent sans enseignement aucune partie des lettres, des sciences et des arts, en faisant ainsi servir à l'éducation publique l'Institut national, dont les leçons fourniront le complément, on fera tout ce qu'il est possible de faire pour le développement de l'esprit et le progrès des connaissances, et l'on rendra inébranlables les bases sur lesquelles se fonde et se perpétue la liberté publique.

Nous ajouterons que les dépenses nécessaires pour mouvoir cette immense machine, surpassent à peine celles que le gouvernement a destinées jusqu'ici à l'entretien des divers établissements auxquels l'Institut doit réunir tant de créations nouvelles.

Des tableaux joints à ce rapport présentent la suite de nos idées sur l'enchaînement des connaissances humaines et sur les attributions que nous croyons devoir être faites aux sections et aux classes de l'Institut

Voici l'ordre des tableaux annexés à ce rapport :

1º Programme des sciences philosophiques, des belles-lettres et des beaux-arts ;

2º Programme des sciences mathématiques et physiques et des arts ;

3º Section première de l'Institut national, comprenant les sciences philosophiques, les belles-lettres et les beaux-arts, divisée en deux classes. On y trouve le développement de tout ce qui est relatif aux six premières classes qui doivent tenir des séances communes ;

4º Tableau de la septième classe de la section première, comprenant la peinture et la sculpture ;

5º Tableau de la huitième classe de la section première, comprenant l'architecture décorative ;

6º Section seconde de l'Institut national, comprenant les sciences mathématiques et physiques et les arts mécaniques, divisée en deux classes. On y trouve le développement de tout ce qui est relatif aux six premières classes qui doivent tenir des séances communes ;

7° Tableau de la septième classe de la section seconde, comprenant l'agriculture ;

8° Tableau de la huitième classe de la section seconde, comprenant la médecine, la chirurgie et la pharmacie ;

9° Tableau de la neuvième classe de la section seconde, comprenant l'architecture sous le rapport de la construction.

Nota. Nous n'avons point présenté le tableau de plusieurs classes nouvelles, parce que ces classes n'étant que des dépendances de quelques-unes des sections de l'Institut, elles ne pourront être organisées qu'après qu'on aura pris connaissance des places qui seront fournies par ces sections. C'est ainsi que la classe des arts ne sera formée qu'après avoir consulté la seconde section de l'Institut.

MOYENS D'INSTRUCTION.

Nous venons de parcourir les divers objets qui composeront l'instruction publique ; et déjà l'on a dû voir qu'ils ne peuvent tous être placés sur la même ligne ; que plusieurs tiennent aux premières lois de la nature, applicables à toute société qui marche vers sa perfection ; que d'autres sont une conséquence immédiate de la Constitution que la France vient de se donner ; que d'autres enfin sont relatifs à l'état actuel, mais variable, des progrès et des besoins de l'esprit humain : d'où il résulte qu'ils ne doivent pas être indistinctement énoncés dans des décrets avec ce caractère d'immutabilité qui n'appartient qu'à un petit nombre.

Dans cette distribution d'objets, on retrouve l'empreinte d'une institution vraiment nationale, soit parce qu'ils seront déterminés et coordonnés conformément au vœu de la nation, soit surtout parce qu'il n'en est aucun qui ne tende directement au véritable but d'une nation libre, le bien commun né du perfectionnement accéléré de tous les individus ; mais c'est particulièrement dans les moyens qui vont être mis en activité, que ce caractère national doit plus fortement s'exprimer.

A la tête de ces moyens doivent incontestablement être placés les *Ministres de l'Instruction.*

Nous nous garderons de chercher à les venger ici de ce dédain superbe et protecteur dont ils furent si longtemps outragés : une semblable réparation serait elle-même un outrage ; et certes, il faudrait que l'esprit public fût étrangement resté en arrière, si nous étions encore réduits à une telle nécessité. Sans doute, ceux qui dévouent à la fois et leur temps et leurs facultés au difficile emploi de former des hommes utiles, des citoyens vertueux, ont des droits au respect et à la reconnaissance de la nation ; mais, pour qu'ils soient ce qu'ils doivent être, il faut qu'ils parviennent à ces fonctions par un choix libre et sévère. Il convient donc qu'ils soient nommés par ceux-là même à qui le peuple a remis la surveillance de ses intérêts domestiques les plus chers, et que

leurs relations journalières mettent plus à portée
de connaître et d'apprécier les hommes dans
leurs mœurs et dans leurs talents. Il faut que ce
choix ne puisse jamais s'égarer : il importe donc
qu'il soit dirigé d'avance par des règles qui, en
circonscrivant le champ de l'éligibilité, rendront
l'élection toujours bonne, toujours rassurante, et
presque inévitablement la meilleure. Il faut, pour
qu'ils se montrent toujours dignes de leurs
places, qu'ils soient retenus par le danger de la
perdre ; il importe donc qu'elle ne soit pas dé-
clarée inamovible. Mais il faut aussi, pour qu'ils
s'y disposent courageusement par d'utiles travaux, qu'ils aient le droit de la regarder comme
telle : il est donc nécessaire que leur déplacement soit soumis à des formalités qui ne soient
jamais redoutables pour le mérite. Enfin il faut
que la considération, l'aisance et un repos honorable, soient le prix et le terme de tels services ;
il est donc indispensable que la nation leur prépare, leur assure ces avantages, dont la perspective doit les soutenir et les encourager dans cette
noble, mais pénible carrière.

L'institution des maîtres de l'enseignement,
réglée suivant ces principes, offre la plus forte
probabilité qu'il s'en suivra une multitude de
bons choix ; et cette probabilité ira de jour en
jour en croissant ; car, si les instituteurs sont
destinés à propager l'instruction, il est clair que
l'instruction, à son tour, doit créer et multiplier les bons instituteurs. Ce premier objet se
trouverait incomplet, si vous ne le réunissiez,

dans votre surveillance, à ce qui concerne les ouvrages que le temps vous a transmis, et qu'on doit aussi regarder comme les instituteurs du genre humain. Comment, pour le bien de l'instruction, rendre plus facilement et plus utilement communicatives toutes les richesses qu'ils renferment? Cette question appartient essentiellement à notre sujet ; et, sous ce point de vue, l'organisation des *bibliothèques* nous a paru devoir être placée dans l'ordre de notre travail, à côté des maîtres de l'enseignement.

Vous venez de recouvrer ces vastes dépôts des connaissances humaines. Cette multitude de livres perdus dans tant de monastères, mais nous devons le dire, si savamment employés dans quelques-uns, ne sera point entre vos mains une conquête stérile ; pour cela, non seulement vous faciliterez l'accès des bons ouvrages ; non seulement vous abrégerez les recherches à ceux pour qui le temps est le seul patrimoine, mais vous hâterez aussi l'anéantissement si désirable de cette fausse et funeste opulence, sous laquelle finirait par succomber l'esprit humain. Une foule d'ouvrages, intéressants lorsqu'ils parurent, ne doivent être regardés maintenant que comme les efforts, les tâtonnements de l'esprit de l'homme se débattant dans la recherche de la solution d'un problème : par une dernière combinaison, le problème se résout ; la solution seule reste ; et dès lors, toutes les fausses combinaisons antérieures doivent disparaître ; ce sont les ratures nombreuses d'un ouvrage qui ne doivent plus importuner les yeux quand l'ouvrage est fini.

Donc, chaque découverte, chaque vérité reconnue, chaque méthode nouvelle devrait naturellement réduire le nombre des livres.

C'est pour remplir cette vue, et aussi pour rendre utilement accessibles, les bons ouvrages à ceux qui veulent s'instruire, que doivent être ordonnés la distribution des bibliothèques, leur correspondance et les travaux analytiques de ceux par qui elles seront dirigées.

Ainsi, chacun des quatre-vingt-trois départements possèdera dans son sein, une bibliothèque. Chacun d'eux, héritier naturel des bibliothèques monastiques, trouvera, dans la collection de ces livres, un premier fonds qu'il épurera, et qui s'enrichira chaque année, tant par ses pertes que par ses acquisitions.

Une distribution nouvelle rendra ces richesses utilement disponibles. Paris offrira surtout le modèle d'une organisation complète.

Les plus savants bibliographes ont pensé que l'immense collection des livres que renferme Paris pourrait être, pour le plus grand avantage de ceux qui cultivent l'étude, divisé en cinq classes ; que chaque classe formerait une bibliothèque, et que leur réunion fictive composerait la bibliothèque nationale ; que chacune de ces sections, sans manquer toutefois des livres élémentaires, des livres principaux sur toutes les sciences qui doivent se trouver partout, serait spécialement affectée à une science, à une faculté en particulier ;

que par là le service de la bibliothèque nationale deviendrait plus prompt, plus commode; que chacun des préposés aux cinq sections, particulièrement attaché à une partie, la connaîtrait mieux, serait plus en état de la classer, de la perfectionner, de l'analyser, de l'enrichir de tout ce qui lui manque, et surtout de diriger dans leurs études tous ceux qui auraient à faire des recherches particulières dans la faculté dominante de sa section. Ainsi, bibliothèque mieux fournie, bibliothécaire plus instruit, par conséquent, secours plus nombreux et plus expéditifs.

Mais on a pensé en même temps que cette distribution ne devait se faire que sur les livres que nous fournissent les communautés du département de Paris; que la bibliothèque du Roi, regardée de tout temps comme nationale, étant déjà toute formée, toute organisée, devait rester ce qu'elle est, et ne pas disperser ses richesses dans les diverses sections de la nouvelle bibliothèque, que même il était naturel qu'elle acquît ce qui lui manque dans les bibliothèques ecclésiastiques supprimées, ainsi que la bibliothèque de la municipalité de Paris, qui, enrichie et complétée par ce moyen, pourrait servir de bibliothèque de département. La bibliothèque du Roi est le premier des dépôts. Il faut chercher à le perfectionner; il serait déraisonnable de le dénaturer et de le détruire.

Quant aux bibliothèques des départements, chacune d'elles sera divisée, mais dans le même local, en cinq classes, pour correspondre plus fa-

cilement aux sections de la bibliothèque nationale existante à Paris.

—Cette correspondance fournira les premiers
matériaux à un journal d'un genre nouveau que
vous devez encourager. Cet ouvrage, qui ne devra
point être assujetti à une périodicité funeste à
toutes les productions, aura un but philosophique
et très moral ; destiné d'abord à faire connaître
le nombre, la nature des livres ou manuscrits de
chaque département, à perfectionner leurs classifications, leurs sous-divisions, et à fixer les recherches inquiètes des savants, il offrira bientôt
des notices analytiques sur tout ce que le temps
commande d'abréger, des choix heureux, des
simplifications savantes qui réduiront insensiblement à un petit nombre de volumes nécessaires
ce que les travaux de chaque siècle ont produit
de plus intéressant ; il disposera les matériaux de
ce qui est incomplet, préparera les méthodes,
apprendra ce qui est fait, ce qu'on ne doit plus
chercher, nous dira combien chaque vérité, chaque
découverte rend inutiles d'ouvrages, de portions
d'ouvrages, et surtout hâtera leur anéantissement
réel, d'abord en réduisant du plus petit nombre
possible, c'est-à-dire, si l'on peut parler ainsi, à
des individus uniques, cette foule d'ouvrages su-
perflus, multipliés avec tant de profusion, et en
livrant ensuite à la bienfaisante rigueur du temps
le soin de détruire absolument l'espèce entière,
condamnée à ne plus se reproduire. Peut-être
même un tel journal pressera-t-il l'opinion publique au point qu'on regardera, non comme

courageux, mais comme simple et raisonnable, de détruire tout à fait, d'époques en époques, une prodigieuse quantité d'ouvrages qui n'offriront plus rien, même à la curiosité, et qu'il serait puéril de vouloir encore conserver. L'esprit se soulage par l'espoir que cette multitude immense de productions tant de fois répétées par l'art, et qui n'aurait jamais dû exister, du moins n'existera pas toujours ; qu'enfin, les livres qui ont fait tant de bien aux hommes, ne sont pas destinés à leur faire un peu la guerre et au physique et au moral. Or, c'est évidemment du sein des bibliothèques que doit sortir le moyen d'en accélérer la destruction.

Avant de terminer cet article, vous désirez sans doute savoir par approximation à quoi s'élève sur cet objet la nouvelle richesse nationale. Les relevés faits sur les inventaires des établissements ecclésiastiques et religieux, au nombre de *quatre mille cinq cents* maisons ou à peu près, annoncent *quatre millions cent quatre-vingt-quatorze mille quatre cent douze* volumes, dont près de *vingt-six mille* manuscrits. Sur ce nombre, la ville de Paris fournit *huit cent mille cent vingt* volumes. On a remarqué qu'environ un cinquième était dépouillé, ou de nulle valeur. On évalue donc en général le nombre des volumes qui forme des ouvrages complets à *trois millions deux cent mille*, sur lesquels environ *six cent quarante mille* à Paris. Il est vrai aussi que certains livres y sont répétés trois, six, et neuf mille fois, et qu'il n'y a qu'environ *cent mille* articles différents.

Enfin, dans ce nombre de *trois millions deux cent mille* se trouvent à peu près *deux millions* de volumes de théologie.

Les deux premiers moyens d'instruction que nous venons de parcourir, se fortifient de ceux qui doivent naître des *encouragements*, des *récompenses*, et surtout des *méthodes* nouvelles.

Les *encouragements* connus sous le nom de *bourses* offrent quelques points de discussion. Tout ce qui les concerne se trouve renfermé dans les questions suivantes, qu'il est indispensable de résoudre.

Quel doit être l'emploi des nombreuses fondations de ce genre qui existent particulièrement à Paris ?

Au profit de qui et par qui doivent-elles être employées ?

Faut-il en établir, et à l'aide de quels moyens, dans les lieux où il n'en existe pas ?

Enfin quelles règles à observer dans leur distribution ?

Les principes sur les fondations sont connus. Ce qui a été donné pour un établissement public, a été remis à la nation qui en est devenue la vraie dispensatrice, la vraie propriétaire, sous la condition d'accorder en tout temps l'intention du donateur avec l'utilité générale. L'Assemblée nationale peut donc, en se soumettant à ce principe, disposer du domaine de l'instruction, comme aussi des fonds de la charité publique. Mais, dans un objet de cette importance, il ne faut point d'opération hasardeuse. L'espoir du mieux ne permet de rien compromettre : on doit uniquement s'occuper de conserver et d'appliquer. Il faut donc garder soigneusement à l'instruction tout ce qui lui fut primitivement consacré ; car c'est au moment où elle s'agrandit que les secours lui deviennent plus nécessaires. Il faut que les bourses existantes à Paris soient appliquées à Paris, non seulement parce que c'est le vœu des fondateurs, mais parce que les fonds sur lesquels sont établies ces bourses, existent presque tous dans la ville même de Paris, et parce que c'est aussi le seul moyen d'en faire jouir complètement et plus utilement, même tous les départements du royaume. Cette dernière raison résout la seconde question sur les bourses.

Au profit de qui et par qui doivent-elles être accordées ?

La plupart ont été fondées pour des provinces qui n'existent plus, pour des classes privilégiées qui n'existent pas davantage. Cette intention littérale ne peut donc être remplie. Mais elles l'ont été toutes pour l'encouragement du talent, pour le soulagement de l'infortune, et, en dernier résultat, pour le plus grand bien public. Or, cette intention, la seule qui doit survivre à tout, sera parfaitement acquittée, lorsqu'il aura été décidé qu'elles seront réparties proportionnellement entre tous les départements, et que chacun d'entre eux aura le droit de nommer et d'envoyer à Paris, pour jouir de ce bienfait, le nombre de sujets qui lui seront désignés par ce partage.

Mais doit-on, et par quels moyens, établir ce

genre d'encouragement dans les lieux où il n'existe
pas ?

... Il est clair que les moyens gratuits d'instruction
ne doivent pas être concentrés exclusivement
dans la capitale ; que la justice et toutes les convenances demandent que, dans chaque département, l'instruction soit aussi complète qu'elle
peut l'être. Cependant, comment y faire parcourir
tous les degrés d'instruction à ceux que leur dé-
tresse met dans l'impossibilité d'en acquitter les
frais, tandis que leurs dispositions les y appellent?
Au moment de la revision de notre code constitutionnel, vous avez fortement exprimé votre
vœu à cet égard ; vous avez pensé qu'il était du
devoir de l'assemblée d'acquitter cette dette de
la nation. Nous vous proposons donc d'établir,
de fixer dans chaque département un certain
nombre de bourses qui seront acquittées et appliquées là, et dont la distribution, dans les différentes écoles, sera confiée aux diverses administrations. Ce moyen ne tardera pas à s'étendre, à
s'agrandir ; il se fortifiera surtout, nous n'en
doutons point, par de nombreuses souscriptions
volontaires ; ces mouvements spontanés des
peuples libres qui, associant l'homme à tout ce
qui s'élève d'utile autour de lui, vont le porter
vers cette multitude d'établissements nouveaux
où tous les vœux d'une bienfaisance éclairée trouveront à se satisfaire. Quant aux règles de la
distribution, elles sont simples, chaque administration municipale, surveillant les écoles de
son arrondissement, puisera dans chacune d'elles,

par une communication fréquente, des notions
précises sur les titres effectifs de tous ceux qui
aspireront à ce bienfait. Ces notions seront transmises par les municipalités aux districts, par les
districts aux départements qui, les réunissant
toutes et combinant ensemble les dispositions,
la conduite et les moyens de fortune, pourront
discerner ceux qui mériteront la préférence, ou,
dans le cas presque chimérique, d'un doute absolu, ordonneront une dernière épreuve entre les
concurrents. Cette méthode que l'expérience perfectionnera, nous a paru préférable à un concours qui serait toujours et exclusivement dé-
cisif, à cette épreuve incertaine où la timidité a
fait souvent échouer des talents véritables, où la
médiocrité hardie a obtenu tant d'avantages. Ce
dernier moyen, qui appelle toute l'attention des
juges sur un seul instant, sur un seul ouvrage,
peut être conservé dans la carrière des arts et
pour la solution des grands problèmes des
sciences ; car ici tout le talent que l'on veut récompenser peut se montrer dans une seule composition. Mais, lorsqu'il est moins question de
talent que de dispositions, lors qu'on a moins à
récompenser ce qui est fait, qu'à encourager ce
qui peut se faire, lorsque les dispositions sont
encore vagues et n'ont pu se juger sur un seul
objet, il est parfaitement raisonnable de ne pas
s'arrêter à un moment, à une production qui
peut n'être qu'un heureux hasard, et il faut alors
se déterminer sur les indications de toute une
année, qui rarement seront trompeuses.

8.

Si la société doit ce genre d'encouragement
aux simples espérances que donnent des dispositions marquées, elle semble devoir davantage
à ce que le talent produit de réel et d'utile, à tous
les succès par lesquels il se distingue. C'est dans
le trésor de l'opinion que résident surtout les
moyens précieux d'acquitter cette dette. On sait
ce que dans tous les temps les récompenses, connues sous le nom de *prix*, ont produit chez les
peuples libres ; quelle ne sera pas leur puissance
chez une nation vive, enthousiaste, avide de
toutes sortes de gloire ?

Ils seront offerts à tous les âges : tous doivent
les ambitionner. Le premier âge, parce qu'il est
plus sensible à la louange, qu'heureusement elle
l'étonne, et qu'elle ne corrompt pas encore ses
actions ; l'âge de la raison, parce qu'il sent plus
profondément les outrages de l'envie, et qu'il a
besoin de trouver hors de lui et dans un témoignage irrécusable, un réparateur des injustices
individuelles. Longtemps le mot de *prix* et toutes
les idées qu'il réveille, ont été relégués dans le
dictionnaire de l'enfance, et ont paru y prendre
une sorte de caractère de puérilité ; ce préjugé
achèvera de se dissiper à votre voix. C'est elle,
c'est la voix de la nation qui, invoquant et fixant
l'opinion, provoquera les efforts, se servira de
l'amour-propre et de l'imagination de l'homme
pour le conduire à la véritable gloire par les
routes du bien public, tantôt désignant le but aux
recherches du talent, tantôt le livrant à lui-même
et se confiant à sa marche, toujours montrant

la récompense inséparable du succès. Depuis l'élève des écoles primaires jusqu'au philosophe destiné à agrandir le domaine de la raison, quiconque, dans les productions recommandées à son talent, aura dépassé ses rivaux, aura atteint le but, aura osé quelquefois le franchir, recevra, dans un témoignage éclatant, la juste récompense de ses efforts.

Il faut que tout ce qui est mieux, que tout ce qui est plus utile, soit désormais à l'abri de l'indifférence et de l'oubli ; mais cette première récompense du talent doit être simple, pure, modeste comme lui ; *une branche, une inscription, une médaille,* tout ce qui annonce qu'on n'a pas cru le payer, tout ce qui, respectant sa délicatesse dans le choix même du prix, semble laisser à l'estime et à la confiance individuelle le droit et le devoir d'acquitter chaque jour davantage la dette de la nation. Voilà ce qu'il convient d'offrir d'abord au talent. C'est sur ce principe que doivent être distribués les prix dans toutes les parties du Royaume. Chaque lieu choisira le moment le plus solennel· pour honorer le triomphe du talent. Ce jour sera partout un jour de fête, et tous ceux que le choix du peuple aura revêtus d'une fonction, devront y assister comme étant les organes les plus immédiats de la reconnaisance publique.

On ne peut parcourir *les moyens* d'instruction, sans s'arrêter particulièrement *aux méthodes*, ces véritables instruments des sciences qui sont pour les instituteurs eux-mêmes, ce que ceux-ci sont pour les élèves. C'est à elles en effet à les conduire dans les véritables routes, à aplanir pour eux, à abréger le chemin difficile de l'instruction. Non seulement elles sont nécessaires aux esprits communs ; le génie le plus créateur lui-même en reçoit d'incalculables secours, et leur a dû souvent ses plus hautes conceptions ; car elles l'aident à franchir tous les intervalles ; et en le conduisant rapidement aux limites de ce qui est connu, elles lui laissent toute sa force pour s'élancer au delà. Enfin pour apprécier d'un mot les méthodes, il suffira de dire que la science la plus hardie, la plus vaste dans ses appréciations, *l'algèbre* n'est elle-même qu'une méthode inventée par le génie, pour économiser le temps et les forces de l'esprit humain. Il est donc essentiel de présenter quelques vues sur ce grand moyen d'instruction. Sans doute que l'infatigable activité des esprits supérieurs, encouragée et fortement secondée par la libre circulation des idées, se portera d'elle-même vers cet objet où tant de découvertes sont encore à faire ; mais il faut, autant qu'il est en nous, épargner d'inutiles efforts ; il faut nous aider en ce moment de tout ce que le génie de la philosophie a pu nous transmettre, afin de presser et d'assurer la marche de l'esprit humain. En un mot, nous avons marqué le but de l'instruction ; il nous reste à marquer, à indiquer du moins les principales routes, et à fermer sans retour celles qui si long-temps n'ont servi qu'à égarer les hommes.

Pour ne point se perdre dans cet immense sujet, nos méditations se sont portées, biens moins sur les sciences en particulier que sur le principe et la fin de toutes les sciences ; car c'est là surtout qu'il faut appeler en ce moment les efforts du talent et les idées créatrices de tous les propagateurs de la vérité.

L'homme est un être raisonnable, ou plus exactement peut-être, il est destiné à le devenir ; il faut lui apprendre à penser : il est un être social ; il faut lui apprendre à communiquer sa pensée ; il est un être moral ; il faut lui apprendre à faire le bien. Comment l'aider à remplir cette triple destinée ? Par quels moyens parviendra-t-on à étendre et à perfectionner la raison, à faciliter la communication des idées, à aplanir les difficultés de la morale ? De telles recherches sont dignes de notre époque. Voici, quelques aperçus, peut être quelques résultats que nous confions à l'attention publique.

La *raison*, cette partie essentielle de l'homme, qui le distingue de tout ce qui n'est pas lui, est néanmoins dans une telle dépendace, de son organisation et des impressions qu'il reçoit, qu'elle paraît presque tenir de dehors son existence en même temps que son développement. Il faut donc surveiller ses impressions premières, auxquelles sont comme attachées et la nature et la dignité de l'homme.

Et d'abord, qu'il soit prescrit de bannir du nouvel enseignement tout ce qui jadis n'était pas visiblement propre qu'à corrompre, qu'à enchaîner cette première faculté ; et les supertitions de

tout genre dont on l'effrayait, et qui exerçaient
sur elle et contre elle un si terrible empire longtemps encore après que la réflexion les avait
dissipées ; et toutes ces nomenclatures stériles
qui, n'étant jamais l'expression d'une idée sentie,
étaient à la fois une surcharge pour la mémoire,
une entrave pour la raison ; et ce nouveau mode
bizarre d'enseignement où les connaissances étant
classées, étant prisées dans un rapport inverse
avec leur utilité réelle, servaient bien plus à dé-
router, à tromper la raison qu'à l'éclairer ; et ces
méthodes gothiques qui, en convertissant en obstacles jusqu'aux règles destinées à accélérer sa
marche, la faisaient presque toujours rétrograder.
Il est temps de briser toutes ses chaînes : il est
temps que l'on rende à la raison son courage,
son activité, sa native énergie, afin que, libre de
tant d'obstacles, elle puisse rapidement et sans
détour avancer dans la carrière qui s'ouvre et
s'agrandit sans cesse pour elle. C'est par vous
qu'elle retrouvera sa liberté ; c'est par les méthodes qu'elle en recueillera promptement les
avantages. Sans doute qu'il existera toujours
des différences entre la raison d'un homme et
celle d'un autre homme : ainsi l'a voulu la nature ; mais la raison de chacun sera tout ce
qu'elle peut être : ainsi le veut la société. Cependant comment tracer des méthodes à la raison ?
Comment ouvrir une route commune à tant
de raisons diverses ? Comment faire parvenir à
chacune de ces raisons la part de richesses intellectuelles à laquelle chacun peut et doit préten-

dre ? De tels objets réunis échapperaient peut-être à des méthodes générales. Je veux en ce moment me borner à ce qui importe le plus à la perfectibilité de l'homme, c'est-à-dire, aux moyens de donner à la raison de chaque individu toute la *force* et toute la *rectitude* dont elle est susceptible. La *force* de la raison dépend particulièrement de la mesure d'attention qu'on est en état d'appliquer à l'objet dont on s'occupe, peut-être même n'est-elle que cela ; car c'est par elle que la raison d'un homme se montre toujours supérieure à celle d'un autre homme. L'attention est une disposition acquise par laquelle l'âme parvient à échapper aux écarts de l'imagination, à se soustraire aux importunités de la mémoire, et enfin à se commander à elle-même pour recueillir à son gré toutes ses forces, C'est alors que l'intelligence peut s'élever jusqu'à son plus haut degré d'énergie, que la pensée crée d'autres pensées, et que des idées fugitives et comme inaperçues se réunissent et deviennent tout à coup productives. Mais l'attention n'est une marque d'étendue et de supériorité qu'autant que l'esprit peut, en quelque sorte, la prendre à sa volonté, et la transmettre toute entière d'un objet à un autre. Tel est donc le but auquel il faut tendre dans l'instruction destinée à la jeunesse : il faut, par tout ce qui peut influer sur ses habitudes, l'accoutumer à maîtriser sa pensée, à retenir ou rappeler à son gré ce regard si mobile de l'âme ; lui montrer dans cet effort sur soi, dans cette réfrénation intérieure, le principe de tous les genres de succès, la source des plus belles jouissances de l'esprit. Il faut enfin faire sortir de son intérêt présent, de ses affections même les plus impétueuses, le désir persévérant de se commander en quelque sorte pour en devenir plus libre. Cet aperçu indiquerait peut-être la théorie qu'exige cette partie de l'enseignement, mais le problème reste encore pour nous tout entier à résoudre.

Quelle est l'indication qui précise et complète des moyens propres à apprendre à tous les hommes à se rendre maîtres de leur attention ? Un tel problème mérite d'être recommandé à tous ceux qui sont dignes de concourir à l'avancement de la raison humaine.

La *rectitude* de la raison tient à d'autres causes ; et néanmoins l'attention qui est le principe de sa *force*, est un grand acheminement vers cette rectitude ; car la disposition de l'âme qui permet d'observer longtemps un objet, doit être nécessairement un des premiers moyens pour apprendre à le bien voir. Mais il faut aider ce moyen ; il faut, par des procédés bien éprouvés, assurer à la raison et lui conserver cette habitude de voir sans effort ce qui est, et cette constante direction vers la vérité qui alors devient la passion dominante et souvent exclusive de l'âme. En nous élevant jusqu'à la hauteur des méthodes les plus générales, il nous a semblé que, pour atteindre ce but, il importait souverainement d'intéresser en quelque sorte la conscience des élèves à la recherche de tout ce qui est vrai (la vérité est en effet la morale de l'esprit, comme la justice est la morale du cœur). Il importe non moins vivement d'intéresser leur curiosité, leur ardente émulation, en les faisant comme assister à la création des diverses connaissances dont on veut les enrichir, et en les aidant à partager sur chacune d'elles la gloire même des inventeurs, car ce qui est du domaine de la raison universelle ne doit pas être uniquement offert à la mémoire ; c'est à la raison de chaque individu à s'en emparer : il est mille fois prouvé qu'on ne sait réellement, qu'on ne voit clairement que ce qu'on découvre, ce qu'on invente en quelque sorte soi-même. Hors de là, l'idée qui nous arrive, peut être en nous ; mais elle n'est pas à nous ; mais elle ne fait pas partie de nous ; c'est une plante étrangère qui ne peut jamais prendre racine. Que faut-il donc ? Recommander par dessus tout l'usage de l'analyse qui réduit un objet quelconque à ses véritables éléments, et de la synthèse qui le recompose ensuite avec eux. Par cette double opération qui recèle peut-être tout le secret de l'esprit humain, à qui nous devons les plus savantes combinaisons de la métaphysique, et par là les principes de toutes les sciences, on parvient à voir tout ce qui est dans un objet, et à ne voir que ce qui y est : on ne reçoit point une idée ; on l'acquiert ; on ne voit jamais trouble ; on voit juste ou on ne voit rien. Que faut-il encore ? L'application fréquente et presque habituelle de la méthode rigide des mathématiciens, de cette méthode qui, écartant tout ce qui ne sert qu'à

distraire l'esprit, marche droit et rapidement à
son but, s'appuie sur ce qui est parfaitement
connu pour arriver sûrement à ce qui ne l'est
pas, ne dédaigne aucun obstacle, ne franchit aucun intervalle, s'arrête à ce qui ne peut être
entendu, consent à ignorer, jamais à savoir mal;
et présente le moyen sinon de découvrir toujours
la vérité d'un principe, du moins d'arriver avec
certitude jusqu'à ses dernières conséquences. Cette
méthode est applicable à plus d'objets qu'on ne
pense, et c'est un grand service à rendre à l'esprit
humain que de l'étendre sur tous ceux qui en sont
susceptibles. Ainsi, nouveau problème à résoudre.

Comment appliquer l'esprit d'analyse et la mé-
thode rigoureuse des mathématiciens aux divers
objets des connaissances humaines?

C'est encore ici à la nation à interroger, et
c'est au temps à nous montrer celui qui sera
digne d'apporter la réponse à cette question.

Au don de penser succède rapidement le don
de communiquer ce qu'on pense; ou plutôt l'un
est tellement enchaîné à l'autre, qu'on ne peut les
concevoir séparés que par abstraction. De cette
vérité rendue particulièrement sensible de nos
jours, il suit que tout ce qui augmente les produits de la pensée, agit simultanément sur le
signe qui l'accompagne, comme aussi que le signe
perfectionné accroît, enrichit et féconde à son
tour la pensée; mais cette conséquence incontestable et purement intellectuelle ne doit pas nous
suffire; et ici s'offrent à l'esprit d'intéressantes
questions à discuter.

Une singularité frappante de l'état dont nous nous sommes affranchis, est sans doute que la langue nationale, qui chaque jour étendait ses conquêtes au delà des limites de la France, soit restée au milieu de nous comme accessible à un si grand nombre de ses habitants, et que le premier lien de communication ait pu paraître pour plusieurs de nos contrées une barrière insurmontable. Une telle bizarrerie doit, il est vrai, son existence à diverses causes agissant fortuitement et sans dessein ; mais c'est avec réflexion, c'est avec suite que les effets en ont été tournés contre les Peuples. Les écoles primaires vont mettre fin à cette étrange inégalité : la langue de la Constitution et des lois y sera enseignée à tous; et cette foule de dialectes corrompus, derniers restes de la féodalité, sera contraint de disparaître : la force des choses le commande. Pour parvenir à ce but, à peine est-il besoin d'indiquer des méthodes : la meilleure de toutes pour enseigner une langue dans le premier âge de la raison, doit, en effet, se rapprocher de celle qu'un instinct universel a suggérée pour montrer à l'enfance de tous les pays le premier langage qu'elle emploie ; elle doit n'être qu'une espèce de routine, raisonnée, il est vrai, et éclairée par degrés, mais nullement précédée des règles de la grammaire : car ces règles, qui ont des résultats démontrés pour celui qui sait déjà les langues et qui les a méditées, ne peuvent, en aucune manière, être des moyens de les savoir pour celui qui les ignore : elles sont des conséquences ; on ne peut, sans faire violence à la raison, les lui présenter comme des principes. Mais si l'on peut laisser au cours naturel des idées le soin de rendre universelle parmi nous une langue dont chaque instant rappellera le besoin, on ne doit pas confier au hasard le moyen de la perfectionner.

La langue française, comme toutes les autres, a subi d'innombrables variations auxquelles le caprice et des rencontres irréfléchies ont eu bien plus de part que la raison : elle a acquis, elle a perdu, elle a retrouvé une foule de mots. D'abord stérile et incomplète, elle s'est chargée successivement d'abstractions, de composés, de dérivés, de débris poétiques. Pour bien apprécier les richesses qu'elle possède et celles qui lui manquent, il faut avant tout se faire une idée juste de son état actuel ; il faut montrer à celui dont on veut éclairer la raison par le langage, quel a été le sens primitif de chaque mot, comment il s'est altéré, par quelle succession d'idées on est parvenu à détacher d'un sujet ses qualités pour en former un mot abstrait qui ne doit son existence qu'à une hardiesse de l'esprit ; il faut rappeler le figuré à son sens propre, le composé au simple, le dérivé à son primitif ; par là tout est clair ; il règne un accord parfait entre l'idée et son signe, et chaque mot devient une image pure et fidèle de la pensée. Ici, commence le perfectionnement de la langue. Et d'abord la révolution a valu à notre idiome une multitude de créations qui subsisteront à jamais, puisqu'elles expriment ou réveillent des idées d'un intérêt qui ne peut périr ; et la langue politique existera enfin parmi nous ; mais, plus les idées sont grandes et fortes, plus il importe que l'on attache un sens précis et uniforme aux signes destinés à les transmettre ; car de funestes erreurs peuvent naître d'une simple équivoque. Il est donc digne des bons citoyens, autant que des bons esprits, de ceux qui s'intéressent à la fois au règne de la paix et au progrès de la raison, de concourir par leurs efforts à écarter des mots de la langue française, ces significations vagues et indéterminées, si commodes pour l'ignorance et la mauvaise foi, et qui semblent recéler des armes toutes prêtes pour la malveillance et l'injustice. Ce problème très philosophique et qu'il faut généraliser le plus possible, demande du temps, une forte analyse et l'appui de l'opinion publique pour être complètement résolu. Il n'est pas indigne de l'Assemblée nationale d'en encourager la solution. Un tel problème, auquel la création et le danger accidentel de quelques mots nous ont naturellement conduits, s'est lié dans notre esprit à une autre vue. Si la langue française a conquis de nouveaux signes, et s'il importe que le sens en soit bien déterminé, il faut en même temps qu'elle se délivre de cette surcharge de mots qui l'appauvrissaient et souvent la dégradaient. La vraie richesse d'une langue consiste à pouvoir exprimer tout avec force, avec clarté, mais avec peu de signes. Il faut donc que les anciennes formes obséquieuses, ces précautions timides de la faiblesse, ces souplesses d'un langage détourné qui semblait craindre que la vérité ne se montrât tout entière, tout ce luxe imposteur et servile qui accusait notre misère, se perde dans un langage simple, fier et rapide; car là où la pensée est libre, la langue doit devenir prompte et franche, et la pudeur seule a le droit d'y conserver ses voiles.

Qu'on ne nous accuse pas toutefois de vouloir calomnier une langue qui, dans son état actuel, s'est immortalisée par des chefs-d'œuvre. Sans doute que partout les hommes de génie ont subjugué les idiomes les plus rebelles, ou plutôt partout ils ont su créer un idiome à part ; mais il a fallu tout le courage, toute l'audace de leur talent, et la langue usuelle n'en a pas moins conservé parmi nous l'empreinte de notre faiblesse et de nos préjugés. Il est juste, il est constitutionnel que ce ne soit plus désormais le privilège de quelques hommes extraordinaires de la parler dignement ; que la raison la plus commune ait aussi le droit et la facilité de s'énoncer avec noblesse : que la langue française s'épure à tel point, qu'on ne puisse plus désormais prétendre à l'éloquence sans idées, comme il ne sera plus permis d'aspirer à une place sans talent ; qu'en un mot, elle reçoive pour tous un nouveau caractère et se retrempe en quelque sorte dans la liberté et dans l'égalité.

C'est vers ce but non moins philosophique que national que doit se porter une partie des travaux des nouveaux instituteurs.

Un ministre immortel dans les annales du despotisme ne juge pas indifférent à sa gloire, et surtout à ses vues, de réserver une partie de ses soins au progrès et à ce qu'il nommait le perfectionnement de la langue française : en cela il voyait profondément et juste. L'Assemblée nationale, qui certes connaît, et connaît bien autrement, la puissance de la parole, qui sait combien les signes ont d'empire, ou plutôt d'action sur les idées et par elles sur les habitudes qu'elle veut faire naître ou affermir, et qui désire que la raison publique trouve sans cesse dans la langue nationale un instrument vigoureux qui la seconde et ne la contrarie jamais, sentira sans doute aussi, mais dans des vues bien différentes, combien un tel objet importe à l'intérêt et à la gloire de la nation. Ainsi : *notre langue a perdu un grand nombre de mots énergiques qu'un goût, plutôt faible que délicat, a proscrit ; il faut les lui rendre; les langues anciennes et quelques-unes d'entre les modernes sont riches d'expressions fortes, de tournures hardies qui conviennent parfaitement à nos nouvelles mœurs ; il faut s'en emparer : la langue française est embarrassée de mots louches et synonymiques, de constructions timides et traînantes, de locutions oiseuses et serviles ; il faut l'en affranchir.* Voilà le problème complet à résoudre.

Si la langue nationale est le premier des moyens de communication qu'il importe de cultiver, l'enseignement simultané des autres langues, de celles surtout qui nous ont transmis des modèles immortels, est un moyen auxiliaire et puissant qu'il serait coupable de négliger : car, sans parler des beautés qu'elles;nous apportent et qui expirent dans les traductions, on ne doit pas perdre de vue que, par le seul rapprochement, les langues s'éclairent et s'enrichissent; que, surveillées en quelque sorte l'une par l'autre, elles s'avertissent de leurs défauts, se prêtent mutuellement des images; qu'elles fortifient par leur contraste, par leur opposition même, les facultés intellectuelles de celui qui les réunit. L'idée qui nous appartient sous divers signes, est en effet bien plus profondément en nous, bien plus intimement à nous : c'est une propriété dont à peine nous soupçonnions d'abord l'existence, et qui reçoit une nouvelle garantie et comme un nouveau titre de chacun des témoins nouveaux qui la constatent.

Cette action mutuelle des langages qui, s'épurant ainsi l'un par l'autre, concourent par leur influence réciproque à imprimer à la pensée un nouveau degré de force et de clarté, a dû insensiblement élever l'esprit jusqu'à l'idée d'une langue commune et universelle, qui, née en partie des débris des autres, trouverait, soit en elles, soit hors d'elles, les éléments les plus analogues avec toutes nos sensations, et par là deviendrait nécessairement la langue humaine. Il paraît que cette idée, ou plutôt une idée semblable, a occupé quelque temps un des plus grands philosophes du dernier siècle ; il semblait à Leibnitz, que pour hâter les progrès de la raison, on devait chercher non à vaincre successivement, mais à briser à la fois tous les obstacles qui empêchent ou retardent la libre communication des esprits ; que, dans l'impossibilité d'apprendre cette multitude d'idiômes disparates qui les séparent, il fallait en former ou en adopter un qui fût en quelque sorte le point central, le rendez-vous commun de toutes les idées, en un mot, qui devînt pour la pensée ce que l'algèbre est pour les calculs. Une telle vue a dû étonner par sa hardiesse, et l'on n'a pas tardé à la ranger dans la classe des chimères : il faudrait, en effet, que les nouveaux signes universellement adoptés, fussent une image tellement sensible de nos idées, qu'attiré ou ramené vers eux comme par enchantement, le genre humain s'étonnât d'en avoir, jusqu'à ce jour, adopté d'autres, qu'ils fussent en un mot presque aussi clairement représentatifs de la pensée, que l'or et l'argent le sont de la richesse. Or de tels signes sont-ils dans la nature? Peuvent-ils exister pour toutes les idées? Gardons-nous pourtant de fixer trop précipitamment le terme où doivent s'arrêter, sur de semblables questions, les recherches de l'esprit humain ; car, si dans toute l'étendue que présente ce problème, on est en droit de le regarder comme insoluble, il est cependant permis de penser que les efforts, même impuissants pour le résoudre, ne seraient pas tout à fait perdus, et que chaque pas que l'on ferait dans cette recherche, dût le terme se reculer sans cesse, chaque découverte, dans cette région presque idéale, apporterait quelques richesses à la langue, quelques moyens nouveaux à la raison.

Déjà des hommes, inspirés par le génie de l'humanité, ont presque atteint la solution de ce hardi problème. On les a vus, pour consoler les êtres affligés que la nature a deshérités d'un sens, inventer de nos jours et perfectionner rapidement cette langue des signes qui est l'image vivante de la pensée, dont tous les éléments sensibles à l'œil ne laissent apercevoir rien d'arbitraire, par qui les idées même les plus abstraites deviennent presque visibles, et qui, dans sa décomposition, simple à la fois et savante, présente la véritable grammaire, non des mots, mais des idées. Une telle langue remplirait toutes les conditions du problème, si par elle, comme par la parole écrite, on parvenait à transmettre la pensée à des distances indéfinies; mais jusqu'à présent, on n'a pu que la parler et non l'écrire; et ceux qui la possèdent le mieux, sont réduits, pour se faire entendre de loin, à la traduire en une des langues usuelles.

Jusqu'à ce qu'on ait trouvé le moyen de la transcrire, au lieu de la traduire, elle restera donc à la vérité une des plus belles, une des plus utiles inventions des hommes : elle sera peut-être la première des méthodes pour rendre l'esprit parfaitement analytique, pour la prémunir contre une multitude d'erreurs qu'il doit à l'imperfection de nos signes, pour corriger enfin les vices innombrables de nos grammaires. Sous ces points de vue, elle ne pourra être ni trop méditée, ni trop fortement encouragée; mais elle ne sera point encore une langue universelle.

Ces réflexions sur les langues, les divers points de vue sous lesquels nous avons considéré ce sujet fécond, et enfin les problèmes proposés ou indiqués, nous paraissent devoir remplir l'objet de cet article, celui de préparer et d'assurer un jour à la raison tous les moyens de communication qu'elle peut désirer. Ce n'est pas assez d'apprendre à penser à l'être raisonnable, d'apprendre à communiquer sa pensée à l'être social, il faut particulièrement apprendre à faire le bien à l'être moral. Faire le bien, le faire chaque jour mieux par un plus grand nombre de motifs et avec moins d'efforts, c'est là que tout doit tendre dans une association quelconque. Hors de là, rien n'est à sa place, rien ne marche à son but. Ainsi les méthodes pour apprendre à communiquer ce qu'on pense, ne doivent elles-mêmes être réputées que des moyens indirects pour atteindre jusqu'à la morale, qui est le dernier résultat de toute société ; car les désordres ne sont, bien souvent, que des erreurs de la pensée, et souvent aussi les habitudes vertueuses que le résultat naturel de la communication des esprits.

Mais ces moyens éloignés réclament l'appui des méthodes particulières et directes.

Avant de les présenter, défendons-nous de séparer ici, comme tant de fois on a osé le faire, la morale publique de la morale privée. Cette charlatannerie de la corruption est une insulte aux mœurs : quoiqu'il soit vrai que les rapports changent avec les personnes et les événements, il est incontestable que le principe moral reste toujours le même, sans quoi il n'existerait point. On peut bien, on doit même appliquer diverse- ment les règles de la justice ; mais il n'y a point deux manières d'être juste ; mais il est injuste de penser qu'il puisse y avoir deux justices.

Pour arriver à l'exacte définition de la *morale*, il faut la chercher dans le rapprochement des idées que le commun des hommes, livrés ou ren- dus à eux-mêmes, ont constamment attachés à ce mot. Celle qui paraît les comprendre toutes, et qu'indique un instinct général autant que la raison, présente à l'esprit l'art de faire le plus de bien possible à ceux avec qui l'on est en relation, sans blesser les droits de personne. Si les rela- tions sont peu étendues, la morale réveille l'idée des vertus domestiques et privées : elle prend le nom de patriotisme, lorsque ces relations s'éten- dent sur la société entière dont on fait partie ; enfin elle s'élève jusqu'à l'humanité, à la philan- thropie, lorsqu'elles embrassent le genre humain. Dans tous les cas, elle comprend la justice qui sent, respecte, chérit les droits de tous ; la bonté qui s'unit par un sentiment vrai au bien ou au mal d'autrui ; le courage qui donne la force d'exé- cuter constamment ce qu'inspirent la bonté et la justice ; enfin ce degré d'instruction qui, éclairant les premiers mouvements de l'âme, nous montre à chaque instant en quoi consistent et ce qu'exi- gent réellement et la justice, et la bonté, et le courage. Tels sont les éléments de la morale. De là résultent deux vérités : la première, qu'elle est inséparable d'un bien produit ou à produire, que

par conséquent l'effort le plus hardi qui n'aboutit
point là, lui est absolument étranger. Ce n'est
point de l'étonnement c'est de la reconnaissance
qu'elle doit inspirer. La seconde, qu'elle ne peut
se trouver que dans les relations qui nous unissent à nos semblables ; car elle suppose des droits,
des devoirs, des affections réciproques, et particulièrement ce sentiment expansif qui, nous faisant
vivre en autrui, devient par la réflexion le garant
de la justice, comme il est naturellement le principe de la bonté. Il faut donc ici identité de nature.
Sans doute que les rapports de l'homme avec
Dieu, avec soi, et même avec les êtres inférieurs
à lui, ne sont pas étrangers à la morale ; mais si
la raison y découvre des motifs souvent très
puissants pour la pratiquer, si, sous ce point de
vue, ils doivent être cultivés, ils doivent être res-
pectés, il est sensible, à la simple réflexion, qu'ils
ne peuvent faire eux-mêmes partie de cette mo-
rale-science dont il est question. On doit seulement les considérer comme moyens, tandis que
les rapports sociaux sont ici à la fois et le principe
et le but.

La morale ainsi analysée, ainsi circonscrite,
quelles méthodes doit mettre en usage une grande
société pour en pénétrer fortement les membres
qui la composent? Trois principales s'offrent à
l'esprit et embrassent les moyens d'instruction
pour la vie entière : la première est de faire faire
à l'enfance un apprentissage véritable de ce premier des arts et comme un premier essai des
vertus que la société lui demandera un jour, en

organisant cette petite société naissante d'après
les principes de la grande organisation sociale ;
la seconde. de multiplier sans cesse autour de
tous les individus, et en raison de leurs affections,
les motifs les plus déterminants pour faire le
bien ; la troisième est de frapper d'impressions
vertueuses et profondes les sens, les facultés de
l'âme, de telle sorte que la morale, qui pourrait
d'abord ne paraître qu'un produit abstrait de la
raison, ou un résultat vague de la sensibilité,
devienne un sentiment, un bonheur, et par conséquent une forte habitude.

La gloire d'un individu est de faire des actions
utiles lorsqu'elles demandent du courage. Le devoir de la société est de les convertir tellement
en habitude, que rarement l'emploi du courage
soit nécessaire ; ce principe est incontestable.
C'est donc dans l'enfance qu'il faut jeter les semences de la morale, puisqu'il est si bien reconnu
que les impressions qui datent de ce premier âge
de la vie, sont les seules que le temps n'efface
jamais.

Là s'appliqueront sans effort et dans la juste
mesure que demandent la faiblesse et l'inexpé-
rience, les moyens ordinaires d'instruction ; mais
un moyen particulier et d'un effet sûr paraît devoir être ajouté partout où les élèves sont constamment réunis sous les yeux de leurs instituteurs.

Ce moyen, dont on retrouve quelques traces
dans les anciennes institutions des Perses, ainsi
que dans quelques cantons suisses, consiste à

organiser ces jeunes sociétés, quelque temps avant la fin de l'éducation, de telle sorte que l'exercice anticipé de toutes les vertus sociales y soit un besoin universellement senti ; car, qui doute qu'en toute chose et surtout en morale, la première de toutes les leçons ne soit la pratique, et que la pratique ne soit complètement assurée, quand chaque instant en rappelle la nécessité.

Toute réunion qui a un but, est une véritable association ; et une association quelconque, déterminée par un intérêt commun, entraîne la nécessité d'un gouvernement. Cette vérité ne peut être mise en doute.

Or, dans le gouvernement le plus fractionnaire, le plus subordonné à la loi et à l'action générale, on retrouve les éléments des divers pouvoirs qui constituent la grande société, c'est-à-dire, des volontés individuelles qui cherchent à se réunir, et des moyens d'exécution qui demandent à être dirigés ; et l'on est porté à combiner ces éléments sur le modèle qu'on a sous les yeux.

C'est ainsi que, dans l'ancien état des choses, le régime intérieur de chaque école semblait s'être formé sur le régime tyrannique sous lequel la France était opprimée.

Une foule de règlements incohérents, éludés par la faveur, changés par le caprice ; des volontés arbitraires prenant sans cesse la place de la loi ; des punitions qui ne tendaient qu'à flétrir l'âme ; des distinctions humiliantes qui insultaient au principe sacré de l'égalité ; une soumission toujours aveugle ; enfin nul rapport de confiance entre les gouvernements et les gouvernés ; telles étaient les maisons d'instruction ; telle était la France entière.

Aujourd'hui que le gouvernement représentatif a pris naissance parmi nous, c'est-à-dire, le gouvernement le plus parfait qu'il soit donné à l'homme de concevoir, pourrait-on ne pas chercher à en reproduire l'image dans l'enceinte des sociétés instructives lorsque rien ne s'y oppose, que la raison le demande, et surtout que la morale doit y trouver infailliblement le moyen de s'étendre et de s'affermir dans les âmes ? Développons cette idée.

Toute association, a dit un philosophe, *dont les membres ne peuvent pas vaquer tous à toute l'administration commune, est obligée de choisir entre des représentants et des maîtres, entre le despotisme et un gouvernement légitime.* Cette idée simple et féconde trouve ici une application directe.

Mais une observation se présente tout à coup pour suspendre la rapidité de la conséquence qu'on pourrait en déduire.

Le principe n'est complètement vrai que lorsque l'association est formée d'hommes parfaitement égaux, et qui arrivent là avec la plénitude de leurs droits.

Or, une maison d'instruction étant composée d'instituteurs et d'élèves, d'hommes dont la volonté et la raison sont formées, et de jeunes gens en qui l'une et l'autre sont incomplètes, enfin d'individus revêtus d'une autorité, et d'individus qui doivent s'y soumettre, il est clair qu'on ne peut presser ici le principe de l'égalité.

Et pourtant si la raison, si la nature des choses demandent que celui qui instruit soit constamment au-dessus de celui qui est instruit; si, sous ce rapport, son autorité doit même être pleine et indépendante, et si l'amour propre le plus rebelle ne peut en être plus irrité que ne l'est celui d'un enfant lorsqu'il est porté par un homme fort, il est également vrai que, hors de là et en ce qui concerne surtout le régime des écoles, cette autorité ne doit pas être également illimitée, ou plutôt qu'il faut la placer en d'autres mains pour qu'ici, comme dans le corps social, la séparation des pouvoirs garantisse de tout despotisme.

Qu'on ne perde pas de vue que, dans les individus les plus enchaînés par les institutions sociales, il est une portion de volonté disponible qui peut être utilement et doit par conséquent toujours être mise en commun, dès l'instant qu'il se forme entre eux une association quelconque.

La volonté des jeunes gens, tout imparfaite qu'elle est, se porte facilement vers ce qui est vrai et juste parce qu'elle est libre de préjugés.

Or, peut-on ne pas sentir qu'il importe aux élèves et aux instituteurs que ces jeunes volontés transmises en quelque sorte par des élections souvent renouvelées jusqu'à un petit nombre d'entre eux qui deviendront des représentants de tous, se réunissent dans l'exercice des diverses fonctions administratives et judiciaires que réclame le maintien de toute société.

C'est alors que les instituteurs bornés à l'objet

qui leur appartient exclusivement, l'instruction, n'exerçant sur tout le reste qu'une surveillance directrice très générale, conserveront aisément cette confiance si nécessaire à leurs travaux, et qu'aucune vengeance particulière, aucun reproche personnel n'essayera plus d'affaiblir.

Les élèves, de leur côté, à la fois libres et soumis, supportent sans peine un joug dont ils sentiront la nécessité, mais ne supportent que celui-là ; à l'abri désormais de ces nombreuses injustices qui les révoltent, et dont le ressentiment se conserve toute la vie ; appelés par des choix toujours !purs à participer à l'administration commnne à devenir des juges, des jurés, des arbitres, des censeurs ; toujours comptables envers leurs égaux ; chargés tour à tour de prévenir les délits, de les juger, de les faire punir ; de distribuer le blâme et la louange, d'apaiser les dissensions ; jaloux, dans l'exercice de ces intéressantes fonctions, de mériter l'estime de tous, sans chercher à plaire à personne, apprendront de bonne heure à traiter avec les hommes et leurs passions, à concilier l'exercice de la justice avec une indulgence raisonnée, s'exerceront à toutes les vertus domestiques et publiques, au respect pour la loi, pour les mœurs, pour l'ordre général, sentiront s'élever leur âme au sein de l'égalité, de la liberté, et sauront enfin ce qu'on ne peut savoir trop tôt et ce qu'ils eussent ignoré longtemps, que l'homme, à quelque âge que ce soit, doit plier sous la loi, sous la nécessité, sous la raison, jamais sous une volonté particulière.

N'est-ce pas là le véritable apprentissage de la vie sociale, et par conséquent le cours de morale le plus complet, le plus efficacement instructif? Un règlement facile réalisera les bases de cette constitution particulière, si parfaitement analogue à la constitution générale de l'Empire.

Il est un second devoir de la société pour assurer l'empire de la morale : c'est de rassembler et de fortifier les motifs qui peuvent porter l'homme à faire le bien dans les divers âges de la vie. La société doit exciter l'homme par *l'intérêt*, en lui montrant dans le bien qu'il fait aux autres, le garant de celui même qu'il recevra de tous, en lui montrant que, dans cet échange réciproque, il recevra bien plus qu'il ne donne.

Elle doit l'exciter par *l'honneur*, en rattachant à la morale ce mobile des âmes ardentes, que le préjugé en avait détaché.

Elle doit l'exciter par la *conscience*, en le rappelant souvent par l'organe de ses agents et des instituteurs publics, à ce sens interne qui, exercé, éclairé de bonne heure, et consulté fréquemment, devant un inspirateur prompt et sûr, un moniteur incorruptible, et rend inséparables la vertu et le bonheur, le crime et les remords.

Elle doit surtout l'exciter par la *raison*; car il faut avant tout et après tout s'adresser à cette première faculté de l'homme, puisque tous les autres mobiles doivent tôt ou tard subir son jugement et sa revision : il faut montrer à ceux qui se déterminent par réflexion plus que par sentiment, par conviction plus que par intérêt, que les

vérités, dans l'ordre moral sont fondées sur des
bases indestructibles, qu'on ne peut les méconn-
naitre sans renoncer à toute raison ; qu'en un
mot, la morale la plus sublime n'est presque jamais que du bon sens.

Elle doit enfin exciter l'homme par *l'exemple* :
et ce moyen puissant, c'est à *l'histoire* qu'elle doit
le demander : car l'orgueil de l'homme se défendra toujours de le devoir à ses contemporains.
Quelle histoire sera digne de remplir cette vue
morale ! Aucune sans doute de celles qui existent : ce qui nous reste de celle des anciens nous
offre des fragments précieux pour la liberté ; mais
ce ne sont que des fragments : ils sont trop désunis,
trop loin de nous ; aucun intérêt national ne les
anime, et notre long asservissement nous a trop
accoutumés à les ranger parmi les fables. La nôtre, telle qu'elle a été tracée, n'est presque partout qu'un servile hommage décerné à des abus :
c'est l'ouvrage de la faiblesse écrivant sous les
yeux, souvent sous la dictée de la tyrannie ; mais
cette même histoire, telle qu'elle devrait être,
telle qu'on la conçoit en ce moment, peut devenir
un fonds inépuisable des plus hautes instructions
morales. Que désormais s'élevant à la dignité qui
lui convient, elle devienne l'histoire des peuples
et non plus celle d'un petit nombre de chefs ;
qu'inspirée par l'amour des hommes, par un sentiment profond pour leurs droits, par un saint
respect pour leur malheur, elle dénonce tous les
crimes qu'elle raconte ; que, loin de se dégrader
par la flatterie, loin de se rendre complice par

une vaine crainte, elle insulte jusqu'à la gloire
toutes les fois que la gloire n'est pas la vertu ;
que, par elle, une reconnaissance impérissable soit
assurée à ceux qui ont servi l'humanité avec courage, et une honte éternelle à quiconque n'a usé
de sa puissance que pour nuire ; que dans la
multitude des faits qu'elle parcourt, elle se garde
de chercher les droits de l'homme qui, certes, ne
sont point là ; mais qu'elle y cherche, mais qu'elle
y découvre les moyens de les défendre que toujours on peut y trouver; que pour cela, sacrifiant
ce que le temps doit dévorer, ce qui ne laisse point
de trace après soi, tout ce qui est nul aux yeux de
la raison, elle se borne à masquer tous les pas,
tous les efforts vers le bien, vers le pecfectionne-
ment social, qui ont signalé un si petit nombre
d'époques, et à faire ressortir les nombreuses
conspirations de tous les genres, dirigées contre
l'humanité avec tant de suite, conçues avec tant
de profondeur, et exécutées avec un succès si ré-
voltant : qu'en un mot, le récit de ce qui fut, se
mêle sans cesse au sentiment énergique de ce
qui devait être; par là, l'histoire s'abrège et s'a-
grandit ; elle n'est pas une compilation stérile;
elle devient un système moral : le passé s'enchaîne à l'avenir, et, en apprenant à vivre dans
ceux qui ont vécu, on met à profit pour le bonheur des hommes, jusqu'à la longue expérience
des erreurs et des années.

C'est par tous ces moyens, c'est par tous ces
motifs intérieurs que la morale s'imprimera dans
l'homme.

Il reste à lui en faire parvenir les impressions par les moyens extérieurs qui sont au pouvoir de la société; et ici se présentent à l'esprit les *spectacles*, les *fêtes*, les *arts*, etc., etc. Un moyen fécond d'instruction sera éternellement attaché à la *représentation* des grands événements, à la peinture énergique des grandes passions. S'il est vrai que l'influence de l'art qui les reproduit sur la scène, s'est fait sentir sous le despotisme, s'il a déposé dans l'âme des Français des germes qui, avec le temps, se sont développés contre le despotisme lui-même, quels effets ne peut-il pas produire pour la liberté! Cet art qui, chez les Grecs, appelait la haine sur les tyrans, qui offrait l'image de la gloire, du bonheur d'un peuple libre, et celle de l'avilissement et de l'infortune des peuples esclaves, ne préparet-il pas aux Français des tableaux dignes de rallumer et de perfectionner sans cesse leur patriotisme? Sans doute c'est là le but vers lequel il va diriger toute sa puissance.

Une vue également morale se manifestera dans les productions d'un autre genre, ouvrage de ce même art qui change de nom en changeant ses pinceaux, et qui alors, moins important sans être moins utile, trace la peinture de nos mœurs habituelles dans les conditions privées. Combien de préjugés nés de la servitude, s'obstinant à exister quand rien de ce qui les soutenait ne subsiste; combien dont la crédulité, moins odieuse qu'amusante, ne peut se résoudre à douter encore de leur extrême importance; combien enfin qui, terrassés par la loi, mille fois vaincus par la raison, ont besoin d'être finis par le ridicule, et de se trouver en quelque sorte témoins de leur propre défaite? C'est sous ce rapport que la scène française deviendra une des puissances auxiliaires de la révolution; que des talents voués à l'instruction, mais jusqu'à ce jour plus employés à polir la surface des mœurs qu'à en corriger le fonds, serviront et la morale et la justice; que la régénération politique, amenant avec elle le renouvellement des pensées de l'homme, étendra la carrière de celui des arts qui, par l'illusion exerce le plus puissant des empires. Alors la scène française se rajeunira, se purifiera; elle se montrera digne des respects de l'homme le plus sévère, digne de la présence de tous les États, de tous les citoyens qui, ayant fui les indiscrétions de la licence, viendront avec confiance chercher les leçons de la raison.

Ainsi la morale arrive à l'homme en s'emparant de son intelligence, de ses sens, de ses facultés, de toutes les puissances de son être. C'est elle qui va bientôt ordonner, qui va animer ces fêtes, que le peuple espère, qu'il désire, et que d'avance il appelle *fêtes nationales*.

Ici l'esprit se porte avec charme vers ces fêtes rustiques, où, au milieu des jeux, des luttes, de toutes les émotions d'une allégresse universelle, l'amour de la Patrie, cette morale presque unique des anciens peuples libres, s'exaltait jusqu'à l'enthousiasme, et se préparait à des prodiges. Vous ne voudrez pas priver la morale d'un tel

ressort : vous voudrez aussi conduire les hommes au bien par la route du plaisir.

Vous ordonnerez donc des fêtes.

Mais vos fêtes auront un caractère plus moral ;
car elles porteront l'empreinte de cette bienveillance universelle qui embrasse le genre humain,
tandis que le sentiment qui animait celles des anciens, confondait sans cesse l'amour de la cité et
la haine pour le reste des hommes.

Vos fêtes ne seront point toutes religieuses,
non que la religion les proscrive ou les repousse ;
elle-même s'est parée de leur pompe ; mais, lorsqu'elle n'en est point l'objet principal, lorsque les
impressions qu'elle porte à l'âme ne doivent
point y dominer, il ne convient pas qu'elle y paraisse : il est plus religieux de l'en écarter. Parmi
les nouvelles fêtes, son culte réclamera toujours
celles de la douleur, pour y porter ses consolations. Le culte de la liberté nous demande toutes
les fêtes de l'allégresse.

Elles ne seront point périodiques ; l'on excepte
pourtant l'anniversaire du jour où, les armes à la
main, la nation entière a juré la sainte alliance de
la liberté et de l'obéissance à la loi, et celui du
jour mémorable où l'égalité sembla naître tout
à coup de la chute de tous les privilèges. Ces fêtes
auront un tel caractère de grandeur, elles réveil-
leront tant de sentiments à la fois, qu'il n'est pas
à craindre que l'intérêt qu'elles doivent inspirer,
s'affaiblisse par des retours marqués ; mais les
autres fêtes doivent, dans chaque lieu, varier avec
les événements : elles doivent donc conserver

ce caractère d'irrégularité qui convient si bien aux mouvements de l'âme ; il ne faut pas qu'on les prévoie de loin, qu'on les pressente avec trop de certitude ; il ne faut pas qu'elles soient trop commandées ; car la joie, comme la douleur, ne sont plus aux ordres de personne. Elles ne seront pas uniformes ; car bientôt la monotonie en aurait détruit le charme. Elles seront tour à tour nationales, locales, privées. Vous voudrez que chaque département rende solennelle l'époque où, arrêtant la liste de ses nouveaux citoyens, il montre avec orgueil à la Patrie, ses jeunes défenseurs, ses nouvelles richesses, et vous verrez avec intérêt chaque famille s'empresser de célébrer encore, par des fêtes intérieures, et ces mêmes époques publiques, et toutes les époques particulières de ses événements domestiques.

Enfin, toutes ces fêtes auront pour objet direct les événements anciens ou nouveaux, publics ou privés, les plus chers à un peuple libre ; pour accessoires, tous les symboles qui parlent de la liberté, et rappellent avec plus de force à cette égalité précieuse, dont l'oubli a produit tous les maux des sociétés ; et pour moyens, ce que les beaux-arts, la musique, les spectacles, les combats, les prix réservés pour ces jours brillants, offriront dans chaque lieu de plus propre à rendre heureux et meilleurs les vieillards, par des souvenirs, les enfants par des espérances (1).

(1) La longueur ainsi que la sévérité de notre travail nous interdisent sur ce sujet des détails auxquels il eût été agréable de se livrer. Ceux qui désireront des développements pleins d'intérêt, pourront lire MM. Barthelémi, de Pauw et Cabanis.

Qu'on ne s'étonne pas d'entendre invoquer ici les *arts* comme appuis de la morale. Conserver des souvenirs précieux, éterniser des actions de gens de mémoire, immortaliser les grands exemples, c'est là sans doute enseigner la vertu. Qui ignore que l'imagination qui s'enflamme à la vue d'un chef-d'œuvre, confond, dans le même enthousiasme, l'imitation parfaite qui l'enchante, et le trait sublime qui la ravit ; et que c'est particulièrement dans la première jeunesse que cette alliance des sensations et des idées, cette influence des impressions physiques sur les affections de l'âme, produit les effets les plus vifs et les plus durables.

Les arts n'ont que trop souvent été prostitués aux intérêts de la tyrannie ; elle les employait à détremper le caractère des peuples, à leur inspirer les molles affections qui les préparent à recevoir ou à souffrir la servitude ; mais les arts eux-mêmes étaient esclaves lorsqu'on corrompait ainsi la noblesse de leur destination : les arts aussi doivent rompre leurs fers chez un peuple qui devient libre. Il est vrai que, même sous l'empire des maîtres les plus absolus, on les a vus créer des chefs-d'œuvre ; mais c'est qu'alors, trompant la tyrannie, ils savaient se réfugier dans une terre étrangère ; ils se transportaient, ils s'élançaient à Athènes, à Rome, jusque dans l'Olympe ; et c'est là qu'ils trouvaient cette liberté et ce courage de conception dont ils ont conservé l'empreinte.

Les arts sont la langue commune des peuples

et des siècles. Il en est un surtout particulièrement consacré à l'immortalité ; il confie au mar-
bre et à l'airain, avec les traits des grands hommes, la reconnaissance de la Patrie, qui s'honore
en s'acquittant envers eux, et ajoute à son lustre
en perpétuant leur renommée. Quelle autre récompense peut entrer en parallèle avec un tel
triomphe qui se perpétue à travers les siècles ?
Qu'il est beau pour les arts qui ne vivent que de
gloire, d'associer ainsi leurs ouvrages à des noms
impérissables ! Et aussi, quelle leçon de morale
que la statue d'un grand homme, élevée au mi-
lieu·de ses concitoyens ! Son exemple s'éternise
par le monument qui lui est consacré ; et s'il se
trouvait une stérile époque où des modèles vi-
vants ne pussent s'offrir à l'ambition de la jeunesse, l'histoire aussi animée, aussi vivante, suffirait dans tous les temps à son enthousiasme.

La nation, loin de redouter l'influence des arts,
voudra donc se couvrir de leur gloire ; elle les
encouragera; elle les honorera; elle leur confiera
ses intérêts ; enfin, elle les placera dans l'éducation comme un moyen de plus pour faire chérir
la morale. Sparte n'avait pas banni de ses institutions l'exercice de la lyre ; elle en avait seulement retranché quelques cordes, dont le son trop
attendrissant était capable d'énerver l'âme et
d'efféminer les mœurs.

C'est par l'action combinée de tous ces moyens
que, sous l'empire d'une constitution favorable
à tous les développements, l'homme social verra
s'accroître ses richesses intellectuelles et morales;

mais, pour réaliser ces espérances qui s'ouvrent devant nous, pour que tant de moyens indiqués ne restent point de vains projets de l'esprit, il faut qu'ils se produisent et se manifestent dans l'ordre que sollicitent les besoins de l'homme, et sous un jour qui l'éclaire par degré ; il faut que le talent, s'emparant des découvertes du génie, les rende accessibles à tous, qu'il aspire, non à détruire toutes difficultés ; car l'esprit humain a besoin de vaincre pour s'instruire ; mais à ne laisser subsister que celles qui demandent de l'attention pour être vaincues ; il faut, en un mot, que des *livres élémentaires*, clairs, précis, méthodiques, répandus avec profusion, rendent universellement familières, toutes les vérités importantes, et épargnent d'inutiles efforts pour les apprendre. De tels livres sont de grands bienfaits : la nation ne peut ni trop les encourager, ni trop les récompenser.

En appelant l'intérêt national sur ce genre de secours appliqué aux grands objets que nous venons de parcourir, nous nous reprocherions de ne pas l'arrêter un instant sur d'autres objets d'une utilité moins importante, mais plus directe, mais plus adaptée aux besoins journaliers et individuels, en un mot, sur ce qui intéresse particulièrement la culture et les arts mécaniques.

Comment ne pas former des vœux, pour qu'à l'aide des méthodes et des livres élémentaires, la théorie de l'utile s'allie enfin à la pratique dans toutes les parties de l'agriculture ; pour qu'on voie cesser cette étrange séparation qui semblait

faire deux parts distinctes de nos facultés dans
l'art qui demande le plus de réunion de toutes,
et qui offrait le spectacle affligeant de la force et
de l'activité sans lumières, de l'intelligence et des
lumières sans action.

Qui pourra dire tout ce qu'une telle discordance,
fruit de nos vices et de nos institutions, a causé
de ravages dans nos campagnes? Partout on y
trouve la trace profonde de l'erreur ; le dépérissement des forêts, ces produits tardifs de la terre ;
la perte de nos bestiaux ; l'éducation abandonnée
de ces utiles compagnons de nos travaux ; le défaut de paturage ; l'usage multiplié des jachères,
ce long sommeil de nos champs condamnés à la
stérilité, tout annonce l'art encore dans l'enfance
ou plutôt couvert de préjugés. Que serait-ce si
nous analysions tout ce que produit de maux à
la fin de chaque année l'ignorance des premiers
principes de la végétation, de la floraison, de la
théorie de la greffe, de la nature des engrais, de
l'influence des saisons, etc.? N'est-il pas évident
que, pour des hommes qui, condamnés par le
besoin de chaque jour, ne peuvent accorder que
des moments à l'étude de leur art, c'est à des
livres très élémentaires, écrits avec clarté et avec
intérêt, qu'il doit être spécialement réservé de
répandre sur tous ces objets, les lumières les plus
nécessaires. L'effet de ce moyen se fortifiera par
la révolution qui va s'opérer dans les mœurs.

Dans le temps où il fallait occuper un état auquel un des préjugés régnants attachât de l'honneur, où d'ailleurs on naissait magistrat et guer-

rier, comme on naît de tel sexe, où par conséquent la profession était plutôt le produit de l'espèce que ceux du choix, il était presque érigé en principe, qu'un propriétaire enrichi devait fuir la source de sa richesse. Travailler son champ était une peine ; l'habiter était un exil et dès lors, parmi les hommes à talent on ne voyait guère dans nos fertiles campagnes que ceux dont l'ambition trompée allait y ensevelir ses regrets.

Désormais on sentira que, dans un pays agricole, tout doit naître cultivateur. On sera momentanément magistrat, guerrier, législateur ; mais les travaux champêtres feront l'occupation habituelle de l'homme, et chacun y trouvera le délassement ou même la récompense de ses fonctions de citoyen ; or, un tel changement de mœurs multipliant dans nos campagnes les expériences utiles, contribuera nécessairement à y accréditer les bonnes méthodes et à y faire fructifier les principes que les livres élémentaires auront déjà pu y introduire.

Et quant aux arts mécaniques, de combien de méthodes ils demandent aussi le secours ! Qui n'a pas souffert, qui ne souffre pas encore de voir un si grand nombre de nos ouvriers livrés à une routine qu'aucun principe ne dirige ou ne rectifie ; contraints à faire venir du dehors les instruments mêmes de leur profession quand ils aspirent à perfectionner leurs ouvrages ; entièrement étrangers à la science du *trait* si nécessaire et si peu connue, à l'art de prendre une hauteur, de mesurer un angle, d'en acquérir le sentiment

à un demi degré près ; aux principes raisonnés
de l'équilibre, des leviers, de la romaine, de la
balance ; ignorant les propriétés les plus générales de l'air, tous les procédés, toutes les découvertes applicables aux arts et aux manufactures, dont la chimie a enrichi de nos jours
l'esprit humain, ne sachant quels sont les corps
que l'humidité allonge, quels sont ceux qu'elle
resserre ; en un mot, ne connaissant de l'art que
la mécanique la plus grossière et presque jamais
la théorie qui le simplifie et l'agrandit. Et n'est-
ce pas encore ici par des livres méthodiques,
réunissant le double suffrage des théoriciens
habiles et des praticiens consommés, que les
vrais principes sur tous ces objets pénétreront
dans nos ateliers et qu'ils y élèveront l'industrie
nationale à ce degré de perfection et de splendeur,
auquel la France a montré, même dans son état
d'imperfection, qu'elle était digne de prétendre.

Nous avons annoncé au commencement de notre
travail des principes d'instruction pour les femmes : ces principes nous paraissent très simples.

On ne peut d'abord séparer ici les questions relatives à leur éducation de l'examen de leurs droits
politiques ; car en les élevant, il faut bien savoir à
quoi elles sont destinées. Si nous pensons que leur
part doive être uniquement le bonheur domestique
et les devoirs de la vie intérieure, il faut les former
de bonne heure pour remplir cette destination.

Une moitié du genre humain exclue par l'autre de toute participation au gouvernement ; des
personnes indigènes par le fait et étrangères par

la loi sur le sol qui les a cependant vu naître ;
des propriétaires sans influence directe et sans
représentation ; ce sont là des phénomènes politiques, qu'en principe abstrait, il paraît impossible d'expliquer : mais il est un ordre d'idées dans
lequel la question change et peut se résoudre
facilement. Le but de toutes les institutions doit
être le bonheur du plus grand nombre. Tout ce
qui s'en écarte est une erreur ; tout ce qui y
conduit, une vérité. Si l'exclusion des emplois
publics prononcée contre les femmes est pour
les deux sexes un moyen d'augmenter la somme
de leur bonheur mutuel, c'est dès lors une loi
que toutes les sociétés ont dû reconnaître et consacrer.

Toute autre ambition serait un renversement
des destinations premières ; et les femmes n'auront jamais intérêt à changer la délégation qu'elles ont reçue. Or il nous semble incontestable
que le bonheur commun, surtout celui des femmes, demande qu'elles n'aspirent point à l'exercice des droits et des fonctions politiques. Qu'on
cherche ici leur intérêt dans le vœu de la nature.
N'est-il pas sensible que leur constitution délicate,
leurs inclinations paisibles, les devoirs nombreux
de la maternité, les éloignent constamment des
habitudes fortes, des devoirs pénibles, et les appellent à des occupations douces, à des soins
intérieurs ? Et comment ne pas voir que le principe conservateur des sociétés, qui a placé l'harmonie dans la division des pouvoirs, a été exprimé et comme révélé par la nature, lorsqu'elle

a aussi distribué aux deux sexes des fonctions si évidemment distinctes? Tenons-nous en là, et n'invoquons pas des principes inapplicables à cette question. Ne faites pas des rivaux des compagnes de votre vie ; laissez, laissez dans ce monde subsister une union qu'aucun intérêt, qu'aucune rivalité ne puisse rompre. Croyez que le bien de tous vous le demande. Loin du tumulte des affaires, ah! sans doute il reste aux femmes un beau partage dans la vie ! Le titre de mère, ce sentiment que personne ne s'est encore flatté d'avoir exprimé, est une jouissance solitaire dont les soins publics pourraient distraire : et conserver aux femmes cette passion d'amour que les autres passions affaiblissent, n'est-ce pas surtout penser à la félicité de leur vie ?

On dit que, dans de grandes circonstances, les femmes ont fortifié le caractère des hommes ; mais c'est qu'alors elles étaient hors de la carrière. Si elles avaient poursuivi la même gloire, elles auraient perdu le droit d'en distribuer les couronnes. On dit encore que quelques-unes avaient porté le sceptre avec gloire ; mais que sont un petit nombre d'exceptions brillantes? Autorisent-elles à déranger le plan général de la nature ? S'il était encore quelques femmes que le hasard de leur éducation ou de leurs talents parût appeler à l'existence d'un homme, elles doivent en faire le sacrifice au bonheur du grand nombre, se montrer au-dessus de leur sexe en le jugeant, en lui marquant sa véritable place, et ne pas demander qu'en livrant les femmes aux mê-

mes études que nous, on les sacrifle toutes pour
avoir peut-être dans un siècle quelques hommes
de plus.

Qu'on ne cherche donc plus la solution d'un
problème suffisamment résolu ; élevons les femmes, non pour aspirer à des avantages que la
constitution leur refuse, mais pour connaître et
apprécier ceux qu'elle leur garantit : au lieu de
leur faire dédaigner la portion de bien-être que
la société leur réserve en échange des services
importants qu'elle leur demande, apprenons-leur
quelle est la véritable mesure de leurs devoirs
et de leurs droits. Qu'elles trouvent, non de chi-
mériques espérances, mais des biens réels sous
l'empire de la liberté et de l'égalité ; que, moins
elles concourent à la formation de la loi, plus
aussi elles en reçoivent de protection et de force ;
et surtout qu'au moment où elles renoncent à
tout droit politique, elles acquièrent la certitude
de voir leurs droits civils s'affermir et même
s'accroître.

Assurées d'une telle existence par le système
des lois, il faut les y préparer par l'éducation ;
mais développons leurs facultés sans les dénaturer ; et que l'apprentissage de la vie soit à la
fois pour elles une école de bonheur et de vertu.

Les hommes sont destinés à vivre sur le théâtre du monde. L'éducation publique leur convient ; elle place de bonne heure sous leurs yeux
toutes les scènes de la vie ; les proportions seules
sont différentes.

La maison paternelle vaut mieux à l'éducation

des femmes ; elles ont moins besoin d'apprendre
à traiter avec les intérêts d'autrui, que de s'accoutumer à la vie calme et retirée.

Destinées aux soins intérieurs, c'est au sein de
leur famille qu'elles doivent en recevoir les premières leçons et les premiers exemples. Les pères
et mères, avertis de ce devoir sacré, sentiront
l'étendue des obligations qu'il impose : la présence d'une jeune fille purifie le lieu qu'elle habite, et l'innocence commande à ce qui l'entoure, le repentir ou la vertu. Que toutes vos
institutions tendent donc à concentrer l'éducation
des femmes dans cet asile domestique, il n'en est
pas qui convienne mieux à la pudeur, et qui lui
prépare de plus douces habitudes.

Mais la prévoyance de la loi, après avoir recommandé l'institution la plus parfaite, doit encore préparer des ressources pour les exceptions
et des remèdes pour le malheur. La patrie aussi
doit être une mère tendre et vigilante. Avant la
destruction des vœux monastiques, une foule de
maisons religieuses, destinées à cet objet, atti-
raient les jeunes personnes du sexe vers l'éducation publique. Cette direction générale n'était pas
bonne; car ces établissements n'étaient nullement
propres à former des épouses et des mères. Mais
du moins ils offraient un asile à l'innocence, et
cet avantage est indispensable à remplacer. On
n'aura pas à regretter l'éducation des couvents ;
mais on regretterait avec raison leur impénétrable demeure, si d'autres maisons non moins ras-
surantes et mieux dirigées ne suppléaient à leur

destruction. Chaque département devra donc s'occuper d'établir un nombre suffisant de ces maisons, et d'y placer des institutrices dont la vertu soit le garant de la confiance publique. Les femmes qui se consacreront à des devoirs si délicats, ne prononceront pas de vœux ; mais elles prendront envers la société des engagements d'autant plus sacrés, qu'ils seront plus libres, et qui produiront le même effet pour la sécurité des familles.

Dans ces maisons les jeunes personnes doivent trouver toutes les ressources nécessaires à leur instruction, et surtout l'apprentissage des métiers différents qui peuvent assurer leur existence.

Jusqu'à l'âge de huit ans elles pourraient, sans inconvénient, fréquenter les écoles primaires, et y puiser les éléments des connaissances qui doivent être communes aux deux sexes ; mais avant de quitter l'enfance, elles doivent s'en retirer et se renfermer dans la maison paternelle, dont il ne faut pas oublier que les maisons de retraite sont un remplacement imparfait. C'est alors qu'il faudra leur procurer d'autres secours pour s'instruire dans les arts utiles, et leur donner les moyens de subsister indépendantes, par le produit de leur travail (1).

Ainsi, prenant pour règle les termes de la

---

(1) On peut offrir aux départements comme un modèle de ce genre d'établissement un mémoire adressé à l'Assemblée nationale par une artiste ingénieuse (Mᵐᵉ Guyard) qui, dans cet ouvrage a su annoblir les arts en les associant au commerce, et les appliquant aux progrès de l'industrie.

constitution, nous recommanderons, pour les femmes, l'éducation domestique, comme la plus propre à les préparer aux vertus qu'il leur importe d'acquérir. A défaut de cet avantage, nous leur assurerons des maisons retirées sous l'inspection des départements, et nous leur faciliterons l'apprentissage des métiers qui leur conviennent.

RÉSUMÉ

Je vais ressaisir l'ensemble du plan que je viens de tracer. En attachant l'instruction publique à la constitution, nous l'avons considérée dans sa *source*, dans son *objet*, dans ses *rapports*, dans son *organisation*, dans ses *moyens*.

Dans sa *source :* elle est un produit naturel de toute société ; donc elle appartient à tous, à tous les âges, à tous les sexes.

Dans son *objet :* elle embrasse tout ce qui peut perfectionner l'homme naturel et social ; donc elle réclame des établissements vastes et des principes libres.

Dans ses *rapports :* elle en a d'intimes et avec la *société* et avec les *individus*.

Avec la *société :* elle doit apprendre à connaître, à défendre, à améliorer sans cesse sa constitution et surtout à la vivifier par la morale, qui est l'âme de tout.

Avec les *individus :* elle doit les rendre meilleurs, plus heureux, plus utiles ; donc elle doit exercer, développer, fortifier toutes leurs facultés physiques, intellectuelles, morales, et ouvrir toutes les routes pour qu'ils arrivent sûrement au but auquel ils sont appelés.

Dans son *organisation :* elle doit se combiner avec celle du royaume ; de là écoles *primaires*, de *District*, de *Département*, et enfin *Institut National ;* mais elle doit se combiner avec la liberté : car ses rapports ne peuvent s'identifier en tout avec ceux de l'administration ; de là aussi des différences locales, déterminées par l'intérêt de la science et par le bien public.

Les écoles *primaires* introduiront, en quelque sorte, l'enfance dans la société.

Les écoles de *district* prépareront utilement la jeunesse à tous les états de la société.

Les écoles de *département* formeront particulièrement l'adolescence à certains états de la société.

Dans ces écoles on enseignera la *Théologie*, la *Médecine*, le *Droit*, l'*Art militaire*.

Mais la théologie il a fallu la circonscrire ; la médecine, il a fallu la compléter ; le droit il a fallu l'épurer ; l'art militaire, il a fallu le faciliter à tous.

L'*Institut national* réunit tout, perfectionne tout : donc il était nécessaire d'en assortir toutes les parties, de leur montrer un but, jamais un terme, et de leur imprimer, au milieu de tant de mouvements divers, une direction ferme et rapide.

Les *moyens* d'instruction se sont bientôt offerts à nous : car c'est en eux et par eux que l'instruction vit et se perpétue.

Nous avons parlé des *instituteurs* qu'il faut savoir choisir, honorer, récompenser ; des *immenses productions de l'esprit humain* qu'on doit distribuer, classer, compléter, purifier pour l'avantage des sciences, pour le bien de la raison ; des *encouragements* dus aux promesses du talent ; des *prix* dus encore plus à ses services.

De là nous sommes arrivés aux *méthodes*, ces premiers instruments de nos facultés ; nous avons osé en chercher pour la *raison* elle-même, afin d'accroître sa force, afin de lui assurer cette rectitude qui doit faire son principal caractère ; nous en avons cherché pour la *communication des idées*, ce grand besoin de l'homme social. Là, nous en avons accusé l'imperfection des langues ; et en nous plaçant à la source du mal, peut-être n'avons-nous pas été loin d'indiquer le remède. Nous avons voulu aussi des méthodes pour apprendre la *morale :* nous les avons cherchées dans la raison qui la démontre ; dans le sentiment qui l'anime ; dans la conscience qui la garde ; dans l'intérêt même qui la conseille ; dans l'histoire qui la célèbre ; dans les premières habitudes qui l'impriment, etc. Nous les avons demandées à tout ce qui nous entoure, aux spectacles, aux fêtes, aux beaux-arts, à ce qui nous émeut, à ce qui nous enchante ; et partout nous avons vu que la société recueillait les moyens les plus féconds pour rendre les hommes meilleurs, en les rendant plus heureux. Quittant ces méthodes générales, nous nous sommes reposés un instant sur les méthodes usuelles que sollicitent l'agriculture et les arts mécaniques ; nous avons du moins formé des vœux pour leur perfectionnement, et nous avons tâché de leur obtenir cette portion d'intérêt public qu'elles méritent.

Enfin, nous avons traité à part l'éducation des femmes. Ici, nous avons cherché les principes dans leurs droits, leurs droits dans leur destinée, leur destinée dans leur bonheur.

A la suite de ce long rapport se trouvaient autant de projets de décrets qu'il contenait de parties, concernant : les écoles primaires et secondaires, les colléges de médecine, les écoles militaires, les écoles de droit, l'institut national, les bibliothèques publiques, les prix, les méthodes et livres élémentaires, les spectacles, les fêtes, l'éducation des femmes, et l'administration centrale de l'instruction publique.

III

RAPPORT DE CONDORCET (1)

I

CONSIDÉRATIONS GÉNÉRALES

Offrir à tous les individus de l'espèce humaine les moyens de pourvoir à leurs besoins, d'assurer leur bien-être, de connaître et d'exercer leurs droits, d'entendre et de remplir leurs devoirs ; assurer à chacun la facilité de perfectionner son industrie, de se rendre capable des fonctions sociales auxquelles il a droit d'être appelé, de développer toute l'étendue des talents qu'il a reçus de la nature ; et par là établir entre les citoyens une égalité de fait, et rendre réelle l'égalité politique reconnue par la loi :

Tel doit être le premier but d'une instruction

(1) *Rapport et projet de décret sur l'organisation générale de l'instruction publique,* présentés à l'Assemblée nationale au nom du Comité d'Instruction publique, par Condorcet, député du département de Paris, les 20 et 21 avril 1792, l'an IV° de la liberté. (Réimprimés par ordre de la Convention nationale. Paris, imprimerie nationale (1793).

nationale ; et sous ce point de vue, elle est, pour la puissance publique, un devoir de justice.

Le comité d'instruction publique soumettra à l'Assemblée nationale des projets de décrets concernant les fêtes nationales, la partie gymnastique de l'éducation et le complément de l'éducation des femmes. Ce projet de décret n'est relatif qu'à l'instruction offerte à tous les citoyens et ne s'étend pas aux écoles d'artillerie, du génie, de la marine, des ponts et chaussées, des sourds-et-muets et des aveugles-nés.

Diriger l'enseignement de manière que la perfection des arts augmente les jouissances de la généralité des citoyens, et l'aisance de ceux qui les cultivent, qu'un plus grand nombre d'hommes deviennent capables de bien remplir les fonctions nécessaires à la société, et que les progrès, toujours croissants, des lumières, ouvrent une source inépuisable de secours dans nos besoins, de remèdes dans nos maux, de moyens de bonheur individuel et de prospérité commune. Cultiver enfin, dans chaque génération, les facultés physiques intellectuelles et morales, et par là contribuer à ce perfectionnement général et graduel de l'espèce humaine ; dernier but vers lequel toute institution sociale doit être dirigée : Tel doit être encore l'objet de l'instruction ; et c'est pour la puissance publique, un devoir imposé par l'intérêt commun de la société, par celui de l'humanité entière.

Mais en considérant sous ce double point de vue la tâche immense qui nous a été imposée, nous avons senti, dès nos premiers pas, qu'il existait une portion du système général de l'instruction, qu'il était possible d'en détacher, sans nuire à l'ensemble, et qu'il était nécessaire d'en séparer, pour accélérer la réalisation du nouveau système ; c'est la distribution et l'organisation générale des établissements d'enseignement public.

En effet, quelles que soient les opinions sur l'étendue précise de chaque degré d'instruction, sur la manière d'enseigner, sur le plus ou moins d'autorité consacrée aux parents, ou cédée aux maîtres ; sur la réunion des élèves dans des pensionnats établis par l'autorité publique ; sur les moyens d'unir à l'instruction proprement dite, le développement des facultés physiques et morales, l'organisation peut être la même; et d'un autre côté, la nécessité de désigner les lieux d'établissements, de faire composer les livres élémentaires, longtemps avant que ces établissements puissent être mis en activité, obligeaient à presser la décision de la loi, sur cette portion du travail qui nous est confié.

Nous avons pensé que dans ce plan d'organisation générale, notre premier soin devant être de rendre, d'un côté, l'éducation aussi égale, aussi universelle ; de l'autre, aussi complète que les circonstances pouvaient le permettre ; qu'il fallait donner à tous également l'instruction qu'il est possible d'étendre sur tous ; mais ne refuser à aucune portion des citoyens l'instruction plus élevée qu'il est impossible de faire partager à la

masse entière des individus ; établir l'une, parce
qu'elle est utile à ceux qui la reçoivent ; et l'autre,
parce qu'elle l'est à ceux mêmes qui ne la reçoivent pas.

La première condition de toute instruction
étant de n'enseigner que des vérités, les établissements que la puissance publique y consacre
doivent être aussi indépendants qu'il est possible
de toute autorité politique, et comme néanmoins,
cette indépendance ne peut être absolue, il résulte
du même principe qu'il faut ne les rendre dépen-
dants que de l'assemblée des Représentants du
peuple, parce que de tous les pouvoirs, il en est
le moins corruptible, le plus éloigné d'être entraîné par des intérêts particuliers, le plus soumis
à l'influence de l'opinion générale des hommes
éclairés, et surtout parce qu'étant celui de qui
émanent essentiellement tous les changements,
il est dès lors le moins ennemi du progrès des
lumières, le moins opposé aux améliorations que
ce progrès doit amener.

Nous avons observé, enfin, que l'instruction ne
devait pas abandonner les individus au moment,
où ils sortent des écoles ; qu'elle devait embrasser
tous les âges ; qu'il n'y en avait aucun où il ne
fût utile et possible d'apprendre, et que cette
seconde instruction est d'autant plus nécessaire,
que celle de l'enfance a été resserrée dans des
bornes plus étroites. C'est là même une des causes
principales de l'ignorance où les classes pauvres
de la société sont aujourd'hui plongées ; la possibilité de recevoir une première instruction, leur

manquerait encore moins que celle d'en conserver les avantages.

Nous n'avons pas voulu qu'un seul homme, dans l'empire, pût dire désormais : la loi m'assurait une entière égalité de droits ; mais on me refuse les moyens de les connaître. Je ne dois dépendre que de la loi ; mais mon ignorance me rend dépendant de tout ce qui m'entoure. On m'a bien appris dans mon enfance ce que j'avais besoin de savoir ; mais forcé de travailler pour vivre, ces premières notions se sont bientôt effacées, et il ne m'en reste que la douleur de sentir, dans mon ignorance, non la volonté de la nature, mais l'injustice de la société.

Nous avons vu que la puissance publique devait dire aux citoyens pauvres : la fortune de vos parents n'a pu vous procurer que les connaissances les plus indispensables ; mais on vous assure des moyens faciles de les conserver et de les étendre. Si la nature vous a donné des talents, vous pouvez les développer, et ils ne seront perdus ni pour vous, ni pour la patrie.

Ainsi, l'instruction doit être universelle, c'est-à-dire, s'étendre à tous les citoyens. Elle doit être répartie avec toute l'égalité que permettent les limites nécessaires de la dépense, la distribution des hommes sur le territoire, et le temps plus ou moins long que les enfants peuvent y consacrer. Elle doit, dans ses divers degrés, embrasser le système entier des connaissances humaines, et assurer aux hommes, dans tous les âges de la vie, la facilité de conserver leurs connaissances, ou d'en acquérir de nouvelles.

11.

Enfin, aucun pouvoir public ne doit avoir ni l'autorité, ni même le crédit, d'empêcher le développement des vérités nouvellês, l'enseignement des théories contraires à sa politique particulière ou à ses intérêts momentanés.

Tels ont été les principes qui nous ont guidés dans notre travail.

II

ENSEIGNEMENT PRIMAIRE

Nous avons distingué trois degrés d'instruction sous le nom : 1° d'écoles primaires ; 2° d'écoles secondaires; 3° d'instituts ; 4° de lycées ; 5° de société nationale des sciences et des arts.

On enseigne, dans les écoles primaires, ce qui est nécessaire à chaque individu pour se conduire lui-même, et jouir de la plénitude de ses droits. Cette instruction servira même à ceux qui profiteront des leçons destinées aux hommes pour les rendre capables des fonctions publiques les plus simples, auxquelles il est bon que tout citoyen puisse être appelé, comme celles de juré, d'officier municipal.

Toute collection de maisons renfermant quatre cents habitants, aura une école et un maître.

Comme il ne serait pas juste que, dans le département où les habitations sont dispersées ou réunies par groupes plus petits, le peuple n'obtînt pas des avantages égaux, on placera une

- école primaire dans tous les arrondissements où se trouveront des villages éloignés de plus de mille toises d'un endroit qui renferme quatre cents habitants. On enseignera, dans ces écoles, à lire, à écrire, ce qui suppose nécessairement quelques notions grammaticales ; on y joindra les règles de l'arithmétique, des méthodes simples de mesurer exactement un terrain, de toiser un édifice ; une description élémentaire des productions du pays, des procédés de l'agriculture et des arts ; le développement des premières idées morales, et des règles de conduite qui en dérivent; enfin ceux des principes de l'ordre social qu'on peut mettre à la portée de l'enfance.

Ces diverses instructions seront distribuées en quatre cours, dont chacun doit occuper une année les enfants d'une capacité commune. Ce terme de quatre ans qui permet une division commode pour une école où l'on ne peut placer qu'un seul maître, répond aussi assez exactement à l'espace de temps qui, pour les enfants des familles les plus pauvres, s'écoule entre l'époque où ils commencent à être capables d'apprendre, et celle où ils peuvent être employés à un travail utile, assujettis à un apprentissage régulier.

Chaque dimanche, l'instituteur ouvrira une conférence publique, à laquelle assisteront les citoyens de tous les âges ; nous avons dans cette institution un moyen de donner aux jeunes gens celles des connaissances nécessaires qui n'ont pu cependant faire partie de leur première éducation. On y développera les principes et les règles de la

morale avec plus d'étendue, ainsi que cette partie
des lois nationales dont l'ignorance empêcherait
un citoyen de connaître ses droits et de les
exercer.

Ainsi, dans ces écoles les vérités premières de
la science sociale précéderont leurs applications.
Ni la constitution française, ni même la déclaration des droits, ne seront présentées à aucune
classe des citoyens, comme des tables descendues
du ciel, qu'il faut adorer et croire. Leur enthousiasme ne sera point fondé sur les préjugés, sur
les habitudes de l'enfance, et on pourra leur dire :
cette déclaration des droits, qui vous apprend à
la fois ce que vous devez à la société, et ce que
vous êtes en droit d'exiger d'elle, cette constitution que vous devez maintenir aux dépens de
votre vie, ne sont que le développement de ces
principes simples, dictés par la nature et par la
raison, dont vous avez appris, dans vos premières
années, à reconnaître l'éternelle vérité. Tant
qu'il y aura des hommes qui n'obéiront pas à
leur raison seule, qui recevront leurs opinions
d'une opinion étrangère, en vain toutes les
chaînes auraient été brisées, en vain ces opinions
de commande seraient d'utiles vérités ; le genre
humain n'en resterait pas moins partagé en deux
classes : celle des hommes qui raisonnent, et
celle des hommes qui croient, celle des maîtres
et celle des esclaves.

En continuant ainsi l'instruction pendant toute
la durée de la vie, on empêchera les connaissances acquises dans les écoles de s'effacer trop

promptement de la mémoire; on entretiendra dans les esprits une activité utile; on instruira le peuple des lois nouvelles, des observations d'agriculture, des méthodes économiques qu'il lui importe de ne pas ignorer. On pourra lui montrer enfin l'art de s'instruire par soi-même, comme à chercher un mot dans un dictionnaire, à se servir de la table d'un livre, à suivre sur une carte, sur un plan, sur un dessin, des narrations ou des descriptions, des notes ou des extraits. Ces moyens d'apprendre, que, dans une éducation plus étendue, on acquiert par la seule habitude, doivent être directement enseignés dans une instruction bornée à un temps plus court et à un petit nombre de leçons.

Nous n'avons ici parlé, soit pour les enfants, soit pour les hommes, que de l'enseignement direct, parce que c'est le seul dont il soit nécessaire de connaître la marche, la distribution, l'étendue, avant de déterminer l'organisation des établissements d'instruction publique. D'autres moyens seront l'objet d'un autre partie de notre travail.

Ainsi, par exemple, les fêtes nationales, en rappelant aux habitants des campagnes, aux citoyens des villes, les époques glorieuses de la liberté, en consacrant la mémoire des hommes dont les vertus ont honoré leur séjour, en célébrant les actions de dévouement ou de courage dont il a été le théâtre, leur apprendront à chérir les devoirs qu'on leur aura fait connaître. D'un autre côté, dans la description intérieure des écoles, on prendra soin d'instruire les enfants à être bons et justes; on leur fera pratiquer, les uns à l'égard des autres, les principes qu'on leur aura enseignés; et par là, en même temps qu'on leur fera prendre l'habitude d'y conformer leur conduite, ils apprendront à les mieux entendre, à en sentir plus fortement l'utilité et la justice (1).

On fera composer, soit pour les hommes, soit même pour les enfants, des livres faits pour eux, qu'ils pourraient lire sans fatigue, et qu'un intérêt, soit d'utilité prochaine, soit de plaisir, les engagerait à se procurer. Placez à côté des hommes les plus simples une instruction agréable et facile, surtout une instruction utile, et ils en profiteront. Ce sont les difficultés rebutantes de la plupart des études, c'est la vanité de celles à qui le préjugé avait fait donner la préférence, qui éloignaient les hommes de l'instruction. La gymnastique ne sera point oubliée; mais on aura soin d'en diriger les exercices de manière à développer toutes les forces avec égalité, à détruire les effets des habitudes forcées que donnent les diverses espèces de travaux.

Si l'on reproche à ce plan de renfermer une instruction trop étendue, nous pourrons répondre qu'avec des livres élémentaires bien faits et destinés à être mis entre les mains des enfants, avec le soin de donner aux maîtres des ouvrages composés pour eux, où ils puissent s'instruire de

(1) Nous avons renvoyé à la fin du rapport les notes dont la plupart sont très développées et qui, placées au bas des pages, nuiraient à la lecture du texte. Voir note 1.

la manière de développer les principes, de se proportionner à l'intelligence des élèves, de leur rendre le travail plus facile, on n'aura point à craindre que l'étendue de cet enseignement excède les bornes de la capacité ordinaire des enfants. Il existe d'ailleurs des moyens de simplifier les méthodes, de mettre les vérités à la portée des esprits les moins exercés ; et c'est d'après la connaissance de ces moyens, d'après l'expérience, qu'a été tracé le tableau des connaissances élémentaires qu'il était nécessaire de présenter à tous les hommes, qu'il leur était possible d'acquérir.

On pourrait aussi nous reprocher d'avoir, au contraire, trop resserré les limites de l'instruction destinée à la généralité des citoyens ; mais la nécessité de se contenter d'un seul maître pour chaque établissement, celle de placer les écoles auprès des enfants, le petit nombre d'années que ceux des familles pauvres peuvent donner à l'étude, nous ont forcés de resserrer cette première instruction dans des bornes étroites ; et il sera facile de les reculer lorsque l'amélioration de l'état du peuple, la distribution plus égale des fortunes, suite nécessaire des bonnes lois, les progrès des méthodes d'enseignement, en auront amené le moment ; lorsque enfin la diminution de la dette, et celle des dépenses superflues, permettra de consacrer à des emplois vraiment utiles une plus forte portion des revenus publics (2).

III

ÉCOLES SECONDAIRES

Les écoles secondaires sont destinées aux enfants dont les familles peuvent se passer plus longtemps de leur travail, et consacrer à leur éducation un plus grand nombre d'années, ou même quelques avances. Chaque district, et de plus, chaque ville de 4,000 habitants, aura une de ces écoles secondaires. Une combinaison, analogue à celle dont nous avons parlé pour les écoles primaires, assure qu'il n'y aura point d'inégalité dans la distribution de ces établissements. L'enseignement sera le même dans tous ; mais ils auront un, deux, trois instituteurs, suivant le nombre d'élèves qu'on peut supposer devoir s'y rendre.

Quelques notions de mathématiques, d'histoire naturelle et de chimie nécessaires aux arts, des développements plus étendus des principes de la morale et de la science sociale, des leçons élémentaires de commerce y formeront le fonds de l'instruction. Les instituteurs donneront des conférences hebdomadaires, ouvertes à tous les citoyens. Chaque école aura une petite bibliothèque, un petit cabinet où l'on placera quelques instruments météorologiques, quelques modèles de machines ou de métiers, quelques objets d'histoire naturelle ; et ce sera pour les hommes un

. nouveau moyen d'instruction. Sans doute ces collections seront d'abord presque nulles, mais elles s'accroîtront avec le temps, s'augmenteront par des dons, se compléteront par des échanges ; elles répandront le goût de l'observation et de l'étude; et ce goût contribuera bientôt à leur progrès.

Ce degré d'instruction peut encore, à quelques égards, être envisagé comme universel ou plutôt comme nécessaire pour établir, dans l'enseignement universel, une égalité plus absolue. Les cultivateurs, à la vérité, en sont réellement exclus lorsqu'ils ne se trouvent pas assez riches pour deplacer leurs enfants; mais ceux des campagnes, destinés à des métiers, doivent naturellement achever leur apprentissage dans les villes voisines, et ils recevront, dans les écoles secondaires, du moins, la portion de connaissances qui leur sera le plus nécessaire. D'un autre côté, les cultivateurs ont, dans l'année, des temps de repos dont ils peuvent donner une partie à l'instruction, et les artisans sont privés de cette espèce de loisir. Ainsi, l'avantage d'une étude isolée et volontaire balance, pour les uns, celui qu'ont les autres de recevoir des leçons plus étendues; et, sous ce point de vue, l'égalité est encore conservée, plutôt que détruite, par l'établissement des écoles secondaires,

Il y a plus : à mesure que les manufactures se perfectionnent, leurs opérations se divisent de plus en plus, ou tendent sans cesse à ne charger chaque individu que d'un travail purement mécanique et réduit à un petit nombre de mouvements simples; travail qu'il exécute mieux et plus promptement, mais par l'effet de la seule habitude, et dans lequel son esprit cesse presque entièrement d'agir. Ainsi le perfectionnement des arts deviendrait, pour une partie de l'espèce humaine, une cause de stupidité; ferait naître, dans chaque nation une classe d'hommes incapables de s'élever au-dessus des plus grossiers intérêts; y introduirait, et une inégalité humiliante, et une semence de troubles dangereux, si une instruction plus étendue n'offrait aux individus de cette même classe une ressource contre l'effet infaillible de la monotonie de leurs occupations journalières.

L'avantage que les écoles secondaires semblent donner aux villes n'est donc encore qu'un nouveau moyen de rendre l'égalité plus entière.

Les conférences hebdomadaires proposées pour ces deux premiers degrés, ne doivent pas être regardées comme un faible moyen d'instruction. Quarante ou cinquante leçons par année peuvent renfermer une grande étendue de connaissances, dont les plus importantes répétées chaque année, d'autres tous les deux ans, finiront par être entièrement comprises, retenues, par ne pouvoir plus être oubliées. En même temps une autre portion de cet enseignement se renouvellera continuellement, parce qu'elle aura pour objet, soit des procédés nouveaux d'agriculture ou d'arts mécaniques, des observations, des remarques nouvelles, soit l'exposition des lois générales à mesure qu'elles seront promulguées, le développement des opérations du gouvernement lorsqu'elles seront d'un intérêt universel. Elle soutiendra la curiosité, augmentera l'intérêt de ces leçons, entretiendra l'esprit public et le goût de l'occupation.

Qu'on ne craigne pas que la gravité de ces instructions en écarte le peuple. Pour l'homme occupé de travaux corporels, le repos seul est un plaisir; et une légère contention d'esprit, un véritable délassement : c'est pour lui, ce qu'est le mouvement du corps pour le savant livré à des études sédentaires, un moyen de ne pas laisser engourdir celles de ses facultés que ses occupations habituelles n'exercent pas assez. L'homme des campagnes, l'artisan des villes, ne dédaignera point des connaissances dont il aura une fois connu les avantages par son expérience ou celle de ses voisins. Si la seule curiosité l'attire d'abord, bientôt l'intérêt le retiendra. La frivolité, le dégoût des choses sérieuses, le dédain pour ce qui n'est qu'utile, ne sont pas les vices des hommes pauvres; et cette prétendue stupidité, née de l'asservissement et de l'humiliation, disparaîtra bientôt, lorsque des hommes libres trouveront auprès d'eux les moyens de briser la dernière et la plus honteuse de leurs chaînes (3).

IV

INSTITUTS

Le troisième degré d'instruction embrasse les éléments de toutes les connaissances humaines.

L'instruction considérée comme partie de l'éducation générale y est absolument complète.

Elle renferme ce qui est nécessaire pour être en état de se préparer à remplir les fonctions publiques qui exigent le plus de lumières, ou de se livrer avec succès à des études plus approfondies ; c'est là que se formeront les instituteurs des écoles secondaires, que se perfectionneront les maîtres des écoles primaires déjà formés dans celles du second degré.

Le nombre des Instituts a été porté à cent dix et il en sera établi dans chaque Département.

On y enseignera non seulement ce qu'il est utile de savoir comme homme, comme citoyen, à quelque profession qu'on se destine ; mais aussi tout ce qui peut l'être pour chaque grande division de ces professions, comme l'agriculture, les arts mécaniques, l'art militaire ; et même on y a joint les connaissances médicales nécessaires aux simples praticiens, aux sages-femmes, aux artistes vétérinaires.

En jetant les yeux sur la liste des professeurs, on remarquera peut-être que les objets d'instruction n'y sont pas distribués suivant une division philosophique, que les sciences physiques et mathématiques y occupent une très grande place, tandis que les connaissances qui dominaient dans l'ancien enseignement y paraissent négligées.

Mais nous avons cru devoir distribuer les sciences d'après les méthodes qu'elles emploient, et par conséquent d'après la réunion de connaissances qui existe le plus ordinairement chez les hommes instruits, ou qu'il leur est plus facile de compléter.

Peut-être une classification philosophique des sciences n'eût été dans l'application qu'embarrassante, et presque impraticable. En effet, prendrait-on pour base les diverses facultés de l'esprit ? Mais l'étude de chaque science les met toutes en activité, et contribue à les développer, à les perfectionner. Nous les exerçons même toutes à la fois, presque dans chacune des opérations intellectuelles. Comment attribuerez-vous telle partie des connaissances humaines à la mémoire, à l'imagination, à la raison, si lorsque vous demandez, par exemple, à un enfant de démontrer sur une planche une proposition de géométrie, il ne peut y parvenir sans employer à la fois sa mémoire, son imagination et sa raison ? Vous mettrez sans doute la connaissance des faits dans la classe que vous affectez à la mémoire ; vous placerez donc l'histoire naturelle à côté de celle des nations, l'étude des arts auprès de celle des langues ; vous les séparerez de la chimie, de la politique, de la physique, de l'analyse métaphysique, sciences auxquelles ces connaissances de faits sont liées, et par la nature des choses, et par la méthode même de les traiter.

Prendra-t-on pour base la nature des objets ? Mais le même objet, suivant la manière de l'envisager, appartient à des sciences absolument différentes. Ces sciences ainsi classées exigent des qualités d'esprit qu'une même personne réunit rarement; il aurait été très difficile de trouver, et peut-être de former des hommes en état de se plier à ces divisions d'enseignement. Les mêmes sciences ne se rapporteraient pas aux mêmes professions, leurs parties n'inspireraient pas un goût égal aux mêmes esprits, et ces divisions auraient fatigué les élèves comme les maîtres.

Quelque autre base philosophique que l'on choisisse, on se trouvera toujours arrêté par des obstacles du même genre. D'ailleurs il fallait donner à chaque partie une certaine étendue, et maintenir entre elles une espèce d'équilibre ; or, dans une division philosophique, on ne pourrait y parvenir qu'en réunissant par l'enseignement ce qu'on aurait séparé par la classification.

Nous avons donc imité dans nos distributions la marche que l'esprit humain a suivie dans ses recherches, sans prétendre l'assujettir à en prendre une autre, d'après celle que nous donnerions à l'enseignement. Le génie veut être libre, toute servitude le flétrit, et souvent on le voit porter encore, lorsqu'il est dans toute sa force, l'empreinte des fers qu'on lui avait donnés au moment où son premier germe se développait dans les exercices de l'enfance. Ainsi, puisqu'il faut nécessairement une distribution d'études, nous avons dû préférer celle qui s'était elle-même librement établie, au milieu des progrès rapides que tous les genres de connaissances ont faits depuis un demi-siècle.

V

ENSEIGNEMENT SCIENTIFIQUE

Plusieurs motifs ont déterminé l'espèce de préférence accordée aux sciences mathématiques et physiques. D'abord pour les hommes qui ne se dévouent point à de longues méditations, qui n'approfondissent aucun genre de connaissances, l'étude, même élémentaire, de ces sciences est le moyen le plus sûr de développer leurs facultés intellectuelles, de leur apprendre à raisonner juste, à bien analyser leurs idées. On peut sans doute en s'appliquant à la littérature, à la grammaire, à l'histoire, à la politique, à la philosophie en général, acquérir de la justesse, de la méthode, une logique saine et profonde, et cependant ignorer les sciences naturelles. De grands exemples l'ont prouvé ; mais les connaissances élémentaires dans ces mêmes genres, n'ont pas cet avantage ; elles emploient la raison, mais elles ne la formeraient pas.

C'est que dans les sciences naturelles, les idées sont plus simples, plus rigoureusement circonscrites ; c'est que la langue en est plus parfaite, que les mêmes mots y expriment plus exactement les mêmes idées.

Les éléments y sont une véritable partie de la science, resserrée dans d'étroites limites, mais complète en elle-même.

Elles offrent encore à la raison un moyen de s'exercer, à la portée d'un plus grand nombre d'esprits, surtout dans la jeunesse.

Il n'est pas d'enfant, s'il n'est absolument stupide, qui ne puisse acquérir quelque habitude d'application, par des leçons élémentaires d'histoire naturelle ou d'agriculture.

Ces sciences sont contre les préjugés, contre la petitesse d'esprit, un remède sinon plus sûr, du moins plus universel que la philosophie même. Elles sont utiles dans toutes les professions ; et il est aisé de voir combien elles le seraient davantage, si elles étaient plus uniformément répandues. Ceux qui en suivent la marche, voient approcher l'époque où l'utilité pratique de leur application va prendre une étendue à laquelle on n'aurait osé porter ses espérances, où les progrès des sciences physiques doivent produire une heureuse révolution dans les arts ; et le plus sûr moyen d'accélérer cette révolution est de répandre ces connaissances dans toutes les classes de la société, de leur faciliter les moyens de les acquérir.

Enfin nous avons cédé à l'impulsion générale des esprits, qui en Europe semblent se porter vers ces sciences avec une ardeur toujours croissante. Nous avons senti que, par une suite des progrès de l'espèce humaine, ces études qui offrent à son activité un aliment éternel, inépuisable, devenaient d'autant plus nécessaires, que le perfectionnement de l'ordre social doit offrir moins d'objets à l'ambition ou à l'avidité ; que dans un pays où l'on voulait unir enfin par des nœuds immortels la paix et la liberté, il fallait que l'on pût sans ennui, sans s'éteindre dans l'oisiveté, consentir à n'être qu'un homme et un citoyen ; qu'il était important de tourner vers des objets utiles ce besoin d'agir, cette soif de gloire, à laquelle l'état d'une société bien gouvernée n'offre pas un champ assez vaste ; et de substituer enfin l'ambition d'éclairer les hommes à celle de les dominer (4).

Dans la partie de l'ancien enseignement qui répond à ce troisième degré d'instruction, on se bornait à un petit nombre d'objets : nous devons les embrasser tous. On semblait n'avoir voulu faire que des théologiens ou des prédicateurs : nous aspirons à former des hommes éclairés.

VI

LANGUES ANCIENNES

L'ancien enseignement n'était pas moins vicieux par sa forme que par le choix et la distribution des objets.

Pendant six années, une étude progressive du

latin faisait le fonds de l'instruction ; et c'était sur ce fonds qu'on répandait les principes généraux de la grammaire, quelques connaissances de géographie et d'histoire, quelques notions de l'art de parler et d'écrire.

Quatre professeurs sont ici destinés à remplir les mêmes indications ; mais les objets des études sont séparés ; mais chaque maître enseigne une seule connaissance ; et cette disposition, plus favorable aux progrès des élèves, fera plus que compenser la diminution du nombre des maîtres.

On pourra trouver encore la langue latine trop négligée, mais sous quel point de vue une langue doit-elle être considérée dans une éducation générale ?

Ne suffit-il pas de mettre les élèves en état de lire les livres vraiment utiles écrits dans cette langue, et de pouvoir sans maîtres, faire de nouveaux progrès ? Peut-on regarder la connaissance approfondie d'un idiome étranger, celle des beautés de style qu'offrent les ouvrages des hommes de génie qui l'ont employé, comme une de ces connaissances générales que tout homme éclairé, tout citoyen qui se destine aux emplois de la société, les plus importants, ne puisse ignorer ?

Par quel privilège singulier, lorsque le temps destiné pour l'instruction, lorsque l'objet même de l'enseignement force de se borner dans tous les genres à des connaissances élémentaires, et de laisser ensuite le goût des jeunes gens se porter librement vers celles qu'il veut cultiver, le latin seul serait-il l'objet d'une instruction plus étendue ? Le considère-t-on comme la langue générale des savants, quoiqu'il perde tous les jours cet avantage ?

Mais une connaissance élémentaire du latin suffit pour lire leurs livres ; mais il ne se trouve aucun ouvrage de science, de philosophie, de politique vraiment important, qui n'ait été traduit ; mais toutes les vérités que renferment ces livres existent, et mieux développées, et réunies à des vérités nouvelles, dans les livres écrits en langue vulgaire.

La lecture des originaux n'est proprement utile qu'à ceux dont l'objet n'est pas l'étude de la science même, mais celle de son histoire.

Enfin puisqu'il faut tout dire, puisque tous les préjugés doivent aujourd'hui disparaître, l'étude longue, approfondie, des langues des anciens, étude qui nécessiterait la lecture des livres qu'ils nous ont laissés, serait peut-être plus nuisible qu'utile.

Nous cherchons dans l'éducation à faire connaître des vérités et ces livres sont remplis d'erreurs. Nous cherchons à former la raison et ces livres peuvent l'égarer.

Nous sommes si éloignés des anciens, nous les avons tellement devancés dans la route de la vérité, qu'il faut avoir sa raison déjà tout armée, pour que ces précieuses dépouilles puissent l'enrichir sans la corrompre.

Comme modèles dans l'art d'écrire, dans l'éloquence, dans la poésie, les anciens ne peuvent même servir qu'aux esprits déjà fortifiés par des études premières. Qu'est-ce, en effet, que des modèles qu'on ne peut imiter sans examiner sans cesse ce que la différence des mœurs, des langues, des religions, des idées, oblige de changer ?

Je n'en citerai qu'un exemple. Démosthènes, à la tribune, parlait aux Athéniens assemblés ; le décret que son discours avait obtenu était rendu par la nation même, et les copies de l'ouvrage circulaient ensuite lentement parmi les orateurs ou leurs élèves.

Ici, nous prononçons un discours, non devant le peuple, mais devant ses représentants ; et ce discours, répandu par l'impression, a bientôt autant de juges froids et sévères qu'il existe en France de citoyens occupés de la chose publique. Si une éloquence entraînante, passionnée, séductrice, peut égarer quelquefois les assemblées populaires, ceux qu'elle trompe n'ont à prononcer que sur leurs propres intérêts ; leurs fautes ne retombent que sur eux-mêmes. Mais des représentants du peuple, qui, séduits par un orateur, céderaient à une autre force qu'à celle de leur raison, trahiraient leur devoir, puisqu'ils prononcent sur les intérêts d'autrui, et perdraient bientôt la confiance publique, sur laquelle seule toute constitution représentative est appuyée.

Ainsi, cette même éloquence, nécessaire aux constitutions anciennes, serait, dans la nôtre, le germe d'une corruption destructrice. Il était alors permis, utile peut-être, d'émouvoir le peuple. Nous lui devons de ne chercher qu'à

l'éclairer. Pesez toute l'influence que ce changement dans la forme des constitutions, toute celle
que l'invention de l'imprimerie peuvent avoir sur
les règles de l'art de parler, et prononcez ensuite
si c'est aux premières années de la jeunesse que
les orateurs anciens doivent être donnés pour
modèles (5).

VII

SCIENCES MORALES ET POLITIQUES

Vous devez à la nation française une instruction au niveau de l'esprit du dix-huitième siècle,
de cette philosophie qui, en éclairant la génération contemporaine, présage, prépare et devance
déjà la raison supérieure à laquelle les progrès
nécessaires du genre humain appellent les générations futures.

Tels ont été nos principes ; et c'est d'après
cette philosophie, libre de toutes les chaînes,
affranchie de toute autorité, de toute habitude
ancienne, que nous avons choisi et classé les
objets de l'instruction publique. C'est d'après
cette même philosophie que nous avons regardé
les sciences morales et politiques comme une
partie essentielle de l'instruction commune.

Comment espérer, en effet, d'élever jamais la
morale du peuple, si l'on ne donne pour base à
celle des hommes qui doivent l'éclairer, qui
sont destinés à le diriger, une analyse exacte,

rigoureuse des sentiments moraux, des idées
qui en résultent, des principes de justice qui en
sont la conséquence ?

Les bonnes lois, disait Platon, sont celles que
les citoyens aiment plus que la vie.

En effet comment les lois seraient-elles bonnes,
si, pour les faire exécuter, il fallait employer une
force étrangère à celle de la volonté du peuple,
et prêter à la justice l'appui de la tyrannie ? Mais
pour que les citoyens aiment les lois sans cesser
d'être vraiment libres, pour qu'ils conservent
cette indépendance de la raison, sans laquelle
l'ardeur pour la liberté n'est qu'une passion et
non une vertu, il faut qu'ils connaissent ces
principes de la justice naturelle, ces droits essentiels de l'homme, dont les lois ne sont que le
développement ou les applications. Il faut savoir
distinguer dans les lois les conséquences de ces
droits et les moyens plus ou moins heureusement
combinés pour en assurer la garantie ; aimer les
unes parce que la justice les a dictées, les autres
parce qu'elles ont été inspirées par la sagesse.

Il faut savoir distinguer ce dévouement de la
raison qu'on doit aux lois qu'elle approuve, de
cette soumission, de cet appui extérieur que le
citoyen leur doit encore, lors même que ses
lumières lui en montrent le danger ou l'imperfection. Il faut qu'en aimant les lois on sache les
juger.

Jamais un peuple ne jouira d'une liberté constante, assurée, si l'instruction dans les sciences
politiques n'est pas générale, si elle n'y est pas

indépendante de toutes les institutions sociales, si l'enthousiasme que vous excitez dans l'âme des citoyens n'est pas dirigé par la raison, s'il peut s'allumer pour ce qui ne serait pas la vérité, si en attachant l'homme par l'habitude, par l'imagination, par le sentiment à sa constitution, à ses lois, à sa liberté, vous ne lui préparez, par une instruction générale, les moyens de parvenir à une constitution plus parfaite, de se donner de meilleures lois, et d'atteindre à une liberté plus entière. Car il en est de la liberté, de l'égalité, de ces grands objets des méditations politiques, comme de ceux des autres sciences ; il existe dans l'ordre des choses possibles un dernier terme dont la nature a voulu que nous puissions approcher sans cesse, mais auquel il nous est refusé de pouvoir atteindre jamais.

Ce troisième degré d'instruction donne à ceux qui en profiteront, une supériorité réelle que la distribution des fonctions de la société rend inévitable ; mais c'est un motif de plus pour vouloir que cette supériorité soit celle de la raison et des véritables lumières ; pour chercher à former des hommes instruits, et non des hommes habiles ; pour ne pas oublier, enfin, que les inconvénients de cette supériorité deviennent moindres à mesure qu'elle se partage entre un plus grand nombre d'individus ; que plus ceux qui en jouissent sont éclairés, moins elle est dangereuse, et qu'alors elle est le véritable, l'unique remède contre cette supériorité d'adresse qui, au lieu de donner à l'ignorance des appuis et des guides, n'est féconde qu'en moyens de la séduire (6).

L'enseignement sera partagé par cours, les uns liés entre eux, les autres séparés, quoique faits par le même professeur.

La distribution en sera telle, qu'un élève pourra suivre, à la fois, quatre cours, ou n'en suivre qu'un seul ; embrasser, dans l'espace de cinq ans environ, la totalité de l'instruction, s'il a une grande facilité ; se borner à une seule partie dans le même espace de temps, s'il a des dispositions moins heureuses. On pourra même, pour chaque science, s'arrêter à tel ou tel terme, y consacrer plus ou moins de temps ; en sorte que ces diverses combinaisons se prêtent à toutes les variations de talents, à toutes les positions personnelles.

VIII

CONFÉRENCES PUBLIQUES

Les professeurs tiendront une fois par mois des conférences publiques.

Comme elles sont destinées à des hommes déjà plus instruits, plus en état d'acquérir des lumières par eux-mêmes, il est moins nécessaire de les multiplier.

Elles auront pour objet principal les découvertes dans les sciences, les expériences, les observations nouvelles, les procédés utiles aux arts ; et, par nouveau, l'on entend ici ce qui, sans sortir des limites d'une instruction élémentaire, n'est pas encore placé au rang des connaissances communes, des procédés généralement adoptés. Auprès de chaque collège on trouvera une bibliothèque, un cabinet, un jardin de botanique, un jardin d'agriculture. Ces établissements seront confiés à un conservateur ; et l'on sent que des hommes qui ne sont pas sans quelques lumières, peuvent apprendre beaucoup, en profitant de ces collections et des éclaircissements que les professeurs ne leur refuseront pas.

Enfin, comme dans ce degré d'instruction il ne faut pas se borner à de simples explications, qu'il faut encore exercer les élèves, soit à des démonstrations, à des discussions, soit même à quelques compositions ; qu'il est nécessaire de s'assurer s'ils entendent, s'ils retiennent ; si leurs facultés intellectuelles acquièrent de l'activité et de la force ; on pourra réserver dans chaque salle une place destinée à ceux qui, sans être élèves, sans être, par conséquent, assujettis aux questions qu'on leur fait, aux travaux qu'on leur impose, voudraient suivre un cours d'instruction, ou assister à quelques leçons.

Cette espèce de publicité, réglée de manière qu'elle ne puisse troubler l'ordre de l'enseignement, aurait trois avantages : le premier, de procurer des moyens de s'éclairer, à ceux des citoyens qui n'ont pu recevoir une instruction complète, ou qui n'en ont pas assez profité ; de leur offrir la faculté d'acquérir à tous les âges les connaissances qui peuvent leur devenir utiles, de faire en sorte que le bien immédiat qui peut résulter du progrès des sciences ne soit pas exclusivement réservé aux savants et à la jeunesse : le second, que les parents pourront être témoins des leçons données à leurs enfants : le troisième, enfin, que les jeunes gens, mis en quelque sorte sous les yeux du public, en auront plus d'émulation, et prendront de bonne heure l'habitude de parler avec assurance, avec facilité, avec décence ; habitude qu'un petit nombre d'exercices solennels ne pourrait leur faire contracter.

Dans les villes de garnison, on pourra charger le professeur d'art militaire d'ouvrir, pour les soldats, une conférence hebdomadaire, dont le principal objet sera l'explication des lois et des règlements militaires le soin de leur en développer l'esprit et les motifs ; car l'obéissance du soldat à la discipline ne doit plus se distinguer de la soumission du citoyen à la loi ; elle doit être également éclairée et commandée par la raison et par l'amour de la patrie, avant de l'être par la force et par la crainte de la peine.

Tandis qu'on enseignera, dans les instituts, la théorie élémentaire des sciences médicales, théorie suffisante pour éclairer la pratique de l'art, les médecins des hôpitaux pourront enseigner cette pratique, et donner des leçons de chirurgie ; de manière qu'en multipliant les écoles où l'on recevra ces connaissances élémentaires, mais justes, on puisse assurer à la partie la plus pauvre des citoyens les secours d'hommes éclairés, formés par une bonne méthode, instruits dans l'art d'observer, et libres des préjugés de l'ignorance comme de ceux des doctrines systématiques.

Dans les ports de mer, des professeurs particuliers d'hydrographie, de pilotage, pourront enseigner l'art nautique à des élèves que les leçons de mathématiques, d'astronomie, de physique, qui font partie de l'enseignement général, auront déjà préparés. Ailleurs, à l'aide de ces mêmes leçons, un petit nombre de maîtres suffira pour former d'autres élèves à la pratique de l'art des constructions ; et dans tous les genres, cette distribution de l'instruction commune rendra plus simple et moins dispendieuse toute espèce d'instruction particulière dont l'utilité publique exigerait l'établissement.

Les principes de la morale enseignés dans les écoles et dans les Instituts, seront ceux qui, fondés sur nos sentiments naturels et sur la raison, appartiennent également à tous les hommes. La Constitution en reconnaissant le droit qu'a chaque individu de choisir son culte, en établissant une entière égalité entre tous les habitants de la France, ne permet point d'admettre, dans l'instruction publique, un enseignement qui, en repoussant les enfants d'une partie des citoyens, détruirait l'égalité des avantages sociaux, et donnerait à des dogmes particuliers un avantage contraire à la liberté des opinions. Il était donc rigoureusement nécessaire de séparer de la morale les principes de toute religion particulière, et de n'admettre dans l'instruction publique l'enseignement d'aucun culte religieux.

Chacun d'eux doit être enseigné dans les temples par ses propres ministres. Les parents, quelle que soit leur opinion sur la nécessité de telle ou telle religion, pourront alors sans répugnance envoyer leurs enfants dans les établissements nationaux ; et la puissance publique n'aura point usurpé sur les droits de la conscience, sous prétexte de l'éclairer et de la conduire.

D'ailleurs, n'est-il pas important de fonder la morale sur les seuls principes de la raison ! Quelque changement que subissent les opinions d'un homme dans le cours de sa vie, les principes établis sur cette base resteront toujours également vrais, ils seront toujours invariables comme elle ; il les opposera aux tentatives que l'on pourrait faire pour égarer sa conscience ; elle conservera son indépendance et sa rectitude, et on ne verra plus ce spectacle si affligeant d'hommes qui s'imaginent remplir leurs devoirs en violant les droits les plus sacrés, et obéir à Dieu en trahissant leur patrie.

Ceux qui croient encore la nécessité d'appuyer la morale sur une religion particulière, doivent eux-mêmes approuver cette séparation : car sans doute ce n'est pas la vérité des principes de la morale qu'ils font dépendre de leurs dogmes ; ils pensent seulement que les hommes y trouvent des motifs plus puissants d'être justes ; et ces motifs n'acquerront-ils pas une force plus grande sur tout esprit capable de réfléchir, s'ils ne sont employés qu'à fortifier ce que la raison et le sentiment intérieur ont déjà commandé ?

Dira-t-on que l'idée de cette séparation s'élève trop au dessus des lumières actuelles du peuple? Non, sans doute; car, puisqu'il s'agit ici d'instruction publique, tolérer une erreur, ce serait s'en rendre complice; ne pas consacrer hautement la vérité, ce serait la trahir. Et quand bien même il serait vrai que des ménagements politiques dussent encore pendant quelque temps souiller les lois d'une nation libre; quand cette doctrine insidieuse ou faible trouverait une excuse dans cette stupidité qu'on se plaît à supposer dans le peuple, pour avoir un prétexte de le tromper ou de l'apprécier; du moins l'instruction qui doit amener le temps où ces ménagements seront inutiles, ne peut appartenir qu'à la vérité seule, et doit lui appartenir tout entière.

IX

ENSEIGNEMENT SUPÉRIEUR

Nous avons donné le nom de Lycée au quatrième degré d'instruction : toutes les sciences y sont enseignées dans toute leur étendue. C'est là que se forment les savants, ceux qui font de la culture de leur esprit, du perfectionnement de leurs propres facultés, une des occupations de leur vie, ceux qui se destinent à des professions où l'on ne peut obtenir de grands succès que par une étude approfondie d'une ou plusieurs sciences. C'est là aussi que doivent se former les professeurs. C'est au moyen de ces établissements que chaque génération peut transmettre à la génération suivante ce qu'elle a reçu de celle qui l'a précédée, et ce qu'elle a pu y ajouter.

Nous proposons d'établir en France neuf lycées, les lumières en partant de plusieurs foyers à la fois, seront répandues avec plus d'égalité, et se distribueront dans une plus grande masse de citoyens. On sera sûr de conserver, dans les départements, un plus grand nombre d'hommes éclairés, qui, forcés d'aller achever leur instruction à Paris, auraient été tentés de s'y établir : et d'après la forme de la constitution, cette considération est très importante.

En effet, la loi oblige à choisir les députés à la législature parmi les citoyens de chaque département ; et quand elle n'y obligerait pas, l'utilité commune l'exigerait encore, du moins pour une très grande partie. Les administrateurs, les juges sont pris également dans le sein du département où ils exercent leurs fonctions. Comment pourrait-on prétendre qu'on n'a rien négligé pour préparer à la nation des hommes capables des fonctions les plus importantes, si une seule ville leur présentait des moyens de s'instruire ? Comment pourrait-on dire que l'on a offert à tous les talents les moyens de se développer, qu'on n'en a laissé échapper aucun, si, dans un empire aussi étendu que la France, ils ne trouvaient que dans un seul point la possibilité de se former ? D'ailleurs il n'aurait pas été sans inconvénient pour le succès, et surtout pour l'égalité de l'instruction commune, de n'ouvrir aux professeurs des Instituts qu'une seule école, et de l'ouvrir à Paris. On a fixé le nombre des lycées à neuf, parce qu'en comparant ce nombre à celui des grandes universités d'Angleterre, d'Italie, d'Allemagne, il a paru répondre à ce qu'exigeait la population de la France. En effet, sans que le nombre des élèves puisse nuire à l'enseignement, un homme, sur seize cents, pourra suivre un cours d'études dans les lycées ; et cette proportion est suffisante pour une instruction nécessaire seulement à un petit nombre de professions, et où l'on n'enseigne que la partie des sciences qui s'élève au-dessus des éléments.

L'enseignement que nous proposons d'établir est plus complet, la distribution en est plus au niveau de l'état actuel des sciences en Europe, que dans aucun des établissements de ce genre qui existe dans les pays étrangers : nous avons cru qu'aucune espèce d'infériorité ne pouvait convenir à la nation française ; et puisque chaque année est marquée dans les sciences par des progrès nouveaux, ne pas surpasser ce qu'on trouve établi, ce serait rester au-dessous.

Quelques-uns de ces lycées seront placés de manière à y attirer les jeunes étrangers. L'avantage commercial qui en résulte est peu important pour une grande nation : mais celui de répandre sur un plus grand espace les principes de l'égalité et de la liberté, mais cette réputation que donne à un peuple l'affluence des étrangers qui viennent y chercher des lumières, mais les amis que ce peuple s'assure parmi ces jeunes gens élevés dans son sein, mais l'avantage immense de rendre sa langue plus universelle, mais, la fraternité qui peut en résulter entre les nations, toutes ces vues d'une utilité plus noble, ne doivent pas être négligées.

Quelques lycées doivent donc être placés à portée des frontières : dans leur distribution générale sur la surface de l'empire, on doit éviter toute disproportion trop grande entre leurs distances respectives. Les villes qui renferment déjà de grands établissements consacrés, soit à l'instruction, soit au progrès des sciences, ont droit à une préférence fondée sur des vues d'économie, et sur l'intérêt même de l'enseignement.

Enfin, nous avons pensé que des villes moins considérables, où l'attention générale des citoyens pourrait se porter sur ces institutions, où l'esprit des sciences ne serait pas étouffé par de grands intérêts, où l'opinion publique n'aurait pas assez de force pour exercer sur l'enseignement une influence dangereuse, et l'asservir à des vues locales, présenteraient plus d'avantages que les grandes villes de commerce, d'où une plus grande cherté des choses nécessaires à la vie éloignerait les enfants des familles pauvres, tandis que les parents pourraient encore y craindre des séductions plus puissantes, des occasions plus multipliées de dissipation et de dépense. Nous n'avons pas étendu cette dernière considération jusque sur Paris. La voix unanime de l'Europe qui, depuis un siècle, regarde cette ville comme une des capitales du monde savant, ne le permettrait pas. C'est en combinant entre eux ces divers principes, en accordant plus ou moins à chacun d'eux, que nous avons déterminé l'emplacement des lycées.

Le lycée de Paris ne différera des autres que par un enseignement plus complet des langues anciennes et modernes, et peut-être par quelques institutions consacrées aux arts agréables ; objets qui, par leur nature, n'exigeaient qu'un seul établissement pour la France.

Nous avons cru qu'une institution où toutes les langues communes seraient enseignées, où les hommes de tous les pays trouveraient un interprète, où l'on pourrait analyser, comparer toutes les manières suivant lesquelles les homms ont classé et formé leurs idées, devait conduire à des découvertes importantes, et faciliter les moyens d'un rapprochement entre les peuples qu'il n'est plus temps de reléguer parmi les chimères philosophiques.

C'est dans les lycées que des jeunes gens dont la raison est déjà formée, s'instruiront par l'étude de l'antiquité, et s'instruiront sans danger, parce que, déjà capables de calculer les effets de la différence des mœurs, des gouvernements, des langages, du progrès des opinions ou des idées, ils pourront à la fois sentir et juger les beautés de leurs modèles.

L'instruction dans les lycées sera commune aux jeunes gens qui complètent leur éducation et aux hommes. On a vu plus d'une fois, à Paris, des membres des Académies suivre exactement les leçons du Collège Royal, et plus souvent assister à quelques-unes dont l'objet leur offrait un intérêt plus vif. D'ailleurs des bibliothèques plus complètes, des cabinets plus étendus, de plus grands jardins de botanique et d'agriculture, sont encore un moyen d'instruction ; et on y joint celui de conférences publiques entre les professeurs parce qu'on y peut traiter des questions vers lesquelles les circonstances appellent la curiosité, et qui ne peuvent entrer dans des leçons nécessairement assujetties à un ordre régulier.

X

GRATUITÉ A TOUS LES DEGRÈS D'ENSEIGNEMENT

Dans ces quatre degrés d'instruction, l'enseignement sera totalement gratuit.

L'acte constitutionnel le prononce pour le premier degré ; et le second, qui peut aussi être regardé comme général, ne pourrait cesser d'être gratuit sans établir une inégalité favorable à la classe la plus riche, qui paye les contributions à proportion de ses facultés, et ne payerait l'enseignement qu'à raison du nombre d'enfants qu'elle fournirait aux écoles secondaires.

Quant aux autres degrés, il importe à la prospérité publique de donner aux enfants des classes pauvres, qui sont les plus nombreuses, la possibilité de développer leurs talents ; c'est un moyen, non seulement d'assurer à la patrie plus de citoyens en état de la servir, aux sciences plus d'hommes capables de contribuer à leurs progrès, mais encore de diminuer cette inégalité qui naît de la différence des fortunes, de mêler entre elles les classes que cette différence tend à séparer. L'ordre de la nature n'établit dans la société d'autre inégalité que celle de l'instruction et de la richesse ; et, en étendant l'instruction, vous affaiblirez à la fois les effets de ces deux causes de distinction. L'avantage de l'instruction, moins exclusivement réuni à celui de l'opulence, deviendra moins sensible, et ne pourra plus être dangereux ; celui de naître riche sera balancé par l'égalité, par la supériorité même des lumières que doivent naturellement obtenir ceux qui ont un motif de plus d'en acquérir.

D'ailleurs, ni les lycées, ni les instituts n'attirant un nombre égal d'élèves, il résulterait de la non-gratuité une différence trop grande dans l'état des professeurs. Les villes opulentes, les pays fertiles auraient tous les instituteurs habiles, et ajouteraient encore cet avantage à tous les autres. Comme il existe des parties de sciences, et ce ne sont pas toujours les moins utiles, qui appelleront un plus faible concours, il faudrait, ou établir des différences dans la manière de payer les professeurs, ou laisser entre eux une excessive inégalité qui nuirait à cette espèce d'équilibre entre les diverses branches des connaissances humaines, si nécessaire à leurs progrès réels.

Observons encore que l'élève d'un institut ou d'un lycée dans lequel l'instruction est gratuite, peut suivre à la fois un grand nombre de cours, sans augmenter la dépense de ses parents ; qu'il est alors le maître de varier ses études, d'essayer son goût et ses forces ; au lieu que si chaque nouveau cours sollicite une dépense nouvelle, il est forcé de renfermer son activité dans des limites plus étroites, de sacrifier souvent à l'économie une partie importante de son instruction : et cet inconvénient n'existe encore que pour les familles peu riches.

D'ailleurs, puisqu'il faut donner des appointements fixes aux professeurs, puisque la coutribution qu'on exigerait des écoliers devrait être nécessairement très faible, l'économie le serait aussi ; et la dépense volontaire qui en résulterait, tomberait moins sur les familles opulentes que sur celles qui s'imposent des sacrifices pour procurer à des enfants, dont les premières années ont annoncé des talents, les moyens de les cultiver et de les employer pour leur fortune.

Enfin, l'émulation que ferait naître, entre les professeurs, le désir de multiplier des élèves, dont le nombre augmenterait leur revenu, ne tient pas à des sentiments assez élevés, pour que l'on puisse se permettre de la regretter. Ne serait-il pas à craindre qu'il résultât plutôt de cette émulation des rivalités entre les établissements d'instruction ; que les maîtres ne cherchassent à briller plutôt qu'à instruire ; que leurs méthodes, leurs opinions même ne fussent calculées d'après le désir d'attirer à eux un plus grand nombre d'élèves ; qu'ils ne cédassent à la crainte de les éloigner en combattant certains préjugés, en s'élevant contre certains intérêts.

Après avoir affranchi l'instruction de toute espèce d'autorité, gardons-nous de l'assujétir à l'opinion commune ; elle doit la devancer, la corriger, la former, et non la suivre et lui obéir.

Au delà des écoles primaires, l'instruction cesse d'être rigoureusement universelle. Mais nous avons cru que nous remplirions le double objet, et d'assurer à la patrie tous les talents qui peuvent la servir, et de ne priver aucun individu de l'avantage de développer ceux qu'il a reçus, si les enfants qui en avaient annoncé le plus dans un degré d'instruction, étaient appelés à en parcourir le degré supérieur, et entretenus aux dépens du trésor national, sous le nom d'élèves de la Patrie. D'après le plan du comité, 3,850 enfants, ou environ, recevraient une somme suffisante pour leur entretien ; 1,000 suivraient l'instruction des Instituts, 600 celle des Lycées ; environ 400 en sortiraient chaque année pour remplir dans la société des emplois utiles, ou pour se livrer aux sciences ; et jamais dans aucun pays la jouissance publique n'aurait ouvert à la partie pauvre du peuple une source si abondante de prospérité et d'instruction, jamais elle n'aurait employé de plus puissants moyens de maintenir l'égalité naturelle.

On ne s'est pas borné à encourager l'étude des sciences ; on n'a pas négligé la modeste industrie

qui ne prétendrait qu'à s'ouvrir une entrée plus
facile dans une profession laborieuse ; on a voulu
qu'il y eût aussi des récompenses pour l'assiduité,
pour l'amour du travail, pour la bonté, lors même
qu'aucune qualité brillante n'en relevait l'éclat ;
et d'autres élèves de la patrie recevront d'elle
leur apprentissage dans les arts d'une utilité générale.

Dans les Écoles primaires et secondaires, les
livres élémentaires seront le résultat d'un concours ouvert à tous les citoyens, à tous les hommes
qui seront jaloux de contribuer à l'instruction publique ; mais on désignera les auteurs des
livres élémentaires pour les instituts. On ne
prescrira rien aux professeurs du lycée, sinon
d'enseigner la science dont les cours qu'ils seront
chargés de donner porteront le nom. L'étendue
des livres élémentaires destinés aux instituts, le
désir de voir des hommes célèbres consentir à
s'en charger, le peu d'espérance qu'ils le vou-
lussent, s'ils n'étaient pas sûrs que leur travail
fût adopté, la difficulté de juger tous ces motifs
nous ont déterminés à ne pas étendre à ces éléments la méthode d'un concours. Nous nous
sommes dit : Toutes les fois qu'un homme justement célèbre dans un genre de science quelconque
voudra faire, pour cette science, un livre élémentaire, qu'il regardera ce travail comme une
marque de son zèle pour l'instruction publique,
pour le progrès des lumières, cet ouvrage sera
bon.

C'est un homme célèbre en Europe qu'il faut

entendre ici : et dès lors on n'a pas à craindre de
se tromper sur le choix. Si, au contraire, on propose un concours, qui répondra d'obtenir un bon
livre élémentaire ? Comment prononcer entre dix
ouvrages, par exemple, dont chacun serait un
cours élémentaire de mathématiques ou de physique, en deux volumes ? Est-on bien sûr que les
juges se dévoueront à l'ennui de cet examen ?
Est-on bien sûr qu'il leur soit même possible de
bien juger ? Quelques vues philosophiques,
quelques idées fixes, ingénieuses, qu'ils remar-
queront dans un ouvrage, ne feront-elles point
pencher la balance en sa faveur, aux dépens de
la méthode ou de la clarté ?

Dans les trois premiers degrés d'instruction, on
n'enseigne que des éléments plus ou moins
étendus : il est pour chaque science, pour chacune de ses divisions, une limite qu'il ne faut
point passer. Il faut donc que la puissance publique indique les livres qu'il convient d'enseigner ; mais dans les lycées où la science doit
s'enseigner tout entière, alors c'est au professeur
à choisir les méthodes. Il en résulte un avantage
inappréciable : c'est d'empêcher l'instruction de
jamais se corrompre ; c'est d'être sûr que si, par
une combinaison de circonstances politiques, les
livres élémentaires ont été infectés de doctrines
dangereuses, l'enseignement libre des lycées
empêchera les effets de cette corruption ; c'est de
n'avoir pas à craindre que jamais le langage de
la vérité puisse être étouffé.

XI

SOCIÉTÉ NATIONALE DES SCIENCES ET DES ARTS

Enfin, le dernier degré d'instruction est une société nationale des sciences et des arts, insti-uée pour surveiller et diriger les établissements d'instruction, pour s'occuper du perfectionnement des sciences et des arts, pour recueillir, encourager, appliquer et répandre les découvertes utiles.

Ce n'est plus de l'instruction particulière des enfants, ou même des hommes, qu'il s'agit, mais de l'instruction de la génération entière, du perfectionnement général de la raison humaine ; ce n'est pas aux lumières de tel individu en particulier, qu'il s'agit d'ajouter des lumières plus étendues ; c'est la masse entière des connaissances qu'il faut enrichir par des vérités nouvelles ; c'est à l'esprit humain qu'il faut préparer de nouveaux moyens d'accélérer les progrès, de multiplier ses découvertes.

Nous proposons de diviser cette société en quatre classes qui tiendront séparément leurs séances.

Une société unique trop nombreuse eût été sans activité : ou bien, réduite à un trop petit nombre de membres pour chaque science, elle n'eût plus excité d'émulation ; et les mauvais choix, qu'il est impossible d'éviter toujours, y auraient été trop dangereux.

D'ailleurs, elle aurait été formée de trop de parties hétérogènes ; les savants qui l'auraient composée, y auraient parlé trop de diverses langues, et la plupart des lectures, ou des discussions, y auraient été indifférentes à un trop grand nombre des auditeurs.

D'un autre côté, nous avons voulu éviter la multiplicité des divisions : une société, occupée d'une seule science, est trop facilement entraînée à contracter un esprit particulier, à devenir une espèce de corporation.

Enfin, il importe au progrès des sciences de rapprocher, et non de diviser celles qui se tiennent par quelques points. Tandis que chacune fait des progrès, s'enrichit des découvertes qui lui sont propres, ces points de contact se multiplient, ces applications d'une science à une autre offrent une moisson féconde en découvertes utiles ; et tel doit être l'effet de l'accroissement des lumières, que bientôt aucune science ne sera plus isolée, qu'aucune ne sera totalement étrangère à aucune autre.

C'est d'après ces vues que nous avons formé les divisions de la société nationale. La première classe comprend toutes les sciences mathématiques.

Depuis un siècle, aucune société savante n'a imaginé de les séparer. Passant, par d'insensibles degrés, de celles qui n'emploient que le calcul, à celles qui ne se fondent que sur l'observation, presque toutes, aujourd'hui, peuvent employer ces deux moyens de reculer les bornes des connaissances humaines ; et il est utile que ceux qui savent le mieux employer l'un ou l'autre de ces instruments de découvertes, s'entr'aident, s'éclairent mutuellement ; que le chimiste, que le physicien empêchent le botaniste de se borner à la simple nomenclature des noms, à la description trop hue des objets, ou rappellent à des travaux plus utiles le géomètre qui emploierait ses forces à des questions sur les nombres, à des subtilités métaphysiques.

La seconde classe renferme les sciences morales et politiques. Il est superflu, sans doute, de prouver qu'elles ne doivent pas être séparées, et qu'on n'a pas dû les confondre avec d'autres.

La troisième comprend l'application des sciences mathématiques et physiques aux arts.

Ici nous nous sommes écartés davantage des idées communes. Cette classe embrasse la médecine et les arts mécaniques, l'agriculture et la navigation.

Mais, d'abord, nous avons cru devoir faire pour les applications usuelles des sciences, ce que nous avons fait pour les sciences elles-mêmes.

Nous avons trouvé que même les distances étaient moins grandes, et les communications plus multipliées ; qu'un médecin, par exemple, qui s'occuperait des hôpitaux, de la manière de placer ou de remuer les malades dans certaines maladies pour de grandes opérations, pour des pansements difficiles, trouverait de l'avantage dans sa réunion avec des mécaniciens et des constructeurs ; qu'aucune distinction aussi marquée que celle des mathématiques pures, et de certaines parties des sciences physiques, ne pouvait être appliquée à ces arts : qu'il ne fallait pas séparer la médecine de l'art vétérinaire de l'agriculture, ni l'agriculture de l'art des constructions, de celui de la conduite des eaux, et qu'on ne pouvait rompre cette chaîne sans briser une liaison utile.

Il restait donc à voir si une de ces parties pouvait exiger pour elle seule la création d'une société isolée. La médecine, l'agriculture, la navigation, étaient celles qui pouvaient le plus y prétendre, et même elles auraient pu alléguer des établissements déjà formés en leur faveur.

Mais, d'abord, une société de marine, par exemple, ne peut subsister qu'en y supposant réunies toutes les sciences sur lesquelles l'art naval est appuyé.

Elle serait donc une société des sciences particulièrement appliquées à la marine, et une sorte de double emploi.

De même une société de médecine ne peut se soutenir qu'en appelant des anatomistes, des botanistes, des chimistes. Celle d'agriculture aura des botanistes, des minéralogistes, des chimistes, des hommes occupés d'économie politique et de commerce, etc.

Or, qu'en résultera-t-il ? une diminution de considération pour ces sociétés particulières, parce que les savants qui les composeront regarderont une place dans la société qui embrassera la généralité des sciences, comme un objet plus digne d'exciter leur émulation.

Il faudra donc, ou que l'on soit de deux, de trois sociétés à la fois ; ce qui n'a aucun avantage que de nourrir la vanité, ce qui nuit à l'égalité : ou bien qu'il soit permis de passer de l'une à l'autre ; ce qui produirait des changements continuels, nuisibles à celle qui, ayant une moindre considération, serait habituellement abandonnée: ou enfin, qu'on reste irrévocablement fixé dans l'une d'elles ; ce qui aurait l'inconvénient non moins grand d'exclure des sociétés consacrées à une seule science, les hommes qui prétendraient à celles où elles sont toutes réunies.

D'ailleurs, je demanderai combien, par exemple, on trouvera d'hommes qui, n'étant ni assez grands géomètres, ni assez habiles mécaniciens, pour être placés comme tels dans une société savante, peuvent cependant accélérer les progrès de la science navale ; combien vous trouverez d'agriculteurs qui, sans avoir un nom dans la botanique auront réellement contribué à quelque grand progrès de l'agriculture ; combien de médecins ou de chirurgiens, célèbres comme tels, et non par leurs découvertes dans les sciences. Le talent pour ces applications, en le séparant du génie des sciences, ne peut être le partage d'un assez grand nombre d'hommes, pour en former un corps à part ; et loin de nuire à ces arts importants, c'est au contraire les servir que de les réunir dans une grande société, où chacun d'eux obtienne un petit nombre de places.

D'ailleurs, ces sociétés, si elles étaient séparées, deviendraient en quelque sorte une puissance élevée au-dessus de ceux qui cultivent chacune des professions qui y répondent; réunies, elles ne peuvent en être une à l'égard de la généralité des citoyens partagés entre ces professions diverses.

La quatrième classe renferme la grammaire, lés lettres, les arts d'agrément, l'érudition.

Dans l'enseignement public, dans la société nationale, les arts d'agrément, comme les arts mécaniques, ne doivent être considérés que relativement à la théorie qui leur est propre. On a pour objet de remplir cet intervalle qui sépare la science abstraite, de la pratique; la philosophie d'un art, de la simple exécution. C'est dans les ateliers du .peintre comme de l'artisan ou du manufacturier, que l'art proprement dit doit être enseigné par l'exercice même de l'art. Aussi nos écoles ne dispensent point d'aller dans les ateliers; mais on y apprend à connaître les principes de ce qu'on doit ailleurs apprendre à exécuter.

C'est le moyen d'établir dans tous les arts, dans tous les métiers même, une pratique éclairée; de réunir, par le lien d'une raison commune, d'une même langue, les hommes que leurs occupations séparent le plus. Car jamais nous n'avons perdu de vue cette idée de détruire tous les genres d'inégalité, de multiplier entre les hommes que la nature et les lois attachent au même sol et aux mêmes intérêts, des rapports qui rendent leur réunion plus douce et plus intime.

La distribution du travail dans les grandes sociétés établit entre les facultés intellectuelles des hommes une distance incompatible avec cette égalité, sans laquelle la liberté n'est, pour la classe moins éclairée, qu'une illusion trompeuse; et il n'existe que deux moyens de détruire cette distance : arrêter partout, si même on le pouvait, la marche de l'esprit humain ; réduire les hommes à une éternelle ignorance, source de tous les maux; ou laisser à l'esprit toute son activité, et rétablir l'égalité en répandant les lumières. Tel est le principe fondamental de notre travail; et ce n'est pas dans le dix-huitième siècle que nous avons à craindre le reproche d'avoir mieux aimé tout élever et tout affranchir, que de tout niveler par l'abaissement et la contrainte.

Cet enseignement des arts s'élevant par degrés depuis les écoles primaires jusqu'aux lycées, portera dans toutes les divisions de la société la connaissance des principes qui doivent y diriger la pratique de ces arts, répandra partout et avec promptitude les découvertes et les méthodes nouvelles, et ne répandra que celles dont la bonté sera prouvée par l'expérience : il excitera l'industrie des artistes, et, l'empêchant en même temps de s'égarer, préviendra la ruine à laquelle leur activité et leur talent les exposent lorsque l'ignorance de la théorie les abandonne à leur imagination; et rien peut-être n'accélèrera davantage le moment où la nation française atteindra dans les manufactures, dans les arts, le point où elle se serait élevée dès longtemps, si les vices de la constitution et de ses lois n'avaient arrêté ses efforts et comprimé son industrie.

Dans le plan que nous proposons chaque individu ne pourra être membre que d'une seule classe; il pourra passer de l'une à l'autre; ce qui n'a point d'inconvénient, parce que chaque classe est trop bornée pour y admettre des savants qui n'y appartiennent pas essentiellement, qu'aucune n'admet de membre appartenant naturellement à une autre, qu'aucune, enfin, n'a d'infériorité dans l'opinion. Par les mêmes raisons ces passages seront très rares.

Nous avons déjà observé que chaque classe de la société tiendrait des séances séparément; elles seront ouvertes au public, mais seulement pour que ceux qui cultivent les sciences puissent écouter les lectures, suivre les discussions, et sans que la nécessité de se faire entendre des spectateurs, de se mettre à leur portée, de les intéresser ou de les amuser, influe sur l'ordre des séances, la forme des discussions ou le choix des lectures.

Les membres d'une classe auront droit de siéger dans toutes les autres, pourront prendre part aux discussions, lire des mémoires, insérer leurs ouvrages dans les recueils publiés par chacune; et, par ce moyen, la règle de n'appartenir qu'à une seule ne privera d'aucun avantage réel, ni les sciences, ni ceux qui en cultiveraient à la fois plusieurs. La vanité seule perdra celui d'allonger un nom de quelques mots de plus.

Chaque classe est divisée en sections; chaque section a un nombre déterminé de membres, moitié résidant à Paris, moitié répandus dans les départements.

Cette division en sections est nécessaire, par la raison que la société est chargée de la surveillance de l'instruction ; et elle est encore utile pour être sûr qu'aucune partie des sciences ne cessera un moment d'être cultivée. Or, c'est un des plus grands avantages qui puissent résulter de l'établissement d'une société savante.

En effet, chaque science a ses moments de vogue et ses moments d'abandon. Une pente naturelle porte les esprits vers celle où de nouveaux moyens offrent un champ vaste à des découvertes utiles ou brillantes ; tandis que, dans une autre, le talent a presque épuisé les méthodes connues, et attend que le génie lui en montre de nouvelles.

Ainsi, ces divisions seront utiles jusqu'au moment où les sciences, s'étendant au delà de leurs limites actuelles, se rapprocheront, se pénétreront en quelque sorte, et n'en feront plus qu'une seule.

La fixation du nombre des membres nous a paru également utile. Sans cela, une société savante n'est plus un objet d'émulation ; d'ailleurs, elle cesse de pouvoir se gouverner elle-même ; elle est forcée de confier les travaux scientifiques à un comité, et l'égalité y est détruite. C'est ce qu'on voit à la Société royale de Londres. Comment sept ou huit cents membres pourraient-ils avoir un droit égal de lire et de faire imprimer des mémoires, de prononcer sur ceux qui méritent la préférence ? N'est-il pas évident que la très grande majorité serait hors d'état de produire de bons ouvrages et même de bien juger? Il faut donc ou borner le nombre des membres, ou avoir, comme à Londres, un comité aristocratique, ou se réduire à une nullité absolue.

La moitié de ces savants auront leur résidence habituelle dans les départements ; et cette distribution plus égale, nécessaire au progrès des sciences d'observation, de celles dont l'utilité est la plus immédiate, aura encore l'avantage de répandre les lumières avec plus d'uniformité ; de les placer auprès d'un plus grand nombre de citoyens ; d'exciter plus généralement le goût de l'étude et des recherches utiles ; de faire mieux sentir le prix des talents et des connaissances ; d'offrir partout à l'ignorance des instructeurs et des appuis ; au charlatanisme, des ennemis prompts à le démasquer et à le combattre ; de ne laisser aux préjugés aucune retraite où ils puissent jeter de nouvelles racines, se fortifier et s'étendre.

XII

ÉLECTIONS DES MEMBRES DE LA SOCIÉTÉ NATIONALE

Les membres de la société nationale se choisiront eux-mêmes. La première formation une fois faite, si elle renferme à peu près les hommes les plus éclairés, on peut être sûr que la société en présentera constamment la réunion. Depuis deux

ans que l'on a beaucoup écrit contre l'esprit dominateur des académies, on a demandé de citer un
seul exemple d'une découverte réelle qu'elles
aient repoussée; d'un homme dont la réputation
lui ait survécu, et qui en ait été exclu autrement
que par l'effet de l'intolérance politique ou religieuse; d'un savant célèbre par des ouvrages
connus dans l'Europe, qui ait essuyé des refus
répétés; et personne n'a répondu. C'est que les
choix se font d'après des titres publics, des titres
qui ne disparaissent point; c'est que l'erreur des
jugements peut être prouvée; c'est que les savants
et les gens de lettres dépendent de l'opinion publique; c'est surtout qu'ils répondent de leur
choix à l'Europe entière. Cette dernière observation est si vraie, que plus un genre de science a
pour juges les hommes qui le cultivent dans les
pays étrangers, plus aussi l'expérience a prouvé
que les choix étaient à l'abri de tout reproche; et
c'est encore un des motifs qui nous ont déterminés
à borner le nombre des membres de la société
nationale. En effet, tant que les noms connus dans
l'Europe pourront remplir à peu près la liste entière, les mauvais choix ne seront pas à craindre.

Cependant, on a pris de nouvelles précautions.
D'abord on formera une liste publique de candidats : ainsi, tous ceux qui cultivent les sciences,
qui les aiment, pourront, en connaissant les concurrents, apprécier les choix et exercer sur la
société l'unique censure vraiment utile, celle de
l'opinion armée du seul pouvoir de la vérité.

La classe entière composée de savants dans

plusieurs genres, qui prononcent d'après la renommée comme d'après leur jugement, réduira
cette liste à un moindre nombre d'éligibles; enfin,
la section choisira; et la responsabilité, portant
alors sur un petit nombre d'hommes qui ne
jugent que de talents qu'ils doivent bien connaître, deviendra suffisante pour les contenir. Les
membres de la société nationale résidant dans les
départements concourront aux élections avec uue
entière égalité; ce qui oblige à prendre un mode
d'élire tel, que la présentation et l'élection se
fassent nécessairement chacune par un seul vœu.
L'exemple de la société italienne, formée de membres dispersés, suffit pour en prouver la possibilité.

Chaque classe de la société nationale élit
sous les mêmes formes les professeurs des lycées,
dont l'enseignement correspond aux sciences qui
sont l'objet de cette classe.

Les professeurs du lycée nomment ceux des
instituts; mais la municipalité aura le droit de
réduire la liste des éligibles.

Quant aux instituteurs des écoles secondaires
et primaires, la liste d'éligibles sera faite par les
professeurs des instituts de l'arrondissement, et
le choix appartiendra, pour les premiers, au corps
municipal du lieu où l'école est située, pour les
derniers, à l'assemblée des pères de famille de
l'arrondissement de l'école.

En effet, les professeurs, comme les instituteurs, doivent avoir des connaissances dont les
corps administratifs ne peuvent être juges, qui ne

peuvent être appréciées que par des hommes en
que l'on ait droit de supposer une plus grande
instruction. La liste d'éligibles qui constate la
capacité doit donc être formée par les membres
d'un établissement supérieur. Mais si, dans le
choix d'un professeur entre les éligibles, il faut
préférer le plus savant, le plus habile ; dans celui
des instituteurs, où les élèves sont plus jeunes,
où les qualités morales du maître influent sur
eux davantage, où il ne s'agit de n'enseigner que
des connaissances très élémentaires, on doit
prendre pour guide l'opinion, ou de ceux que la
nature a chargés du bonheur de la génération
naissante, ou du moins de leurs représentants les
plus immédiats. C'est dans les mêmes vues que
l'on donne aux municipalités le droit de réduire
la liste des éligibles pour les professeurs des
instituts. Les convenances personnelles et locales
y ont déjà quelque importance ; et ce droit d'exclusion suffit pour répondre qu'elles ne seront
point trop ouvertement blessées.

Des directoires formés dans la société nationale,
les lycées, les instituts, seront chargés de l'inspection habituelle des établissements inférieurs.

Dans les circonstances importantes, la décision
appartiendra à une des classes de la société nationale, ou à l'assemblée des professeurs, soit du
lycée, soit des instituts.

Par ce moyen, l'indépendance de l'instruction
sera garantie, et l'inspection n'exigera point d'établissement particulier où l'on aurait pu craindre
l'esprit de domination. Comme la société nationale

est partagée en quatre classes correspondantes à des divisions scientifiques ; comme, sur chaque objet important, le droit de prononcer appartient à une classe seulement, on voit combien, sans nuire cependant à la sûreté de l'inspection, on est à l'abri de la crainte de voir les corps instruisant élever dans l'État un nouveau pouvoir.

L'unité n'est pas rompue, parce que les questions générales qui intéressaient un établissement entier ne peuvent être décidées que par des lois qu'il faudrait demander au corps législatif.

Si l'on compte toutes les sommes employées pour les établissements littéraires, remplacées par les nouvelles institutions, les biens des congrégations enseignantes, ceux des collèges, les appointements que les villes donnaient aux professeurs, les revenus des écoles de toutes sortes ; si on y ajoute enfin ce qu'il en coûtait au peuple pour payer les maîtres de ces écoles, on trouvera que la dépense de la nouvelle organisation de l'instruction publique ne surpassera pas de beaucoup, et peut-être n'égalera pas ce que les institutions anciennes coûtaient à la nation. Ainsi, une instruction générale, complète, supérieure à ce qui existe chez les autres nations, remplacera, même avec moins de frais, ce système d'éducation publique dont l'imperfection grossière offrait un contraste, si honteux pour le gouvernement, avec les lumières, les talents et le génie qui avaient su briser parmi nous tous les liens des préjugés, comme tous les obstacles des institutions politiques.

Nous avons présenté dans ce plan l'organisation de l'instruction publique telle que nous avons cru qu'elle devait être, et nous en avons séparé la manière de former les nouveaux établissements.

Nous avons pensé qu'il fallait que l'assemblée nationale eût déterminé ce qu'elle voulait faire, avant de nous occuper des moyens de remplir ses vues.

Dans les villages où il n'y aura qu'une seule école primaire, les enfants des deux sexes y seront admis, et recevront d'un même instituteur une instruction égale. Lorsqu'un village ou une ville auront deux écoles primaires, l'une d'elles sera confiée à une institutrice, et les enfants des deux sexes seront séparés.

Telle est la seule disposition relative à l'instruction des femmes, qui fasse partie de notre premier travail ; cette instruction sera l'objet d'un rapport particulier ; et, en effet, si l'on observe que, dans les familles peu riches, la partie domestique de l'éducation des enfants est presque uniquement abandonnée à leurs mères ; si l'on songe que sur vingt-cinq familles livrées à l'agriculture, au commerce, aux arts, une au moins a une veuve pour son chef, on sentira combien cette portion du travail qui nous a été confié est importante, et pour la prospérité commune, et pour le progrès général des lumières.

On pourra reprocher à ce système d'organisation de ne pas respecter assez l'égalité entre les hommes livrés à l'étude, et d'accorder trop d'indépendance à ceux qui entrent dans le système de l'instruction publique.

Mais d'abord, ce n'est pas ici une distinction qu'il s'agit d'établir, mais une fonction publique qu'il est nécessaire de conférer à des hommes dont le nombre soit déterminé, dont la réunion soit assujétie à des formes régulières. La raison exige que les hommes chargés d'instruire ou les enfants ou les citoyens soient choisis par ceux que l'on peut supposer avoir des lumières égales ou supérieures. La surveillance des établissements d'instruction n'exige-t-elle pas aussi cette même égalité, s'il s'agit de l'enseignement dans les lycées ; cette supériorité s'il s'agit de celui des établissements inférieurs ?

Il fallait donc remonter à une réunion d'hommes qui pût satisfaire à cette condition essentielle. Laisserait-on le choix de ces hommes à la masse entière de ceux qui cultivent les sciences et les arts ou qui prétendent les cultiver ? Mais il n'y aurait plus aucun motif de ne pas appeler à ce choix la généralité des citoyens ; car si la prétention d'être savant suffisait pour exercer ce droit, s'il suffisait de se réunir en un corps qui se donnât pour éclairé, il est bien évident que ces conditions n'excluaient, ni la profonde ignorance, ni les doctrines les plus absurdes. D'ailleurs ce serait autoriser de véritables corporations, des jurandes proprement dites ; car toute association libre, à laquelle on donnerait une fonction publique quelconque, prendrait nécessairement ce caractère.

Ce n'est pas l'ignorance seule qui serait à craindre, c'est la charlatanerie qui bientôt détruirait, et l'instruction publique, et les arts et les sciences, ou qui du moins emploierait pour les détruire tout ce que la nation aurait consacré à leurs progrès.

Enfin, la puissance publique choisirait-elle entre ces sociétés ; et alors, à un corps composé d'hommes très éclairés, elle en substituerait de plus nombreux où les lumières seraient plus faibles, où les hommes médiocres s'introduiraient avec plus de facilité, seraient moins aisément contenus par l'ascendant du génie et des talents supérieurs, où enfin régnerait bientôt un ostracisme d'autant plus effrayant, que la médiocrité est facilement dupe ou complice de la charlatanerie, et n'étend pas sur elle cette haine de tout succès brillant ou durable qui lui est si naturelle.

Ou bien la puissance publique reconnaîtrait-elle toute espèce de société libre ; et alors chaque classe de charlatanerie aurait la sienne. Ce ne serait pas l'ignorance modeste qui jugerait les talents d'après l'opinion commune, ce qui serait déjà un mal ; mais l'ignorance présomptueuse qui les jugerait d'après son orgueil ou son intérêt.

Au contraire, dans le plan que nous proposons, les sociétés libres ne peuvent que produire des effets salutaires. Elles serviront de censeurs à la société nationale, qui exercera sur elle en même temps une censure non moins utile. Celles où le charlatanisme dominerait, s'anéantiraient bientôt, parce qu'aucune espérance de séduire l'opinion publique ne les soutiendrait.

Chacune d'elles, suivant l'étendue qu'elle donnerait à ses occupations, chercherait à n'être pas au-dessous de la société nationale, qui elle-même voudrait ne pas se trouver inférieure. Elles seraient surtout les juges naturels des choix de cette société, et, par là elles contribueraient plus à en assurer la bonté, que si elles y concouraient d'une manière directe.

Enfin, la société chargée de surveiller l'instruction nationale, de s'occuper des progrès des sciences de la philosophie et des arts, au nom de la puissance publique, doit être uniquement composée de savants ; c'est-à-dire d'hommes qui ont embrassé une science dans toute son étendue, en ont pénétré toute la profondeur, ou qui l'ont enrichie par des découvertes.

Sans une telle société, puisque la connaissance des principes des arts est encore étrangère à presque tous ceux qui les cultivent, puisque leur histoire n'est connue que d'un petit nombre de savants, comment ne serait-on pas exposé à voir les citoyens et la nation accueillir, récompenser, mettre en œuvre comme autant de découvertes utiles, des procédés ou des moyens depuis longtemps connus, et rejetés par une saine théorie, ou abandonnés après une expérience malheureuse ?

Les sociétés libres ne peuvent exister si elles n'admettent à la fois, et les savants, et les amateurs des sciences ; et c'est par là surtout qu'elles en inspireront le goût, qu'elles contribueront à les répandre, qu'elles soutiendront, qu'elles perfectionneront les bonnes méthodes de les étudier ; c'est alors que ces sociétés encourageront les arts sans en protéger le charlatanisme, qu'elles formeront pour les sciences une opinion commune des hommes éclairés qu'il sera impossible de méconnaître, et dont la société nationale ne sera plus que l'interprète.

En même temps, tout citoyen pouvant former librement des établissements d'instruction, il en résulte encore pour les écoles nationales l'invincible nécessité de se tenir au moins au niveau de ces institutions privées ; et la liberté, ou plutôt l'égalité, reste aussi entière qu'elle peut l'être auprès d'un établissement public.

Il ne faut pas confondre la société nationale telle que nous l'avons conçue, avec les sociétés savantes qu'elle remplace. L'égalité réelle qui en est la base, son indépendance absolue du pouvoir exécutif, la liberté entière d'opinions qu'elle partage avec tous les citoyens, les fonctions qui lui sont attribuées relativement à l'instruction publique, une distribution de travail qui la force à ne s'occuper que d'objets utiles, un nombre égal de ses membres répandu dans les départements : toutes ces différences assurent qu'elle ne méritera pas les reproches souvent exagérés, mais quelquefois justes, dont les académies ont été l'objet. D'ailleurs, dans une constitution fondée sur l'égalité, on ne doit pas craindre de voir une société d'hommes éclairés contracter aisément cet esprit de corporation si dangereux, mais si naturel, dans un temps où tout était privilège. Alors chaque homme s'occupait d'obtenir des prérogatives ou de les étendre ; aujourd'hui tous savent que les citoyens seuls ont des droits, et que le titre de fonctionnaire public ne donne que des devoirs à remplir (10).

XIII

LIBERTÉ DE L'ENSEIGNEMENT

Cette indépendance de toute puissance étrangère, où nous avons placé l'enseignement public, ne peut effrayer personne, puisque l'abus serait à l'instant corrigé par le pouvoir législatif, dont l'autorité s'exerce immédiatement sur tout le système de l'instruction. L'existence d'une instruction libre et celle des sociétés savantes librement formées, n'opposent-elles pas encore à cet abus une puissance d'opinions d'autant plus imposante, que, sous une constitution populaire, aucun établissement ne peut subsister, si l'opinion n'ajoute sa force à celle de la loi ? D'ailleurs, il est une dernière autorité à laquelle, dans tout ce qui appartient aux sciences, rien ne peut résister : c'est l'opinion générale des hommes éclairés de l'Europe ; opinion qu'il est impossible d'égarer ou de corrompre : c'est d'elle seule que dépend toute célébrité brillante ou durable ; c'est

elle qui, revenant s'unir à la réputation que
chacun a d'abord acquise autour de lui, lui
donne plus de solidité et plus d'éclat ; c'est, en un
mot, pour les savants, pour les hommes de lettres, pour les philosophes, une sorte de postérité
anticipée dont les jugements sont aussi impar-
tiaux, presque aussi certains, et une puissance
suprême au joug de laquelle ils ne peuvent tenter
de se soustraire.

Enfin, l'indépendance de l'instruction fait en
quelque sorte une partie des droits de l'espèce
humaine. Puisque l'homme a reçu de la nature
une perfectibilité dont les bornes inconnues s'é-
tendent, si même elles existent, bien au delà de
ce que nous pouvons concevoir encore, puisque
la connaissance de vérités nouvelles est pour lui
le seul moyen de développer cette heureuse faculté, source de son bonheur et de sa gloire,
quelle puissance pourrait avoir le droit de lui
dire : Voilà ce qu'il faut que vous sachiez ; voilà
le terme où vous devez vous arrêter ? Puisque la
vérité seule est utile, puisque toute erreur est un
mal, de quel droit un pouvoir, quel qu'il fût,
oserait-il déterminer où est la vérité, où se trouve
l'erreur ?

D'ailleurs, un pouvoir qui interdirait d'enseigner une opinion contraire à celle qui a servi de
fondement aux lois établies, attaquerait directement la liberté de penser, contredirait le but de
toute institution sociale, le perfectionnement des
lois ; suite nécessaire du combat des opinions et
du progrès des lumières.

D'un autre côté, quelle autorité pourrait prescrire d'enseigner une doctrine contraire aux principes qui ont dirigé les législateurs ?

On se trouverait donc nécessairement placé entre un respect superstitieux pour les lois existantes, ou une atteinte indirecte qui, portée à ces lois au nom d'un des pouvoirs institués par elles, pourrait affaiblir le respect des citoyens ; il ne reste donc qu'un seul moyen : l'indépendance absolue des opinions, dans tout ce qui s'élève au-dessus de l'instruction élémentaire.

C'est alors qu'on verra la soumission volontaire aux lois, et l'enseignement des moyens d'en corriger les vices, d'en rectifier les erreurs, exister ensemble, sans que la liberté des opinions nuise à l'ordre public, sans que le respect pour la loi enchaîne les esprits, arrête le progrès des lumières et consacre des erreurs. S'il fallait prouver par des exemples le danger de soumettre l'enseignement à l'autorité, nous citerions l'exemple de ces peuples, nos premiers maîtres dans toutes les sciences, de ces Indiens, de ces Égyptiens, dont les antiques connaissances nous étonnent encore, chez qui l'esprit humain fit tant de progrès, dans des temps dont nous ne pouvons même fixer l'époque, et qui retombèrent dans l'abrutissement de la plus honteuse ignorance, au moment où la puissance religieuse s'empara du droit d'instruire les hommes. Nous citerions la Chine qui nous a prévenus dans les sciences et dans les arts, et chez qui le gouvernement en a subitement arrêté les progrès, depuis des milliers d'années, en faisant de l'instruction publique une partie de ses fonctions.

Nous citerions cette décadence où tombèrent tout à coup la raison et le génie chez les Romains et chez les Grecs, après s'être élevés au plus haut degré de gloire, lorsque l'enseignement passa des mains des philosophes à celle des prêtres. Craignons, d'après ces exemples, tout ce qui peut entraver la marche libre de l'esprit humain. A quelque point qu'il soit parvenu, si un pouvoir quelconque en suspend le progrès, rien ne peut garantir même du retour des plus grossières erreurs ; il ne peut s'arrêter sans retourner en arrière : et du moment où on lui marque des objets qu'il ne pourra examiner ni juger, ce premier terme mis à sa liberté, doit faire craindre que bientôt il n'en reste plus à sa servitude (11).

D'ailleurs la constitution française elle-même nous fait de cette indépendance un devoir rigoureux. Elle a reconnu que la nation a le droit inaliénable et imprescriptible de réformer toutes ses lois : elle a donc voulu que, dans l'instruction nationale, tout fût soumis à un examen rigoureux. Elle n'a donné à aucune loi une irrévocabilité de plus de dix années. Elle a donc voulu que les principes de toutes les lois fussent discutés, que toutes les théories politiques pussent être enseignées et combattues, qu'aucun système d'organisation sociale ne fût offert à l'enthousiasme ni aux préjugés, comme l'objet d'un culte superstitieux, mais que tous fussent présentés à la raison, comme des combinaisons diverses entre lesquelles

elle a le droit de choisir. Aurait-on réellement
respecté cette indépendance inaliénable du peuple, si on s'était permis de fortifier quelques
opinions particulières de tout le poids que peut
leur donner un enseignement général ; et le pouvoir qui se serait arrogé le droit de choisir ces
opinions n'aurait-il pas véritablement usurpé une
portion de la souveraineté nationale (12) ?

Le plan que nous présentons à l'assemblée a
été combiné d'après l'examen de l'état actuel des
lumières en France et en Europe ; d'après ce que
les observations de plusieurs siècles ont pu nous
apprendre sur la marche de l'esprit humain dans
les sciences et dans les arts ; enfin, d'après ce
qu'on peut attendre et prévoir de ses nouveaux
progrès. Nous avons cherché ce qui pourrait
contribuer plus sûrement à lui donner une marche plus ferme, à rendre ses progrès plus rapides.

Il viendra, sans doute, un temps où les sociétés
savantes, instituées par l'autorité, seront superflues, et dès lors dangereuses, où même tout
établissement public d'instruction deviendra inutile : ce sera celui où aucune erreur générale ne
sera plus à craindre, où toutes les causes qui appellent l'intérêt ou les passions au secours des
préjugés auront perdu leur influence ; où les lumières seront répandues avec égalité et sur tous
les lieux d'un même territoire, et dans toutes
les classes d'une même société ; où toutes les
sciences et toutes les applications des sciences
seront également délivrées du joug de toutes les

superstitions et du poison des fausses doctrines ; où chaque homme, enfin, trouvera, dans ses propres connaissances, dans la rectitude de son esprit, des armes suffisantes pour repousser toutes les ruses de la charlatanerie : mais ce temps est encore éloigné ; notre objet devait être d'en préparer, d'en accélérer l'époque ; et, en travaillant à former ces institutions nouvelles, nous avons dû nous occuper sans cesse de hâter l'instant heureux où elles deviendront inutiles.

NOTES

NOTE PREMIÈRE, PAGE 194.

Il serait très facile dans les écoles, dans les jeux du gymnase, dans les fêtes, d'exercer les enfants à la pratique des sentiments les plus nécessaires à fortifier dans leur âme, tels que la justice, l'amour de l'égalité, l'indulgence, l'humanité, l'élévation d'âme.

On peut même les familiariser avec quelques-unes des fonctions sociales, comme les élections, l'ordre d'une assemblée, etc.

Mais il faut éviter qu'ils ne voient dans ces formes un rôle qu'on leur donne à jouer et qu'on ne leur fasse contracter ou l'habitude de l'hypocrisie extérieure, ou un caractère de pédanterie.

Comme les enfants n'ont que des intérêts très peu compliqués et des occupations très simples, ils observent beaucoup tout ce qui les entoure; et s'ils s'aperçoivent une fois qu'on se moque d'eux en leur faisant faire sérieusement une bagatelle, ils le rendent au maître avec usure.

D'ailleurs une plaisanterie qui s'est une fois présentée à un enfant gai et malin, se perpétue dans l'établissement de génération en génération, et suffit pour rendre ridicule aux yeux des élèves une institution qui, suivie de bonne foi, aurait été très utile.

NOTE DEUXIÈME, PAGE 195

Les sentiments naturels, tels que la compas-sion, la bienfaisance, l'amitié pour les parents, pour les frères, pour les compagnons de leurs amusements, la reconnaissance, se développent de bonne heure dans les enfants. L'habitude de ces sentiments conduit aux idées morales ; et de la combinaison de ces idées naissent les préceptes auxquels nous soumettons notre conduite pour notre intérêt, et surtout pour celui de ne pas éprouver une peine intérieure qui en suit néces-sairement la violation.

Tel est l'ordre de la nature, qu'il est facile de suivre dans l'instruction. De courtes histoires ser-viraient à développer, à diriger les sentiments moraux, à les fortifier par l'attention. Une analyse des idées morales les plus saines viendrait en-suite, et on n'aurait besoin ni d'enseigner, ni de prouver les préceptes, mais seulement de les faire remarquer, parce qu'ils se trouveront d'a-vance dans l'esprit des enfants, avec le sentiment qui en garantit l'observation.

NOTE TROISIÈME, PAGE 199

Lorsque l'opération sur les mesures sera ter-minée, et toutes les quantités soumises à la di-vision décimale, la connaissance des quatre règles simples, avec deux ou trois principes du calcul des fractions décimales, suffiront pour toutes les opérations arithmétiques nécessaires dans la vie civile.

Il est utile à tout homme de pouvoir mesurer les distances, arpenter un champ, toiser un mur, évaluer le travail d'un fossé, d'un transport de terre; mais l'individu qui ne fait ces opérations que pour lui-même, et non pas pour autrui, n'a besoin de connaître ni les méthodes les plus simples, ni les moyens d'éviter les très petites erreurs. Dès lors, il n'a besoin, pour acquérir ces connaissances, que de propositions de géométrie très élémentaires, et qui se démontrent, pour ainsi dire, à la simple vue.

Il en est de même de cette partie de la théorie des machines simples, qui peut être d'une utilité générale.

En supposant que les enfants ne sentissent pas ou ne retinssent pas la démonstration rigoureuse, il suffit, pour l'usage, qu'ils entendent la proposition et qu'ils la retiennent comme un fait qu'ils peuvent vérifier par leurs yeux.

Personne ne niera sans doute la facilité et l'utilité d'enseigner à connaître les plantes communes les plus utiles ou les plus nuisibles, les animaux du pays, les terres, les pierres qu'il renferme; enfin, de donner quelques principes simples d'agriculture et de jardinage.

Des notions élémentaires de physique sont nécessaires, ne fût-ce que pour préserver des sorciers et des fabricateurs ou raconteurs de miracles. Je voudrais même que les maîtres en fissent de temps en temps quelques-unes dans les leçons hebdomadaires et publiques ; un canard de verre qui vient chercher le morceau de pain qu'on lui présente avec un couteau ; la réponse à une question que l'on fait trouver dans un livre tout blanc ; le feu qui se montre au bout d'une pique ; le bûcher qui s'allume en arrosant la victime ; le sang qui se liquéfie ; les miracles d'Elie ou de saint Janvier, et mille autres de cette espèce, ne seraient ni coûteux, ni difficiles à répéter.

Ce moyen de détruire la superstition est un des plus simples et des plus efficaces. On n'égarera point, au nom d'un pouvoir capricieux et jaloux, l'homme une fois convaincu que la nature entière est soumise à des lois générales et nécessaires.

Comme toutes ces instructions sont le résultat de lectures, qu'elles obligent à écrire, il arrivera nécessairement que les enfants en contracteront une habitude suffisante pour acquérir cette facilité sans laquelle la lecture ou l'écriture sont un travail pénible.

Ils acquerront avec aussi peu de peine les connaissances grammaticales ou d'orthographe nécessaires pour que la langue et l'écriture de la généralité des citoyens se perfectionnent peu à peu ; et il est important, pour le maintien de l'égalité réelle, que la langue cesse de séparer les hommes en deux classes.

Si, au contraire, une instruction suffisante permet au peuple d'opposer la curiosité à l'ennui, ces habitudes doivent naturellement disparaître, et avec elles l'abrutissement ou la grossièreté qui en sont la suite.

Ainsi, l'instruction est encore, sous ce point de vue, la sauvegarde la plus sûre des mœurs du peuple.

NOTE QUATRIÈME, PAGE 205

Il faut un aliment à l'activité des hommes qui n'ont pas besoin de travailler pour vivre, et il n'est pas à désirer qu'elle soit réduite à ne s'exercer que sur des spéculations d'intérêt ou sur des projets de s'élever à des places et de s'y maintenir.

Or, une institution telle qu'on la propose ici, offre aux hommes nés avec de la fortune des occupations agréables, qui ne seraient ni sans quelque utilité, ni sans quelque honneur.

Chacun choisirait dans le grand nombre de connaissances qui lui ont été enseignées, la science vers laquelle son goût ou ses dispositions naturelles le porteraient de préférence.

La littérature a des bornes, les sciences d'opération et de calcul n'en ont point. Au-dessous d'un certain degré de talent, le goût des occupations littéraires donne ou un orgueil ridicule, ou une honteuse jalousie pour les talents auxquels on ne peut atteindre. Dans les sciences, au contraire, ce n'est pas avec l'opinion des hommes, mais avec la nature, qu'on engage un combat où le triomphe est presque toujours certain, où chaque victoire en présage une nouvelle.

Le champ que les inventeurs ont rapidement parcouru laisse encore tant de points à reconnaître! L'inépuisable variété des applications ôte aux théories les plus rebattues cette insipidité qui suit, dans les autres genres de plaisirs, la facilité ou l'habitude.

L'habitude et le goût de l'occupation est un des plus sûrs préservatifs contre les vices corrupteurs qui prennent leur source dans le besoin d'échapper à l'ennui.

On ne sait point assez avec quelle douceur et quelle force une occupation chérie rappelle ceux que le soin des affaires publiques a forcés de l'abandonner.

Combien alors ce reste d'ambition, qu'il est peut-être impossible d'arracher d'une âme humaine, est facile et prompt à rassasier ; combien enfin le souvenir du charme des études paisibles ajoute au dégoût des détails des affaires toujours arides ou affligeants.

J'ai dit que ces occupations seront utiles; je me bornerai à un seul exemple. En France, la nourriture des citoyens pauvres est mauvaise, et souvent ils craignent d'en manquer, parce qu'elle est bornée à une ou deux espèces d'aliments; parce que ni les légumes, ni les fruits, ne sont assez communs. L'usage des fruits qui pourrait devenir dans les travaux de l'été un régime salutaire, ne sert, au contraire, qu'à donner des maladies, parce qu'on n'a point songé à cultiver

ceux dont la maturité correspond au moment où
la nature en donne le désir. Combien n'y aurait-
il pas d'avantage à inspirer aux hommes qui en
ont la faculté, le goût de faire des essais de culture, et de leur donner les connaissances nécessaires pour y réussir?

NOTE CINQUIÈME, PAGE 209

Cette habitude des idées antiques, prise dans
notre jeunesse, est peut-être une des principales
causes de ce penchant, presque général, à fonder
nos nouvelles vertus politiques sur un enthousiasme inspiré dès l'enfance.

L'enthousiasme est le sentiment qui se produit
en nous, lorsque nous nous représentons à la fois
tous les avantages, tous les maux, toutes les connaissances qui, dans un espace indéterminé, peuvent naître d'un événement, d'une action, d'une
production de l'esprit; tout ce que cette action,
cette production ont exigé de talents, et coûté
d'efforts ou de sacrifices. Il est utile, s'il a pour
base la vérité, et nuisible, s'il s'appuie sur l'erreur. Une fois excité, il sert l'erreur comme la
vérité; et dès lors il ne sert réellement que
l'erreur, parce que, sans lui, la vérité triom-
pherait encore par ses propres forces.

Il faut donc qu'un examen froid et sévère, où
la raison seule soit écoutée, précède le moment
de l'enthousiasme.

Ainsi, former d'abord la raison, instruire à
n'écouter qu'elle, à se défendre de l'enthousiasme

qui pourrait l'égarer ou l'obscurcir, et se laisser entraîner ensuite à celui qu'elle approuve ; telle est la marche que prescrit l'intérêt de l'humanité, et le principe sur lequel l'instruction publique doit être combinée.

Il faut, sans doute, parler à l'imagination des enfants ; car il est bon d'exercer cette faculté comme toutes les autres ; mais il serait coupable de vouloir s'en emparer, même en faveur de ce qu'au fond de notre conscience nous croyons être la vérité.

L'imagination est la faculté de saisir une suite plus ou moins étendue d'idées sous des formes sensibles.

Le géomètre, dans ses méditations, voit des rapports abstraits, représentés par des figures ; et l'algébriste les voit exprimés par des formules écrites.

Mais si ces formes sensibles, au lieu de donner seulement plus de force et de fixité aux idées, les corrompent et les dénaturent ; si elles excitent dans l'âme des sentiments ou des passions qui peuvent séduire la raison, alors, au lieu d'exercer une faculté utile, on en abuse, on la pervertit.

Si vous appelez une école un temple national, si votre instituteur est un magistrat, vous ajoutez aux propositions énoncées dans ce lieu, présentées par cet homme, une autorité étrangère, non seulement aux preuves qui doivent établir la vérité, mais à cette espèce d'autorité qui peut, sans nuire aux progrès des connaissances, influer sur notre croyance provisoire, celle que donne la supériorité connue des lumières. J'ai raison de croire à une expérience physique sur le nom d'un savant dont j'ai vérifié la science et l'exactitude ; je serais un sot d'y croire sur l'autorité d'un pontife ou d'un consul. Or, il faut désespérer du salut de la raison humaine, ou appliquer cette même règle à la morale et à la politique. Hâtons-nous donc de substituer le raisonnement à l'éloquence, les livres aux parleurs, et de porter enfin dans les sciences morales la philosophie et la méthode des sciences physiques.

NOTE SIXIÈME, PAGE 212

L'égalité des esprits et celle de l'instruction sont des chimères. Il faut donc chercher à rendre utile cette inégalité nécessaire. Or, le moyen le plus sûr d'y parvenir n'est-il pas de diriger les esprits vers les occupations qui mettent un individu en état d'enseigner les autres, de les défendre contre l'erreur; de contribuer à leur sûreté, à leur prospérité, à leur soulagement, à leur bonheur, soit dans l'exercice des fonctions publiques, soit dans les professions qui exigent des lumières; de substituer, en un mot, à des hommes habiles qui prétendraient gouverner, des hommes instruits qui ne veulent qu'éclairer ou servir ?

La supériorité de lumières et de talents peut soumettre les autres hommes à une dépendance particulière ou générale.

On évite le premier danger en rendant universelles les connaissances nécessaires dans la vie

commune. Celui qui a besoin de recourir à un
autre pour écrire et même lire une lettre, pour
faire le calcul de sa dépense ou de son impôt,
pour connaître l'étendue de son champ ou le partager, pour savoir ce que la loi lui permet ou lui
défend; celui qui ne parle point sa langue de
manière à pouvoir exprimer ses idées, qui n'écrit
pas de manière à être lu sans dégoût, celui-là est
nécessairement dans une dépendance qui rend
nul ou dangereux pour lui l'exercice des droits
de citoyen, et réduit à une chimère humiliante
pour lui-même l'égalité prononcée par la nature
et reconnue par la loi. Mais ces mêmes connaissances suffisent pour l'affranchir de cette servitude; l'homme, par exemple, qui sait les quatre
règles de l'arithmétique, ne peut être dans la dépendance de Newton pour aucune des actions de
la vie commune.

Quant à la dépendance générale, à celle qui
naît du pouvoir de la ruse, ou de la parole, elle
sera réduite presque à rien par l'universalité de
ces connaissances élémentaires qui, par leur nature même, sont propres à conserver la justesse
de l'esprit, à former la raison. D'ailleurs elle ne
subsistera plus dès lors qu'une instruction plus
étendue aura multiplié les hommes vraiment
éclairés au milieu de citoyens disposés par la leur
à reconnaître, à sentir la vérité.

On a donc cherché à réunir ici tous les avantages de la supériorité de lumières dans quelques
hommes pour la faire servir non à fortifier, mais à
prévenir les inconvénients de l'inégalité des esprits.

NOTE SEPTIÈME, PAGE 217 (1ᵉʳ alinéa)

On dit : Il faut une religion au commun des hommes. Si ces mots ont un sens, s'ils ne sont pas une insulte à la raison et à l'espèce humaine, ils signifient que la croyance d'un Etre suprême et les sentiments religieux qui nous portent vers lui sont utiles à la morale. Or, en supposant cette opinion fondée, il en résulte qu'il faut également se garder, et de faire enseigner une religion particulière, et de salarier un culte ; car, dans cette hypothèse, ce qui est utile, c'est précisément ce qui est commun à toutes les religions et à tous les cultes.

Il en résulterait encore que toute religion particulière est mauvaise, parce qu'elle dirige nécessairement vers un but qui lui est propre, et si elle a des prêtres, vers l'intérêt de ses prêtres ces mêmes sentiments religieux qu'on suppose nécessaires à la morale.

De quelque opinion que l'on soit sur l'existence d'une cause première, sur l'influence des sentiments religieux, on ne peut soutenir qu'il soit utile d'enseigner la mythologie d'une religion, sans dire qu'il peut être utile de tromper les hommes ; car si vous, Romain, vous voulez faire enseigner votre religion d'après ce principe, un mahométan doit, par la même raison, vouloir faire enseigner la sienne.

Direz-vous : La mienne est la seule vraie ? Non,

car la puissance publique ne peut être juge de la vérité d'une religion.

Ainsi, en supposant même qu'il soit utile que les hommes aient besoin d'une religion, les soins, les dépenses, qui auraient pour objet de leur en donner une, sont une tyrannie exercée sur les opinions, et aussi contraire à la politique qu'à la morale. Cette proscription doit s'étendre même sur ce qu'on appelle religion naturelle ; car les philosophes théistes ne sont pas plus d'accord que les théologiens sur l'idée de Dieu et sur ses rapports moraux avec les hommes. C'est donc un objet qui doit être laissé sans aucune influence étrangère à la raison et à la conscience de chaque individu.

NOTE HUITIÈME, PAGE 218 (2e alinéa)

Quelle que soit la constitution nouvelle, l'égalité qui doit subsister entre les diverses portions de l'État, l'utilité d'y nourrir également l'esprit public, si l'on veut qu'il conserve sa pureté, cette union entre les citoyens des différentes contrées, qui ne peut naître que de l'utilité des principes, tout rend nécessaire cette distribution, qui appelle les citoyens à une instruction plus égale.

NOTE NEUVIÈME, PAGE 226 (1er alinéa)

La gratuité de l'instruction doit être considérée surtout dans son rapport avec l'égalité sociale.

Dans les dépenses publiques, le pauvre contribue à proportion, et même moins qu'à proportion de ses facultés, si les contributions sont établies suivant un bon système, et il profite des avantages d'une instruction gratuite dans une plus grande proportion. Examinons ces avantages, en supposant que le plan du comité soit réalisé :

1° Les pères de famille en profitent à raison du nombre de leurs enfants, pour les deux degrés d'instruction qu'on peut regarder comme universels.

2o Les citoyens pauvres, soit des villes où se trouvent les instituts, soit de l'arrondissement, profitent aussi de ces établissements pour ceux de leurs enfants qui sont nés avec des dispositions. En effet, comme par la combinaison des différents cours, l'instruction se divise et quant à son étendue, et quant à sa nature, suivant la volonté des élèves ou de ceux qui les dirigent ; rien n'empêchera de réserver dans les conditions d'un apprentissage la liberté de suivre un des cours de l'Institut.

3o On peut dire la même chose des lycées. Un jeune homme appliqué, et né avec de la facilité, peut gagner sa subsistance, et se réserver assez de temps pour se perfectionner dans les connaissances, vers lesquelles il serait porté par un véritable talent. Il excite ainsi la gratuité dans tous les degrés d'instruction où elle étend ses avantages sur un bien plus grand nombre d'individus qu'on ne le croirait au premier coup d'œil. Car ces exemples, assez rares autrefois, deviendront communs par l'effet de l'égalité républicaine, et de la destruction des préjugés bourgeois ou nobiliaires.

4o Quant à l'utilité générale que chaque individu
retire de cela seul, qu'il existe dans la société
plus d'instruction commune, plus de lumières,
plus de talents, n'est-il pas juste que le célibataire
y contribue comme le père de famille, puisqu'il
en profite également ; et le reste des dépenses de
l'instruction, dont les pères demeurent chargés .
seuls, ne suffit-il pas pour compenser les avantages que ceux-ci retirent de l'instruction de leurs
enfants?

5o En examinant la France géographiquement,
on verra que si l'instruction est abandonnée à
elle-même, elle ne pourra se répandre qu'avec
une funeste inégalité. Les grandes villes, les pays
riches y trouveront des moyens d'étendre, d'augmenter leurs avantages déjà trop réels ; les autres
portions de la République, ou manqueront de
maîtres, ou n'en auront que de mauvais.

Cette grande inégalité d'instruction en détruit
presque toute l'utilité. Tant que vous laisserez
une grande portion du peuple en proie à l'ignorance, et dès lors à la séduction, aux préjugés, à
la superstition, vous ne réaliserez point le but que
vous devez vous proposer : celui de montrer enfin au monde une nation où la liberté, l'égalité,
soient pour tous un bien réel dont ils sachent
jouir, et dont ils connaissent le prix. Vous ne
concilierez jamais la liberté et la paix ; jamais
vous n'établirez cette obéissance aux lois, la
seule digne des hommes libres, celle qui est
fondée sur un respect volontaire, sur la raison et non sur la force. Vous aurez toujours

deux peuples différents, d'instruction, de mœurs, de caractère, d'esprit public.

Au contraire, l'égalité de l'instruction doit diminuer les autres inégalités naturelles, parce que, dans les pays moins favorisés, les esprits se dirigeront vers les moyens de faire disparaître ces inégalités, et les détails mêmes de l'instruction qui peuvent varier suivant l'intérêt et les besoins, y contribueront encore.

Une constitution populaire, fondée sur l'égalité, doit nécessairement attacher les citoyens à leurs foyers ; mais le défaut d'instruction en éloignerait les gens riches dans leur jeunesse ; et les goûts contractés dans les villes où il y aurait plus de lumières, pourraient souvent les y retenir.

Le système d'une instruction égale et partout semblable n'est pas moins utile pour établir sur une base inébranlable l'unité nationale, tandis qu'en abandonnant l'instruction aux volontés individuelles, elle ne servirait qu'à fortifier ces différences d'usages, d'opinions, de goûts, de caractères, qu'il est si important de faire disparaître.

6° Sommes-nous au point où l'on peut sans risque laisser l'instruction s'organiser elle-même ? Sommes-nous à celui où l'autorité publique peut l'organiser d'une manière utile?

Si j'examine l'état actuel des lumières en Europe, je vois l'économie tout entière des sciences physiques, et, par une suite nécessaire, celle des arts, dont elles sont la base, celle même des sciences morales et politiques, appuyées sur des principes certains, qui sont eux-mêmes le résultat de faits généraux incontestables ; je vois, malgré la diversité des gouvernements, des institutions, des usages, des préjugés, les hommes éclairés de l'Europe entière s'accorder sur les vérités qui peuvent former les éléments de ces sciences, comme sur la méthode de les enseigner. L'art de la teinture, ceux qui s'exercent sur les divers métaux, ceux qui forment les nombreuses espèces de tissus employés pour nos besoins, ceux qui préparent les substances des trois règnes, soit pour nos besoins immédiats, soit pour d'autres travaux ; tous les arts dont les procédés varient dans les divers pays, ont cependant des principes généraux et reconnus, que les hommes instruits ont su démêler au milieu de toutes ces variétés, nées, dans chaque contrée de la routine ou de sa position géographique.

Il est donc possible d'établir, sur l'opinion universelle des hommes éclairés, une instruction élémentaire, conforme à la vérité, et dirigée par une bonne méthode ; et après avoir séparé de la morale les opinions religieuses, et l'enseignement des principes de la politique générale, de l'exposition du droit public national, il est impossible que cette instruction corrompe les opinions sur la morale et sur la politique, comme il est impossible qu'elle trompe sur la physique ou sur la chimie. Mais comme cette même certitude n'existe pas, ne peut pas exister pour le système entier d'aucune science, les mathématiques exceptées, la puissance publique ne doit influer sur l'enseignement des lycées qu'en établissant un moyen de choisir les maîtres, qui réponde de leurs talents sans influer sur leurs opinions.

Il serait dangereux, au contraire, d'abandonner la direction de l'instruction élémentaire, parce que les lumières ne sont pas assez généralement répandues pour n'avoir pas à craindre qu'elle ne soit égarée, soit par les préjugés, soit par une haine de ces mêmes préjugés puérilement exagérée.

D'ailleurs il est évident que cette direction tomberait réellement dans la dépendance des hommes riches, et alors elle ne serait pas celle qui convient à la conservation de la liberté. Chez les anciens, l'instruction était fort chère, et ne se trouvait en général qu'à la portée des riches. Qu'en est-il résulté ? une pente vers l'aristocratie, remarquable surtout dans les historiens. Il suffit de voir sous quels traits nous ont été représentées les tentatives faites pour détruire à Rome l'influence de cette inégalité, qui devait à la longue anéantir la république.

Distributions des terres nationales, même encore réservées, changement dans la forme des délibérations, extension du droit de cité ; toutes ces opérations, dès qu'elles tendent vers l'égalité, sont toujours présentées, non comme mal combinées, renfermant quelques injustices, mais comme séditieuses, comme inspirées par l'esprit de faction et de brigandage.

Enfin, qui répondra que même la superstition ne s'empare des nouvelles écoles, comme elle s'en est emparée après la destruction de l'empire d'Occident ?

7° On craint que celles qui seraient établies sur des principes philosophiques ne soient négligées ; et cette crainte en prouve la nécessité. Mais si elles sont gratuites, ce danger n'existera point ; et quand bien même certaines classes d'hommes paraîtraient d'abord les dédaigner, leur intérêt même les y rappellerait bientôt. La gratuité, les avantages sensibles qu'elle présente, y rappelleraient les enfants des citoyens sans fortune, et, dans une république, les riches savent combien il importe à leurs enfants qu'une éducation commune leur prépare de bonne heure des liaisons utiles dans les classes laborieuses et pauvres. Le peuple anglais ne confère que les places de la Chambre des communes ; et c'en est assez pour que, malgré les distinctions aristocratiques, il se soit établi une égalité de fait plus grande que dans la plupart des autres pays de l'Europe.

8° On craint que des maîtres appointés ne négligent leurs devoirs.

On oublie trop qu'il n'y a plus ni distinctions héréditaires, ni places conférées à vie ou pour un grand nombre d'années; et qu'ainsi un maître qui remplit bien ses devoirs est un citoyen respectable et respecté, et de plus un homme qui exerce pour de l'argent un métier très peu considéré.

Le défaut d'émulation n'est pas à craindre ; les maîtres des écoles primaires et secondaires ont pour perspective les places dans les instituts, et les professeurs des instituts les places du lycée

Celles-ci, dans notre système actuel, seraient regardées comme un véritable honneur.

La négligence n'y est pas à craindre, si elles ne sont pas absolument perpétuelles ; les lecteurs du Collège de France dans les genres où ils avaient des auditeurs, les professeurs du Jardin des Plantes n'ont jamais négligé leurs fonctions, même sous l'ancien régime, surtout dans les premières années de leur nomination.

C'est moins encore d'après des principes philo-. sophiques que sur l'état actuel des sciences en Europe, l'histoire de leurs progrès, et l'expérience, que le projet présenté à l'Assemblée législative a été combiné. Mais, pour appliquer l'expérience à une loi nouvelle, il a fallu dégager les faits de l influence des causes qui ne subsistent plus.

Une disposition très propre à maintenir l'émulation et à faire honorer les instituteurs des écoles inférieures, serait celle qui ordonnerait de ne choisir, après un certain temps, les professeurs des instituts que parmi ceux qui auraient exercé les fonctions d'instituteurs d'écoles primaires ou secondaires, et les professeurs du lycée que parmi ceux qui auraient enseigné dans les instituts, avec une exception en faveur des savants étrangers, exception que le corps législatif seul pourrait prononcer.

En un mot, sans instruction nationale gratuite pour tous les degrés, quelque combinaison que vous choisissiez, vous aurez ignorance générale ou inégalité. Vous aurez des savants, des philosophes, des politiques éclairés ; mais la masse du

peuple conservera des erreurs, et, au milieu de
l'éclat des lumières, vous serez gouvernés par les
préjugés.

NOTE DIXIÈME, PAGE 247

On n'a rien répondu à ces preuves de l'utilité
des sociétés savantes ; seulement on a répété ce
qu'il est d'usage de dire sur leurs mauvais choix,
sur le peu de justice qu'ils rendent aux talents.
Il serait injuste, en invoquant l'expérience, de ne
pas se borner à celles de ces sociétés qui ont pour
objet les sciences mathématiques et physiques,
parce que ce sont les seules qui, jusqu'ici, aient
pu jouir de quelque indépendance. Or, en admettant cette distinction, je demande si, depuis cent
trente ans environ que les premières de ces
sociétés ont été établies, il s'est fait dans les
sciences une seule découverte qui ne se trouve
dans leurs recueils ou dont l'auteur, s'il n'est
pas mort très-jeune, n'ait pas appartenu à quelqu'une de ces sociétés.

La république des sciences est universelle et
dispersée, et il est impossible qu'aucune société
puisse se soustraire à l'autorité souveraine de la
république entière.

Il serait, sans doute, très facile de corrompre
ces sociétés, si on y attachait de grands avantages
pécuniaires ; si on les chargeait de fonctions
étrangères à leur but naturel, qui doit être le
progrès, le perfectionnement, la propagation
des connaissances humaines.

Mais bornez-les à cet objet seul, et vous en écarterez ce qui peut les rendre inutiles et dangereuses.

Ceux qui veulent les détruire ne s'aperçoivent pas que par là ils donneront aux riches le privilège exclusif de la science. Presque tous les savants célèbres du xviie siècle, antérieurs à l'établissement de ces sociétés, étaient de la classe des riches.

Et aujourd'hui nous aurions encore de moins, en faveur de la classe pauvre, la protection des grands, les ressources qu'offraient les facultés de médecine et celle des couvents et des établissements ecclésiastiques.

Un Newton, un Euler, nés dans la pauvreté ou même dans la médiocrité, ne développent point leur génie, si leurs premières découvertes ne sont point encouragées et reconnues; si l'autorité d'une société savante ne balance par le désir qu'aurait leur famille de les voir se dévouer à des occupations plus lucratives.

Lorsque le gouvernement était entre les mains d'un roi héréditaire, il était trop important de lui ôter toute influence sur l'instruction pour être arrêté par la crainte de gâter un peu l'institution d'une société nationale, en lui conférant des fonctions en quelque sorte administratives. Maintenant ce motif ne subsiste plus. C'est l'enseignement seul qu'il est important de soustraire à toute autorité politique.

Quelque institution que l'on donne à un peuple, il s'y forme nécessairement une division entre ceux qui veulent plus de soumission, et ceux qui veulent plus de liberté ; entre ceux qui s'attachent aux choses établies, qui ne voient l'ordre et la paix que dans la conservation de ce qui existe, et ceux qui, frappés des défauts inhérents à toutes les institutions, croient peut-être trop facilement que les changer, c'est toujours les corriger ; entre ceux qui suivent le progrès des lumières et ceux qui les devancent. La première opinion est celle des hommes qui ont les places ou qui espèrent les obtenir ; la seconde réunit ceux qui préfèrent aux places la gloire ou le crédit. Cette division n'est point un mal : les défenseurs de ce qui est établi empêchent que les changements ne soient trop répétés et trop rapides ; les amis de la nouveauté s'opposent à la trop prompte corruption des institutions anciennes. Les uns maintiennent la paix, les autres soutiennent l'esprit public, dans une utile et perpétuelle activité : et si les premiers veulent s'attribuer exclusivement les honneurs de la vertu, et les autres la gloire du patriotisme ou des talents, ils sont également injustes.

Mais il résulte de ces observations que le gouvernement quel qu'il soit, dans toutes ses divisions comme dans tous ses degrés, cherchera toujours à conserver, et par conséquent à favoriser la perpétuité des opinions, de manière que son influence sur l'enseignement tendra naturellement à suspendre les progrès de la raison, à favoriser tout ce qui peut éloigner des esprits les idées de perfectionnement. Cette influence sur l'enseignement serait donc nuisible, et par conséquent on doit laisser à la société nationale l'inspection des ouvrages élémentaires et le choix des professeurs des lycées ; car cette société, par sa nature même, doit chercher, au contraire, tout ce qui tend à perfectionner et étendre les connaissances.

Telle est la seule fonction publique qu'il soit utile de lui donner pour l'intérêt national, comme pour le progrès des sciences.

NOTE ONZIÈME, PAGE 250

La liberté, l'égalité, les bonnes lois ont pour effet nécessaire d'augmenter la prospérité publique en augmentant les moyens d'agir. De cette prospérité naissent l'habitude de nouveaux besoins et un accroissement de population. Si donc la prospérité n'augmente pas sans cesse, la société tombe dans un état de souffrance. Cependant, les premiers moyens de prospérité ont des bornes ; et si de nouvelles lumières ne viennent en offrir de plus puissants, les progrès même de la société deviennent la cause de sa ruine.

Supposons que ces moyens soient trouvés et employés, il en résulte dans la société des combinaisons nouvelles, que ni les lois ni les institutions n'ont pu prévoir. Il faut donc que les lumières se trouvent toujours au-delà de celles qui ont dirigé l'établissement du système social. D'un autre côté les progrès des arts utiles sont très bornés, si ceux des sciences ne viennent à leur secours. Ceux qu'ils devraient à la seule observation des hommes qui les cultivent seraient trop lents et trop incertains. Ainsi les progrès des sciences morales et physiques sont nécessaires pour que la société puisse atteindre un degré de prospérité permanente.

Supposons maintenant que les sciences, que les arts se soient perfectionnés ; il est évident que la même quantité de connaissances qui suffirait aujourd'hui pour assurer l'indépendance des individus, pour rendre réelle pour tous l'égalité de la loi, deviendra beaucoup trop faible; il faut donc, et que l'instruction devienne plus étendue, et que les méthodes d'enseigner se perfectionnent.

Examinez l'histoire du peuple romain, vous le verrez faire pendant quelque temps, des progrès vers la liberté ; mais comme son territoire s'agrandissait sans cesse, comme il voulait être à la fois un peuple-roi et un peuple libre, bientôt les moyens qui avaient défendu, augmenté sa liberté, ne convenant plus à son nouvel état, et les lumières, soit des citoyens, soit des chefs, n'étant pas au niveau de ce qu'aurait exigé cette situation nouvelle, on le vit se déchirer par des guerres civiles, et tomber dans le plus honteux esclavage.

Voyez la liberté anglaise arrêtée dans sa course par ce respect pour une constitution imposée par la nécessité, mais devenue l'objet d'un culte superstitieux par l'effet de l'éducation, par l'influence royale des places et des pensions sur les écrivains politiques. Voyez ce peuple qui portait une main hardie sur les préjugés, lorsque l'Europe entière y était asservie, n'oser, dans un siècle plus éclairé, envisager les honteux abus dont il est la victime.

Tel sera le sort de toutes les nations qui ne chercheront pas dans les lumières des ressources pour les nouveaux besoins, ou un remède contre les dangers imprévus auxquels leur prospérité même doit les soumettre ou les exposer. Des politiques peu philosophes ont cru qu'il serait plus sûr de mettre par les lois des bornes à cette prospérité; mais ces lois sont déjà elles-mêmes une tyrannie, et quel en serait l'effet? Que l'activité humaine, à laquelle il faut bien un aliment, se porterait vers la superstition, vers l'intrigue, vers les factions, et jamais vous n'assurerez par ces moyens ni la durée de la liberté, livrée alors au hasard des événements, ni la réunion de la liberté avec la paix, sans laquelle il n'existe point de bonheur public.

NOTE DOUZIÈME, PAGE 251

On se tromperait si on croyait qu'en nourrissant dans les âmes l'amour de l'égalité et de la liberté. en l'inspirant dès l'enfance, en le fortifiant par des institutions morales, on assurerait à un peuple la jouissance de ses droits. Dans les républiques de la Grèce, de l'Italie, chez les Germains, chez beaucoup d'autres peuples, ces sentiments étaient portés jusqu'à l'enthousiasme, et, cependant, après y avoir excité de longs troubles, ils

16

n'ont pu défendre ces mêmes peuples de l'esclavage, étranger ou domestique.

On se tromperait si on croyait qu'on peut affranchir un peuple de la tyrannie artificieuse des légistes, en lui donnant des lois simples et claires, en n'y établissant pas une classe d'hommes de loi. Les premières lois civiles de tous les peuples ont été simples ; aucun n'a imaginé de faire un métier particulier de la fonction de les interpréter, de les expliquer, et partout les lois sont devenues compliquées, et tous les pays ont été dévastés par la race dominatrice et perfide des gens de loi.

On se tromperait si on croyait qu'une religion simple, d'une morale pure, mette un peuple à l'abri de la superstition et du pouvoir des prêtres ; car partout les religions ont commencé par être simples ; leur morale, souvent grossière, était du moins assez conforme à la nature, et partout les plus absurdes superstitions ont remplacé ces religions primitives, partout les prêtres ont corrompu la morale pour l'intérêt de leur avarice ou de leur orgueil.

Une instruction universelle, en se perfectionnant sans cesse, est le seul remède à ces trois causes générales des maux du genre humain (1).

_____

(1) Le rapport lu par Condorcet dans les séances des 20 et 21 avril 1792 au milieu des préoccupations que faisait naître la question de la guerre avec l'Autriche produisit peu d'effet. La Convention, réunie le 21 septembre suivant, proclama le 22 l'abolition de la royauté et l'établissement de la République ! Un comité d'instruction créé par elle présenta un projet de loi sur l'instruction primaire le 13 décembre, le lendemain du jour où Louis XVI avait subi son premier interrogatoire. Lanthenas en fut le rapporteur.

ÉDUCATION DES FEMMES (¹)

L'instruction doit être la même pour les femmes et pour les hommes.

Nous avons prouvé que l'éducation publique devait se borner à l'instruction; nous avons montré qu'il fallait en établir divers degrés. Ainsi, rien ne peut empêcher qu'elle soit la même pour les femmes et pour les hommes, En effet, toute instruction se bornant à exposer des vérités, à en développer les preuves, on ne voit pas comment la différence des sexes en exigerait une dans le choix de ces vérités, ou dans la manière de les prouver. Si le système complet de l'instruction commune, de celle qui a pour but d'enseigner aux individus de l'espèce humaine ce qu'il leur est utile de savoir pour jouir de leurs droits et pour remplir leurs devoirs, paraît trop étendu pour les femmes, qui ne sont appelées à aucune fonction publique, on peut se restreindre à leur faire parcourir les premiers degrés, mais sans interdire les autres à celles qui auraient des dispositions plus heureuses, et en qui leur famille voudrait les cultiver. S'il est quelque profession qui soit exclusivement réservée aux hommes, les femmes ne seraient point admises à l'instruction particulière qu'elle peut exiger; mais il serait absurde

(1) Cet article important est extrait d'un des mémoires qui accompagnaient le rapport de Condorcet et qui sont imprimés dans le VII⁰ volume de ses œuvres complètes.

de les exclure de celle qui a pour objet les professions qu'elles doivent exercer en concurrence.

Elles ne doivent pas être exclues de celle qui
est relative aux sciences, parce qu'elles peuvent
se rendre utiles à leurs progrès, soit en faisant
des observations soit en composant des livres
élémentaires.

Quant aux sciences, pourquoi leur seraient-
elles interdites ? Quand bien même elles ne pourraient contribuer à leurs progrès par des découvertes (ce qui d'ailleurs ne peut être vrai que de
ces découvertes du premier ordre qui exigent
une longue méditation et une force de tête extraordinaire), pourquoi celles des femmes, dont
la vie ne doit pas être remplie par l'exercice d'une
profession lucrative, et ne peut l'être en entier
par des occupations domestiques, ne travaille-
raient-elles pas utilement pour l'accroissement
des lumières, en s'occupant de ces observations,
qui demandent une exactitude presque minutieuse, une grande patience, une vie sédentaire
et réglée ? Peut-être même seraient-elles plus
propres que les hommes à donner aux livres élémentaires de la méthode et de la clarté, plus dis-
posées par leur aimable flexibilité à se proportionner à l'esprit des enfants qu'elles ont observés
dans un âge moins avancé, et dont elles ont suivi
le développement avec un intérêt plus tendu. Or,
un livre élémentaire ne peut être bien fait que
par ceux qui ont appris beaucoup au-delà de ce
qu'il renferme, on expose mal ce que l'on sait

lorsqu'on est arrêté à chaque pas par les bornes de ses connaissances.

Il est nécessaire que les femmes partagent l'instruction donnée aux hommes.

1º Pour qu'elles puissent surveiller celle de leurs enfants. L'instruction publique, pour être digne de ce nom, doit s'étendre à la généralité des citoyens, et il est impossible que les enfants en profitent, si, bornés aux leçons qu'ils reçoivent d'un maître commun, ils n'ont pas un instituteur domestique qui puisse veiller sur leurs études dans l'intervalle des leçons, les préparer à les recevoir, leur en faciliter l'intelligence, suppléer enfin à ce qu'un moment d'absence ou de distraction a pu leur faire perdre. Or, de qui les enfants des citoyens pauvres pourraient-ils recevoir ces secours, si ce n'est de leurs mères, qui, vouées aux soins de leur famille, ou livrées à des travaux sédentaires, semblent appelées à remplir ce devoir ; tandis que les travaux des hommes qui presque toujours les appellent au dehors, ne leur permettraient pas de s'y consacrer ? Il serait donc impossible d'établir dans l'instruction cette égalité nécessaire au maintien des droits des hommes, et sans laquelle on ne pourrait même y employer légitimement, ni les revenus des propriétés nationales, ni une partie du produit des contributions politiques, si, en faisant parcourir aux femmes au moins les premiers degrés de l'instruction commune, on ne les mettain en état de surveiller celle de leurs enfants.

2° Parce que le défaut d'instruction des femmes introduirait dans les familles une inégalité contraire à leur bonheur.

D'ailleurs, on ne pourrait l'établir pour les hommes seuls, sans introduire une inégalité marquée, non seulement entre le mari et la femme, mais entre le frère et la sœur, et même entre le fils et la mère. Or, rien ne serait plus contraire à la pureté et au bonheur des mœurs domestiques. L'égalité est partout, mais surtout dans les familles, le premier élément de la félicité, de la paix et des vertus. Quelle autorité pourrait avoir la tendresse maternelle, si l'ignorance dévouait les mères à devenir pour leurs enfants un objet de ridicule ou de mépris ?

On dira peut-être que j'exagère ce danger ; que l'on donne actuellement aux jeunes gens des connaissances que non seulement leurs mères, mais leurs pères mêmes ne partagent point, sans que cependant on puisse être frappé des inconvénients qui en résultent. Mais il faut observer d'abord que la plupart de ces connaissances, regardées comme inutiles par les parents, et souvent par les enfants eux-mêmes, ne donnent à ceux-ci aucune supériorité à leurs propres yeux ; et ce sont des connaissances réellement utiles qu'il est aujourd'hui question de leur enseigner.

D'ailleurs, il s'agit d'une éducation générale, et les inconvénients de cette supériorité y seraient bien plus frappants que dans une éducation réservée à des classes où la politesse des mœurs et l'avantage que donne aux parents la jouissance de leur fortune, empêchent les enfants de tirer trop de vanité de leur science naissante. Ceux, d'ailleurs, qui ont pu observer des jeunes gens de familles pauvres, auxquels le hasard a procuré une éducation cultivée, sentiront aisément combien cette crainte est peu fondée.

3° Parce que c'est un moyen de faire conserver aux hommes les connaissances qu'ils ont acquises dans leur jeunesse.

J'ajouterai encore que les hommes qui auront profité de l'instruction publique en conserveront bien plus aisément les avantages, s'ils trouvent dans leurs femmes une instruction à peu près égale ; s'ils peuvent faire avec elles les lectures qui doivent entretenir leurs connaissances ; si, dans l'intervalle qui sépare leur enfance de leur établissement, l'instruction qui leur est préparée pour cette époque n'est point étrangère aux personnes vers lesquelles un penchant naturel les entraîne.

4° Parce que les femmes ont le même droit que les hommes à l'instruction publique.

Enfin, les femmes ont les mêmes droits que les hommes, elles ont donc celui d'obtenir les mêmes facilités pour acquérir les lumières qui seules, peuvent leur donner les moyens d'exercer réellement ces droits avec une même indépendance et dans une égale étendue.

L'instruction doit être donnée en commun, et les femmes ne doivent pas être exclues de l'enseignement.

Puisque l'instruction doit être généralement la même, l'enseignement doit être commun, et

confié à un même maître qui puisse être choisi
indifféremment dans l'un ou l'autre sexe.

Elles en ont été chargées quelquefois en Italie
et avec succès. Plusieurs femmes ont occupé
des chaires dans les plus célèbres universités
d'Italie, et ont rempli avec gloire les fonctions
de professeurs dans les sciences les plus élevées,
sans qu'il en soit résulté ni le moindre inconvénient, ni la moindre réclamation, ni même
aucune plaisanterie dans un pays que cependant
on ne peut guère regarder comme exempt de préjugés, et où il ne règne ni simplicité, ni pureté
dans les mœurs.

Nécessité de cette réunion pour la facilité et
l'économie de l'instruction.

La réunion des enfants des deux sexes, dans
une même école, est presque nécessaire pour la
première éducation ; il serait difficile d'en établir
deux dans chaque village, et de trouver, surtout
dans les premiers temps, assez de maîtres, si on
se bornait à les choisir dans un seul sexe.

Elle est utile aux mœurs, loin de leur être dangereuse.

D'ailleurs, cette réunion, toujours en public, et
sous les yeux des maîtres, loin d'avoir du danger
pour les mœurs, serait bien plutôt un préserva-
tif contre ces diverses espèces de corruption dont
la séparation des sexes, vers la fin de l'enfance,
ou dans les premières années de la jeunesse est
la principale cause. A cet âge les sens égarent
l'imagination, et trop souvent l'égarent sans
retour, si une douce espérance ne la fixe pas sur

des objets plus légitimes. Ces habitudes, avilissantes ou dangereuses, sont presque toujours les erreurs d'une jeunesse trompée dans ses désirs, condamnée à la corruption par l'ennui, et éteignant dans de faux plaisirs une sensibilité qui tourmente sa triste et solitaire servitude.

On ne doit pas établir une séparation qui ne serait réelle que pour les classes riches.

Ce n'est pas, sous une constitution égale et libre, qu'il serait permis d'établir une séparation purement illusoire pour la grande pluralité des familles. Or, jamais elle ne peut être réelle hors des écoles, ni pour l'habitant des campagnes, ni pour la partie peu riche des citoyens des villes : ainsi, la réunion, dans les écoles, ne ferait que diminuer les inconvénients de celle que, pour ces classes, on ne peut éviter, dans les actions ordinaires de la vie, où elle n'est cependant ni exposée aux regards de témoins du même âge, ni soumise à la vigilance d'un maître. Rousseau qui attachait à la pureté des mœurs une importance peut-être exagérée, voulait, pour l'intérêt même de cette pureté, que les deux sexes se mêlassent dans leurs divertissements. Y aurait-il plus de danger à les réunir pour des occupations plus sérieuses?

La séparation des sexes a pour principale cause, l'avarice et l'orgueil.

Qu'on ne s'y trompe pas; ce n'est point à la sévérité de la morale religieuse, à cette ruse inventée par la politique sacerdotale pour dominer

les esprits; ce n'est point à cette sévérité seule,
qu'il faut attribuer ces idées d'une séparation
rigoureuse : l'orgueil et l'avarice y ont au moins
autant de part; et c'est à ces vices que l'hypocrisie des moralistes a voulu rendre un hommage
intéressé. C'est, d'un côté, à la crainte des alliances
inégales, et de l'autre, à celle du refus de consacrer les liaisons fondées sur des rapports personnels, que l'on doit la généralité de ces opinions
austères. Il faut donc, loin de les favoriser, chercher à les combattre dans les pays où l'on veut
que la législation ne fasse que suivre la nature,
obéir à la raison et se conformer à la justice. Dans
les institutions d'une nation libre, tout doit tendre
à l'égalité, non seulement parce qu'elle est aussi
un droit des hommes, mais parce que le maintien
de l'ordre et de la paix l'ordonne impérieusement.
Une constitution qui établit l'égalité politique ne
sera jamais ni durable, ni paisible, si on la mêle
avec des institutions qui maintiennent des préjugés favorables à l'inégalité.

Il serait dangereux de conserver l'esprit d'inégalité dans les femmes, ce qui empêcherait de le
détruire dans les hommes.

Le danger serait beaucoup plus grand si, tandis qu'une éducation commune accoutumerait les
enfants d'un sexe à se regarder comme égaux,
l'impossibilité d'en établir une semblable pour
ceux de l'autre les abandonnait à une éducation
solitaire et domestique ; l'esprit d'inégalité qui se
conserverait alors dans un sexe s'étendrait bien-

tôt sur tous deux, et il en résulterait ce que nous avons vu arriver jusqu'ici de l'égalité qu'on trouve dans nos collèges, et qui disparaît pour jamais au moment même où l'écolier croit devenir un homme.

La réunion des deux sexes dans les mêmes écoles est favorable à l'émulation, et en fait naître une qui a pour principe des sentiments de bienveillance, et non des sentiments personnels comme l'émulation des collèges.

Quelques personnes pourraient craindre que l'instruction nécessairement prolongée au delà de l'enfance ne soit écoulée avec trop de distraction par des êtres occupés d'intérêts plus vifs et plus touchants : mais cette crainte est peu fondée. Si ces distractions sont un mal, il sera plus que compensé par l'émulation qu'inspirera le désir de mériter l'estime de la personne aimée, ou d'obtenir celle de sa famille. Une telle émulation serait plus généralement utile que celle qui a pour principe l'amour de la gloire ou plutôt l'orgueil ; car le véritable amour de la gloire n'est ni une passion d'enfant ni un sentiment fait pour devenir général dans l'espèce humaine. Vouloir l'inspirer aux hommes médiocres (et des hommes médiocres peuvent cependant obtenir les premiers prix dans leurs classes), c'est les condamner à l'envie. Ce dernier genre d'émulation, en excitant les passions haineuses, en inspirant à des enfants le sentiment ridicule d'une importance personnelle, produit plus de mal qu'il ne peut faire de bien en augmentant l'activité des esprits.

La vie humaine n'est point une lutte où des rivaux se disputent des prix; c'est un voyage que des frères font en commun, et où chacun employant ses forces pour le bien de tous, en est récompensé par les douceurs d'une bienveillance réciproque, par la jouissance attachée au sentiment d'avoir mérité la reconnaissance ou l'estime. Une émulation qui aurait pour principe le désir d'être aimé, ou celui d'être considéré pour des qualités absolues et non pour sa supériorité sur autrui, pourrait devenir aussi très puissante; elle aurait l'avantage de développer et fortifier les sentiments dont il est utile de faire prendre l'habitude; tandis que ces couronnes de nos collèges, sous lesquelles un écolier se croit déjà un grand homme, ne font naître qu'une vanité puérile dont une sage instruction devrait chercher à nous préserver, si malheureusement le germe en était dans la nature, et non dans nos maladroites institutions. L'habitude de vouloir être le premier est un ridicule ou un malheur pour celui à qui on l'a fait contracter, et une véritable calamité pour ceux que le sort condamne à vivre auprès de lui. Celle du besoin de mériter l'estime conduit, au contraire, à cette paix intérieure qui seule rend le bonheur possible et la vertu facile.

RAPPORT DE LANTHENAS [1]

La Convention nationale a montré le plus vif empressement pour organiser l'instruction publique, cette première dette de l'État envers tous les citoyens.

Le comité chargé de cette partie n'a pas voulu différer plus longtemps de répondre à une aussi juste impatience. Il a senti combien l'instruction du peuple importait, dans ce moment, à la République; et c'est l'organisation des *écoles primaires* qu'il vous propose, avant tout, de décréter.

Les autres branches de l'instruction publique se développeront après. Votre comité prend pour base du travail qu'il vous présentera incessamment, le plan offert à l'Assemblée législative, au nom de son Comité d'instruction publique. Il croit que l'importance des divers degrés d'enseignement parfaitement développée dans le rapport de ce plan vous est suffisamment connue.

(1) Rapport et projet de décret sur l'organisation des écoles primaires présentés à la Convention nationale, au nom du comité d'instruction publique par F. Lanthenas député à la Convention nationale, le 18 décembre 1792.

17

L'organisation des écoles primaires, partie principale et essentielle de l'instruction publique, et qui peut en être regardée comme la base, serait défectueuse et même bientôt nulle dans ses effets, si celle des autres degrés ne la suivait immédiatement. Ces autres degrés sont très essentiels, par l'influence directe ou indirecte qu'ils doivent avoir sur tout ce qui tient à la prospérité publique, et ils seront cependant beaucoup moins dispendieux que le premier. Car celui-ci embrassera toute l'étendue du territoire de la République ; il pénétrera dans la masse entière du peuple par des ramifications qui porteront l'instruction à toutes les parties du corps politique ; et il offrira de l'emploi à une multitude de citoyens instruits, qui brûlent du désir d'être utiles. Les autres degrés, au contraire, seront plus circonscrits, en proportion de leurs rapports avec des connaissances et des études plus relevées. Cependant ces connaissances seront accessibles, dans tous leurs degrés, même au citoyen peu fortuné, qui, riche du don de l'intelligence et animé d'un grand zèle, méritera le titre honorable d'élève de la patrie.

L'institution sacrée de ces élèves et des degrés supérieurs d'enseignement, pouvant seule produire au grand jour le génie que l'indigence aurait contraint ou étouffé, vous paraîtra sans doute d'une nécessité indispensable, pour accorder à l'égalité de droit des citoyens tout ce que vous lui devez, et afin de développer au profit de la République toutes les semences de talent

que la nature jette indistinctement dans les
familles, sans égard pour leur opulence ou leur
pauvreté.

Les degrés supérieurs de l'instruction publique
serviront d'ailleurs d'une autre manière encore,
à répandre l'instruction généralement sur tous
les citoyens, à mettre à leur portée ce qu'il est
possible d'en retirer d'utile, et à rectifier ainsi,
autant qu'il est possible, l'inégalité qui résulte
de la différence des esprits en donnant à tous les
plus grandes facilités pour s'instruire.

Ces degrés serviront, en effet, à enseigner les
élèves de toutes les classes de citoyens, qui pourront très facilement fréquenter leurs écoles ; et
en outre, ils seront comme autant de foyers, du
sein desquels se répandront autour d'eux les plus
vives lumières. Les études et les méditations de
tous les instituteurs salariés par le trésor public,
tourneront immédiatement, et le plus tôt possible, à l'utilité des citoyens. Chacun de ces instituteurs, selon son génie, s'efforcera, par des
lectures publiques, de rendre pratiques les connaissances de la partie qu'il sera chargé d'enseigner, et de les unir journellement à tout ce qui
sera d'un grand intérêt. Le peuple français alors
s'éclairera de toutes les lumières accumulées par
l'expérience des siècles ; les esprits acquerront
plus de rectitude, les cœurs seront rappelés à
des goûts plus sains : l'humanité, si longtemps
consternée sous le poids des chaînes de l'ignorance, renaîtra, pour ainsi dire, et la philosophie
répandra sans obstacle ses inépuisables trésors.

L'établissement des écoles primaires, dont il s'agit aujourd'hui, offre ces deux points de vue distincts, dont chacun a son utilité spéciale. Dès l'âge de six ans, les enfants des deux sexes y viendront puiser des connaissances très simples, sans doute, mais dont l'ensemble suffira néanmoins pour soustraire la classe laborieuse à la dépendance où son ignorance l'a jusqu'à présent retenue, en facilitant à chaque citoyen l'exercice de ses devoirs et la jouissance de ses droits. Tout individu pourra suivre ensuite directement, s'il veut, dans les écoles des degrés supérieurs, une plus ample instruction ; ou bien, s'il se voue dès lors à des travaux, à des occupations avec lesquelles des études prolongées ne sauraient s'accorder, il entretiendra facilement les connaissances qu'il aura acquises, en assistant avec ses parents aux lectures publiques que seront chargés de faire les instituteurs des écoles primaires. Ces lectures seront choisies de manière à faire servir de véhicule pour la morale, pour les connaissances simples et utiles, l'empressement civique que l'on aura à connaître tout ce que chaque jour doit amener d'intéressant et de nouveau dans la République.

Ainsi ceux qui auront été élevés dans les écoles primaires, ne pourront jamais oublier ce qu'ils auront appris ; et les personnes d'un âge fait, qui ne peuvent cueillir elles-mêmes tous les fruits de la liberté, mais qui ont au moins le bonheur de les voir mûrir pour la génération qui nous succède, s'éclaireront aussi sur les objets qu'il leur importera le plus de savoir et de connaître. Toute personne sera mise à portée de cette instruction véritable , pain salutaire de l'âme, sans lequel nos esprits affaiblis tombent dans une espèce de dégradation, cause. hélas ! trop naturelle de toutes les superstitions qui déshonorent et pervertissent la nature humaine.

Le premier degré d'instruction que vous organiserez, sera donc approprié aux besoins du plus grand nombre ; il donnera aux enfants le premier enseignement nécessaire pour les mettre à même de porter plus loin leurs connaissances, en suivant de plus hauts degrés : et aux citoyens livrés à des occupations industrielles, il offrira, chaque semaine, une instruction qui, en amusant leur esprit, délassera leur corps de ses travaux ordinaires ; enfin il invitera, par l'attrait même de la curiosité et du plaisir, généralement tous les citoyens à se réunir paisiblement, à fraterniser ensemble et à s'instruire en commun.

Le plan d'organisation de ce degré que nous vous présentons est divisé en plusieurs titres.

Le premier renferme, outre les dispositions qui regardent les lectures publiques dont vous sentez toute l'importance, ce qui est propre à l'enseignement de la jeunesse des deux sexes. Son instruction est partagée en quatre divisions, qui lui feront parcourir ces prémices des connaissances, qui sont indispensables à tous les citoyens et que personne ne doit ignorer.

Ces divisions pourront occuper quatre années pour les enfants d'une intelligence commune ;

avec plus de travail ou de talent, on les franchira plus vite ; avec moins de moyens, on y mettra si l'on veut, plus de temps. Les instituteurs, ainsi que les institutrices, se feront aider par les sujets dont l'intelligence aura fait les progrés les plus rapides : et ils pourront ainsi, très facilement, dans les mêmes séances, donner à quatre classes d'élèves tous les soins nécessaires à leurs progrès. En même temps les efforts que feront les plus habiles, pour enseigner ce qu'ils savent à leurs camarades et le leur inculquer, les instruiront eux-mêmes, beaucoup mieux que les leçons de leur maître.

Tous retireront de cette méthode bien plus de profit, que des moyens employés autrefois pour exciter l'émulation de la jeuneese en l'animant par l'orgueil, ou de basses jalousies. Les châtiments d'esclaves, qui ont déshonoré nos anciennes écoles et n'en ont pas été le moindre vice, disparaîtront. La jeunesse sera traitée avec le respect dû à son innocence ; l'on obtiendra tout d'elle en intéressant son cœur : et sa fierté naturelle, si intéressante à conserver intacte pour la liberté, lui restera sans flétrissure.

Les sentiments qui nous ont émus, même dans notre plus tendre enfance, ont plus d'influence qu'on ne le croit d'abord, sur ceux qui nous animent le reste de la vie. C'est en plaçant la jeunesse de manière à ce qu'elle sente et agisse, comme il est désirable qu'elle agisse et sente un jour dans la vie sociale, qu'on parviendra à écarter d'elle les défauts et les vices qui font son malheur, et à former de véritables citoyens, ainsi que des femmes dignes de devenir leurs compagnes.

Les nouvelles écoles ne différeront pas moins des anciennes par les méthodes d'enseigner. Celles que l'on y suivra, procèderont toujours par l'analyse des idées, l'expérience des choses et la pratique des principes. Les enfants seront ainsi préservés des notions fausses qu'ils sont exposés à recevoir avec les mots, ou de cette nullité d'idées dans laquelle ils restent souvent après avoir appris à parler. Leur mémoire ne sera plus exercée que par la connaissance des choses et leurs justes rapports, dont on s'empressera de meubler leur tendre cerveau. Les nombres, les mesures, les objets d'art et l'histoire naturelle, qui nous entourent, l'écriture, le dessin du trait seront les objets journaliers de leurs exercices. Les sentiments de leur cœur seront dirigés par des lectures appropriées à leur âge, et par les applications pratiques et journalières des principes que ces lectures développeront. Leur attachement à leurs parents, leur amour pour la patrie et ses lois, leur bienfaisance même envers les animaux, leur sensibilité aux charmes de la nature et aux dons des arts, seront ainsi soigneusement cultivés. La Constitution politique leur sera rendue familière ; ils connaîtront les divers engagements qu'on peut prendre dans la vie et la manière légale de les contracter ; enfin, ils seront à même, au sortir de ces écoles, de s'entretenir dans les connaissances qu'ils y auront puisées,

ou d'en accroître le développement en suivant les degrés supérieurs de l'instruction publique.

On ne saurait apprécier aujourd'hui les progrès
qu'on peut obtenir du premier âge, par un ensei-
gement où tout sera analysé et réduit en pratique.
Si l'on a vu des muets de naissance instruits par
cette méthode, offrir une espèce de merveille par
les connaissances qu'ils ont acquises, ainsi que
par la justesse et la promptitude de leur esprit ;
que ne peut-on pas attendre des mêmes moyens,
s'ils sont généralement employés par les instituteurs? Sans doute la philosophie qui assigne à
chaque effet sa cause, peut seule faire trouver la
méthode la plus convenable à l'instruction de
chaque individu : la carrière de l'enseignement
public ouvre aujourd'hui, sous ce rapport, le
champ le plus fécond aux tentatives, aux expériences, aux observations de tous ceux qui voudront s'y livrer ; c'est au génie, au talent, à
l'application la plus soutenue, d'y moissonner.
Cependant de bons livres élémentaires pour les
écoles, et des instructions sages pour les instituteurs, aideront infiniment les hommes même les
plus habiles. Aussi votre comité s'est-il attentivement occupé de ces deux objets importants : il
vous proposera, sous peu de jours, un projet de
décret pour la confection des meilleurs livres
élémentaires ainsi que des instructions qu'ils
croient nécessaires pour diriger l'organisation
des écoles primaires et les premiers pas de leurs
instituteurs.

Le titre second a pour objet la distribution des écoles primaires dans la république.

Votre comité a recherché soigneusement les moyens d'étendre, avec la plus parfaite égalité, le bienfait des écoles primaires sur tout le territoire français.

La population et la distance à laquelle un enfant peut se rendre à l'école, estimée à 1,000 toises au plus, ont servi de base à cette partie du plan. D'après ces deux principes et les règles qui en découlent, rédigées en forme d'articles, il sera facile de déterminer le nombre des écoles primaires qu'il devra y avoir dans les lieux très peuplés, et de fixer les arrondissements dans lesquels on devra en établir pour les pays qui le seraient moins, et dont les habitations se trouveraient éparses, éloignées les unes des autres.

Lorsque les écoles primaires seront ainsi établies, elles offriront l'avantage de pouvoir faire connaître la population d'une manière très exacte. Les départements et les districts sont déjà presque tous pourvus de renseignements utiles pour ce qui regarde celle de leur territoire.

Cette base de l'organisation des écoles primaires n'éprouvera donc aucune difficulté ; elle est indépendante de toute division du territoire de la République, et elle ne peut, par conséquent, contrarier ce que la Constitution déterminera sur ce sujet.

D'après cette base, il eût fallu augmenter le nombre des écoles dans les villes, à raison du nombre de leurs habitants ; mais, bien différentes

17.

des heureuses campagnes, plus les villes sont peuplées, moins elles comptent d'enfants, proportionnellement au nombre des individus qu'elles renferment. Il a donc paru nécessaire de diminuer en même temps le nombre des écoles, pour les grandes villes, dans cette même proportion. On sait, en effet, que plus elles sont populeuses et plus il s'y trouve de personnes attirées par divers intérêts, qui n'y restent que temporairement, qui y vivent loin de leur famille ou tristes célibataires. C'est, d'ailleurs, dans ces villes que l'opulence fournit à un plus grand nombre de parents le moyen de donner à leurs enfants des instructions particulières. Ces considérations vous feront sans doute approuver les déterminations que votre comité vous propose.

Le titre troisième vous offre quelques dispositions pour les pays où la langue française n'est pas d'un usage familier au peuple.

Votre comité a senti qu'il fallait, par les dispositions du premier enseignement public, avancer l'époque où l'unité de la République en aura tellement fondé toutes les parties, qu'une seule et même langue, riche de mille chefs-d'œuvre familiers à tous les citoyens. les liera ensemble pour toujours, de la manière la plus indissoluble. Il faut que les intérêts de la République soient maintenant connus de tous ses membres ; et ils ne peuvent l'être comme il convient, qu'en rendant la langue nationale parfaitement familière à tous. D'ailleurs, le moyen de répandre les principes de notre liberté est d'augmenter l'ascendant de notre industrie, c'est de mettre à même les Français de nos frontières, de parler avec une égale facilité la langue qui les lie à nos voisins et celle qui doit nécessairement les unir davantage avec leurs frères. Ainsi l'on a cru que dans la Corse il fallait que la langue française fût parlée par tout le monde, et qu'il en fût de même dans les pays où l'on ne connaît aujourd'hui que le basque et le bas-breton ; le même motif a porté votre comité à considérer d'une manière particulière les écoles où l'allemand sera parlé, parce que cette langue, par l'étendue du pays où elle est en usage, ainsi que par celle du territoire français où elle domine, lui a paru mériter plus d'attention. Mais partout où les communications sont gênées par des idiomes particuliers, qui n'ont aucune espèce d'illustration, et ne sont qu'un reste de barbarie des siècles passés, on s'empressera de prendre tous les moyens nécessaires pour les faire disparaître le plus tôt possible.

Le titre quatrième est consacré au traitement des instituteurs et des institutrices des écoles primaires et aux bâtiments pour ces écoles.

Vous avez à juger si votre comité a pris ici la mesure qui se concilie avec l'économie nécessaire des deniers publics, les besoins des instituteurs et ce que vous devez faire pour eux, afin de les élever à la hauteur de leurs fonctions. C'est des instituteurs du peuple même, qui vous a envoyés, qu'il s'agit ; ce sont ceux qui doivent former ses enfants à la vertu, à l'amour de la patrie et de la liberté que vous avez à doter. Le comité a pensé que sans leur donner du superflu, on ne pouvait trop assurer leur indépendance. Les premières écoles ont été trop négligées, trop avilies, avant la Révolution, pour que rien de ce qui existait, puisse ici diriger vos opinions. Ce qu'on appelait des maîtres d'école était couvert de ridicule et de mépris. Voués à n'enseigner que la classe la plus indigente des citoyens et sans secours de la part d'un gouvernement ennemi du peuple, ainsi que de tout ce qui pouvait l'éclairer, ils ont été tenus partout, dans un état d'abjection où vous ne pouvez laisser tomber les instituteurs qui les remplacent. Aussi votre comité a-t-il cru qu'il faudrait les mettre à même de se détacher de tous les emplois subordonnés auxquels on les contraignait de servir, de se passer de toutes les rétributions volontaires, de s'abstenir même de toute fonction de culte, pour ceux qui seront ministres de quelque religion ; et cependant d'élever leur famille honnêtement, en se consacrant, sans distractions, au double enseignement dont ils seront chargés.

Votre comité a pensé ensuite qu'il fallait progressivement augmenter les appointements des instituteurs et des institutrices, en proportion de la population, base qui est regardée comme assez sûre, en général, pour apprécier la cherté des vivres : il vous propose, en outre, de donner à ceux qui seront tenus de parler deux langues, et de les enseigner, un supplément convenable pour que cet objet important soit bien rempli.

Il a laissé les bâtiments des écoles primaires,

et les logements des instituteurs et des institutrices, à fournir par les communes. Il a cru,
malgré les moyens bornés de la plupart, qu'elles
s'empresseraient d'offrir tout ce qui est nécessaire,
et qui dépendra d'elles, pour honorer comme
pour faciliter une institution, dont elles retireront
les premiers fruits.

Le titre cinquième fixe provisoirement un mode
de nomination des instituteurs et des institutrices : il établit dans chaque département une
commission d'hommes instruits, pour donner à
cette nouvelle organisation le mouvement dont
elle a besoin : enfin il donne le mode d'installation des instituteurs dans leurs écoles.

Quand vous aurez décrété les autres degrés
d'instruction, votre comité se propose de vous
présenter un mode général d'élire pour toutes
les places vacantes des différents degrés. Mais,
en attendant, le mode qui lui a paru le plus convenable pour ces premières élections c'est de
préparer le choix des pères de famille de chaque
arrondissement, à qui elles sont laissées, par la
désignation des personnes les plus capables, que
feront quelques hommes instruits, adjoints aux
départements. Ces personnes adjointes aux départements les aideront encore pour la fixation
des arrondissements des écoles et généralement
pour lever toutes les difficultés qui pourraient
entraver une organisation qu'il est du plus grand
intérêt de faire marcher avec toute la célérité
possible.

Le mode d'installation des instituteurs et des

institutrices n'a pas paru à votre comité, ni moins
nécessaire à établir, ni moins intéressant ; il vous
propose à cet égard ce qu'il a trouvé de plus
simple, de plus convenable et de plus propre en
même temps à donner à l'enseignement de la
solennité et à ceux qui s'y dévoueront, un caractère respectable, afin que des fonctions, si utiles
en elles-mêmes, et si importantes pour la patrie,
soient désormais recherchées par les meilleurs
citoyens, comme par les hommes les plus capables
de les bien remplir (1).

(1) Le projet déposé, au nom du Comité, par Lanthenas et em-
brassant tous les degrés de l'instruction, fut d'abord combattu
par Rabaut Saint-Etienne, Durand-Maillonne, Masuyer et Jacob
Dupont. La Convention ayant décidé que l'on mettrait en discussion le projet général du comité. les orateurs qui prirent
la parole furent Ducos de la Gironde, et J.-B. Leclerc député de
Maine-et-Loire et Lequinio. Cette discussion interrompue par
Marat fut reprise deux jours après et le 20 décembre un nouveau
rapport fut lu par le député Romme.

RAPPORT DE ROMME

DÉPUTÉ DU PUY-DE-DOME (1).

Ce rapport présente deux parties; dans la première nous examinons ces deux questions :
Qu'était l'instruction publique en France?
Que doit-elle être?
La réponse formera le développement des motifs et des principes du plan général que le comité soumettra successivement à la délibération de la Convention nationale.
Nous examinons dans la seconde partie les questions suivantes :
1° La nation doit-elle embrasser tous les degrés

---

(1) Rapport sur l'instruction publique considérée dans son ensemble, suivi d'un projet de décret sur les principales bases du plan général présenté à la Convention nationale, au nom du comité d'instruction publique par G. Romme, député du département du Puy-de-Dome, le 1er décembre 1792, Romme a fait le 20 octobre 1793 ou 29 vendémiaire an II un autre rapport suivi d'un projet de décret sur les écoles nationales, à la suite d'une pétition présentée à la Convention le 15 septembre précédent par les autorités constituées du département de Paris et des districts ruraux, accompagnées de députations de la Commune et des sociétés populaires.

dans ses institutions de l'instruction publique?

2º L'enseignement sera-t-il aux frais de la République dans tous les degrés de l'instruction publique?

3º Sous quels rapports l'instruction publique doit-elle être mise sous la dépendance des corps administratifs?

PREMIÈRE PARTIE

PREMIÈRE QUESTION

Qu'était l'instruction publique en France?

Un sentiment confus du besoin de l'instruction avait déterminé la bienfaisance religieuse de nos pères à fonder un grand nombre d'écoles, de collèges et d'universités.

Le caractère des personnes à qui on confiait l'enseignement public. et qui vivaient en corporations religieuses, la nature des objets enseignés, le régime intérieur de ces établissements tout était calculé pour rendre hommage à la piété des fondateurs, et propager l'esprit et les erreurs du temps.

Un respect stupide pour ces institutions monacales a perpétué jusqu'à présent les vices et l'insuffisance d'un enseignement qui, depuis longtemps, contrastait d'une manière révoltante avec les progrès que les arts et la philosophie faisaient partout ailleurs.

Pendant que tout changeait, que tout s'améliorait dans la république des lettres, les collèges, ces écoles de l'erreur et des préjugés restaient immuables et comme en léthargie sous l'empire d'une routine superstitieuse et despotique.

Le droit, ce chaos ténébreux de coutumes et de lois écrites, dout les éléments se heurtent sans cesse, avait aussi ses écoles et ses maîtres; et cependant le droit était moins une science par son objet qu'il n'était devenu un art par les subtilités, qu'une cupidité astucieuse avait enfantées pour tourner à son profit ses obscurités mêmes et ses contradictions.

Ce ramas informe des erreurs et de la sagesse de plusieurs siècles ne s'est soutenu jusqu'à présent que par son immensité même, par la difficulté et la longueur du travail à faire pour le remplacer en conservant ce qu'il renferme de bon, mais surtout parce que le despotisme avait besoin d'occuper les Français de querelles, de guerres de palais, de les entourer d'abus et d'injustices pour qu'ils n'ouvrissent pas les yeux sur lui-même.

La médecine, grande, sublime dans son objet, imposante par les relations nombreuses qui l'attachent à presque toutes les branches des connaissances humaines, mais souvent malheureuse dans sa pratique, est vaine, fastidieuse, et presque nulle dans son enseignement; elle est mal distribuée dans ses parties, trop facile dans les pouvoirs qu'elle communique, injustement inégale et souvent vénale dans ses épreuves, maladroitement mystérieuse dans ses formules hiéroglyphiques, et dans son langage barbare même lorsqu'il est français.

La théologie a aussi ses écoles, ses fondations et ses bourses : mais imitant l'artiste ingénieux, qui représenta la foi sous la figure d'une femme voilée, nous nous garderons de toucher au voile sacré qui couvre son enseignement, et nous n'en parlons ici que pour dire qu'il ne doit plus faire partie de l'instruction publique, ni être payé par l'État.

Tout l'enseignement des universités se renferme dans les quatre facultés des arts, de droit, de médecine et de théologie, dont nous venons de parler ; qui se regardent comme sœurs, ont le même costume, donnent les mêmes titres à leurs initiés, et parlent la même langue, sans cependant s'entendre entre elles, et sans être entendues du peuple, sans doute pour mieux lui voiler les moyens qui leur sont propres, mais qui leur échappent aujourd'hui, de prolonger son ignorance et ses querelles, ses maux et sa crédulité.

L'une d'elles qui fut toujours plus adroite et aussi plus puissante, est parvenue à faire chaque jour chanter et lire au peuple cette même langue qu'il n'entend pas ; c'est saintement lui faire chanter son ignorance et sa sottise.

La langue latine a été jusqu'à présent presque l'unique objet de l'enseignement des collèges. Cette étude eût été moins vaine, si elle eût con-

duit à se nourrir de bonne heure de la philosophie des anciens, de leur morale austère, de leur
goût dans les beaux-arts, et surtout de l'amour
énergique des Romains pour la liberté dans les
temps héroïques de la République; mais on fatigue
plus la jeunesse pour la maintenir dans une ignorance présomptueuse et crédule que pour lui faire
acquérir des vérités utiles.

On compte en France un grand nombre d'universités et de collèges, et comparativement aux
besoins des campagnes, fort peu de petites écoles
qui sont aussi nulles par les méthodes et par les
livres qu'on y emploie, qu'elles sont pénibles pour
les maîtres par l'état d'avilissement auquel un
orgueilleux préjugé les a condamnés jusqu'à
présent.

Pour favoriser l'ambition d'une classe d'hommes,
qui regardaient tous les postes honorables de l'État
comme leur patrimoine, le gouvernement, sous
les derniers règnes, a institué plusieurs écoles
militaires, où l'instruction, moins barbare que
celle des collèges, était une nouvelle insulte faite
au peuple.

Pendant qu'on laissait dans leur pédantesque
nullité les collèges et les écoles des communes,
on versait sur les maisons consacrées à la noblesse les trésors d'un homme opulent, dont la
générosité ne fut qu'un acte d'orgueil; c'eût été un
grand bienfait, s'il l'eût appliqué à l'instruction
des campagnes; mais on en eût moins parlé.

Encore à présent, ces maisons sont des objets
de scandale pour les amis de l'égalité par les ten-

tatives que n'ont cessé de faire les ci-devant
nobles, et les succès qu'ils ont souvent obtenus
d'un ministère perfide, pour y placer, de préférence, leurs enfants, contre le vœu de la loi.

La marine, le génie, l'artillerie, les ponts et
chaussées, et les mines, ont eu, jusqu'à présent,
leur enseignement séparé, quoiqu'ils aient plusieurs parties communes par lesquelles il serait
utile de les lier à un système général.

Il existe aussi quelques chaires isolées, tant
pour quelques branches des sciences exactes et
naturelles, que pour les arts et les langues.

Un établissement mérite de fixer l'attention
publique par son organisation qui s'est successivement perfectionnée sous François Ier, Henri IV
et Louis XV; par la diversité, l'importance et
l'utilité des leçons qu'on y donne, et par son régime qui lui a permis d'être toujours au niveau
des lumières publiques; c'est le collège de France,
trop peu suivi, et qu'il faudrait conserver, s'il
n'était pas plus utile de tout refondre dans un
système général d'instruction publique, qui ne
peut que gagner à le prendre pour modèle,
comme il a été celui des universités de Suisse,
d'Allemagne, de Hollande et d'Angleterre.

Les sciences, les lettres et les arts ont aussi des
institutions pour leur perfectionnement. Un
grand nombre de corps académiques s'y consacrent, quelques-uns avec un succès qui leur
marque une place distinguée dans l'histoire des
lettres; mais isolés et trop resserrés dans leur
sphère, ils ne peuvent ni s'aider, ni correspondre

entre eux ; il en est résulté que chacun a eu ses traditions, sa doctrine et ses préjugés. La naissance osait, dans quelques académies, prendre la place du talent ; la jalousie arrêta souvent les progrès de la vérité, et enfanta de honteuses querelles, assez ordinaires aux petites corporations. Les nominations ont été presque toujours un aliment pour l'intrigue, et un sujet de scandale, en mettant aux prises la bassesse et l'audace avec le mérite, et la faveur avec la justice.

Des réclamations se sont souvent élevées contre leurs jugements, contre le mauvais accueil qu'elles ont fait à des découvertes utiles, et aussi contre leur négligence à faire jouir le public des inventions et des ouvrages faits ou déposés dans leur sein.

L'existence de ces corps privilégiés blesse tous nos principes républicains, attaque l'égalité et la liberté de penser et nuit aux progrès des arts.

Mais si leur organisation est vicieuse, les éléments en sont bons, et nous serviront utilement dans l'organisation nouvelle de l'instruction publique que vous allez décréter.

Des collections précieuses d'instruments de physique et d'astronomie, de modèles, de métiers, de plans, et de cartes, sont dispersées sans ordre dans plusieurs endroits ; elles sont en général peu soignées, peu fréquentées, et presque perdues pour l'utilité publique.

Des bibliothèques nombreuses, où la raison et la sottise, la philosophie et le préjugé, la vérité et le mensonge, reposent confondus, attendent

que des hommes laborieux et instruits débrouillent
le chaos où elles se trouvent et séparent le bon,
le nécessaire, du mauvais et du superflu. Leur
mauvaise répartition sur le sol de la France, et
leur mauvais régime, les ont rendus souvent inutiles, et ont dérobé à la France la connaissance
des ouvrages précieux qu'elles renferment.

Les récompenses n'ont été très souvent dans
les mains de nos despotes que des moyens d'avilir le mérite, de flétrir la vertu, de dégrader
l'homme et de l'asservir; car très souvent elles
étaient prodiguées au vice, à la bassesse et à
l'ignorance. Ce n'est que depuis la régénération
de la France que les arts commencent à être en-
couragés, et la vertu à être honorée d'une manière qui leur convienne.

Il fallait nous ramener à l'égalité des droits
pour nous apprendre à reconnaître et récompenser la supériorité des talents, et le mérite des
grandes actions.

Les privilèges que la Révolution a poursuivis
dans toutes les branches de l'ancienne administration, ont su cependant ressusciter, dans la nouvelle, sous le titre de brevets d'invention. Cette
institution est une violation de l'égalité, une entrave aux progrès de l'industrie, sans être un
moyen sûr d'indemnité pour l'inventeur.

Depuis longtemps des écrivains philosophes ont
dévoilé les vices de toutes les institutions incohé-
rentes, incomplètes et surannées, dont nous venons de présenter le tableau.

Aujourd'hui un cri général s'élève contre elles;

en renversant la domination du clergé, les représentants du peuple ont frappé de paralysie tous les collèges. On ne veut plus d'un enseignement qui étouffe le génie, en prolonge l'enfance plus qu'il ne la développe, et qui, après plusieurs années d'un travail pénible et durement exigé, ne laisse que le sentiment de son ignorance, ou une suffisance ridicule.

Aucune des anciennes institutions ne peut être conservée, leurs formes sont trop discordantes avec nos principes républicains, et trop éloignées de l'état actuel de nos connaissances.

SECONDE QUESTION

Que doit être l'instruction publique?

L'instruction publique doit embrasser dans son organisation tout ce qui peut aider à l'enseignement complet des sciences, des lettres et des arts. Prise dans son ensemble, elle doit être universelle; aucune connaissance ne doit être rejetée ou négligée; toutes sont utiles ou peuvent le devenir davantage. Source de lumières et de vertus, elle comprend et ce qui appartient à l'instruction proprement dite, et ce qui appartient à l'éducation.

L'instruction éclaire l'esprit, exerce toutes les facultés intellectuelles, étend le domaine de la pensée.

L'éducation développe le caractère, imprime à l'âme une impulsion salutaire, en règle les affec-

tions, dirige la volonté, fait passer dans la conduite et met en action les conceptions de l'esprit ;
et, conservatrice des mœurs, elle apprend à soumettre au tribunal de la conscience, les actions
et les pensées.

L'instruction recueille les fruits de l'expérience
et des méditations des hommes de tous les temps
et de tous les lieux.

L'éducation en fait un choix et en fortifie
l'homme physique et moral, suivant le degré de
perfectibilité et la position de chaque individu.

L'instruction, sans l'éducation, donne des talents et de l'orgueil, des moyens et de la jac-
tance ; et peut devenir pour l'homme qui n'a ni le
frein de la raison ni celui de l'exemple, l'instrument funeste de ses passions désordonnées.

L'éducation, sans l'instruction, ne peut former
que des habitudes et conduire à tous les préjugés ; bornée dans ses moyens, sa marche est incertaine et lente ; avec des intentions pures, elle
méconnaît le vrai, le juste, retient l'esprit dans
d'étroites limites, et emploie à faire triompher
l'erreur toutes les forces physiques et intellectuelles de l'individu qui, dans son égarement,
prend son ignorance même pour une vertu.

Les villes ont tous les vices d'une instruction
déréglée ; les campagnes, toutes les erreurs d'une
éducation superstitieuse et ignorante.

Pour purger le sol de la liberté, de cette fange
de corruption et de sottise, dans laquelle le despotisme plonge les hommes pour mieux les asservir, associons désormais l'instruction et l'édu-

cation : l'une sera le guide et l'autre le flambeau de la vie sociale.

C'est de l'indissolubilité de cette union, que nous désignerons désormais sous le nom d'instruction publique, que dépendront la généralité des mœurs, des progrès, des sciences, des lettres et des arts, et leur juste application à la prospérité publique. Une bonne instruction publique assurera à la société de bons fils, de bons époux et de bons pères ; à la liberté et à l'égalité, des amis ardents et des défenseurs fidèles ; au corps politique des fonctionnaires éclairés, courageux et dévoués à leurs devoirs. Elle apprendra au riche à faire un bon emploi de sa fortune et à établir son bonheur sur le bonheur d'autrui ; au pauvre, à dominer l'adversité par son travail et la pratique des vertus qui conviennent à une âme fière et élevée. Elle répandra dans les campagnes le sentiment de la dignité de l'homme, combattra les préjugés en leur substituant des vérités utiles, attaquera partout cette routine barbare qui engourdit toutes les facultés de l'homme. Elle apprendra qu'en observant, qu'en exerçant sans cesse sa raison, sans cesse on se perfectionne, on étend son industrie, on multiplie ses moyens de bonheur.

L'instruction publique éclairera l'opinion, aidera à la volonté générale, et par elle améliorera toutes les institutions sociales.

Elle doit répandre surtout cet amour sacré de la patrie qui vivifie, unit tout, pour tout embellir et tout fortifier, et assurer aux citoyens, par la concorde et la fraternité, tous les avantages d'une grande association.

La constitution donnera à la nation une existence politique et sociale, l'instruction publique lui donnera une existence morale et intellectuelle. Ainsi que le corps humain, le corps social aura l'organe de ses pensées, de ses conceptions, qui produira partout des ramifications vivifiantes, et l'organe de ses mouvements, de ses actions, qui portera partout la vie et le bonheur.

Représentons-nous les différentes professions et fonctions de la société, les plus nécessaires à nos besoins naturels et politiques, ordonnées dans un système général, selon le degré d'intelligence, la nature et le degré d'instruction qu'elles supposent.

L'art de l'instruction consiste à présenter toutes les connaissances humaines ordonnées dans un système général et correspondant, selon leur nature et leur développement graduel, qui doit s'étendre autant que les progrès de l'esprit humain.

C'est entre ces deux échelles de nos connaissances et de nos besoins, que tous les citoyens de tout âge et des deux sexes exerçant les forces qu'ils ont reçues de la nature, et avançant librement et graduellement, pourront, à chaque pas, acquérir, d'un côté, de nouvelles forces intellectuelles et physiques, pour les appliquer, de l'autre, à leur utilité propre ou à l'utilité publique.

Le degré où chacun s'arrêtera dans cette carrière, sera celui que la nature marqua elle-même dans ses facultés comme le terme de ses efforts. Tout autre obstacle serait un attentat au droit de tout citoyen, d'acquérir toutes les perfections dont il est susceptible.

L'enseignement général doit être gradué, distribué de manière qu'un citoyen d'une intelligence ordinaire, ait parcouru, à l'époque fixée par la loi, pour la majorité, une assez grande partie de l'échelle instructive pour pouvoir se suffire à lui-même dans la continuation de ses études, et pour commencer à servir utilement la société qui a pris soin de son enfance, en lui consacrant l'emploi de sa force, de ses talents et de ses vertus.

DIVISION DE L'INSTRUCTION PUBLIQUE

EN PLUSIEURS DEGRÉS

Dans l'ordre social l'ignorance et l'instruction, par la confiance que l'une inspire et que l'autre repousse, tendent à rendre illusoire ou réelle l'éligibilité aux fonctions publiques, qui est cependant dans les droits de tous les citoyens.

Pour que cette éligibilité fût réelle et la même pour tous, il faudrait que les moyens d'appeler la confiance publique fussent également accessibles à tous les citoyens, et le fussent au même degré.

Considérée comme le plus puissant de ces moyens, l'instruction strictement nécessaire pour toutes les fonctions qui font l'oblet de l'éligibilité, devrait donc être établie de manière à être à la portée de tous.

Mais sous ce rapport l'éligibilité, pour avoir toute sa plénitude, demanderait que chaque

citoyen pût être universel dans ses connais
sances, ce qui n'est pas possible soit parce que
tous les individus ne reçoivent pas de la nature les mêmes dispositions, et ne les reçoivent
pas au même degré, soit aussi parce que la différence des fortunes ne permet pas à tous, à des
positions égales, d'employer aux mêmes études
la même quantité de temps.

L'éligibilité ne peut donc être, pour aucun
individu, ni universelle, ni entière. Elle a pour
chacun les limites que la nature et les événements de la vie ont mises à son intelligence et à
sa fortune.

Il serait donc superflu de multiplier également
toutes les branches de l'instruction, puisque tous
ne peuvent pas également en profiter.

D'une autre part, il n'est pas absolument nécessaire à la société que tous les individus qui la
composent, soient également propres à tous les
emplois, car elle ne peut en occuper qu'un petit
nombre ; et alors, pour la presque totalité des
citoyens, cette universalité de connaissances
serait un luxe insensé, s'il n'était impossible.

L'instruction perdrait d'ailleurs en profondeur
ce que l'universalité gagnerait en étendue, et
pour vouloir être propre à tout, on courrait
risque de n'être propre a rien.

Ce serait un calcul politique important que
celui qui déterminerait, pour une fonction publique, le nombre de citoyens d'un mérite égal
qui serait nécessaire pour que toutes les places
de cette fonction fussent bien remplies et que le

renouvellement pût s'opérer aussi souvent que l'intérêt public le demanderait, sans éprouver de disette d'hommes et sans en laisser aucun dans l'oubli.

La solution de ce problème conduirait à la détermination du nombre d'élèves qu'il faudrait former dans les branches d'instruction, correspondantes ou analogues à la fonction, du nombre des professeurs, de celui des établissements et de leur placement, en introduisant pour ces dernières questions les autres éléments nécessaires.

Ces réflexions peuvent s'appliquer aux professions de la société, nécessaires à nos besoins ou à nos jouissances.

L'organisation de l'instruction publique serait alors calculée sur l'organisation politique, comme celle des arts d'industrie serait calculée sur l'étendue du sol, la population et les besoins des hommes.

En attendant la solution de ces problèmes, nous pourrons dire, sur la question qui nous occupe :

1o Que l'instruction publique doit être considérée, ou par rapport à la société, ou par rapport aux individus ;

2o Que sans ce double rapport elle est également utile et indispensable, mais il n'est pas nécessaire qu'elle soit également répandue dans toutes ses branches :

3o Que la partie des connaissances humaines, qu'exigent les besoins du corps politique, n'est nécessaire à tous que pour ce qui regarde les droits de tous, l'exercice de la souveraineté dans les assemblées primaires, la connaissance des lois qui concernent immédiatement l'un et l'autre, et des lois qui établissent les relations du citoyen avec les fonctionnaires publics, lorsqu'il a une réclamation à faire, des intérêts à poursuivre, une surveillance utile à exercer ;

4° L'instruction qu'exigent les différentes professions de la société doivent également être partagées en deux parties, celle qui peut n'être suivie que par quelques-uns, celle qui doit être connue de tous.

Quoique tous ne doivent pas connaître toutes les professions, chaque citoyen devrait en connaître au moins une. L'individu, riche ou pauvre, qui jouissant d'une bonne santé ne travaillerait pas ou pour une société entière ou pour une portion ou pour lui-même, serait un être méprisable qu'il faudrait rejeter de son sein, si on le pouvait, sans violer le droit des gens, ou imposer triplement si sa fortune pouvait payer son inutilité.

Ces principes incontestables ont conduit le comité à diviser l'instruction publique en quatre degrés sous les dénominations : 1° des écoles primaires ; 2° des écoles secondaires ; 3° des instituts ; 4° des lycées. Nous allons développer les motifs et l'objet de chaque degré.

1° *Des écoles primaires.*

Les écoles primaires seront ouvertes aux enfants qui auront atteint l'âge de six ans ; elles présenteront deux sortes d'instruction, l'une journalière l'autre hebdomadaire. Dans la première l'enfant apprendra ce qu'il doit indispensablement savoir pour ses propres besoins pour l'exercice de ses droits et la pratique de ses devoirs, pour n'être pas un être inutile à la société. Les facultés physiques et morales y recevront leur premier développement, le corps s'y formera au travail et l'âme à la pensée.

La jeunesse, en apprenant à lire et à écrire, recevra les premières notions grammaticales de notre langue. On lui enseignera les premières règles de l'arithmétique et des méthodes simples de mesurer et de toiser. On y joindra une description très élémentaire des productions les plus usuelles du pays, des procédés les plus faciles de l'agriculture et des arts.

Une fois par semaine, le jour où les travaux pénibles des champs ou des ateliers permettront quelques délassements, l'instituteur ouvrira une conférence où se rendront les citoyens de tout âge de l'un et l'autre sexe ; on y rappellera les objets principaux présentés dans les leçons journalières, en leur donnant un peu plus de développement en faveur de ceux dont l'intelligence serait plus formée ; on y expliquera les lois de la république, utiles à connaître pour le maintien de nos droits, et l'exercice des fonctions publiques les plus simples. L'agriculture et les arts, les découvertes nouvelles qui les concernent, les événements les plus importants pour la République, seront successivement présentés à l'attention et à la curiosité des citoyens. Encouragement pour la jeunesse, consolations et jouissances pour les pères de famille qui seront témoins des succès de leurs enfants, leçons de conduite pour la vie domestique, occupation douce et utile pour l'esprit pendant le délassement nécessaire du corps, développement de l'esprit public, fraternisation entre tous les citoyens ; voilà les fruits que nous devons attendre de ces conférences.

2° *Des écoles secondaires.*

Les écoles secondaires, dans lesquelles on n'entrera pas avant l'âge de dix ans, offriront une instruction plus nourrie, plus développée, plus analytique que celle du premier degré ; elle sera proportionnée à l'âge de ceux qui viendront la recueillir.

Plusieurs objets non approfondis y seront présentés à l'enfant qui s'essaiera sous l'œil observateur de l'instituteur avant de fixer son choix sur aucun.

La morale y sera éclairée par l'histoire.

A l'explication des principales lois, on joindra quelques connaissances sur les transactions et les contrats.

La géographie guidera dans l'étude des premiers éléments du commerce et de l'histoire naturelle ; les notions les plus simples de l'arithmétique, de la géométrie et de la physique, serviront dans les arts mécaniques et l'économie rurale.

Ainsi on y enseignera ce qui sera nécessaire pour remplir les fonctions les plus rapprochées de tous les citoyens, les professions et les emplois les plus recherchés de la société; on s'y préparera au degré supérieur de l'instruction.

Les écoles secondaires auront aussi leurs conférences hebdomadaires ouvertes à tous les citoyens; en répandant des connaissances utiles, et revenant périodiquement après le travail mécanique de la semaine, elles accoutumeront les citoyens à exercer alternativement leur corps et leur esprit, elles affermiront l'esprit public sur une base solide, et introduiront dans le sein des familles, une instruction qui en bannira les préjugés.

Mais si l'on considère :

1° Que les écoles secondaires dont il est question, ne sont pas pour les deux sexes;

2° Que plusieurs familles ne pourront pas, à raison de leurs travaux domestiques, se priver de leurs enfants assez longtemps pour qu'ils puissent suivre avec fruit ce second degré d'instruction;

3° Qu'un plus grand nombre seront dans l'impuissance de supporter les frais d'un déplacement nécessaire pour les loger dans le lieu même où seront établies ces écoles ;

4° Que l'étendue de l'enseignement demande deux instituteurs, et par conséquent quatre-vingts ou cent élèves par école,

L'on sentira que les arrondissements des écoles secondaires doivent nécessairement être plus étendus et par conséquent moins nombreux que ceux des écoles primaires.

La distribution doit donc s'en faire sur d'autres principes.

A mesure que l'instruction se simplifiera, que le sort des familles et les ressources de l'État s'amélioreront, les écoles secondaires pourront être plus suivies et plus multipliées.

3° *Des instituts.*

Les sciences mathématiques et physiques, morales et politiques, l'agriculture et les arts mécaniques, la littérature et les beaux-arts, composeront l'enseignement des instituts où l'on pourra suivre, dans leurs éléments, l'échelle entière des connaissances humaines.

Il convient qu'il y ait, auprès de chaque institut, une bibliothèque, un cabinet de physique et d'histoire naturelle, un laboratoire de chimie, un jardin de botanique et d'agriculture.

Le succès de quelques parties de cet enseignement demande qu'il y ait dans le voisinage un hôpital et quelques ateliers dans différentes branches d'industrie, où les élèves puissent recueillir les leçons de la pratique et de l'expérience, qui, en occupant à la fois le corps et l'esprit, en offrant l'application directe des principes, donneront un nouveau degré d'intérêt et d'utilité aux leçons du professeur.

Tous les cours seront publics. Les citoyens de tout âge pourront y assister, soit pour ajouter à

leur instruction, soit, comme pères de famille,
ponr être témoins des progrès de leurs enfants.
Cette publicité sera un puissant stimulant pour les
élèves, et un encouragement pour les professeurs.

Des conférences publiques entre tous les professeurs réunis, formeront le lien de toutes les
parties de l'enseignement. On y communiquera
les découvertes les plus importantes dans les
sciences, les expériences les plus saillantes, les
procédés nouveaux les plus utiles dans les arts.
Leur objet sera de nourrir le goût de l'instruction,
de la répandre, et de faire fraterniser ensemble
toutes les branches des connaissances humaines.

Après cinq ans d'institut, l'élève pourra être
en état de faire seul de nouveaux progrès, et de
se préparer aux professions et aux emplois qui
demandent le plus de lumières.

C'est de là que doivent sortir des médecins,
des sages-femmes et des artistes vétérinaires
pour les campagnes, des instituteurs pour les
écoles primaires et secondaires.

L'enseignement des instituts doit donner une
supériorité de lumières et de raison qui pourra
faire disparaître de nos assemblées l'art funeste
de donner à l'erreur le manteau de la vérité; et
aux desseins de l'ambition et de l'intrigue, le ton,
les formes de la loyauté et de la franchise.

L'étendue de la série des objets enseignés dans
le troisième degré, demande un grand nombre
de professeurs, un grand concours d'élèves, et par
conséquent un grand arrondissement pour cet
établissement.

Quelques élèves borneront leurs études aux écoles secondaires, pour prendre un métier, se préparer à un état, ou pour se livrer à des soins domestiques dans leur famille.

Les professions et les emplois de la société pour lesquels l'instruction des écoles secondaires sera suffisante, sont, d'ailleurs, trop multipliés pour ne pas devenir, pour quelques citoyens, le terme de leurs vœux.

Ainsi, les considérations présentées dans l'article précédent, et qui font sentir la nécessité d'établir moins d'écoles secondaires que d'écoles primaires, acquièrent une nouvelle force pour les instituts qui devront être en moindre nombre que les écoles secondaires, pour être proportionnées à nos besoins.

Pour remédier en partie à l'inégalité qui résulte du petit nombre de ces établissements, dans la répartition des moyens d'instruction ; pour trouver plus sûrement les leçons pratiques que nous voudrions ajouter à celles des instituts, et augmenter leur influence pour la propagation des lumières, il convient de les placer autant qu'il sera possible, dans les lieux qui offriront le plus de population rassemblée. Un plus grand nombre de personnes peu fortunées pourront alors, sans se déplacer, en suivre l'enseignement qui deviendrait le patrimoine des riches seuls dans les les lieux peu peuplés.

4° *Des lycées*.

Les lycées seront l'école des gens instruits : ils

embrasseront les sciences, les arts et les lettres dans toute leur étendue.

C'est de là que sortiront des ingénieurs, des médecins pour la France, des professeurs pour les différentes branches d'enseignement des instituts, et des hommes qui cultiveront la science par goût, en reculeront les bornes, et en deviendront comme les conservateurs.

Ce quatrième degré ne servira qu'à un petit nombre de professions ; mais ces professions serviront elles-mêmes, par leur importance, à toute la République.

Chaque lycée aura une bibliothèque, un jardin et des cabinets de physique et d'histoire naturelle.

Les lycées répondent aux universités et leur seront supérieurs. Elles sont restées en arrière du progrès des arts et des sciences, et les lycées seront toujours à leur niveau ; ils offriront aux étrangers des ressources qu'ils ne trouveraient pas chez eux, et, avec les leçons de la philosophie, ils leur présenteront les leçons de la liberté républicaine. En répandant notre langue et nos principes, ils étendront nos conquêtes, les seules dignes de nous, celles qui affranchissent l'homme des erreurs et des préjugés.

Un petit nombre de lycées suffisent en France. Un seul ne pourrait fournir tous les hommes utiles que l'instruction publique en attend ; plusieurs sont nécessaires pour mettre plus d'égalité dans la répartition des avantages qui doivent en résulter, pour faire disparaître les préférences dont Pa-

ris a joui jusqu'à présent, et pour conserver dans
les différentes parties de la France des hommes
éclairés, qui ne manqueraient pas d'adopter Paris
pour leur résidence, si Paris était encore le centre unique de l'instruction et des lumières.

Les lycées formeront le degré le plus élevé de
l'enseignement : placés auprès du génie qui crée,
du philosophe qui observe, étudie, médite l'homme
et la nature, ils recueilleront les pensées, les
vérités utiles auxquelles ils seront parvenus
dans leurs recherches ; ils les feront passer de la
conception dans l'enseignement, et en rendront
la propagation rapide et féconde, en leur donnant tous les développements nécessaires pour
les rendre accessibles et usuelles.

Les écoles primaires et secondaires présenteront une instruction utile à tous les citoyens ; les
instituts et les lycées offriront des connaissances
plus élevées, et essentiellement utiles au corps
social.

Dans celles-là le citoyen trouvera de quoi suffire à ses propres besoins ; et dans ceux-ci, des
lumières assez étendues, assez variées, assez
approfondies, assez choisies pour pouvoir servir
utilement ses concitoyens et sa patrie, soit dans
des postes difficiles où la confiance publique
l'appellera, soit dans ses relations particulières.

Les écoles secondaires prépareront à recevoir
l'instruction des instituts ; et ceux-ci, à recevoir
celle des lycées.

Les degrés intermédiaires, en rendant les idées
plus élémentaires, les méthodes plus simples et

plus familières, serviront à les faire descendre jusqu'au dernier degré de l'échelle ; ils diminueront, pour ainsi dire, la distance qui sépare les deux extrêmes.

Liés tous par une dépendance réciproque et nécessaire, les instituts et les lycées en seront plus utiles, les écoles primaires et secondaires moins bornées dans leurs moyens. Le succès de celles-ci, leur perfectionnement graduel, dépendront essentiellement des degrés supérieurs où se formeront les instituteurs, où se simplifieront les méthodes, où les conceptions du génie deviendront graduellement plus élémentaires et plus expansives.

Pour encourager les talents naissants, et assurer à la république un plus grand nombre de citoyens utiles, votre comité vous proposera de décerner tous les ans, le titre honorable *d'élèves de la patrie* à un certain nombre d'enfants qui auront eu des succès dans les premiers degrés, et de leur donner un secours annuel, pour aller chercher loin de la maison paternelle, une instruction plus élevée, ou pour entrer en apprentissage dans un art utile.

Cette belle institution coûtera peu, honorera la patrie et assurera aux sciences et à l'industrie des progrès rapides.

Tel est le système complet d'instruction publique que vous présente votre comité : les parties, étroitement liées entre elles, offrent une organisation qui demande un régulateur, une surveillance générale, qui, en laissant aux autorités constituées tout ce qui appartient à l'administration publique et à la police, maintienne l'enseignement dans la plus grande activité. Le comité s'occupe d'un mode qui réunisse ces deux caractères.

L'instruction publique doit comprendre, dans les développements que nous vous présenterons successivement, tout ce qui appartient à l'éducation morale et à l'éducation physique. Par l'une, l'enfant acquerra, dans un régime gymnastique, la santé, la force, l'adresse, l'agilité du corps. Par l'autre, on développe les mœurs et les habitudes du républicain ; on apercevra dans l'enfant ce sens précieux qui fait trouver tant de charmes dans la pratique des vertus qui nous lient à nos semblables, à nos devoirs et à la patrie.

C'est par leur propre expérience et par une pratique journalière que les enfants se formeront à toutes les vertus domestiques et sociales. Leur éducation morale se développera à raison des besoins, et par conséquent toujours à propos, toujours avec fruit.

L'éducation des femmes doit avoir aussi une place dans le système général d'instruction publique.

1º Pour elles-mêmes ;

2º Pour que plusieurs, en perdant leur mari, restent chargées de toutes les affaires de la famille ;

3º Parce que la première éducation de l'enfance jusqu'à six ans leur est confiée ;

4° Parce que les enfants qui suivront les écoles, en rentrant chaque jour chez leurs parents seront sous une surveillance particulière, à laquelle les femmes auront toujours beaucoup de part;

5° Parce que la nature veut que les femmes terminent l'éducation des hommes.

Elles ne doivent pas être étrangères aux vertus sociales, puisque, outre qu'elles en ont besoin pour elles-mêmes, elles peuvent les développer ou les fortifier dans le cœur de l'homme.

Si dans l'ordre naturel et social, l'homme est appelé à exécuter et agir, la femme, par une influence impérieuse et nécessaire, est appelée à imprimer à la volonté une impulsion plus forte et plus véhémente.

Pour que cette influence, qui ne peut jamais être nulle et qui fut souvent corruptrice et funeste au bonheur de l'espèce humaine, prenne un caractère vraiment social et utile, il faut qu'il y ait dans l'éducation des deux sexes ces rapports, cette harmonie par lesquels l'une apprendra à discerner, à vouloir, à inspirer le bien, et l'autre à le faire.

Les orphelins et les sourds-muets doivent trouver dans l'instruction publique des secours que la nature refusa aux uns, que le malheur et le libertinage enlevèrent aux autres. Enfin le traitement des professeurs et les autres dépenses de l'enseignement, la composition des livres élémentaires, les examens, les encouragements et récompenses, les fêtes nationales, seront l'objet de rapports particuliers qui vous seront présentés par le comité.

La nation doit-elle dans ses institutions embrasser tous les degrés de l'instruction publique?

Nous avons distingué l'instruction publique en deux parties; celle qui est nécessaire à tous les individus, et celle qui est nécessaire à la société; mais qui ne doit pas être nécessairement cultivée par tous.

Ainsi, pour prendre un exemple dans le plan qui vous est soumis, les écoles primaires et secondaires présentent la première partie; les instituts et les lycées présentent la seconde.

La question générale peut alors se traduire dans ces questions plus précises:

La nation doit-elle établir la partie de l'instruction publique nécessaire à tous les citoyens?

Doit-elle établir celle que réclament l'utilité générale et les besoins de la société entière?

Changer ainsi l'énoncé de la question générale, c'est la résoudre; car c'est demander si la société se doit à elle-même tout ce qui convient à ses besoins, à son bonheur, ou aux besoins et au bonheur des citoyens qui la composent.

L'instruction publique n'est ni une dette, ni un bienfait de la nation; c'est un besoin. Sans l'instruction publique, le corps social serait bientôt dans le cas d'un homme dont l'enfance aurait été négligée, et qui, pour avoir fait un mauvais usage de ses forces naissantes, n'aurait pas acquis tout le développement dont il est susceptible.

Le système de l'instruction publique doit être établi en son entier, puisqu'il doit correspondre au système entier des fonctions et des professions les plus indispensables au corps politique et social. Qu'on retranche une partie de l'instruction, une partie des fonctions seront privées des lumières, des secours, sans lesquels elles seront mal remplies et incomplètes.

Rompez la chaîne de l'instruction, ou ne la prolongez pas jusqu'au terme de nos besoins, et vous violez les droits politiques d'une portion de citoyens qui, ayant reçu de la nature des forces suffisantes pour fournir à une longue carrière, seraient arrêtés par la médiocrité de leur fortune pour payer le complément d'instruction qui leur sera nécessaire, ou parce que cette instruction ne serait donnée nulle part, ou serait mauvaise. Vous divisez les citoyens en deux classes : ceux qui seront assez riches pour aller recueillir dans des établissements particuliers les lumières que la nation refuse, et qui pourront ainsi se rendre propres aux fonctions, aux professions les plus difficiles ; et ceux qui pour n'être pas les favoris de la fortune, seront condamnés à végéter dans une affligeante nullité. L'inégalité des fortunes deviendrait alors parmi nous une cause d'inégalité de savoir, de capacité, et l'on serait exclu des places publiques parce qu'on serait pauvre. C'est ainsi que l'instruction des écoles militaires pour la noblesse excluait des grades élevés de l'armée tous ceux qui n'étaient point de cette caste privilégiée.

Cette injustice, cette erreur politique ne peut pas souiller les travaux des représentants du

peuple français. Législateurs, vous devez es-
quisser à grands traits l'organisation de l'instruction publique, afin qu'elle embrasse tous nos
besoins et toutes nos ressources, et que le perfectionnement de la raison aille d'un même pas
dans tous les degrés des connaissances humaines.

La nation nous reprocherait avec justice une
parcimonie étroite et misérable, qui la priverait
de l'emploi des trésors littéraires qui existent au
milieu de nous, tant en choses qu'en hommes
instruits.   .

Disons plus : cette parcimonie compromettrait
la liberté et donnerait à l'esprit public une marche
rétrograde ; car si vous n'organisez pas l'instruction publique dans toute leur étendue, les collèges
se relèveront de leurs décombres ; chaque commune réorganisera le sien selon ses lumières et
ses opinions plus ou moins révolutionnaires ou
les laissera dans toute sa décrépitude ; et ces
créations discordantes de l'erreur et du préjugé
empoisonneront dans sa naissance l'instruction
des écoles de nouvelle création.

Ce n'est pas tout. Ou vous laisserez à ces colléges les biens qui leur sont affectés, et alors
vous vous privez d'une grande ressource ; ou vous
réunirez ces biens au domaine national, et dès
lors les colléges seront à la charge de l'État, car
vous n'auriez pas le droit de prendre ces biens
sans vous charger du traitement des professeurs.
Or, il y a en France deux fois plus de colléges
que nous vous proposons d'instituts. Ainsi vous
paieriez plus pour ces méchantes écoles que pour

les instituts qui les remplaceraient. Il y a donc tout à gagner à instituer toute l'échelle instructive, qui doit s'étendre sans interruption depuis l'enfant qui épèle, jusqu'au philosophe qui médite des vérités nouvelles, afin que le canal qui doit répandre et faire circuler l'instruction, soit toujours près de la source qui doit l'alimenter.

Ce sont les instituteurs de la jeunesse et les écrivains philosophes qui font marcher les nations à la liberté, comme c'est le faux savoir, le bel esprit et l'ignorance qui les précipitent dans l'esclavage.

Hâtez-vous, législateurs ; partout le besoin de l'instruction est senti Plusieurs sociétés des amis de la République, gémissant de l'état d'abandon où est le peuple à cet égard, ont établi dans leur sein un comité d'enseignement. Les départements du Bas-Rhin, de Rhône-et-Loire et de la Loire-Inférieure, animés d'une pareille sollicitude, ont organisé un de leurs colléges sur le modèle des instituts en suivant le plan imprimé du comité de l'Assemblée législative, et nous nous empressons de dire à la Convention que le nombre des étudiants s'est accru considérablement depuis cette nouvelle organisation. Le moment est venu d'imprimer à toute la République une impulsion commune, uniforme et entière sur cet objet, afin qu'il n'y ait partout qu'une même instruction et un même esprit et que les communes pauvres comme celles qui sont riches participent également à toutes les ressources qu'elle présente. -

DEUXIÈME QUESTION

L'ENSEIGNEMENT SERA-T-IL AUX FRAIS DE LA RÉPUBLIQUE,
DANS TOUS LES DEGRÉS DE L'INSTRUCTION PUBLIQUE ?

Quelques personnes, en pensant que la puissance publique doit établir l'instruction publique dans toute son étendue, pensent aussi qu'elle ne doit pas être payée en entier par l'Etat. Votre comité pense, au contraire, que, soit que l'instruction soit offerte aux citoyens pour leurs besoins individuels, soit qu'elle soit établie pour la société entière et pour l'utilité commune, elle doit être, dans tous ses degrés, aux frais de la République :

1° Parce que dans ces deux cas elle est utile à tous ;

2° Parce qu'offerte par la société elle-même, elle sera recherchée plus sûrement par le citoyen peu fortuné qui y trouvera des moyens d'améliorer son sort en perfectionnant sa raison, et qui ne retrancherait rien de sa pénible existence pour acheter des espérances nécessairement tardives et incertaines ;

3° Parce qu'en la rendant accessible à tous, l'inégalité des fortunes disparaît, tous les citoyens se mêlent pour jouir, sans distinction, des avantages d'une éducation commune. Dans le cas contraire, le riche serait nécessairement séparé du pauvre, et l'on verrait, du côté de la fortune un accroissement de moyens et d'orgueil, et du côté de l'indigence, la privation d'une ressource précieuse et l'humiliation ;

4° Que les professeurs soient tous payés par l'Etat et ils seront traités avec plus d'égalité dans tous les établissements. Au lieu de calculer leurs intérêts sur le nombre de leurs élèves et de mesurer leurs soins sur l'accueil des parents, ils ne compteront que sur leur aptitude, leur zèle, l'assiduité et le succès de ceux qui les écouteront, quel qu'en soit le nombre ;

5° L'homme riche est rarement celui qui donne le plus d'enfants à la société ; et, sous ce rapport, la gratuité est un avantage offert au pauvre plus qu'au riche ;

6° Dans le cas d'une gratuité partielle, vous appelleriez des citoyens à une première instruction nécessairement insuffisante, pour les abandonner au moment où ils auraient besoin d'une instruction plus étendue et plus solide. Vous condamneriez ainsi la majeure partie des citoyens ou à l'ignorance, ou à une instruction très-bornée ;

7° L'instruction publique payée par l'Etat le sera réellement par le riche bien plus que par le pauvre, les contributions étant proportionnées aux fortunes ; tandis que l'instruction recueillie également par tous, fructifiera surtout pour le pauvre qui est plus pressé du besoin d'acquérir des ressources pour la vie ;

8° Les instituts et les lycées formeront environ le quart de la dépense totale, ce qui, réparti sur toute la France, serait pour le citoyen d'une fortune moyenne d'environ 50 sols par an, tandis que, par la non-gratuité la dépense supportée par le petit nombre des élèves pour ces deux degrés, serait pour chacun de 77 à 80 livres;

9o Les trois quarts de la dépense totale seront en écoles primaires et secondaires, sur la gratuité desquelles il ne peut pas s'élever de doute : et la non-gratuité pour les degrés supérieurs, outre qu'elle serait une parcimonie honteuse et indigne d'une nation puissante et libre, elle serait encore onéreuse au riche comme au pauvre, à l'un, parce qu'il percevrait pour l'instruction au delà de ce qu'il paierait en surcroît de contribution ; à l'autre, parce que les contributions n'en seraient pas diminuées et que les écoles publiques lui seraient fermées;

10o Les biens des collèges et universités seront plus que suffisants pour le traitement des professeurs qui leur correspondront dans la nouvelle organisation : ainsi une partie tournera au profit des degrés inférieurs;

11o D'ailleurs, en faisant payer les professeurs par leurs élèves, dans les degrés supérieurs, l'Etat devrait toujours surveiller et protéger tous les établissements qui ne manqueraient pas d'être regardés par le peuple comme privilégiés puisqu'ils ne seraient point ouverts à ceux qui ne paieraient pas ;

12o Enfin, par la gratuité absolue, l'instruction sera plus étendue, plus égale, plus libre, plus indépendante de l'opinion ; les arts et les sciences seront mieux cultivés, et la patrie mieux servie.

´TROISIÈME QUESTION

SOUS QUELS RAPPORTS L'INSTRUCTION DOIT-ELLE ÊTRE
MISE SOUS LA DÉPENDANCE DES CORPS ADMINIS-
TRATIFS.

Votre comité répond : Sous le rapport de l'ordre
public et sous celui des dépenses et de l'administration générale des propriétés nationales. Mais
la partie de l'instruction publique qui se renferme dans la propagation des lumières doit être
sous la sauvegarde d'une surveillance distincte et
protectrice, qui, au lieu de contraindre, stimule ;
au lieu d'arrêter, dirige l'enseignement et serve à
répandre avec plus de discernement, d'uniformité
et de célérité, les connaissances, les découvertes
et les procédés qui peuvent éclairer utilement la
raison et fournir à l'industrie de nouvelles ressources. Donnons quelque développement à cette
réponse :

1o Nul citoyen, nul établissement ne peut se
soustraire aux lois d'ordre et de police générale.
Les maisons que vous allez consacrer au perfectionnement de la raison et de la philosophie ne
doivent pas être des asiles privilégiés d'impunité.
La même loi doit veiller pour tous et sur tous les
citoyens et frapper de la même manière tout
infracteur de l'ordre public quelles que soient ses
fonctions, et dans quelque lieu qu'il se trouve ;

2o Pour le traitement et les dépenses de chaque
place, les professeurs et autres employés dans

l'enseignement seront sur la même ligne que les autres fonctionnaires publics et soumis au même ordre de choses. Les professeurs ne doivent se mêler d'aucune administration de fonds que sous la surveillance publique et commune ;

3º Soit que les bâtiments appartiennent aux communes ou à la nation, ce sera aux municipalités ou aux corps administratifs, mais jamais aux professeurs à veiller à leur conservation ou entretien ;

4º Les bibliothèques, instruments, collections et autres objets faisant partie de la communauté nationale doivent dépendre de l'administration générale, afin qu'il n'y ait qu'un seul centre de surveillance pour tout ce qui appartient à la République; et, d'une autre part, ils doivent être mis à la disposition des professeurs ou autres employés pour s'en servir sous leur responsabilité collective.

5º La question peut être examinée sous le rapport des nominations. Il importe que ceux qui doivent répandre le goût de l'étude et des mœurs, l'amour de la patrie et des lois, aient du dévouement pour la fonction respectable d'instituteur, un attachement inébranlable aux principes qui doivent fonder la république du savoir.

A ces trois caractères d'éligibilité : volonté de l'individu, civisme et capacité, nous devons ajouter, au moins pour les degrés inférieurs, la volonté exprimée des pères de famille de diriger leur école. La nature leur a imposé le devoir sacré d'assurer à leurs enfants des vertus et du bonheur :

ils ont donc le droit et ils doivent l'exercer autant qu'il est possible, de choisir entre les plus capables, les plus patriotes et les plus dévoués, ceux à qui ils entendent remettre le soin de leurs enfants, avec qui ils vont partager leur autorité paternelle, et concourir par une surveillance combinée,[1] à l'œuvre sainte de l'éducation. Or, la volonté sera connue par une inscription libre à la municipalité du lieu, qui sera ouverte à tous les citoyens qui veulent courir cette carrière. Le civisme peut être attesté par les municipalités.

Mais la capacité ne peut être reconnue que par des hommes éclairés, dans les parties même qui sont l'objet de l'enseignement dans la place vacante. Ce serait compromettre très dangereusement l'instruction publique, que de faire déterminer ce dernier caractère par les corps administratifs, ou par le pouvoir exécutif. Enfin l'assemblée des pères de famille nommerait définitivement, sur une liste de personnes pour lesquelles les trois caractères précédents auraient été reconnus;

6° L'enseignement est le dernier rapport, et en même temps le plus important, sous lequel la gestion générale doive être considérée.

Les maux nombreux que la tyrannie a accumulés sur les peuples en enchaînant leurs pensées et en dirigeant les écoles à leur gré, doivent faire désirer aux amis de la liberté, qu'on assure par tous les moyens l'activité et la pureté de l'instruction publique; or, un des plus puissants, des plus indispensables, c'est l'indépendance de l'enseignement, tant des corps administratifs que du pouvoir exécutif.

La propagation de la lumière n'est point un objet d'administration. La livrer à des autorités occupées de grands intérêts, mais étrangères aux arts et aux sciences, ce serait violer le plus beau droit de l'esprit humain, celui de ne reconnaître de bornes à sa perfectibilité que celles de la nature.

Quelle que soit l'organisation que vous donniez à la République, il est de l'essence du pouvoir exécutif d'avoir une très grande autorité; mais il ne doit jamais diriger à son gré l'opinion publique; car l'opinion seule peut le surveiller efficacement. Gardons-nous d'accroître sa puissance en mettant dans ses mains un instrument aussi actif que celui de l'instruction publique, avec lequel un agent pervers pourrait si aisément jeter dans la génération naissante les germes des maux qu'il n'aurait pu faire à ses contemporains : il pourrait empoisonner cette première source de la vie sociale longtemps avant qu'on pût s'en apercevoir et y porter remède.

Le Corps législatif sera toujours le conservateur le plus immédiat des droits et des intérêts du peuple, veillera à ce que la marche de l'esprit humain ne soit point entravée, à ce que la liberté de penser soit la première sentie dans toute sa plénitude par le jeune républicain, qui viendra puiser dans les écoles des lumières et des vertus.

L'indépendance de l'enseignement est un droit national; c'est celui de perfectionner toutes les facultés de l'homme, et par conséquent toutes les institutions sociales ; c'est le droit de la raison publique, qui doit nous faire tendre sans cesse à une félicité plus parfaite, et qui ne doit reconnaître de régulateur que la raison elle-même, en suivant un mode qui doit résulter de l'organisation générale de l'instruction publique.

Plusieurs autres questions peuvent se présenter en ce sujet important qui nous occupe ; mais votre Comité a cru devoir se réduire à celles qui pouvaient conduire le plus directement à des bases fondamentales ; les autres seront examinées successivement.

(1) Après le Rapport de Romme, plusieurs plans d'éducation ou projets de décrets furent présentés : par Rabaut Saint-Etienne (21 décembre 1792), Henri Bancal, député du Puy-de-Dôme (24 décembre). Plus tard d'autres projets furent développés par Deleyre (*Ecoles professionnelles*), Arbogast, député du Bas-Rhin (*Bibliothèques publiques*), Masuyer, Fouché (de Nantes). Ce fut seulement le 30 mai 1793 que la Convention, à la suite d'un projet de décret, présenté par Barère au nom du Comité de salut public, organisa définitivement les écoles primaires. Un nouveau comité de l'instruction publique dans lequel figuraient l'abbé Siéyès, Daunou et Lakanal présenta un autre projet de décret sur l'éducation nationale. La rapport fut fait le 26 juin 1793 par Lakanal dont le nom est attaché à la création des *Ecoles normales* et des *Ecoles centrales*. La Convention rejeta implicitement le projet présenté par Lakanal en décrétant qu'une commission de six membres serait chargée d'en rédiger un nouveau. Cette commission dont faisaient partie Couppé de l'Oise, Bourdon et Robespierre, crut devoir avant tout exposer à la Convention le plan d'éducation de Le Peletier Saint-Fargeau.

PLAN DE MICHEL LE PELETIER (1)

**La Convention nationale doit trois monuments
à l'histoire : la *Constitution*, le *Code des lois
civiles*, l'*éducation publique*.**

(1) Ce travail trouvé dans les papiers de Michel Le Peletier
Saint-Fargeau sous le titre de *Plan d'éducation nationale*,
fut communiqué par son frère Félix Le Peletier à la Commis-
mission des Six , qui l'adopta. Le 13 juillet 1793, Maximilien
Robespierre le présenta à la Convention après en avoir fait
précéder la lecture des paroles suivantes : « Citoyens, votre
commission d'instruction publique sera bientôt en état de vous
présenter l'ensemble du travail important dont vous l'avez
chargée. Elle a cru devoir dès aujourd'hui présenter à la
nation et à vous un garant de ses principes, en remettant sous
vos yeux l'ouvrage d'un homme illustre qui fut notre collègue,
et que le tombeau met à couvert des traits de l'envie et peut-
être de la calomnie, si toutefois la rage des satellites de la
tyrannie savait respecter même les droits du tombeau. Avec
la mémoire de ses vertus, Michel Le Peletier a légué à la patrie
un plan d'éducation publique que le génie de l'humanité
semble avoir tracé. Ce grand objet occupa encore sa pen-

Je mets à peu près sur la même ligne l'importance comme la difficulté de chacun de ces grands ouvrages.

Puissions-nous leur donner la perfection dont ils sont susceptibles ! car la gloire des conquêtes et des victoires est quelquefois passagère ; mais les belles institutions demeurent et elles immortalisent les nations.

L'instruction publique a déjà été l'objet d'une discussion intéressante ; la manière dont ce sujet a été traité, honore l'Assemblée et promet beaucoup de la France.

J'avoue pourtant que ce qui a été dit jusqu'ici ne remplit pas l'idée que je me suis formée d'un plan d'éducation. J'ai osé concevoir une plus vaste pensée, et considérant à quel point l'espèce humaine est dégradée par la vue de notre ancien système social, je me suis convaincu de la nécessité d'opérer une entière régénération, et si, je

sée, lorsque le crime plongea dans son sein le fer sacrilège. Celui qui disait : « Je meurs content, ma mort servira la liberté, » pouvait se réjouir aussi de lui avoir rendu d'autres services moins douloureux pour la patrie ; il ne quittait point la terre sans avoir préparé pour le bonheur des hommes un ouvrage digne de sa vie et de sa mort. Citoyens, vous allez entendre. Le Peletier dissertant sur l'éducation nationale ; vous allez le revoir dans la plus noble partie de lui-même. En l'écoutant, vous sentirez plus douloureusement la grandeur de la perte que vous avez faite, et l'univers aura une preuve de plus que les implacables ennemis des rois (que la tyrannie, peint si farouches, et si sanguinaires), sont les plus tendres amis de l'humanité. »

peux l'exprimer ainsi, de créer un nouveau peuple.

Former des hommes, propager les connaissances humaines ; telles sont les deux premières parties du problème que nous avons à résoudre.

La première constitue l'éducation ; la seconde, l'instruction.

Celle-ci, quoique offerte à tous, devient par la nature même des choses, la propriété exclusive d'un petit nombre de membres de la société, à raison de la différence des professeurs et des talents.

Celle-là doit être commune à tous et universellement bienfaisante.

Quant à l'une, le Comité s'en est occupé et il vous a présenté des vues utiles.

Pour l'autre, il l'a entièrement négligée. En un mot, son plan d'instruction publique me paraît fort satisfaisant ; mais il n'a point traité l'éducation.

Tout le système du Comité porte sur cette base, l'établissement de quatre degrés d'enseignemeut ; savoir les écoles primaires, les écoles secondaires, les instituts, les lycées,

Je trouve dans ces trois derniers cours un plan qui me paraît sagement conçu pour la conservation, pour la propagation et le perfectionnement des connaissances humaines. Ces trois degrés successifs ouvrent à l'instruction une source féconde et habilement ménagée et j'y vois des moyens tout à la fois convenables et efficaces pour seconder les talents des citoyens qui se livrent à la culture des lettres, des sciences, et des beaux-arts.

Mais avant ces degrés supérieurs qui ne peuvent devenir utiles qu'à un petit nombre d'hommes, je cherche une instruction générale pour tous, convenable aux besoins de tous, qui est une dette de la République envers tous ; en un mot, une éducation vraiment et universellement nationale, et j'avoue que le premier degré que le Comité propose sous le nom d'écoles primaires, me semble bien éloigné de présenter tous ces avantages.

D'abord, je remarqne avec peine que jusqu'à six ans l'enfant échappe à la vigilance du législateur et que cette portion importante de leur vie reste abandonnée aux préjugés subsistants et à la merci des vieilles erreurs.

A six ans, la loi commence à exercer son influence ; mais cette influence n'est que partielle, momentanée et par la nature même des choses, elle ne peut agir que sur le moindre nombre des individus qui composent la nature.

Suivant le projet, il doit être établi environ vingt à vingt-cinq mille écoles primaires, c'est-à-dire à peu près une école par lieue carrée.

Ici commence à se faire sentir une première inégalité ; car les enfants domiciliés dans la ville, bourg, village où sera située l'école primaire en profiteront et bien plus souvent et bien plus constamment : ceux au contraire qui habitent les campagnes et les hameaux, ne pourront pas les fréquenter aussi habituellement, à raison des difficultés locales, des saisons et d'une foule d'autres circonstances.

Cet inconvénient n'aura pas lieu seulement à l'égard de quelques maisons éparses et séparées : un très grand nombre de communes et de paroisses vont l'éprouver. Il ne faut qu'un calcul bien simple pour s'en convaincre.

Il existe dans la République quarante-quatre mille municipalités ; on propose' l'établissement de vingt à vingt-cinq mille écoles primaires ; il est clair que la proportion majeure sera de deux paroisses par école. Or, personne ne peut douter que la paroisse où l'école sera placée, aura de grands avantages sur la continuité, la commodité de l'instruction et pour la durée des leçons.

Une bien plus grande inégalité va s'établir encore a raison des diverses facultés des parents : et ici les personnes aisées, c'est-à-dire, le plus petit nombre, ont tout l'avantage.

Quiconque peut se passer du travail de son enfant pour le nourrir, a la facilité de le tenir aux écoles tout les jours et plusieurs heures par jour.

Mais quant à la classe indigente comment fera-t-elle ! Cet enfant pauvre, vous lui offrez bien l'instruction ; mais avant, il lui faut du pain. Son père laborieux s'en prive d'un morceau pour le lui donner : mais il faut que l'enfant gagne l'autre. Son temps est enchaîné au travail, car au travail est enchaînée sa subsistance. Après avoir passé aux champs une journée pénible, voulez-vous que pour repos il s'en aille à l'école éloignée peut être d'une demi-lieue de son domicile ? Vainement vous établirez une loi coërcitive contre le père ; celui-ci ne saurait se passer journellement du travail d'un enfant qui à huit, neuf et dix ans, gagne déjà quelque chose. Un petit nombre d'heures par semaine, voilà tout ce qu'il peut sacrifier. Ainsi l'établissement des écoles telles qu'on les propose, ne sera, à proprement parler, bien profitable qu'au petit nombre de citoyens indépendants dans leur existence, hors de l'atteinte du besoin. Là ils pourront faire cueillir abondamment par leurs enfants le fruit de l'instruction ; là, il n'y aura encore qu'à glaner pour l'indigent.

Cette inégale répartition du bienfait des écoles primaires est le moindre des inconvénients qui me frappent dans leur organisation. J'en trouve un bien plus grand dans le système d'éducation qu'elles présentent.

Je me plains qu'un des objets les plus essentiels de l'éducation est omis : le perfectionnement de l'être physique. Je sais qu'on propose quelques exercices de gymnastique : cela est bon; mais cela ne suffit pas. Un genre de vie continu, une nourriture saine et convenable à l'enfance, des travaux graduels et modérés, des épreuves successives, mais continuellement répétées, voilà les seuls moyens de créer des habitudes. Voilà les moyens efficaces de donner au corps tout le développement et toutes les facultés dont il est susceptible.

Quant à l'être moral, quelques instructions

utiles, quelques moments d'étude, tel est le cercle étroit dans lequel est renfermé le plan proposé. C'est l'emploi d'un petit nombre d'heures; mais tout le reste de la journée est abandonné au hasard des circonstances, et l'enfant; lorsque l'instant de la leçon est passé, se trouve bientôt rendu soit à la mollesse du luxe, soit à l'orgueil de la vanité, soit à la grossièreté de l'indigence, soit à l'indiscipline de l'oisiveté. Victime malheureuse des vices, des erreurs, de l'infortune, de l'incurie de tout ce qui l'entoure, il sera un peu moins ignorant que par le passé, les écoles un peu plus nombreuses, les maîtres un peu meilleurs qu'aujourd'hui; mais aurons-nous vraiment formé des hommes, des citoyens, des républicains; en un mot la nation sera-t-elle régénérée?

Tous les inconvénients que je viens de développer sont insolubles, tant que nous ne prendrons pas une grande détermination pour la prospérité de la République.

Osons faire une loi qui aplanisse tous les obstacles, qui rende faciles tous les plans les plus parfaits d'éducation; qui appelle et réalise toutes les belles institutions; une loi qui sera faite avant dix ans si nous nous privons de l'honneur de l'avoir portée; une loi toute en faveur du pauvre, puisqu'elle reporte sur lui le superflu de l'opulence, que le riche lui-même doit approuver s'il réfléchit, qu'il doit aimer s'il est sensible. Cette loi consiste à fonder une éducation vraiment nationale, vraiment républicaine, également et efficacement commune à tous, la seule capable de régénérer l'espèce humaine, soit pour les dons physiques, soit pour le caractère moral : en un mot, cette loi est l'établissement de l'*institution publique*. Consacrons en le salutaire principe ; mais sachons y apporter les modifications que l'état actuel des esprits et l'intérêt industriel de la République peuvent rendre nécessaires.

Je demande que vous décrétiez que depuis l'âge de cinq ans jusqu'à douze pour les garçons, et jusqu'à onze pour les filles, tous les enfants sans distinction et sans exception seront élevés en commun aux dépens de la République et que tous, *sous la sainte loi de l'égalité*, recevront les mêmes vêtements, même nourriture, même instruction, mêmes soins.

Par le mode suivant lequel je vous proposerai de reporter la charge de cet établissement, presque tout portera sur le riche ; la taxe sera presqu'insensible pour le pauvre. Ainsi vous atteindrez les avantages de l'impôt progressif que vous désirez d'établir ; ainsi sans convulsion et sans injustice vous effacerez les énormes disparités de fortune dont l'existence est une calamité publique.

Je développe en peu de mots les avantages, les détails et les moyens d'exécution du plan que je vous soumets.

Tous les enfants recevront le bienfait de l'instruction publique durant le cours de sept années, depuis cinq ans jusqu'à douze ans.

Cette portion de la vie est vraiment décisive pour la formation de l'être physique et moral de l'homme.

Il faut la dévouer toute entière à une surveillance de tous les jours, de tous les moments.

Jusqu'à cinq ans on ne peut qu'abandonner l'enfance aux soins des mères : c'est le vœu, c'est le besoin de la nature ; trop de détails, des attentions trop minutieuses sont nécessaires à cet âge. Tout cela appartient à la maternité. Cependant je pense que la loi peut exercer quelqu'influence sur ces premiers instants de l'existence humaine. Mais voici dans quelles bornes je crois qu'il faut renfermer son action : donner aux mères encouragements, secours, instructions ; les intéresser efficacement à allaiter leurs enfants, les éclairer sur les erreurs et les négligences nuisibles, sur les soins et les attentions salutaires ; rendre pour elles la naissance et la conservation de leurs enfants, non plus une charge pénible, mais au contraire une source d'aisance et l'objet d'une espérance progressive : c'est là tout ce que nous pouvons faire utilement en faveur des cinq premières années de la vie : tel est l'objet de quelques-uns des articles de la loi que je propose. Les mesures indiquées sont simples ; mais je suis convaincu que leur effet certain sera de diminuer d'un quart pour la République la déperdition annuelle des enfants qui peuvent être victimes de la misère, des préjugés et de l'incurie.

A cinq ans, la patrie recevra l'enfant des mains de la nature ; à douze ans elle le rendra à la société.

Cette époque, d'après les convenances particulières et l'existence publique de la France, m'a paru la plus convenable pour le terme de l'institution publique.

A dix ans, ce serait trop tôt : l'ouvrage est à peine ébauché.

A douze ans le pli est donné et l'impression des habitudes est gravée d'une manière durable.

A dix ans rendre les enfants à des parents pauvres, ce serait souvent leur rendre encore une charge; le bienfait de la nature serait incomplet.

A douze ans, les enfants peuvent gagner leur subsistance; ils apportent une nouvelle ressource dans leur famille.

Douze ans est l'âge d'apprendre les divers métiers, c'est celui où le corps déjà robuste peut commencer à se plier aux travaux de l'agriculture.

C'est encore l'âge où l'esprit déjà formé peut, avec fruit, commencer l'étude des belles-lettres, des sciences ou des arts agréables.

La société a divers emplois : une multitude de professions appellent les citoyens.

A douze ans, le moment est venu de commencer le noviciat de chacune d'elles; plus tôt, l'apprentissage serait prématuré; plus tard, il ne resterait pas assez de cette souplesse, de cette flexibilité qui sont les dons heureux de l'enfance.

Jusqu'à douze ans l'éducation commune est bonne parce que jusque-là il s'agit de former, non des laboureurs, non des artisans, non des savants, mais des hommes pour toutes les professions.

Jusqu'à douze ans l'éducation commune est bonne parce qu'il s'agit de donner aux enfants des qualités physiques et morales, les habitudes et les connaissances qui, pour tous, ont une commune utilité.

Lorsque l'âge des professions est arrivé, l'éducation commune doit cesser parce que pour chacune l'instruction doit être différente ; réunir dans une même école l'apprentissage de toutes est impossible. Prolonger l'institution publique jusqu'à la fin de l'adolescence est un beau songe ; quelquefois nous l'avons rêvé délicieusement avec Platon ; quelquefois nous l'avons lu avec enthousiasme réalisé dans les fastes de Lacedémone. Quelquefois nous en avons retrouvé l'insipide caricature dans nos colléges. Mais Platon ne faisait que des philosophes ; Lycurgue ne faisait que des soldats ; nos professeurs ne faisaient que des écoliers. La République française, dont la splendeur consiste dans le commerce et l'agriculture a besoin de faire des hommes de tous les états ; alors ce n'est plus dans les écoles qu'il faut les renfermer ; c'est dans les divers ateliers, c'est sur la surface des campagnes qu'il faut les répandre. Toute autre idée est une chimère qui, sous l'apparence trompeuse de la perfection, paralyserait les bras nécessaires, amaigrirait le corps social, et bientôt en opérerait la dissolution.

Je propose que pour les filles le terme soit fixé à onze ans ; leur développement est plus précoce, et d'ailleurs elles peuvent commencer plus tôt l'apprentissage des métiers auxquels elles sont propres parce que ces métiers exigent moins de force.

Dans un moment, je parlerai de l'éducation supplémentaire offerte à tous les jeunes citoyens sans exception. Je parlerai aussi des cours d'études auxquels un petit nombre pourra se trouver porté par son goût, ses facultés et son talent.

Mais tout cela est pour l'adolescence ; nul n'y sera admis avant douze ans, tout cela est la suite de l'instruction publique. Il faut d'abord pour tous que le cours entier de l'institution ait été parcouru.

J'en reviens maintenant au mode d'en organiser les établissements.

Dans les villes, pour chaque section, pour chaque canton, dans les campagnes, d'ordinaire une seule maison d'institution pourra suffire. Il en sera établi plusieurs si la population l'exige, chaque établissement contiendra quatre à six cents élèves.

Je propose cette division parce qu'elle concilie deux avantages : d'un côté elle diminue les frais qui sont moindres dans une seule grande maison que dans plusieurs maisons séparées ; et cependant elle ne met pas une trop grande distance entre les enfants et leurs familles ; le plus grand éloignement sera au plus de deux ou trois lieues : ainsi, les parents pourront souvent et facilement revoir le dépôt qu'ils auront confié à la patrie, et l'existence de l'institution républicaine ne coûtera pas un regret à la nation.

Ici s'élève une question bien importante.

L'institution publique des enfants sera-t-elle d'obligation pour les parents, ou les parents auront-ils seulement la faculté de profiter de ce bienfait national?

D'après les principes, tous doivent y être obligés.

Pour l'intérêt public, tous doivent y être obligés.

Dans peu d'années tous doivent y être obligés. Mais dans le moment actuel il vous semblera peut-être convenable d'accoutumer insensiblement les esprits à la pureté des maximes de notre nouvelle Constitution. Je ne vous le propose qu'à regret; je soumets à votre sagesse une modification que mon désir intime est que vous ne jugiez pas nécessaire. Elle consiste à décréter que d'ici à quatre ans l'institution publique ne sera que facultative pour les parents; mais ce délai expiré, lorsque nous aurons acquis, si je peux m'exprimer ainsi, la force et la maturité républicaines, je demande que quiconque refusera ses enfants à l'institution commune soit privé de l'exercice des droits de citoyen pendant tout le temps qu'il se sera soustrait à remplir ce devoir civique et qu'il paye en outre double contribution dans la taxe des enfants dont je vous parlerai dans la suite. Il sera facile de placer ces établissements dans les édifices appartenant à la nation, maisons religieuses, habitations d'émigrés et autres propriétés publiques. Et je voudrais encore qu'à défaut de cette ressource, les vieilles citadelles de la féodalité servissent pour cette intéressante destination. De toutes parts, on murmure et on réclame contre l'existence de ces châteaux et de ces tours, monuments odieux d'oppression : au lieu de les détruire, employons utilement leur masse antique.

Dans un canton composé communément de six à huit paroisses, la nation pourra choisir entre plusieurs, tout en dédommageant le propriétaire ; elle se procurera encore à peu de frais un local étendu ; elle fera sortir des mains de simples citoyens, des palais qui offensent l'œil sévère de l'égalité ; et ce dernier sacrifice servira, malgré lui peut-être, le triste châtelain, actuellement oppressé de sa colossale demeure, depuis que l'affranchissement des campagnes a tari la source de son opulence.

D'après les calculs que j'ai faits, il m'a semblé qu'un maître pour cinquante enfants suffirait.

D'abord on pourrait croire que c'est une trop forte charge pour une seule personne, mais j'ai imaginé qu'il serait facile de classer les enfants de telle manière que les plus âgés, ceux de dix et de onze ans, par exemple, pussent soulager le maître dans les fonctions, surveiller les plus jeunes, aider pour les répétitions. Je trouve beaucoup d'avantage à établir dans la petite troupe enfantine, ces espèces de grades ; ils seront propres à faciliter l'exécution de tous les détails, et à y maintenir une exacte discipline.

Chaque maître aura sous lui un égal nombre d'enfants de différents âges. Il sera indépendant des autres maîtres, comme aussi son autorité se bornera aux enfants qui lui seront confiés. Il ne

sera responsable qu'aux administrations publiques, et à l'établissement spécial de surveillance, dont je vais parler dans un moment .

Je ne fais qu'indiquer rapidement, je ne développe point le mode de créer et d'organiser les
établissements ; la nomination, la distribution des
instituteurs et institutrices, l'ordre intérieur de
la maison, tous ces détails feront l'objet des ré-
glements particuliers.

Je me hâte d'aborder une portion plus intéressante de mon travail, je veux dire le système de
l'éducation qui sera suivi dans le cours de l'institution publique.

Ici j'écarte toute théorie abstraite ; j'abandonne les recherches savantes sur la nature de
l'homme, sur la perfectibilité morale et physique dont il est susceptible, sur l'origine et les
causes de ses affections, de ses passions, de ses
vertus, de ses vices. Que des observateurs, que
des métaphysiciens méditent ces grandes questions ; j'avoue que je n'aime que les idées simples
et claires. Je cherche une bonne méthode, bien
usuelle, de bons moyens bien familiers, de bons
résultats bien évidents : qu'ici rien ne soit ingénieux, mais que tout soit utile. J'ai toujours
pensé qu'en politique, en législation, en économie sociale, des conceptions trop fines, trop
déliées, et si je peux m'exprimer ainsi, trop parfaites, sont d'un médiocre usage. Il faut opérer
des effets généraux, il faut produire en masse, et
si je parviens à réaliser l'existence d'une somme
bien sensible d'avantages pour la société toute

entière, et pour les individus en particulier, je croirai avoir bien servi l'humanité et mon pays.

N'oublions pas quel est l'objet de cette première éducation commune à tous, égale pour tous.

Nous voulons donner aux enfants les aptitudes physiques et morales, qu'il importe à tous de retrouver dans le cours de la vie, quelle que soit la position particulière de chacun. Nous ne les formons pas pour telle ou telle destination déterminée, il faut les douer des avantages dont l'utilité est commune à l'homme de tous les états; en un mot, nous préparons, pour ainsi parler, une matière première, que nous tendons à rendre essentiellement bonne, dont nous élaborons les éléments de telle sorte qu'en sortant de nos mains, elle puisse recevoir la modification spéciale des diverses professions dont se compose la République. Tel est le problème que nous avons à résoudre. Voici de quelle manière je pense que nous pouvons y procéder utilement.

Nos premiers soins se porteront sur la portion physique de l'éducation. Former un bon tempérament aux enfants, augmenter leurs forces, favoriser leur croissance, développer en eux vigueur, adresse, agilité; les endormir contre la fatigue, les intempéries des saisons, la privation momentanée des premiers besoins de la vie : voilà le but auquel nous devons tendre ; telles sont les habitudes heureuses que nous devons créer en eux; tels sont les avantages physiques qui, pour tous en général, sont un bien précieux.

Les moyens pour remplir cet objet seront faciles dans le système de l'institution publique. Ce qui serait impraticable pour des enfants envoyés à l'école deux heures par jour, quelquefois deux heures seulement par semaine, et tout le reste du temps hors de la dépendance d'une commune discipline, se réalise ici sans effort.

Continuellement sous l'œil et dans la main d'une active surveillance, chaque heure sera marquée pour le sommeil, le repas, le travail, l'exercice, le délassement; tout le régime de vie sera invariablement réglé; les épreuves graduelles et successives seront déterminées; les genres de travaux du corps seront désignés; les exercices de gymnastique seront indiqués; un réglement salutaire et uniforme prescrira tous ces détails, et une exécution constante et facile en assurera les bons effets.

Je désire que pour les besoins ordinaires de la vie, les enfants privés de toute espèce de superfluité, soient restreints à l'absolu nécessaire. Ils seront couchés durement, leur nourriture saine, mais frugale; leur vêtement commode mais grossier.

Il importe que pour tous, l'habitude de l'enfance soit telle, qu'aucun n'ait à souffrir du passage de l'institution aux divers états de la société. L'enfant qui rentrera dans le sein d'une famille pauvre, retrouvera toujours ce qu'il quitte; il aura été accoutumé à vivre de peu, il n'aura pas changé d'existence : quant à l'enfant du riche, d'autres habitudes plus douces l'attendent, mais celles-là se contractent facilement.

Et pour le riche lui-même, il peut exister dans la vie telles circonstances où il bénira l'âpre austérité et la salutaire rudesse de l'éducation de ses premiers ans.

Après la force et la santé, il est un bien que l'institution publique doit à tous, parce que pour tous il est d'un avantage inestimable, je veux dire l'accoutumance au travail.

Je ne parle point ici de telle ou telle industrie particulière; mais c'est en général ce courage pour entreprendre une tâche pénible, cette action en l'exécutant, cette constance à la suivre, cette persévérance jusqu'à ce qu'elle soit achevée, qui caractérise l'homme laborieux.

Formez de tels hommes, et la République composée bientôt de ces robustes éléments, verra doubler dans son sein les produits de l'agriculture et de l'industrie.

Formez de tels hommes et vous verrez disparaître presque tous les erreurs.

Formez de tels hommes, et l'aspect hideux de la misère n'affligera plus vos regards.

Créez dans vos jeunes élèves ce goût, ce besoin, cette habitude de travail, leur existence est assurée, ils ne dépendent plus que d'eux-mêmes. J'ai regardé cette partie de l'éducation comme une des plus importantes.

Dans l'emploi de la journée tout le reste sera accessoire, le travail des mains sera la principale occupation.

Un petit nombre d'heures en sera distrait ; tous les ressorts qui meuvent les hommes seront dirigés pour activer l'ardeur de notre laborieuse jeunesse.

Les pères de famille, les élèves, les maîtres, tous, par la loi que je vous propose, seront intéressés à produire dans les ateliers des enfants la masse la plus considérable de travail qu'il sera possible, tous y seront excités par leur propre avantage.

Les uns, parce qu'ils y trouveront la diminution de la charge commune ; les autres parce qu'ils y verront l'espérance d'être honorés et récompensés ; les enfants enfin, parce que le travail sera pour eux la source de quelques douceurs toujours proportionnées à la tâche qu'ils auront remplie.

Il est une foule d'emplois laborieux dont les enfants sont susceptibles. Je propose que tous soient exercés à travailler à la terre ; c'est la première, c'est la plus nécessaire, c'est la plus générale occupation de l'homme ; partout d'ailleurs elle offre du pain.

On peut encore leur faire ramasser et répandre les matériaux sur les routes ; les localités, les saisons, les manufactures voisines de la maison d'institution offriront des ressources particulières. Enfin un parti plus général ne serait peut-être pas impraticable.

Je voudrais qu'on établît dans les maisons d'institution divers genres de travaux auxquels tous les enfants sont propres, et qui, distribués et répartis dans tous ces établissements, grossiraient sensiblement pour la République la masse annuelle des productions manufacturées.

J'appelle sur cette vue importante d'économie politique, l'attention et le génie des citoyens intelligents dans les arts. J'offre un programme à remplir sur cet objet, et je demande que la nation promette une honorable récompense pour tous ceux qui indiqueront un genre d'industrie facile qui soit propre à remplir la destination que je vous propose.

Régler sa vie le plus au joug d'une exacte discipline, sont encore deux habitudes importantes au bonheur de l'être social. Elles ne peuvent se prendre que dans l'enfance ; acquises à cet âge, elles deviennent une seconde nature.

On calculerait difficilement à quel point une vie réglée et bien ordonnée multiplie l'existence, moralise les actions de l'homme, fait entrer dans la conduite tout ce qui est bien, et la remplit tellement d'actes utiles, qu'il n'y reste plus de place, si je puis parler ainsi, pour tout ce qui est vice et désordre.

Je n'attache pas un moindre prix à l'habitude d'une austère discipline. Souvenons-nous que nous élevons des hommes destinés à jouir de la liberté, et qu'il n'existe pas de liberté sans obéissance aux lois.

Ployés tous les jours et à tous les instants sous le joug d'une règle exacte, les élèves de la patrie se trouveront formés à la sainte dépendance des lois et des autorités légitimes. Voyez ce jeune soldat avant qu'il ne s'engage, et retrouvez-le après qu'il a servi quelque temps; ce n'est plus le même homme; ce changement est pourtant l'ouvrage de quelques mois de discipline militaire. Combien ce moyen ne sera-t-il pas plus efficace, étant dirigé sur les organes souples et flexibles de l'enfance, modifié avec philosophie et mis en œuvre avec habileté et intelligence!

Sans l'éducation commune et nationale, il est également impossible de créer les deux habitudes importantes que je viens de développer. Deux heures d'école ébaucheraient à peine l'ouvrage; l'indépendance du reste du jour en effacerait jusqu'à la trace.

Sans l'éducation nationale, il vous faut aussi renoncer à former ce que j'appelle les mœurs de l'enfant, qui bientôt, par ce plan, vont devenir les mœurs nationales; son caractère, un langage qui ne soit pas grossier; l'attitude et le port d'un homme libre, enfin des manières franches, également distantes de la politesse et de la rusticité. Entre citoyens égaux d'une même République, il faut que ces divers avantages de l'éducation soient répartis à tous; car on a beau dire, ces nuances lorsqu'elles existent, créent d'incalculables différences et établissent de trop réelles inégalités entre les hommes.

Je ne sais si je m'abuse, mais il me semble que toutes les habitudes dont j'ai présenté jusqu'ici l'énumération, sont une source féconde d'avantages pour les enfants et pour l'Etat; ce sont les vrais fondements d'une salutaire éducation; sans elles il n'existe pas d'éducation. Si dans l'enfance, nous ne les donnons pas à tous les citoyens, la nation ne peut pas être profondément régénérée.

De toutes ces habitudes, il n'en est pas une seule dont j'entrevoie la source dans le système du comité. Créer des habitudes est un objet entièrement étranger à son plan : il offre à tous d'utiles leçons; mais pour former des hommes, des instructions ne suffisent pas.

J'aborde maintenant l'enseignement, cette partie de l'éducation, la seule que le Comité ait traitée, et ici je marcherai d'accord avec lui.

Quelles sont les notions, quelles sont les connaissances que nous devons à nos élèves? Toujours celles qui leur sont nécessaires pour l'état de citoyens, et dont l'utilité est commune à toutes les professions.

J'adopte entièrement, pour l'institution publique, la nomenclature que le Comité vous a présentée pour le cours des écoles primaires, apprendre à lire, écrire, compter, mesurer, recevoir des principes de morale, une connaissance sommaire de la constitution, des notions d'économie domestique et rurale, développer le don de la mémoire en y gravant les plus beaux récits de l'histoire des peuples libres et de la Révolution française ; voilà le nécessaire pour chaque citoyen; voilà l'instruction qui est due à tous.

Je me contenterai d'observer que, sans multiplier davantage ces objets d'étude, je désire que l'enseignement en soit un peu plus étendu et plus approfondi que dans le plan du Comité; je voudrais reporter quelque chose de l'instruction destinée par le Comité, pour les écoles secondaires, dans mon cours d'institution publique.

Le Comité dans les écoles primaires n'avait préparé cette substance morale, pour l'enfance, que jusqu'à l'âge de dix ans. Je prolonge jusqu'à douze l'institution publique, et ces deux années comportent une nourriture plus solide et plus abondante.

Jusqu'ici j'ai développé le système de diverses habitudes dont la réunion forme le complément d'un bon cours d'éducation ; et cependant je n'ai pas encore prononcé le nom de cette habitude morale qui exerce une si souveraine influence sur toute la vie de l'homme ; je veux dire la religion : sur cette matière délicate, il est plus aisé d'exprimer ce qui est mieux que ce qui est possible.

C'est d'après le principe que l'enfance est destinée à recevoir l'impression salutaire de l'habitude, que je voudrais qu'à cet âge, il ne soit pas parlé de religion, précisément parce que je n'aime point dans l'homme ce qu'il a toujours eu jusqu'à présent, une religion d'habitude. Je regarde ce choix important comme devant être l'acte le plus réfléchi de la raison.

Je désirerais que pendant le cours entier de l'Institution publique, l'enfant ne reçût que les instructions de la morale universelle et non les enseignements d'une croyance particulière.

Je désirerais que ce ne fût qu'à douze ans, lorsqu'il sera rentré dans la société, qu'il adoptât un culte avec réflexion. Il me semble qu'il ne devrait choisir que lorsqu'il pourrait juger.

Cependant, d'après la disposition actuelle des esprits, surtout dans les campagnes, peut-être pourriez-vous craindre de porter le mécontentement et le scandale même au milieu de familles simples et innocentes, si les parents voyaient leurs enfants séparés jusqu'à douze ans des pratiques extérieures de tout culte religieux. Je soumets cette difficulté de circonstances à la sagesse de vos réflexions ; mais j'insiste, dans tous les cas, pour que cette partie de l'enseignement n'entre point dans le cours de l'éducation nationale, ne soit pas confiée aux instituteurs nationaux, et qu'il soit seulement permis (si vous jugez cette condescendance nécessaire), de conduire à certains jours et à certaines heures les enfants au temple le plus voisin, pour y apprendre et y pratiquer la religion à laquelle ils auront été voués par leurs familles.

Telles sont les bornes dans lesquelles se renferme le plan de l'institution publique.

Je peux le résumer en deux mots : donner à tous les habitudes physiques et les habitudes morales, les instructions et les connaissances qui, étant acquises dans l'enfance, influent sur tout le reste de la vie, qu'il importe à tous d'acquérir, qui ont une commune utilité pour tous à quelque profession qu'ils se destinent, et qui doivent produire une masse sensible d'avantages pour la société, lorsqu'elle en aura pourvu également tous les membres qui sont destinés à la composer.

Au surplus, ce plan tracé à la hâte a besoin sans doute d'être perfectionné; de meilleurs esprits, des philosophes plus profonds pourront suppléer à ce qu'il a de défectueux, le temps et l'expérience l'enrichiront. Mais j'observe que ce qu'il a d'utile, que son principal avantage, c'est cette susceptibilité de recevoir un perfectionnement graduel et progressif; c'est un cadre dans lequel toute vue utile, toute institution bienfaitrice à l'enfance peut se placer d'elle-même.

Jamais dans les écoles primaires, nous ne trouverons qu'une instruction imparfaite. Leur vice radical, c'est de ne s'emparer que de quelques heures et de livrer à l'abandon toutes les autres. On concevra en vain des théories ingénieuses; en vain, pour former, pour instruire l'enfance, établira-t-on des méthodes parfaites! Tout cela, avec des écoles primaires, manquera toujours par l'exécution; avec un tel moyen il est impossible de produire autre chose que des effets ou nuls, ou partiels, ou profitables à un très petit nombre d'individus.

Dans l'institution publique au contraire, la totalité de l'existence de l'enfant nous appartient; la matière, si je puis m'exprimer ainsi, ne sort jamais du moule; aucun objet extérieur ne vient déformer la modification que vous lui donnez. Prescrivez, l'exécution est certaine; imaginez une bonne méthode, à l'instant elle est suivie; créez une conception utile, elle se pratique complètement et sans efforts.

J'ai adopté un moyen que je crois très efficace

pour donner à nos établissements d'institution publique la perfection dont ils sont susceptibles. C'est de publier des programmes. Dans mon projet de décret je vous en présente l'aperçu.

Il m'a semblé facile de diviser les différents éléments dont l'ensemble complète notre cours d'éducation. Les uns concernent la formation de l'être moral.

Sur chacun de ces programmes, les citoyens seront invités à travailler et à concourir.

Ouvrez vos trésors pour composer sur chaque partie les meilleurs ouvrages ; et cette munificence même enrichira la République.

Je pousserai encore plus loin cette idée, et j'ose attester que la société et l'humanité pourraient recueillir d'importants avantages de l'établissement permanent de prix annuels proposés à quiconque aura conçu une pensée utile sur l'éducation, et ajouté un bon article au code de l'enfance.

Jusqu'ici je n'ai considéré le sujet que je traite, que sous le rapport de l'éducation ; maintenant je vais vous le présenter sous un autre aspect bien important, celui de l'économie politique.

Diminuer les nécessités de l'indigence, diminuer le superflu de la richesse, c'est un but auquel doivent tendre toutes nos institutions ; mais il faut que la justice, comme la prudence, règlent notre marche. On ne peut s'avancer que pas à pas ; tout moyen convulsif est inadmissible ; la propriété est sacrée, et ce droit a reçu de votre premier décret une nouvelle et authentique garantie.

La mesure la plus douce comme la plus efficace de rapprocher l'immense distance des fortunes, et de corriger la bizarre disparité que le hasard de la propriété jette entre les citoyens, se trouve dans le mode de répartir les charges publiques. Soulager celui qui a peu, que le poids porte principalement sur le riche : voilà toute la théorie, et j'en trouve une bien heureuse et bien facile application dans la nouvelle charte qui va résulter de l'établissement de l'institution publique. En deux mots, l'enfant du pauvre sera élevé aux dépens du riche, tous contribuant pour tout dans une juste proportion, de manière à ne pas laisser à l'indigent même l'humiliation de recevoir un bienfait. Un calcul simple va établir ce résultat jusqu'à l'évidence.

Je propose que, dans chaque canton, la dépense de l'institution publique, nourriture, habillement, entretien des enfants, soit payée par tous les citoyens du canton, au prorata de sa contribution directe. Pour rendre la proportion plus juste je prends l'exemple de trois citoyens.

Je suppose l'un ayant tout juste les facultés requises autrefois pour être citoyen actif, c'est-à-dire payant la valeur de trois journées de travail que j'évalue à trois livres ;

Je suppose à l'autre un revenu de mille livres qui lui produit deux cents livres d'imposition.

Enfin je donne à l'autre cent mille livres de rente pour lesquelles il paie une contribution de vingt mille livres.

Maintenant j'évalue par aperçu la taxe pour

l'éducation commune des enfants à une moitié en sus de l'imposition directe.

Quelle sera la portion contributive de ces trois citoyens?

L'homme aux trois journées de travail paiera pour la taxe des enfants une livre dix sous.

Le citoyen qui a mille livres de revenu y contribuera pour cent livres.

Et celui qui est riche de cent mille livres de rente mettra pour sa part dans la taxe dix mille livres.

Comme vous voyez, c'est un dépôt commun qui se forme de la réunion de plusieurs mises inégales. Le pauvre met très peu, le riche met beaucoup ; mais lorsque le dépôt est formé il se partage ensuite également entre tous; chacun en retire même avantage, l'éducation de ses enfants.

L'homme aux trois journées de travail moyennant la surtaxe de trente sous se verra affranchi du poids d'une famille souvent nombreuse ; tous ses enfants seront nourris aux dépens de l'Etat ; avec ce faible sacrifice de trente sous il pourra avoir jusqu'à sept enfants à la fois élevés aux frais de la République.

J'ai cité l'homme aux trois journées : et cependant ce citoyen était dans la classe ci-devant privilégiée. Il était doué de l'activité : quelle foule innombrable ne profitera pas d'une manière encore plus sensible de la bienfaisance de cette loi, puisque toute la classe des citoyens ci-devant inactifs, au moyen d'une taxe moindre que trente sous, jouira du même avantage!

Il est de toute évidence que, depuis la classe des citoyens ci-devant inactifs, en remontant jusqu'aux propriétaires de mille livres de rente, tout ce qui se trouve dans l'intervalle à intérêt à la loi.

Même pour le propriétaire de mille livres de rente, elle est utile ; car il n'est aucun citoyen qui, jouissant de ce revenu, ne s'abonne volontiers à cent livres par an pour la dépense de l'éducation de tous ses enfants.

Ainsi tout le poids de la surcharge portera uniquement sur ceux qui possèdent plus de mille livres de rente.

Ainsi, plus des dix-neuf vingtièmes de la France est intéressée à la loi ; car certainement il n'y a pas plus d'un vingtième des citoyens dont le revenu excède cent pistoles.

Dans toute cette partie nombreuse de la nation, je ne vois de lésés que les célibataires ou les personnes mariées ou sans enfants ; car ils mettent comme les autres à la masse commune, et ils retirent zéro. Mais je doute que leurs plaintes vous touchent ; ceux-ci ont moins de charges que le reste des citoyens.

D'après ce système, vous voyez qu'il n'y a que le riche dont la taxe se trouverait plus forte que ce qu'il lui en coûterait pour élever sa famille. Mais dans sa surcharge même j'aperçois un double avantage : celui de retrancher une portion du superflu de l'opulence ; celui de faire tourner cette surabondance maladive au soulagement des citoyens peu fortunés, j'ose dire au profit de la société toute entière, puisqu'elle lui fournit les moyens de fonder une institution vraiment digne d'une République et d'ouvrir la source la plus féconde de prospérité, de splendeur et de régénération.

J'ose le demander, où sera maintenant l'indigence? Une seule loi bienfaitrice l'aura fait disparaître du sol de la France.

Jetez les yeux sur les campagnes; portez vos regards dans l'intérieur de ses chaumières; pénétrez dans les extrémités des villes, où une immense population fourmille à peine couverte de haillons; connaissez les détails de ces utiles familles; là-même le travail apporterait l'aisance; mais la fécondité y ramène encore le besoin. Le père et la mère, tous deux laborieux, trouveraient facilement dans l'industrie ce qu'il leur faut pour vivre; mais ce pain gagné péniblement n'est pas pour eux seuls; des enfants nombreux leur en arrachent une partie, et la richesse qu'ils donnent à l'État repousse sur eux toutes les horreurs de la misère.

Là, par l'injustice vraiment odieuse de notre économie sociale, tous les sentiments naturels se trouvent dépravés et anéantis.

La naissance d'un enfant est un accident. Les soins que la mère lui prodigue, sont mêlés de regrets et du mal-être de l'inquiétude. A peine les premières nécessités sont elles accordées à cette malheureuse créature; car il faut que le besoin qui partage soit parcimonieux: l'enfant est mal nourri, mal soigné, mal traité; et souvent, parce

qu'on souffre, il ne se développe point ou il se
développe mal ; et à défaut de la grossière culture cette jeune plante est avortée. Quelquefois
même, le dirai-je? un spectacle plus déchirant
m'a navré ; je vois une famille affligée ; j'approche : un enfant venait d'expirer là... et
d'abord la nature arrachait à ce couple infortuné
quelques pleurs ; mais bientôt l'affreuse indigence lui présentait cette consolation plus amère
encore que ses larmes... c'est une charge de
moins !

Utiles et malheureux citoyens, bientôt peut-
être cette charge ne sera plus pour vous un fardeau ; la République bienfaisante viendra l'alléger
un jour ; peut-être rendus à l'aisance et aux
douces impulsions de la nature, vous pourrez
donner sans regrets des enfants à la patrie. La
patrie les recevra tous également, les élèvera tous
également sur les fonds du superflu de la richesse ; les nourrira tous également, les vêtira
tous également ; et lorsque vous les reprendrez
tout formés de ses mains, ils feront rentrer dans
vos familles une nouvelle source d'abondance
puisqu'ils y apporteront la force, la santé, l'amour
et l'habitude du travail.

Quelque considérable que dût être la tâche des
enfants, ce ne serait pas un motif suffisant pour
se priver des avantages d'une aussi belle institution, puisque cette tâche ne grèverait que le riche ;
tandis que les parents dont la fortune est médiocre payeraient au-dessous de ce qu'il leur en coûterait chez eux pour élever leurs enfants. Mais

cette charge ne sera pas énorme, si vous adoptez quelques autres dispositions que je vous propose.

D'abord le produit du travail des enfants viendra au soulagement de la dépense de la maison ; tout enfant au-dessus de huit ans, c'est-à-dire plus de la moitié des élèves, peut gagner la nourriture. Il n'y aura que les enfants de cinq, six et sept ans, qui seront en pure charge ; ceux-là recevront sans rien mettre. Quiconque a vu des lieux où fleurit l'industrie, sait qu'on connait l'art d'employer fort utilement des enfants de huit ans et au-dessus. Tout consiste à établir un ordre sage et à bien monter la machine.

Ici tous les intérêts concourront à multiplier auprès des maisons nationales d'institution des objets de travaux à la convenance des enfants.

Les citoyens du canton s'occuperont, s'empresseront d'en appeler l'occasion, puisque la masse des produits diminuera d'autant la charge qu'ils supportent. L'ardeur des enfants sera animée par des encouragements qu'un règlement sage présentera à leur émulation.

Les maîtres eux-mêmes recevront des récompenses, lorsque les enfants confiés à leurs soins auront emporté le prix du travail.

Je crois qu'il est encore une autre ressource dont nous pourrons grossir les fonds destinés à nos établissements.

Quelques enfants auront des revenus personnels.

Tant qu'ils seront au nombre des élèves de la

nation, toute dépense cessera pour eux ; qu'est-il besoin que ces revenus épargnés chaque année grossissent leurs capitaux pour le moment où ils seront en âge de jouir de leur bien ? N'est-il pas plus naturel que pendant le temps où la nation prend soin d'eux, leurs revenus soient appliqués à la dépense commune ?

Notre droit positif se joint ici à la raison pour indiquer cet emploi. Les pères et mères, par droit de garde, jouissaient des revenus de leurs enfants mineurs ; mais l'entretien des enfants en était la condition et la charge ; alors la charge passerait à la patrie ; il parait juste et convenable qu'elle jouisse aussi des avantages.

Voici donc comme je propose de doter nos établissements d'institution nationale :

1o Le produit du travail des enfants ;

2o Les revenus personnels des enfants qui y seront élevés pendant tout le temps de leur éducation ;

3o Le surplus sera fourni par les produits d'une taxe imposée sur tous les citoyens du canton, chacun dans la proportion de ses facultés. Je n'ajouterai plus qu'une observation pour terminer cet aperçu ; c'est que les intéressés devant eux-mêmes administrer, ainsi que je vais le développer dans un instant, la plus sévère économie sera apportée dans les dépenses.

Les dépenses se borneront au juste nécessaire.

Aucun domestique ne sera employé dans les maisons d'institution : les enfants les plus âgés donneront aux plus jeunes les secours dont ils pourront avoir besoin ; ils feront, chacun à leur tour, le service commun, ils apprendront, tout à la fois à se suffire à eux-mêmes, et à se rendre utiles aux autres.

Il n'existera donc, à proprement parler, que trois articles de dépense. Les appointements des instituteurs et institutrices, les vêtements, la nourriture des enfants.

Je propose de fixer les appointements des instituteurs à quatre cents livres, et ceux des institutrices à trois cents, en leur donnant pour leur nourriture double portion de celle des enfants les plus âgés.

Quant aux vêtements, les étoffes les plus communes y seront employées, et vous pouvez concevoir que les frais n'en seront pas considérables.

Tous les citoyens du canton ayant un intérêt commun à l'économie, chacun y mettra un peu du sien ; l'un y mettra son étoffe, l'autre le métier qu'il fait, les mères de famille leur travail, tous se partageront la tâche à l'envi, et ainsi la charge deviendra plus légère pour tous.

A l'égard de la nourriture, les aliments les plus simples et les plus communs, à raison de leur abondance, seront préférés.

Il sera fait un état de ceux qui conviennent à la santé des enfants ; et dans le nombre déterminé on choisira toujours celui que le climat et la saison offrent à moins de frais. Je crois que le vin et la viande en doivent être exclus; l'usage n'en est pas nécessaire à l'enfance; et pour vous présenter un aperçu de l'utile parcimonie qu'on peut apporter dans les frais de nourriture des jeunes élèves, je vous citerai un fait que tous les journaux du temps ont publié. Dans le grand hiver de 1788, le curé de Sainte-Marguerite, à Paris, employa, avec le plus grand succès, une recette composée d'un mélange de plusieurs espèces d'aliments ; il fit vivre fort sainement une multitude immense de malheureux, et la portion d'un homme fait n'allait pas à trois sous par jour.

Maintenant il ne me reste plus qu'à vous exposer de quelle manière je conçois que doit être organisée l'administration des nouveaux établissements d'institution publique. Quels autres que les pères de famille du canton pourraient recevoir cette marque honorable de la confiance publique ?

.Qui pourrait y apporter un intérêt plus direct ?

Où trouverions-nous une surveillance plus éclairée ?

Les pères de famille ont, tout à la fois, et le droit, et le devoir de couver continuellement des regards de tendresse et de sollicitude, ces intéressants dépôts de leur plus douces espérances. Mais aussi aux pères de famille est dû cet honneur : le célibataire ne l'a pas encore mérité.

Je propose que tous les ans, les pères de famille du canton réunis, choisissent, pour chaque maison d'éducation nationale, qui y sera établie, un conseil de cinquante deux pères pris dans leur sein. Chacun des membres du conseil sera obligé de donner dans tout le cours de l'année, sept jours de son temps, et chacun fera sa semaine de résidence dans la maison d'institution, pour suivre la conduite, et des enfants et des maîtres.

De cette manière, il y aura pour tous les jours de l'année un père de famille chargé de la surveillance ; ainsi l'œil de la paternité ne perdra pas de vue l'enfance d'un seul instant.

Le père de famille surveillant aura pour fonction de s'assurer de la bonne qualité et de la juste distribution des aliments, de maintenir l'exécution des règlements pour l'emploi des différentes heures de la journée, d'activer le travail des mains, de dresser l'état des tâches que chaque enfant aura remplies. d'entretenir la propreté si nécessaire à la bonne santé des élèves, de les faire soigner s'ils sont malades, enfin de tenir constamment les enfants et les maîtres dans la ligne étroite des devoirs qui seront tracés aux uns et aux autres.

Une fois tous les mois, le conseil des cinquante deux pères de famille s'assemblera, et chacun y rendra compte de ses observations, des plaintes ou des éloges dont sa semaine de surveillance lui aura fourni l'occasion.

Je crois utile que quelques membres des autorités constituées soient présents à cette séance, pour qu'ils puissent sans délai porter remède aux abus dont ils acquerraient la connaissance.

Pour l'administration pécuniaire, pour la recette et pour la dépense, le conseil des cinquante-deux pères formera un comité de quatre membres pris dans son sein, dont les fonctions seront de régler tous les achats pour le vêtement, la nourriture et l'entretien de la maison ; de prescrire suivant les saisons, la nature des aliments qui seront fournis aux enfants ; de déterminer les genres de travaux corporels auxquels ils seront employés ; de fixer le prix de leurs tâches ; enfin de tenir tous les registres.

Chaque mois ils présenteront leurs comptes au conseil des cinquante deux pères de famille, et le double en sera adressé aux autorités constituées.

Telle est l'administration, tout à la fois simple et active que je propose pour chaque établissement d'éducation. Avec ces précautions avec cette surveillance, avec cette économie de l'intérêt personnel, nous pouvons être assurés que la tâche toujours légère pour le pauvre et pour le propriétaire d'une fortune médiocre, ne sera jamais excessive même pour le riche. Au surplus, en fait de taxe publique, c'est moins sa mesure qui appauvrit et énerve un état, que sa mauvaise répartition ou son emploi ; or, ici les caractères les plus heureux d'une saine économie politique se réunissent ; puisque la taxe proposée n'a d'autres effets que de placer une somme du superflu pour la verser sur le besoin. La somme d'une dépense qui existait auparavant, celle de la nourriture et entretien des enfants est changée ; mais alors tous mettaient également ; c'était une charge supportée par tête ; aujourd'hui dans mon système elle devient proportionnelle aux facultés. La pauvreté n'y met presque rien, la médiocrité reste à peu près au même point ; l'opulence met presque tout.

En Angleterre la seule taxe des pauvres monte à soixante millions. En Angleterre dont le territoire et la population ne formeraient qu'un tiers de la France. Là, une contribution aussi énorme est employée pour guérir une maladie du corps politique. En France, la taxe des enfants opèrera des effets plus généraux et plus salutaires, puisqu'elle renouvellera tous les éléments de l'Etat, qu'elle épurera, pour ainsi parler, tous les germes nationaux, et qu'elle portera dans la république les principes impérissables d'une vigueur et d'une santé toute nouvelle.

Ce mot de *taxe des pauvres* me fait concevoir une pensée à laquelle je crois quelque moralité. Nous regardons comme une dette de la société l'obligation de nourrir les vieillards et les infirmes hors d'état de gagner leur vie ; déjà vous en avez reconnu le principe, et vous vous occupez des moyens d'exécution. Pourquoi élever dispendieusement de nouveaux édifices ? Formons une réunion doublement utile : je voudrais que les vieillards à la charge des communes d'un canton, trouvassent leur asile dans une partie des établissements destinés à l'institution publique.

Là, presque sans frais, ils partageraient une frugale nourriture ; là, presque sans frais, ils recevraient les assistances journalières qui leur sont nécessaires : les enfants les plus âgés et les plus forts seraient successivement employés à l'honneur de les servir,

Quelle utile institution ! Quelle leçon vivante des devoirs sociaux ! Il me semble qu'il existe

quelque chose de touchant et de religieux dans le
rapprochement du premier et du dernier âge, de
l'infirmité caduque et de la vigueur de l'enfance.
Ainsi le haut respect pour la vieillesse la compas-
sion pour le malheur, la bienfaisante humanité,
pénètreront dans l'âme de nos élèves avec leurs
premières sensations et s'y graveront profondément ; leurs habitudes même deviendront en eux
des vertus.

Tel est, représentants, l'aperçu rapide du plan
que je vous soumets. Jusqu'ici il me semble que
tous ceux qui ont traité cette matière se sont
appliqués uniquement à former un système
d'instruction publique : moi j'ai cru qu'avant
l'instruction, il fallait fonder l'institution publique.

L'une est profitable à plusieurs, l'autre est de
tous.

Celle-là propage des connaissances utiles ;
celle-ci crée et multiplie des habitudes nécessaires. Bientôt dans mon plan l'instruction publique aura sa place désignée ; c'est une décoration partielle de l'édifice ; mais l'institution publique est la base fondamentale sur laquelle
l'édifice entier est assis.

L'institution publique, comme je la conçois,
sans nuire aux arts ni à l'agriculture, leur prépare au contraire une nouvelle prospérité ; elle
leur emprunte quelques années de l'enfance,
mais pour leur rendre bientôt des bras plus vigoureux et dévoués encore de toute la flexibilité
du premier âge.

Ainsi la population recevra de puissants encouragements.

Ainsi les mères, par leur propre intérêt, seront
ramenées au plus doux des devoirs, à celui d'allaiter elles-mêmes leurs enfants.

Ainsi jusqu'à cinq ans l'enfance sera moins
abandonnée à une pernicieuse incurie ; des encouragements et quelques lumières conserveront à
la République une foule innombrable de ces êtres
malheureux que la nature constitua pour vivre,
et que la négligence condamne chaque année à
périr.

Ainsi, depuis cinq ans jusqu'à douze, c'est-à-
dire dans cette portion de la vie si décisive pour
donner à l'être physique et moral la modification,
l'impression, l'habitude qu'il conservera toujours,
tout ce qui doit composer la République, sera jeté
dans un moule républicain.

Là, traités tous également, nourris également,
vêtus également, enseignés également, l'égalité
sera pour les jeunes élèves, non une spécieuse
théorie, mais une pratique continuellement
effectuée.

Ainsi se formera une race renouvelée, forte,
laborieuse, réglée, disciplinée, et qu'une barrière
impénétrable aura séparée du contact impur des
préjugés de notre espèce vieillie.

Ainsi réunis tous ensemble, tous indépendants
du besoin, par la munificence nationale, la même
instruction, les mêmes connaissances leur seront
données à tous également; et les circonstances
particulières de l'éloignement du domicile, de

l'indigence des parents, ne rendront illusoire pour aucun le bienfait de la patrie.

Ainsi la pauvreté est secourue dans ce qui lui manque; ainsi la richesse est dépouillée d'une portion de son superflu; et sans crise ni convulsion, ces deux maladies du corps politique s'atténuent insensiblement.

Depuis longtemps elle est attendue, cette occasion de secourir une portion nombreuse et intéressante de la société; les révolutions qui se sont passées depuis trois ans ont tout fait pour les autres classes de citoyens, presque rien encore pour la plus nécessiteuse peut-être, pour les citoyens prolétaires dont la seule propriété est dans le travail.

La féodalité est détruite, mais ce n'est pas pour eux; car ils ne possèdent rien dans les campagnes affranchies.

Les contributions sont plus justement réparties; mais par leur pauvreté même, ils étaient presque inaccessibles à la charge : pour eux le soulagement est aussi presque insensible.

L'égalité civile est rétablie, mais l'instruction et l'éducation leur manquent; ils supportent tout le poids du titre de citoyens; ont-ils vraiment aptitude aux honneurs auxquels le citoyen peut prétendre?

Jusqu'ici l'abolition de la gabelle est le seul bien qui ait pu les atteindre, car la corvée n'existait déjà plus, et momentanément ils ont souffert par la cherté des denrées, par le ralentissement du travail, et par l'agitation inséparable des tem-

pêtes politiques. Ici est la révolution du pauvre...
mais révolution douce et paisible, révolution qui
s'opère sans alarmer la propriété, et sans offenser
la justice. Adoptez les enfants des citoyens sans
propriété, et il n'existe plus pour eux d'indigence. Adoptez leurs enfants, et vous les secou-
rez dans la portion la plus chère de leur être.
Que ces jeunes arbres soient transplantés dans
la pépinière nationale ; qu'un même sol leur four-
nisse les sucs instructifs, qu'une culture vigou-
reuse les façonne ; que, pressés les uns contre les
autres, vivifiés comme par les rayons d'un
astre bienfaisant, ils croissent, se développent, s'élancent tous ensemble et à l'envi sous
les regards et sous la douce influence de la
patrie.

L'enfant est parvenu à douze ans, à cet âge finit
pour lui l'institution publique : il est temps de le
rendre aux divers travaux de l'industrie. L'en
séparer davantage ce serait nuire à la société.

Mais jusque-là la société a payé sa dette rigoureuse envers lui, elle lui a conservé tout ce qu'il
reçut de la nature, elle en a même perfectionné
les dons dans sa personne : il est susceptible de
tout, le sol est fertilisé pour toute espèce de productions. Le jeune élève a les habitudes physiques et morales nécessaires dans tous les états
s'il a les connaissances d'une commune utilité aux
citoyens de toutes les professions : en un mot, il
a la préparation, la modification générale qu'il
lui importe d'avoir reçue, soit pour le bien-être
particulier de la vie, soit pour constituer utile-

ment une des portions élémentaires destinées à composer la République.

Cependant à cet âge placé entre la jeunesse et l'enfance, la patrie ne peut pas cesser toute surveillance : des soins sont encore dus à l'adolescence, parce qu'ils lui sont encore nécessaires ; et ici se présentent à nous des questions dont l'intérêt est vraiment digne de l'attention du Législateur.

Au sortir de l'institution publique, l'agriculture et les arts mécaniques vont appeler la plus grande partie de nos élèves, car ces deux classes constituent la presque totalité de la nation.

Une très petite portion, mais choisie, sera destinée à la culture des arts agréables et aux études qui tiennent à l'esprit.

Voyons quels sont les devoirs de la société envers les uns et les autres. Quant aux premiers, l'apprentissage de leurs divers métiers n'est pas du ressort de la loi. Le meilleur maître c'est l'intérêt ; la leçon la plus persuasive, c'est le besoin. Les champs, les ateliers sont ouverts, ce n'est point à la République à instruire chaque cultivateur et chaque artisan en particulier ; tout ce qu'elle peut faire, c'est de surveiller en général le perfectionnement de l'agriculture et des arts, surtout d'en développer les progrès par des encouragements efficaces et par les lois d'une saine économie.

Laisserons-nous pourtant à un abandon absolu deux classes nombreuses, celles des jeunes citoyens devenus artisans et laboureurs ? ou plutôt la société ne doit-elle pas continuer encore envers eux les soins de quelque culture morale?

Voici ce qui m'a paru utile et en même temps praticable.

La semaine appartient au travail ; les en détourner serait absurde et impossible ; mais aux jours de délassement, à certaines époques qui seront déterminées, il est bon, il est convenable que la jeunesse retrouve des exercices du corps, quelques leçons, des fêtes, des rassemblements qui appellent son attention, intéressent sa curiosité, excitent son émulation. Ainsi les heureuses impressions qu'aura reçues l'enfance ne s'effaceront point ; et sans rien dérober du temps nécessaire aux travaux, le repos cessera d'être oisif, et le plaisir lui-même présentera des instructions (1).

(1) La lecture de ce mémoire dans lequel on ne peut méconnaître un tendre intérêt pour l'enfance et pour la classe la plus nombreuse et la plus pauvre, ne pouvait manquer de produire une vive impression sur une assemblée dominée, à cette époque, par les idées les plus égalitaires. Soutenu par Léonard Bourdon, Danton et Robespierre, il fut combattu par Grégoire et Thibaudeau « L'imagination dit Robespierre, en opinant pour l'adoption du plan d'institution publique, pose les bornes du possible ; mais quand on a le courage de bien faire, il faut franchir ces bornes... Je vois d'un côté la classe des riches qui repousse cette loi ; de l'autre le peuple qui la demande : Je n'hésite plus : elle doit être adoptée. » Danton qui déclara plus tard, que les enfants appartiennent à la République avant d'appartenir à leurs parents, fit décréter la création de *maisons d'égalité* où les enfants seraient instruits, nourris et logés gratuitement, et de classes où les citoyens qui voudraient garder leurs enfants pourraient les envoyer pour s'y instruire. Fourcroy, dans le remarquable discours qui suit, adopta le projet

Vos comités, dans un travail vraiment philosophique, vous ont offert des moyens d'appeler dans les solennités civiques la jeunesse sortie des premières écoles.

Ici donc s'achève mon plan par celui de vos comités ; je n'ajouterais rien de neuf, et vos moments sont précieux.

d'une éducation commune pour tous les enfants, mais dans des externats seulement, ce qui réduisait à des proportions raisonnables et pratiques, le plan chimérique proposé par Le Peletier.

DISCOURS DE FOURCROY (1).

La Convention nationale a entendu deux fois
la lecture du plan d'éducation de Michel Le Peletier ; il n'est pas un de ses membres qui n'ait
reconnu dans co plan la pureté, l'austérité des
principes et le caractère républicain de son auteur ; tous ont applaudi aux vues sages et profondes qu'il renferme ; tous ont conçu, sans doute,
les plus heureuses espérances de son exécution.
Cependant on a demandé l'ajournement de la
discussion à vingt-quatre heures, et l'on a voulu
méditer les bases de cet important projet avant
d'en adopter les développements. Cet ajournement, bien court pour le plan qui en est l'objet,
annonce dans les législateurs le sentiment qui les
presse pour instituer l'éducation, et il répond à
l'impatient besoin du peuple français pour l'établissement de la première instruction qui doit
fonder sur des bases inébranlables la prospérité
de la République. Ce sera donc moins par des
discours longuement et péniblement travaillés
qu'on pourra aborder cette grande et utile discussion, que par la force des raisonnements et la

(1) O pinion de Fourcroy, député du département de Paris, sur
le projet d'éducation nationale de Michel Le Peletier. (Séance
du 30 juillet 1793).

sévérité des principes. L'illusion de l'éloquence, l'art des paroles, ne seront pour rien dans cette question et l'on demandera plutôt à être éclairé et convaincu, que séduit et charmé. J'aborderai donc cette discussion avec la simplicité républicaine ; et j'en éloignerai soigneusement tout le faste oratoire, dont on avait paré et comme enveloppé tous les points dans les deux assemblées qui ont précédé la Convention nationale.

Je pourrais remarquer d'abord que la difficulté de traiter cette partie de notre législation nouvelle, se montre éminemment dans la multiplicité presque effrayante des projets qui ont été successivement présentés à cette tribune, et surtout dans la différence des plans qui se sont succédé sur cette matière. C'est une vérité frappante, que plus on écrit dans un temps donné sur un objet quelconque des connaissances humaines, moins cet objet approche de la perfection.

Quand les principes d'un art ou d'une science sont trouvés, l'esprit humain se repose en quelque sorte ; il n'a plus qu'à jouir de son ouvrage et à y ajouter, sans efforts, les nouvelles découvertes et toutes les applications que le temps et l'expérience y apportent de concert. L'éducation, il faut le dire, n'en est pas là ; les préjugés, les despotismes seuls, ont façonné jusqu'ici les hommes ; on en trouve encore des traces trop profondes dans les projets des assemblées Constituante et Législative. La philosophie même n'en avait pas brisé les chaînes ; et si les plans, déjà anciens, pour l'état de la République française, avaient été décrétés, on aurait formé beaucoup de raisonneurs et d'esclaves ; il n'en serait pas sorti un seul homme digne de la nature, c'est-à-dire un vrai républicain.

Michel Le Peletier s'est élevé tout à coup à une grande hauteur ; son projet hardi diffère de tous les autres ; il n'avait de guides que dans les législateurs anciens. Il regarde, avec les sages de la Grèce, les fils des citoyens comme les enfants de la République ; il les sépare de leurs parents ; ils ont avant eux une première mère : c'est la patrie ; il les recueille dans le sein de cette mère commune ; il les nourrit de sa propre substance ; il les forme entièrement pour elle ; il veut qu'ils soient tout entiers à la République : c'est sans doute une idée grande et digne de son auteur. Il est temps en effet de songer à former des républicains : il faut détruire la mollesse qui énerve ; il faut donner à nos enfants un corps et une âme robustes. Il est donc pressant de briser le moule ancien, car les statues frêles et délicates qu'on y a formées jusqu'ici ne conviendraient plus au régime de la liberté et de l'égalité. Si vous voulez les faire jouir, quand ils seront hommes, des bienfaits précieux que nos travaux leur auront préparés, si vous voulez qu'ils soient libres et égaux, le pourriez-vous sans l'institution et sans l'éducation communes ? S'ils suivent chacun une route différente, craignez qu'ils n'arrivent pas au même but.

N'est-il pas nécessaire que leur corps soit également exercé au maniement des armes pour qu'ils

puissent un jour également défendre leur patrie ?
Leur esprit ne doit-il pas recevoir les mêmes
principes et les mêmes sentiments, si vous voulez
qu'ils aiment les lois et qu'ils adoptent le gouvernement que leurs pères auront eu le bonheur de
conquérir ? N'ont-ils pas le droit de nous demander
les moyens d'acquérir les connaissances qui leur
sont à tous nécessaires pour concourir en commun
au soutien et à l'exécution des lois que vous leur
aurez données ?

Enfin, voulez-vous laisser aux caprices, aux
préjugés, à la malveillance, et surtout à la haine
de vos lois et de la Révolution française, le soin
d'élever contre la patrie les enfants qu'elle appelle
à sa défense et au maintien de sa constitution
républicaine ? Non, sans doute : les législateurs
qui ont fondé la République française ne négli-
geront aucun des moyens d'en assurer la stabilité ; ils n'oublieront pas que son sort dépend de
l'éducation des enfants et de l'institution de la
jeunesse ; ils s'empresseront d'étouffer les germes
de dissolution que la malveillance et l'aristocratie
s'efforcent déjà de répandre dans une partie de la
génération qui s'élève : ils seront tous d'accord
en ce point avec Le Peletier. Le premier objet de
la difficulté sur l'éducation commune me paraît
donc facile à déterminer. Ce mode d'éducation est
le seul convenable à des républicains, et il sera le
soutien de l'édifice élevé par la Convention nationale. Les difficultés qu'on oppose ne sont pas
insolubles ; aucune localité, aucune circonstance
même particulière aux familles n'y mettront un

obstacle. Tous les obstacles seront détruits par la volonté du peuple et par le sentiment profond de l'utilité dont tous les Français sont pénétrés. J'y reviendrai d'ailleurs dans un moment.

Mais cette éducation commune, dont il me semble qu'aucun législateur ne peut méconnaître l'indispensable nécessité, doit-elle être donnée aux dépens de la République comme le voulait Le Peletier ? La sévérité, l'austérité même des principes républicains sont, en effet, fortement exprimées dans ce premier article du projet de Le Peletier. Sans doute il serait bien à désirer qu'il nous fût permis de l'adopter et de consacrer ainsi dès leurs premiers pas dans la vie civile, l'égalité qui doit exister à jamais entre tous les Français. J'avoue que la beauté, la moralité même de cette loi, m'a d'abord frappé vivement ; il m'a même semblé que l'unité, l'intégralité du projet de Le Peletier était toute entière comprise dans cet article. Mais en y réfléchissant profondément, j'ai reconnu qu'il était absolument impossible d'en concevoir et d'en espérer l'exécution. Un regret sincère, un véritable sentiment de douleur s'est mêlé à mes réflexions. L'empire des convenances n'a malheureusement qu'une trop forte influence sur les législateurs.

Voyons donc si le projet de Le Peletier peut être réalisé, et présentons les principaux obstacles qui s'y opposent. Le pauvre sera privé de la ressource que lui procurent ses enfants depuis sept jusqu'à dix ou douze ans ; car la vie du simple cultivateur, de l'habitant laborieux des campagnes, souvent même de l'artisan des villes, dépend en partie de ses enfants. Il est à craindre que malgré son attachement à la République, il ne puisse pas lui confier ses enfants qui contribuent à sa subsistance; alors le riche ou le citoyen aisé jouirait du privilège exclusif de voir sa famille élevée par la patrie, et ne contribuerait pas, comme il le doit, à l'éducation des enfants des citoyens indigents. Le local nécessaire pour le logement et l'entretien total des enfants de tous les citoyens occuperait une si grande partie du territoire de la République, et exigerait un si grand sacrifice de ses domaines, en maisons d'émigrés ou autres maisons nationales, que les premiers fonds de pareils établissements s'élèveraient beaucoup au-dessus de ce qu'il lui est permis d'y consacrer.

La commission n'a point présenté de calculs même approximatifs des dépenses annuelles nécessaires pour la nourriture, le vêtement et l'entretien de plusieurs millions d'enfants : un aperçu très simple fera voir combien nos espérances de réussite à cet égard sont faiblement établies. Je ne suppose que trois millions d'enfants depuis cinq jusqu'à douze ans; je les réduis chacun à la dépense de 510 livres par an, et cette estimation est faible pour tous les temps; et je trouve déjà 540 millions de dépenses annuelles, auxquels il faudrait ajouter la première mise nationale des maisons destinées à ces nombreux établissements, celle des ustensiles, meubles et vêtements indispensables, les traitements annuels

des instituteurs et des institutrices. Pour faire
face à cette dépense, Le Peletier propose les neuf
dixièmes du produit du travail des enfants, les
revenus personnels de ceux d'entre eux qui en
auraient, et une contribution ou charge locale
des habitants du canton ou de la section.

Il n'est pas besoin sans doute d'insister longtemps sur ce calcul fort simple, pour faire voir
qu'au lieu d'un dégrèvement que le peuple attend
de vous sur ses contributions, ce surcroit pèserait
trop sur lui, pour espérer que le sentiment du
bien, malheureusement trop long, qui doit en
résulter, l'emporterait sur l'impression du moment
produite par cette nouvelle charge. Sans doute,
les citoyens ne perdraient pas de vue que la République, en élevant leurs enfants à ses frais, leur
en ôterait la charge pendant sept ans ; et le pauvre
y verrait la vie et l'instruction de sa famille assurées ; mais la rentrée d'une pareille contribution
annuelle, ajoutée à celles qui existent, paraît entraîner trop de craintes et d'incertitudes, pour
que la subsistance et l'entretien de tous les enfants
de la République, puissent reposer avec sécurité
sur cette base.

Je le répète, ce n'est qu'avec peine que j'ai entrepris de combattre cette partie si morale et si
pure du projet de Le Peletier, mais la douce illusion de l'espérance doit malheureusement s'éva-
nouir devant l'exactitude des calculs : et si la
commission qui a adopté avec un intérêt si bien
senti et si bien mérité le plan de Le Peletier, avait
proposé un moyen d'exécuter cet article, elle eût

épargné, sans doute, à tous les membres de cette assemblée la douleur d'en trouver la réussite impossible.

Cependant ce motif ne doit pas faire rejeter le projet qui s'accorde le mieux avec les mœurs et les lois qui distinguent les républicains français. Oter l'éducation aux frais de la République, ce n'est pas réduire à rien le plan de Le Peletier. Il m'a semblé que sa masse et ses détails étaient trop bien conçus, trop bien ordonnés, trop convenables surtout à la liberté et à l'égalité, pour qu'il ne dût pas être considéré comme le meilleur de tous ceux qui ont été présentés sur la première éducation. On n'en détruira pas la régularité, l'ordonnance et l'ensemble ; on ne l'annulera pas en retranchant quelques articles, et en en modifiant quelques autres.

Il remplit le vœu qu'on forme de toutes parts dans la République française ; il montrera dans tous ses points l'égalité la plus parfaite. Aux enfants, il développera et fortifiera leurs organes, il les accoutumera au joug d'une discipline salutaire, il formera leur cœur et leur esprit, il atteindra également leur perfectibilité physique et morale, il leur apprendra de bonne heure à ne distinguer que les vertus et les talents, il leur inspirera la haine des tyrans, en un mot il formera des républicains. Qu'on n'objecte pas que l'éducation commune ne conviendra pas à tous les parents ; que c'est forcer les intentions des pères et mères, et leur arracher leurs enfants. Vos écoles primaires, une fois instituées, avec la pureté et l'utilité qui convient à nos mœurs, les pères s'empresseront d'y envoyer leurs enfants : quand il n'y aurait pas double contribution pour celui qui refuserait de remplir ce devoir, il serait assez puni; il encourrait le blâme qui poursuit les mauvais citoyens, s'il répugnait à confier ses enfants à l'éducation qui doit les lier d'un nœud indissaluble à tous ses frères. Peut-être même cette crainte dû blâme serait-elle assez puissante pour que vous n'ayez pas besoin d'exiger de ces mauvais pères une imposition double. Espérez tout des mœurs républicaines, et comptez sur la moralité du peuple français.

Les enfants seront-ils vraiment élevés en commun, lorsqu'ils ne seront pas fixés et réunis pendant plusieurs années dans des établissements publics, lorsqu'ils ne coucheront pas sous le même toit, lorsqu'ils n'useront pas des mêmes aliments et ne suivront pas, en un mot, la même marche dans tous les points de leur éducation?

En traitant cette question, je répondrai à l'objection qu'on pourrait me faire, si, sans examiner avec assez d'attention le projet auquel je propose quelques amendements, on pensait que c'est détruire tout le plan que de l'amender ainsi et qu'en rejetant l'éducation intérieure et l'habitation commune des enfants, tout l'édifice élevé par Le Peletier s'écroule. Sans me livrer ici à des considérations étrangères aux temps et aux lieux sur les lois somptuaires, je crois que des législateurs sages qui interrogent les physiciens et les philosophes sur la forme la plus convenable des vêtements de l'enfant, devront, lorsque cette forme sera trouvée, en faire par une loi l'habit commun des enfants de toute la République ; je crois que cette loi fondée sur les connaissances les plus exactes de la structure et de la mobilité des enfànts, sera un bienfait pour les parents, et ne manquera pas d'être exécutée. Ainsi tous les enfants seront habillés de la même manière et des mêmes étoffes simples : J. Jacques a déjà fait cette loi pour son Emile, et la physique médicale vous donnera le moyen de son éducation.

Le même philosophe, dont les principes ont été tant de fois proclamés dans cette tribune, guidera vos pas, quand vous voudrez apprendre aux pères qu'une nourriture simple et même grossière, qu'un lit dur, et que l'éloignement de tous les besoins factices, sont un des plus grands services que leurs enfants attendent d'eux. Une instruction simple sur l'utilité de ces mesures pour l'enfance et la preuve bientôt acquise par l'expérience que la santé des enfants se fortifie par ces moyens, suffira pour établir sûrement l'uniformité dans cette partie de l'éducation confiée aux parents.

Excepté les repas et le mode du repos de la nuit, que votre sagesse et vos vues sur le bonheur de la génération qui doit vous succéder, persuaderont sans doute aux parents d'adopter uniformément, tout le reste de l'éducation devient uniforme par la loi de Le Peletier.

Les écoles ouvertes pendant la plus grande partie de la journée réuniront les enfants dans leurs jeux, leurs études, leurs exercices et les premiers éléments des arts qu'on leur fera pratiquer.

Vous pourrez imiter Athènes, où les écoles étaient ouvertes au lever du soleil et fermées à son coucher ; chez vous comme en Grèce, les enfants en se jouant seront initiés aux premières connaissances humaines ; on pourra même étendre un peu la limite de celles que Le Peletier leur préparait ; et je sais par une expérience déjà assez multipliée, que l'enfance est bien plus disposée qu'on ne le croit à acquérir les notions, simples il est vrai, mais exactes et suffisantes, sur les productions de la nature et des arts qu'il importe que tous les hommes connaissent dans quelque position et quelque état qu'ils doivent se trouver.

Je m'arrête ici : je n'ai voulu discuter qu'un point du projet de Le Peletier, celui qui fait l'objet principal, dont il paraît que la Convention doit s'occuper en premier lieu. Je crois avoir prouvé que l'instruction commune est la seule qui convienne à des républicains ; que le projet de Le Peletier remplit tout ce qu'on doit se proposer à cet égard, quoique l'éducation ne puisse pas être donnée à tous les enfants aux dépens de la République. Je demande qu'on discute article par article le projet de cet illustre martyr de la liberté. Je ne doute pas que la Convention nationale, en se livrant à cette discussion, trouvera que ce plan peut être exécuté avec l'amendement que je propose.

DISCOURS DE JEAN-MARIE CALÈS (1)

Ces mots « instruction publique, » renferment tant d'objets, présentent tant d'intérêt au philosophe et au législateur, qu'il n'est pas étonnant que j'aie encore conçu des idées relatives qui paraissent dignes de vous être présentées, quoiqu'il semble que les orateurs qui m'ont précédé aient tout dit pour l'agrément et pour l'utilité.

Vous conviendrez, citoyens, que tous les projets qu'on vous a présentés jusqu'ici n'ont de rapport qu'à une partie de l'humanité; et il semble que la classe la plus intéressante de la société n'ait pas encore mérité de fixer l'attention du législateur. Oui, toujours occupés des hommes, je n'entends jamais parler des femmes ; à peine le Comité a-t-il daigné faire mention des institutrices et vos orateurs ont gardé là-dessus le plus profond silence. Cependant cette partie du genre humain mérite, exige même, qu'on soigne son éducation. L'enfance de l'homme lui est

(1) *De l'Éducation nationale*, par Jean-Marie Calès, député de la Haute-Garonne. Juillet 1793.

Ce discours, uniquement consacré à l'éducation des femmes est peu connu. Bien qu'il soit bien inférieur au mémoire de Condorcet, j'ai cru utile de le publier en raison de l'intérêt que j'attache à la question traitée.

entièrement livrée ; elle commence à semer dans son esprit les vertus ou les préjugés ; ses appas séducteurs font incliner l'adolescence vers la vertu ou vers le vice ; et la douceur ou la bizarrerie de son caractère fait le bonheur ou le tourment du reste de notre vie. Il est enfin certain qu'enfants, adolescents, hommes formés, vieillards, nous sommes entraînés, maîtrisés par les penchants des femmes ; il est certain qu'elles influent sur nos vices et sur nos vertus.

Quel intérêt leur éducation n'offre-t-elle pas au législateur qui veut réformer l'espèce humaine ! Quelles craintes ne doit-il pas avoir, quand il songe à détruire d'antiques préjugés, s'il réfléchit que les premières impressions communiquées à l'âme s'y gravent de manière à y laisser des traces que l'éducation la plus recherchée n'efface presque jamais. Combien n'a-t-on pas vu de savants, d'esprits forts, de philosophes, d'*athées*, (si l'on veut), qui, perdant avec la vigueur de l'âge les conséquences de leurs méditations, ont été livrés dans leur vieillesse aux vaines terreurs, aux croyances erronées des esprits et des revenants, chimères dont leurs nourrices avaient effrayé les cinq à six premières années de leur vie ? Quelles craintes, dis-je, ne doit pas concevoir le législateur qui veut réformer les mœurs, si n'ayant pas songé à l'éducation des femmes, il s'aperçoit qu'elles peuvent rendre inutile l'instruction qu'on aurait donnée aux hommes ?

Soit que vous l'observiez sous ce rapport, soit par l'intérêt que nous avons tous de prendre ou

de donner à des républicains des compagnes
dignes de leurs vertus, vous ne négligerez pas
l'éducation de cette partie trop intéressante de
notre espèce.

Il ne faut pas sans doute faire pour elles toutes
les dépenses et tous les apprêts qu'exige l'éducation des hommes ; non que je pense que ce
sexe est inférieur au nôtre ; non que je croie
qu'il est moins intéressant ; mais parce que je
suis convaincu que, né pour réunir les grâces
aux vertus, il est plus aisé, plus facile de les
faire éclore dans les cœurs qui en portent le
germe presque tout développé, que de les
planter, pour ainsi dire de force, dans celui de
l'homme, à qui la nature semble avoir formé
l'âme et le corps plutôt pour les travaux pénibles
que pour les vertus paisibles et sociales. L'expérience nous apprend en effet chaque jour que la
fille d'un villageois passe à peine six mois dans
une maison d'éducation, qu'elle rapporte dans la
société cette élocution aisée, ces manières faciles
qui tiennent toujours à des perceptions claires
et exactes, et que ses connaissances relatives aux
usages ordinaires de la société surpassent souvent celles de l'homme qui a pâli sur les livres ;
tandis qu'un jeune homme, après dix ans d'études,
n'a que des idées imparfaites, toujours au-dessus
ou au-dessous du vrai.

L'intérêt qu'inspirent les femmes par elles-
mêmes, leur influence sur les penchants des
hommes, la nécessité et la facilité de détruire en
elles les préjugés que leurs parents, leurs so-

ciétés et, dans ce temps-ci surtout, les conseils perfides et pernicieux que les prêtres leur ont donnés, doivent engager le législateur à s'occuper sérieusement de cette partie de l'instruction publique.

Je sais que votre Comité vous propose des institutrices. S'il eût donné à cette idée tout le développement qu'elle comporte, il m'aurait engagé à garder encore le silence ; mais s'il n'a dessein, comme il paraît, que de ne donner aux jeunes filles que des institutrices semblables à ces régentes connues dans nos villages, il me prouve qu'il n'a pas réfléchi sur cette partie de son travail, ou qu'il n'en a pas senti l'importance.

Remarquez-le, citoyens : Les villes fourmillaient de maisons religieuses, où l'on recevait des jeunes filles pour y former leur éducation. Ces maisons n'étaient pas rares dans les campagnes ; on rencontrait partout des congrégations séculières, des maîtresses de pension, et partout le nombre de places était insuffisant pour contenir les pensionnaires qu'on leur offrait. La Révolution a détruit ces asiles. Je suis loin de les regretter ; je sais qu'indépendamment des victimes que ces tombeaux arrachaient aux plus doux liens de la société c'était souvent dans ces retraites que l'innocence allait échanger les vertus puisées dans le sein d'une mère contre les vices qui détruisent tout, jusqu'aux charmes de la nature et aux germes de la vie. Mais je sais que sous un autre rapport on ne peut que gémir

qu'on n'ait pas encore songé à établir pour les
jeunes filles des maisons d'éducation qui, en présentant les avantages des couvents à cet égard,
fussent exemptes de leurs vices et de leurs dangers.

J'ai fréquemment ouï dire que la meilleure
éducation pour une jeune fille était celle qu'elle
puisait auprès de sa mère. Cela peut être vrai,
quand la mère en a une elle-même, qui lui a
donné des mœurs et des vertus. Elle est alors
pour sa fille un livre perpétuellement ouvert,
dans lequel elle apprend ses devoirs et corrige
ses vices. Une longue habitude la rend semblable
à son modèle : alors ce serait un crime de l'en
écarter. Mais toutes les mères peuvent-elles
être offertes pour exemple ? Les inclinations per-
verses des caractères, les effets honteux des
passions, les vices d'une éducation malfaite ne
portent-ils pas le désordre et le désespoir dans la
plupart des ménages ? Et quel est le père qui,
gémissant sur les erreurs de sa femme, voudrait
associer son gendre à ses malheurs, en permettant que sa jeune fille puisât dans les actions de
sa mère un plan de conduite propre à faire de
son époux un être aussi malheureux que lui ?

Ces institutions, pour être toujours utiles et
jamais dangereuses, ne doivent ressembler en
rien aux anciens couvents. Elles ne doivent être
ni des congrégations religieuses, ni des prisons
désespérantes, où les enfants aient perpétuellement devant les yeux, ou des actes de fanatisme, ou les effets du repentir. Les filles doivent
y être reçues fort jeunes, et n'y être reçues que

jeunes. Elles doivent en sortir aussitôt que leurs vertus sont formées et avant que les passions, par leur développement, les portent à contracter des vices.

Ces maisons d'éducation doivent être confiées à des citoyennes connues par leurs vertus, leurs talents et leur amour pour les lois de l'Etat.

Mais si ces maisons doivent différer en quelque chose des anciens couvents, c'est surtout par le plan d'éducation qu'on y exécutera. Dès que l'Etat admet toutes les religions, il est de principe qu'on ne doit y en enseigner aucune. Mais il faut aussi écarter de l'éducation des jeunes républicaines tout ce qui peut les porter à la frivolité, au luxe, à la paresse, au vice ; par conséquent l'art des toilettes doit disparaître ; l'afféterie recherchée des cours faire place à la propreté décente. La femme d'un républicain, orgueilleuse des charmes que son sexe a reçus des mains du Créateur, ne doit avoir recours à l'art que dans les infirmités.

Qu'on enseigne donc aux jeunes filles à être utiles, qu'on dirige vers ce but leur tendresse et leur intelligence naturelle, que tous les ouvrages qui doivent s'exécuter dans un ménage soient du ressort de leur éducation ; que tout ce qui peut tenir lieu de fortune soit enseigné à la fille du riche comme à celle du pauvre. Ces secours aideront, aux unes à échapper à la corruption qui s'aide trop souvent de la misère, et feront mépriser aux autres les revers de fortune qui pourront leur ôter leurs biens, et non leurs talents. Qu'on écarte enfin toute frivolité ; qu'on appelle auprès d'elle tout ce qui peut être utile.

Lorsque les lois que vous méditez sur les successions auront divisé les fortunes, que chaque citoyen ne sera riche que de sa vertu et de sa frugalité, que ferez-vous alors de ces demoiselles dispendieuses qu'on a appelées du *bel air*, du *bon ton*, qui ne savent qu'embaumer leurs cheveux, placer également des couleurs, une mouche, arranger artistement les plis flottants de leurs habits ? « Fuyez ma retraite, leur dirait le jeune républicain ! vos parfums me soulèvent le cœur ; les riches étoffes qui vous couvrent valent plus que ma récolte ; ces suivantes qui ne vous abandonnent point m'ôtent la fantaisie d'épouser une femme qui m'obligerait à en nourrir cinq à six qu'elle confond dans son inutilité. »

Formez donc pour ce citoyen vertueux une épouse qui l'aide dans ses travaux et qui ne dilapide point sa fortune.

Je me plais à penser que la femme de Curius allait aux champs porter le dîner à son mari et je pleure sur l'inutilité dangereuse de cette dame parfumée, qui a perdu sa jeunesse à flétrir les dons qu'elle reçut de la nature, et passe sa vieillesse à couvrir les taches et à effacer les rides de son visage.

D'ailleurs, je dois vous prévenir, citoyens, que mon dessein n'est pas de vous engager à rendre ces maisons aussi communes qu'on pourrait d'abord le penser, ni de vous empêcher d'établir des institutrices dans les paroisses ; mais je veux seulement que le nombre de ces maisons soit suffisant pour suppléer au défaut des pensionnats et des couvents. On m'objectera que la fille du laboureur ne pourra pas y être élevée : je répondrai que celles qui seront au voisinage iront y recevoir l'éducation commune et celles qui seront au loin auront une institutrice.

Et qu'on remarque ici que ce n'est point précisément la femme laborieuse qui habite et cultive les champs qui a besoin d'une éducation soignée : son assiduité au travail l'éloigne du vice, l'épuisement de ses forces la rend propre à la vertu et d'ordinaire, la modestie, la bonté du cœur, les sentiments de sa mère, l'attachement qui convient à une épouse, toutes les vertus qui doivent enfin décorer ce sexe semblent, chez la femme du laboureur, être comme sa santé, le fruit de son travail et de sa sobriété.

On aura sans doute beaucoup fait pour la République, quand on aura donné aux femmes une éducation physique conforme aux principes qui conviennent à un peuple libre et vertueux. Mais les vices et les préjugés renverseraient bientôt l'ouvrage de la raison et du bon sens, et nos peines seraient perdues. Cette éducation morale si essentielle est encore plus différente de l'éducation actuelle, que la partie dont j'ai déjà parlé. C'est ici que l'œil de la réforme découvre un espace immense qui n'a point encore été parcouru : je dirai plus ; c'est une terre étrangère sur laquelle personne n'a encore mis le pied.

Je sais qu'une fille doit être modeste, décente, retenue : je sais qu'on a pris mille moyens, au sortir de l'enfance, pour entretenir ou pour donner ces vertus à ce sexe : mais ces moyens, quels sont-ils? Le mensonge, l'erreur, l'ignorance ; et quand ces vices n'ont pu alimenter les vertus dont nous parlons, on a eu recours aux menaces, aux châtiments, qu'on prodigue aux esclaves, souvent à des prisons plus rigoureuses que celles qu'on destine au crime.

Quel a été, dans tous les temps, l'effet de cette maladresse qui mettait sans cesse l'esprit en lutte avec le cœur, l'éducation avec la nature ? Les jeunes filles qui ont reconnu qu'on les trompait ont obéi en public aux principes prescrits par l'éducation, et ont cédé en cachette aux lois de la nature ; de même que les sujets des tyrans violent leurs lois toutes les fois que l'espérance de l'impunité leur est offerte par les circonstances ; et au lieu de la vertu, on n'a vu que ces apparences, qui ont favorisé le vice en le déguisant, en ne permettant pas même de le soupçonner.

Législateurs, il faut détruire le vice moral qui porte dans la société une grande partie des désordres qui l'affligent ; il faut que l'éducation des femmes soit dorénavant, comme notre politique, fondée sur les lois éternelles de la raison et de la vérité.

Par conséquent, on ne peindra plus aux jeunes filles les penchants de la nature avec les couleurs du crime, ni sous des formes hideuses et rebutantes ; on ne consumera point le temps précieux de la jeunesse à leur faire abhorrer des penchants qui doivent bientôt faire l'objet de leurs plaisirs, de leur bonheur, et devenir la base de leurs devoirs. On laissera tout simplement se développer dans leur jeune cœur les affections qui doivent les rendre heureux. On modérera une effervescence précoce par des peintures délicates, mais vraies, des avantages de la vertu ; on mettra entre leurs mains des ouvrages qui leur donneront les sentiments de modestie et de retenue qui conviennent à une jeune fille, par le désir de devenir des épouses chéries ou des mères tendres et sensibles. Tout autre moyen serait infructueux. Une trop longue expérience en est une preuve aussi complète qu'affligeante.

Je me contente, citoyens, de vous donner ces aperçus pour vous faire entrevoir la vérité dans une matière toute mûre ; car s'il fallait vous développer en entier les principes de l'éducation morale des femmes et entrer dans les détails qu'exigeraient les moyens de les mettre en pratique, il faudrait un ouvrage, et non un discours, car, j'ose le dire, l'éducation morale actuelle des femmes est, comme leurs corps, sujette à six cents infirmités qui lui sont particulières.

J'invite les philosophes à méditer sur un objet aussi nouveau qu'intéressant, et à porter la lumière dans ce champ ténébreux qui sert de refuge à mille infortunées et qui fait de l'univers un séjour d'amertume et de désespoir. Je me borne à vous présenter un projet de décret qui, sans doute, ne renferme pas tout ; mais il est l'expression de mes idées et la patrie n'en exige pas davantage du législateur.

RAPPORT DE LAKANAL (1)

Citoyens représentants,

Je viens, au nom de votre comité d'instruction publique, vous présenter un plan d'organisation pour les écoles normales que vous avez décrétées. A ce nom seul d'organisation des écoles, un grand intérêt et une grande attente se réveillent dans la nation et dans la Convention. Il y a quelques mois des hommes qui avaient leurs motifs pour vouloir tout couvrir de ténèbres, étaient prêts à traiter de criminels ceux qui vous auraient parlé d'instruction et de lumières ; c'est surtout des tyrans que vous avez renversés qu'il était vrai de dire qu'ils craignaient les hommes éclairés, comme les brigands et les assassins craignent les réverbères. Aujourd'hui la Convention gouverne seule la nation qu'elle représente ; et le cri unanime de la France et de ses législateurs demande un nouveau système d'enseignement pour répandre sur tout un peuple des lumières toutes nouvelles.

Il y a longtemps que nous nous sentions pressés de vous parler de cet objet qui doit à la fois do-

(1) Rapport sur l'organisation des *Écoles normales* présenté à la Convention, le 2 brumaire, an III de la République, par Lakanal, député de l'Ariège.

miner la Révolution dans la République française, et en commencer une dans l'esprit humain ; et nous avons espéré qu'en faveur d'un intérêt si grand, vous nous permettrez de vous en entre-tenir avec quelque étendue.

On s'est étonné que depuis cinq ans que la révolution est commencée, elle n'ait rien fait en-core pour l'instruction, et moi-même j'ai gémi souvent de ce long retard comme s'il avait occa-sionné des pertes irréparables, et comme s'il avait été possible de donner plus tôt à la France un bon système d'éducation.

De tels regrets annoncent que nous avons con-sulté l impatience de nos désirs plus que la nature des choses, et nos vœux plus que nos moyens.

Pour entreprendre avec succès d'établir un plan d'instruction publique, sur lequel l'esprit humain puisse fonder des espérances qui soient grandes et qui soient légitimes, plusieurs conditions sont nécessaires. Il faut d'abord que les principes du gouvernement soient tels, que loin d'avoir rien à redouter des progrès de la raison, ils y puisent toujours une nouvelle force et une nouvelle autorité. Il faut ensuite que l'expérience, soit celle du temps, soit celle des malheurs, ait con-solidé ce gouvernement, bon par sa nature ; qu'il soit plein de vie et de mouvement, mais qu'il ne soit plus tourmenté par des orages ; que la liberté n'ait plus aucune conquête à faire, et que le peuple tout entier ait senti que pour repousser à jamais les attaques criminelles de la monarchie et de l'aristocratie, il faut soumettre la démocratie

à la raison ; il faut enfin que l'esprit humain ait
fait assez de progrès pour être sûr de posséder
les méthodes et les instruments avec lesquels il
est facile d'éclairer tous les esprits et de faire tous
les progrès.

Jusqu'à cette époque, peut-être jusqu'au moment
où je vous parle, aucune de ces conditions n'a
existé. De tout temps, les philosophes qui ont eu
quelque génie, ont connu ou soupçonné la puissance d'une bonne éducation nationale ; de tout
temps, ils ont deviné qu'elle pourrait améliorer
toutes les facultés et changer en bien toutes les
destinées de l'espèce humaine ; et avec cette simplicité de caractère qu'on nourrit dans la retraite
et dans les profondes méditations, les philosophes
ont proposé quelquefois leurs vues à ce sujet à
des rois...... C'était leur proposer de mettre à bas
leur trône. Mais les tyrans ont leur instinct
comme les bêtes féroces ; sans beaucoup comprendre ce qu'on leur proposait, ils le redoutaient
beaucoup ; ils sentaient confusément que, si les
peuples apprenaient à penser, ils apprendraient
à être libres, et que les monarchies, fondées sur
tant de prestiges, perdraient toutes leurs bases,
si les hommes perdaient leurs préjugés et leurs
erreurs. Aussi ceux-là mêmes qui, sur les trônes,
ont compté les plaisirs de l'esprit parmi les jouissances dont ils se servaient pour se consoler de
l'ennui de la puissance, se sont-ils bien gardés
d'établir dans leur empire ces plans d'éducation
propres à révéler au peuple, et les secrets de sa
raison et les secrets de sa grandeur.

D'Alembert a été auprès de Frédéric, et Diderot a été auprès de Catherine ; et la Russie est restée peuplée de barbares, et la Prusse est restée esclave.

En France, avant la Révolution, l'*Emile* parut un roman encore plus que l'*Héloïse*, et tandis que nos livres semaient dans toute l'Europe le goût de la bonne instruction et les sentiments généreux de la nature et de la liberté, l'intelligence et l'âme naissante de nos enfants étaient comprimées et étouffées dans les sombres écoles de cette université qui ne rougissait pas de s'appeler la fille aînée des rois.

A la Révolution de 89, amenée par les lumières répandues sur une petite partie de la nation, l'espérance la plus brillante, l'attente la plus universelle étaient celles d'un nouveau plan d'éducation qui mettrait la nation tout entière en état d'exercer dignement cette souveraineté qui lui était rendue. On était impatient de voir remplir par des principes le vide immense que laissaient dans les esprits tant de préjugés anéantis. Mais l'Assemblée Constituante, énorgueillie tout à la fois et fatiguée de toutes ces destructions, était arrivée sans force et sans courage au moment des grandes créations. En rassemblant et en révisant à la hâte les parties éparses de sa constitution, elle les avait comme flétries par les regards et par la faiblesse de ses derniers moments ; elle avait voulu concilier deux choses inconciliables de leur nature, la royauté et la liberté. Elle ne pouvait plus savoir quel génie il fallait donner à la nation,

puisqu'elle avait uni deux génies opposés et ennemis dans ses lois ; et lorsqu'on vint proposer à sa
tribune un plan d'instruction publique travaillé
avec soin, elle en écouta la lecture comme si elle
n'eût été qu'une académie, et comme si l'ouvrage
n'eût été qu'un discours philosophique ! et ce
sujet, dans la régénération d'un peuple, est incontestablement la partie la plus importante,
après que la souveraineté est reconnue, et les
pouvoirs dans lesquels on en divise l'exercice
déterminé. L'instruction publique fut renvoyée à
l'Assemblée législative.

Ceux qui avaient quelque pénétration d'esprit
et quelque étendue de jugement, prévirent dès
lors qu'une Assemblée législative ne donnerait
pas une nouvelle éducation nationale à la France.
L'éducation, en effet, tient si essentiellement aux
premières institutions sociales d'un peuple, la
constitution doit être tellement faite pour l'éducation, et l'éducation pour la constitution, que
toutes les deux sont manquées si elles ne sont
pas l'ouvrage des mêmes esprits, du même génie,
si elles ne sont pas en quelque sorte des parties
corrélatives d'une seule et même conception.
L'Assemblée législative, qui n'était pas fâchée
peut-être d'une mission qui la forçait à se ressaisir
d'une portion de pouvoir constituant, ordonna un
grand travail. Il fut préparé sur des vues très
vastes. Un esprit véritablement philosophique
coordonna toutes les connaissances humaines
dans un plan d'enseignement public. Tous les
foyers de toutes les lumières étaient tracés : mais

à qui pouvait-on confier le soin de faire jaillir la lumière de ces foyers? A un roi qui avait le plus grand intérêt à l'étouffer, ou à des corps administratifs que ce roi avait mille moyens de faire entrer dans ses intérêts. Ou l'instruction aurait renversé le trône, ou le trône aurait corrompu l'instruction.

Ce fut un¹ spectacle curieux et instructif, mais affligeant pour les observateurs, de voir alors l'Assemblée législative cherchant de toutes parts, et des moyens d'écarter la puissance exécutive de la constitution sans avoir l'air de la détruire, et des moyens de trouver un pouvoir exécutif de l'éducation plus digne de sa confiance, sans avoir l'air de le créer. Le temps se consuma dans ces recherches dont le but était très louable, mais dont la finesse était peu digne de la majesté d'une représentation nationale : les événements, en quelque sorte, se soulevèrent contre ces limites constitutionnelles, qui étaient des barrières élevées entre les lois du peuple français et ses pensées les plus sublimes et ses plus hautes destinées ; le trône brisé fit jeter un cri de joie à la France et d'épouvante aux despotes de l'Europe ; la Convention nationale parut, et le plan d'instruction de l'Assemblée législative, comme celui de l'Assemblée constituante, ne fut plus qu'une brochure.

Née au milieu de tant d'événements qui ébranlaient le monde, incessamment agitée par de nouveaux événements qui naissaient dans son sein et hors de son sein, et auxquels il fallait faire

face, la Convention nationale n'a pas pu et n'a pas
dû s'occuper en même temps du soin d'éclairer la
France, et du soin de la faire triompher. Elle a
fait quelques essais pour l'instruction publique,
et les a abandonnés, parce qu'elle a senti que le
moment n'était pas venu encore où elle pourrait
opérer avec toute la grandeur de ses vues, de ses
intentions et de ses moyens. Ce n'est pas au moment où la tempête soulève tous les flots, que
l'architecte naval jette les fondements de l'ouvrage
qui doit encaisser et contenir l'océan ; il attend au
moins les derniers sifflements et les derniers
murmures de l'orage. Lorsque du milieu de tant
de crises, de tant d'expériences morales si nouvelles, il sortait tous les jours de nouvelles vérités,
comment songer à poser par l'instruction des
principes immuables? Les hommes de l'âge le
plus mûr, les législateurs eux-mêmes, devenus
les disciples de cette foule d'événements qui écla-
taient à chaque instant comme des phénomènes,
et qui, avec toutes les choses, changeaient toutes
les idées, les législateurs ne pouvaient pas se détourner de l'enseignement qu'ils recevaient, pour
en organiser un à l'enfance et à la jeunesse : ils
auraient ressemblé à des astronomes qui, à l'instant où des comètes secouent leur chevelure étin-
celante sur la terre, se renfermeraient dans leur
cabinet pour écrire la théorie des comètes. C'était
une nécessité, c'était une sagesse d'attendre la fin
de ce grand cours d'observations sociales que nos
malheurs mêmes avaient ouvert devant nous.

Le temps, qu'on a appelé le grand maître de

l'homme, le temps devenu si fécond en leçons plus terribles et mieux écoutées, devait être en quelque sorte le professeur unique et universel de la République.

Tel a été l'état de la France; mais elle en sort... Les événements, qui ne s'arrêtent point, se calment. Au dehors, nous n'avons plus qu'un cours régulier de victoires ; au dedans, nous ne sommes plus agités que par le besoin de réparer les insultes faites à la justice, et de fermer les plaies faites à l'humanité. Toutes les crises ont rendu l'égalité des hommes plus parfaite, et tous les malheurs ont fait comprendre qu'il faut donner à la République une puissance exécutrice de ses lois, sous qui tout plie avec grandeur et se nivelle avec fraternité. L'égalité n'est plus seulement un principe, mais un sentiment ; et le besoin de l'empire des lois n'est plus seulement une théorie, mais une passion, comme l'amour de la vie et l'horreur de la mort.

L'Europe se soumet à la puissance de la République, la République se soumet à la puissance de la raison.

C'est le moment où il faut préparer celui où la Révolution s'arrêtera dans son accomplissement... C'est le moment où il faut rassembler dans un plan d'instruction publique digne de vous, digne de la France et du genre humain, les lumières accumulées par les siècles qui nous ont précédés, et les germes des lumières que doivent acquérir les siècles qui nous suivront.

Vous n'avez plus à craindre de rendre immua-

bles par l'enseignement les principes de l'ordre
social que vous professez. Ce n'est pas une vaine
idolâtrie, ce n'est pas un aveugle enthousiasme
pour nos dogmes nouveaux qui nous persuade
qu'ils sont les meilleurs, qu'ils sont les seuls bons ;
c'est une démonstration aussi rigoureuse que celle
des sciences les plus exactes. Plus la raison humaine fera de progrès, plus cette démonstration
deviendra évidente. Vous devez donc poser l'instruction sur cette base; elle est éternelle ; d'une
autre part, l'esprit humain tantôt si timide, tantôt
si audacieux dans sa marche, et plus écarté encore
des vrais sentiers par son audace que par sa timidité ; l'esprit humain, conduit au hasard quand il
se dirigeait bien comme quand il errait, a trouvé,
après tant de siècles d'égarement, la route qu'il
devait suivre et la mesure des pas qu'il devait
faire. Bacon, Locke et leurs disciples, en appro-
fondissant sa nature, y ont trouvé tous ses moyens
de direction ; un nouveau jour s'est répandu sur
les sciences qui ont adopté cette méthode si sage
et si féconde en miracles, cette analyse qui compte
tous les pas qu'elle fait, mais qui n'en fait jamais
un ni en arrière, ni à·côté. Elle peut porter la
même simplicité de langage, la même clarté dans
tous les genres d'idées ; car, dans tous les genres
la formation de nos idées est la même, les objets
seuls diffèrent Par cette méthode qui seule peut
opérer ce que demandaient Bacon et Locke, qui
seule peut recréer l'entendement humain, les
sciences morales si nécessaires aux peuples qui se
gouvernent par leurs propres vertus, vont être

soumises à des démonstrations aussi rigoureuses que les sciences exactes et physiques. Par elle, on répandra sur les principes de nos devoirs une lumière si vive, qu'elle ne pourra pas être obscurcie par le nuage même de nos passions ; par elle enfin, lorsque, dans un nouvel enseignement public, elle deviendra l'organe universel de toutes les connaissances humaines et le langage de tous les professeurs, ces sciences qu'on appelait hautes, parce que ceux mêmes qui les enseignaient étaient trop au-dessous d'elles, seront mises à la portée de tous les hommes à qui la nature n'a pas refusé une intelligence commune. Tandis que la liberté politique et la ltberté illimitée de l'industrie et du commerce détruiront les inégalités monstrueuses des richesses, l'analyse appliquée à tous les genres d'idées, dans toutes les écoles, détruira l'inégalité des lumières, plus fatale encore et plus humiliante. L'analyse est donc essentiellement un instrument indispensable dans une grande démocratie ; la lumière qu'elle répand a tant de facilité à pénétrer partout, que, comme tous les fluides, elle tend sans cesse à se mettre à niveau.

Aucune objection raisonnable ne peut être opposée à ces idées et à ces espérances, tant qu'elles restent dans la spéculation et dans la théorie.

Une grande difficulté se présentait à l'entrée même de leur exécution lorsqu'on voulait les réaliser.

Où trouver un nombre suffisant d'hommes pour enseigner, dans un si grand nombre d'écoles, des

doctrines si nouvelles, avec une méthode si nouvelle elle-même? Il ne faut pas les chercher dans
les instituteurs des écoles anciennes; ils n'y seraient pas propres. En général, les universités
étaient au-dessous des académies ; elles-mêmes
étaient au-dessous des vues par lesquelles vous
voulez opérer une révolution dans l'esprit humain.
Existe-t-il en France, existe-t-il en Europe, existe-
t-il sur la terre deux ou trois cents hommes (et
il nous en faudrait davantage) en état d'enseigner
les arts utiles et les connaissances nécessaires,
avec ces méthodes qui rendent les esprits plus
pénétrants et les vérités plus claires ; avec ces
méthodes qui, en vous apprenant une chose, vous
apprennent à bien raisonner sur toutes? Non :
ce nombre d'hommes, quelque petit qu'il paraisse,
n'existe nulle part sur la terre. Il faut donc les
former ; et, par ce cercle vicieux et fatal dans
lequel semblent toujours rouler les destinées humaines, il semble que, pour les former, il faudrait
déjà les avoir.

C'est ici qu'il faut admirer le génie de la Convention nationale. La France n'avait point encore
les écoles où les enfants de six ans doivent
apprendre à lire et à écrire, et vous avez décrété
l'établissement des écoles normales, des écoles du
degré le plus élevé de l'instruction publique.

L'ignorance a pu croire qu'intervertissant l'ordre essentiel et naturel des choses, vous avez
commencé ce grand édifice par le faîte ; et je ne
crains pas de le dire, c'est à cette idée, qui paraît
si extraordinaire, qui s'est présentée si tard, que

vous serez redevables du seul moyen avec lequel vous pouviez organiser sur tous les points de la République, des écoles où présidera partout également cet esprit de raison et de vérité dont vous voulez faire l'esprit universel de la France.

Qu'avez-vous voulu, en effet, en décrétant les écoles normales les premières, et que doivent être ces écoles ? Vous avez voulu créer à l'avance pour le vaste plan d'instruction publique qui est aujourd'hui dans vos desseins et dans vos résolutions, un très grand nombre d'instituteurs capables d'être les exécuteurs d'un plan qui a pour but la régénération de l'entendement humain dans une République de vingt-cinq millions d'hommes que la démocratie rend tous égaux.

Dans ces écoles, ce n'est donc pas les sciences que l'on enseignera, mais l'art de les enseigner ; au sortir de ces écoles, les disciples ne devront pas être seulement des hommes instruits, mais des hommes capables d'instruire. Pour la première fois, sur la terre, la nature, la vérité, la raison et la philosophie vont donc aussi avoir un séminaire ; pour la première fois les hommes les plus éminents en tout genre de science et de talents, les hommes qui jusqu'à présent n'ont été que les professeurs des nations et des siècles, les hommes de génie vont donc être les premiers maîtres d'école d'un peuple, car vous ne ferez entrer dans les chaires de ces écoles que ces hommes qui y sont appelés par l'éclat non contesté de leur renommée dans l'Europe. Ici, ce ne sera pas le nombre qui servira, c'est la supériorité ; il vaut mieux qu'ils soient peu, mais qu'ils soient tous les élus de la science et de la raison ; tous doivent paraître dignes d'être les collègues des Lagrange, des Daubenton, des Berthollet, dont les noms se présentent tout de suite lorsqu'on pense à ces écoles où doivent être formés les restaurateurs de l'esprit humain.

Nous vous proposons d'appeler de toutes les parties de la République, autour de ces grands maîtres des citoyens désignés par les autorités constituées, comme ceux que leurs talents et leur civisme ont le plus distingués. Déjà pleins d'amour pour la science qu'ils posséderont, enflammés d'une nouvelle ardeur pour le choix honorable qu'on aura fait d'eux, ravis d'entendre parler de ce qu'ils aiment le plus des hommes dont ils regardent la gloire comme le dernier terme de l'ambition humaine, leurs progrès dans l'art qu'ils étudieront, auront une rapidité qui ne peut être ni prévue ni calculée.

Aussitôt que seront terminés à Paris ces cours de l'art d'enseigner les connaissances humaines, la jeunesse savante et philosophique qui aura ces grandes leçons, ira les répéter à son tour dans toutes les parties de la République d'où elle aura été appelée ; elle ouvrira partout des écoles normales : en repassant sur l'art qu'elle viendra d'apprendre, elle s'y fortifiera ; et en l'enseignant à d'autres, la nécessité d'interroger leur propre génie agrandira leurs vues et leurs talents. Cette source de lumières si pure, si abondante, puisqu'elle partira des premiers hommes de la République en tout genre, épanchée de réservoir en réservoir, se répandra d'espace en espace dans toute la France, sans rien perdre de sa pureté dans son cours.

Aux Pyrénées et aux Alpes, l'art d'enseigner sera le même qu'à Paris ; et cet art sera celui de la nature et du génie. Les enfants nés dans les chaumières auront des précepteurs plus habiles que ceux qu'on pouvait rassembler, à grands frais, autour des enfants nés dans l'opulence. On ne verra plus, dans l'intelligence d'une grande nation, de très petits espaces cultivés avec un soin extrême, et de vastes déserts en friche. La raison humaine, cultivée partout avec une industrie également éclairée, produira partout les mêmes résultats, et ces résultats seront la recréation de l'entendement humain chez un peuple qui va devenir l'exemple et le modèle du monde.

Citoyens représentants, tels sont les points de vue sous lesquels l'institution des écoles normales s'est présentée à votre comité d'instruction publique. Cette idée, conçue par votre sagesse, est digne d'exciter votre enthousiasme. Revêtus d'un pouvoir sans bornes par la nature de votre mission, comme Convention, vous vous féliciterez sans doute d'avoir en vos mains, comme gouvernement révolutionnaire, des moyens tout prêts de faire avec rapidité ce bien immense à la République et au genre humain.

Un homme qu'il est permis de citer devant vous, puisqu'il a honoré le nom d'homme par ses vertus et par ses talents, Turgot formait souvent le vœu de posséder pendant un an un pouvoir absolu, pour réaliser sans obstacle et sans lenteur tout ce qu'il avait conçu en faveur de la raison, de la liberté et de l'humanité ; il ne vous manque rien de ce qu'avait Turgot, et tout ce qui lui manquait, vous l'avez. La résolution que vous allez prendre va être une époque dans l'histoire du monde (1).

(1) L'idée de la création d'une école *où se formeraient des instituteurs pour les disséminer ensuite dans tous les districts,* idée déjà mise en avant par le Président Rolland d'Erceville, en 1763, avait été exposée par Barère, le 13 prairial an II, dans son rapport fait au nom du Comité du Salut public, sur l'*École de Mars.* L'adoption du projet présenté par Lakanal eut lieu le 9 brumaire an III, et la séance d'ouverture de l'Ecole normale de Paris, le 1er pluviôse an III (20 janvier 1795). Les premiers professeurs furent : Lagrange, Laplace, Haüy, Monge, Daubenton, Berthollet, Thouin, Busche, Mentelle, Volney, Bernardin-de-Saint-Pierre, Sicard, Garat et Laharpe.

RAPPORT DE LAKANAL (1)

§ L'établissement des écoles primaires était la dette de la patrie envers chacun de ses enfants, puisqu'elle leur doit la sûreté de leurs personnes et de leurs propriétés ; elle leur doit essentiellement cette portée des lumières sous laquelle l'homme fut toujours la victime de l'imposture.

La malveillance et le patriotisme irréfléchi ont alarmé l'opinion sur l'énormité des dépenses qu'entraînera d'après leurs calculs, l'organisation de l'instruction publique ; il importe de détruire l'idée exagérée qui semble s'accréditer. On pourrait dire aussi des lois qu'il ne suffit pas qu'elles soient bonnes, mais qu'il faut encore qu'elles paraissent telles à tous les esprits.

La population de la République étant estimée de vingt-six millions d'habitants, on aurait vingt-six mille écoles primaires à raison d'une par population de mille individus ; l'ensemble coûterait à la République 62,400,000 livres ; mais il s'en faut de beaucoup que la dépense effective des

(1) Rapport et projet de décret sur les Ecoles centrales présentés par Lakanal, le 26 frimaire an III (16 décembre 1794).

écoles primaires atteigne cette somme. En effet suivant le texte de la loi, toute population au-dessous de deux mille personnes n'aura qu'une école primaire ; toute population au-dessous de trois mille n'en aura que deux, et ainsi de suite.

Le ressort d'une école primaire peut s'étendre sans inconvénients à deux mille toises à la ronde. Ainsi il peut embrasser environ trois lieues quarrées de superficie. Tout district où cette étendue de sol n'aura pas une population de deux mille personnes, pourra n'avoir qu'une école primaire. Cette considération seule réduit de beaucoup le nombre de ces écoles.

Les tableaux de population insérés dans les derniers volumes des mémoires de la ci-devant académie, offrent le plus communément une population d'environ cinq cents individus par lieue quarrée ; d'où il résulte que l'étendue de leurs lieues quarrées que nous prenons pour l'arrondissement d'une école primaire renferme à peu près quinze cents habitants.

A la vérité les cas extrêmes, ceux dans lesquels la population est très rapprochée ou très dispersée, s'éloignent beaucoup de cette donnée. Dans le département du Nord, par exemple, le nombre moyen des habitants de la campagne est de dix-huit cent quatre-vingt-trois par lieue quarrée.

Les écoles primaires quelque soit le résultat des calculs de la malveillance ou du patriotisme irréfléchi, prises en moyen terme ne coûteront au plus que 54,600,000 livres : le sixième environ de vos contributions. Eh ! qui ne conviendra pas que chez un peuple libre l'instruction doit être l'objet principal sur le tableau de ses dépenses.

Les écoles primaires, comme l'annonce le nom que vous leur avez donné, sont le vestibule du grand édifice promis depuis longtemps à l'impatience des Français : édifice que plusieurs architectes ont déjà construit par la pensée sans consulter le génie des temps et des lieux, et dont je vous présente aujourd'hui le plan géométral tracé par votre comité d'instruction publique. Il dépend de vous de le voir s'élever avec majesté pour servir d'asile éternel aux sciences et aux arts, sans lesquels la liberté ne fera que passer sur la terre.

Pour cette vaste construction, il faut commencer par déblayer les débris des collèges où d'inutiles professeurs étonnés de se trouver encore au poste des abus, rassemblent sur des ruines quelques élèves mendiés, soit pour jouir. d'un salaire dont vous avez oublié de dégréver le trésor national, soit pour se soustraire eux et leurs disciples aux travaux et au mouvement de la Révolution. Ces professeurs sont dans le culte des arts ce qu'étaient nos prêtres dans le culte de la divinité.

Les collèges contre lesquels réclamait la philosophie depuis tant de siècles, que Montaigne et J.-J. Rousseau ont dénoncés à la raison humaine comme les asiles de l'ignorance privilégiée, vont donc disparaître du sol de la France libre, et sans aucune dépense nouvelle vous allez trouver dans leurs décombres et dans la dotation qu'ils absorbaient plus de ressources qu'il ne vous en faut pour les établissements régénérateurs que nous vous proposons.

Un grand nombre de départements les ont réclamés par des adresses multipliées : Nous citerons les départements du Gers, du Tarn, des Bouches-du-Rhône, du Loiret, de la Sarthe, du Calvados, de l'Hérault, de l'Yonne, de l'Ardèche, de la Côte-d'Or, des Côtes-du-Nord, de l'Ariège, de la Dordogne, du Mont-Blanc, de la Moselle, des Hautes-Pyrénées, du Bas-Rhin, de la Charente-Inférieure et du Jura.

Ce ne sont pas des écoles secondaires. Elles sont devenues inutiles par l'étendue que vous avez donnée aux écoles ouvertes à l'enfance. Ces écoles présentent, en effet, tous les germes des connaissances qui seront enseignées dans les écoles centrales ; des établissements intermédiaires des écoles de district ou de canton seraient superflues.

Le talent qui seul doit s'élancer à ce nouveau degré de la hiérarchie scolaire sera le lien de correspondance entre les écoles primaires et les écoles centrales. Des écoles secondaires formeraient aujourd'hui une institution aristocratique ; car, ou les jeunes citoyens sans fortune et obligés de se déplacer pour fréquenter ces écoles, y seraient soutenus par les bienfaits de la nation, et dans ce cas vous la jetteriez dans des dépenses qu'elle ne pourrait soutenir que par des impositions oppressives ou vous ne couvririez pas de la munificence nationale le mérite réduit à l'impossibilité de suivre à ses frais ces écoles secondaires, et

dès lors encore inaccessibles aux élèves sans fortune; quoique destinées par la nature à parcourir
avec succès la carrière des arts, ces écoles ne
seraient qu'une création anti-populaire un outrage
sanglant fait aux principes de l'égalité.

D'un autre côté, les éléments auxquels on a
toujours cru devoir borner l'instruction de l'adolescence, seront enseignés dans ces premiers
établissements avec plus de choix et de variété
sans y être amalgamés avec ceux d'une langue
certainement utile, mais qui, devenue l'unique
véhicule de toutes les idées, retardait infiniment
la marche de l'esprit humain dans les premières
années de la vie.

La jeunesse sera donc mieux instruite et en
moins de temps, il est bon, il est nécessaire que
le plus grand nombre des jeunes citoyens, sans
aspirer à une instruction plus étendue, se distribue, en quittant ces écoles, dans les champs,
dans les ateliers, dans les magasins, sur vos
navires, dans vos armées. Tous ceux qui doivent
former la masse de la génération, auront trouvé
dans les écoles primaires tout ce qu'il fallait pour
remplir avec honneur dans ces divers états leur
rang de citoyen. Il serait funeste à la chose
publique de lui ravir les hommes utiles, pour
traîner encore pendant plusieurs années, dans de
nouvelles écoles, des esprits vulgaires que la
nature n'a pas prédestinés au génie.

Mais pour la gloire de la patrie, pour l'avancement de l'esprit humain, il faut que les jeunes
citoyens, exceptés par la nature de la classe ordi-

naire trouvent une sphère ou leurs talents puissent prendre l'essor ; quel que soit l'état ou le hasard les ait fait naître, quelle que soit leur fortune, la nation s'empare de leur génie ; elle les façonne pour elle bien plus que pour eux, elle en fait à ses frais un Euclide, ou un d'Alembert, un Quintilien ou un Rollin, un Locke ou un Condillac, un Drake ou un Lapeyrouse.

Elle rassemble pour ce grand ouvrage tout ce qu'elle a de ressources, parce que les employer de la sorte c'est moins les consommer que les multiplier. Elle ne considère pas les dépenses d'un tel établissement, parce qu'elle sait qu'il est essentiellement lié à son existence publique. Elle ne dit pas : l'intérêt et l'amour-propre des particuliers ou même la nature qui produit le génie, me garantissent tous ces avantages, parce qu'elle ne livre pas ainsi ses plus grands intérêts aux calculs de l'intérêt étranger, ou aux chances du naturel ; elle ne remet pas cette organisation à des temps plus favorables, parce que les temps sont marqués par l'irrésistible nécessité ; oui l'irrésistible nécessité ! La tyrannie a dévoré les génies les plus célèbres, les flambeaux des sciences à demi éteints, éclairent à peine quelques individus-isolés et solitaires. Et si vous ne vous hâtez de les rallumer, la République va se perdre dans les ténèbres.

On vous a démontré déjà combien il est urgent de former des officiers de santé. Les communes les ont cédés aux armées où l'humanité, toujours sous le fer et dans le feu, réclame les secours les plus prompts. Vous propagerez la science de la vie, non comme autrefois, par des formules hiéroglyphiques et quelques adages applicables à tout, et par conséquent à rien; mais par une étude approfondie de la nature, qui, pour la conservation des trois règnes a combiné entre eux, des actions réciproques et des rapports mutuels. C'est la connaissance de ces combinaisons éternelles qui formera notre système médical. Celui-là sera à l'abri des épigrammes du bel esprit et du mépris des philosophes. L'homme qui le possédera sera le vrai conservateur de l'espèce humaine, et, par un rapprochement qui paraîtra singulier, mais qui n'en est pas moins réel, en guérissant les maux du corps, il portera le plus grand coup à l'incurable fanatisme, puisque, quand les médecins sauront guérir, le peuple n'ira plus recourir à d'impuissantes reliques. C'est dans l'impossibilité de les adresser à un mortel habile dans cet art que la Grèce ouvrait à ses peuples le temple d'Esculape.

Tous les arts, toutes les sciences se tiennent et s'entrelacent; mais il en est qui ont une connexion plus étroite; il en est d'autres, pour ainsi dire supérieurs, qui entraînent dans le tourbillon une foule d'arts subordonnés qui sont comme leurs satellites. Ils sont faits pour se réfléchir mutuellement de leur lumière : ainsi la physique, la chimie, l'anatomie, l'histoire naturelle, quoique chacune ait sa sphère particulière et son existence à part, se rangent autour de la médecine et vous n'aurez fondé des écoles utiles pour celle-ci que lorsque les autres auront leurs chaires et leurs

étudiants. Ce sont les membres d'un même corps ;
la privation d'un seul arrête ou gêne l'action de
tous les autres.

Nous avons depuis longtemps négligé les belles-
lettres et quelques esprits qui veulent passer pour
profonds regardent cette étude comme futile. S'ils
avaient observé la marche de l'esprit humain, ils
auraient vu toujours les belles-lettres s'élever
comme l'aurore des sciences. Ce sont elles qui
ouvrent l'esprit au jour de la raison et le cœur
à l'impression du sentiment. Elles substituent la
moralité à l'intérêt, elles polissent les peuples,
elles exercent leur jugement, elles les rendent
plus sensibles et en même temps plus dociles aux
lois, plus capables de grandes vertus. Chez les
peuples anciens qui ont marqué dans l'histoire,
les lettres ont tenu lieu de toutes les sciences ;
ils n'avaient presque aucune vraie connaissance,
mais ils étaient lettrés : ils avaient des poètes,
des orateurs, des écrivains moraux, et ils ont été
grands aux yeux de l'univers.

L'illustre philosophe de Genève, voyant dans
la corruption les peuples éclairés, conclut que les
lettres les avaient corrompus; il aurait dû dire
qu'ils l'avaient été, non par les lettres, mais malgré les lettres, qui, dans cet état de décadence,
modifiaient encore l'action du vice et rallumaient
de temps en temps dans les âmes, le flambeau
de l'honneur ; oui, jusqu'à l'abus qu'on en a fait,
tout prouve le bon usage qu'on pouvait en faire.

Encouragez donc l'étude et le perfectionnement
des belles-lettres, ressuscitez les langues. an-

ciennes pour enrichir la nôtre de leurs trésors.
Les auteurs de l'antiquité respirent l'amour sacré
de la patrie, l'enthousiasme de la liberté, et cette
haine vertueuse que l'être sensible doit aux op-
presseurs de l'humanité. Approchez de vous les
langues principales de l'univers moderne ; ce
n'est que par là que la vôtre pourra se perfectionner ; et vos idées ne s'étendront, ne se recti-
fieront que par l'importation de toutes les idées
étrangères. Dès lors, la poésie, la musique, l'élo·
quence qui agissent si fortement sur un peuple
libre, prendront en France, le caractère qu'elles
doivent avoir et qu'elles n'ont jamais eu. Dès lors,
au lieu d'Anacréons, vous aurez des Tyrtées et
des Homères ; au lieu d'Isocrates, vous aurez des
Démosthènes, surtout si par vos institutions, les
grands principes de la morale républicaine deviennent populaires, et si votre législation su·
blime cesse d'être la science du petit nombre.

En général, on avait senti la nécessité de ces
branches d'enseignement. On ne s'était trompé
que sur la fin et les moyens. Mais pourquoi
l'agriculture, le commerce, les arts et les métiers
n'ont-ils jamais eu leurs écoles ? Pourquoi les
a-t-on livrés à la routine de l'instinct ou à l'in·
térêt de la cupidité ? Croyait-on à l'impossibilité
de les réduire en principes ? ou pensait-on qu'en
ce genre, les méprises fussent sans conséquence
et la perfection sans valeur ? Vous vengerez les
arts et les métiers, l'agriculture et le commerce
de cet oubli des nations ; non en allant comme
les rois, poser sur le socle en un jour solennel

une main protectrice : cette vaine cérémonie avilit ce qu'elle a l'air d'élever ; mais vous assignerez des instituteurs qui abrègent, qui assurent la marche de l'industrie. L'expérience démontre l'utilité de ces sortes d'établissements. Le célèbre Smith a donné à Edimbourg, des leçons sur le commerce, dont la réunion et l'ensemble ont formé l'*Essai sur la richesse des nations*, l'ouvrage peut-être le plus utile aux peuples de l'Europe. L'agriculture date des premiers jours du monde, et elle est à une distance immense de la perfection ; c'est que la charrue, poussée au hasard, n'a jamais été précédée du flambeau de la réflexion ; si elle est plus florissante sur les bords de la Tamise, c'est que la patrie reconnaissante y a l'œil sur le cultivateur et que le premier qui y sema du gland, d'où sortent les vaisseaux de ligne a obtenu des statues éternelles.

Il est sans doute une foule d'exercices auxquels on élevait la jeunesse qu'il faut absolument proscrire de l'éducation nationale et livrer aux fantaisies des particuliers ; mais il est du grand intérêt de la patrie de s'assurer, que les mathématiques se cultivent et s'approfondissent parce qu'elles donnent le pli de la vérité, parce que sans elles, l'astronomie et la navigation n'ont plus de guide, l'architecture civile et navale n'ont plus de règle, la science de l'artillerie et des sièges n'a plus de base. Rien, en un mot de ce qui a quelque degré d'utilité publique ne doit être négligé dans votre système d'instruction gratuite, pas même le dessin, qui n'a été considéré jusqu'à présent que relativement à la peinture ; mais qui sous le rapport du perfectionnement des sens accoutume les yeux à saisir fortement les traits de la nature et est, pour ainsi dire, la géométrie des yeux, comme la musique est celle de l'oreille.

Voilà les principaux objets d'enseignement qui seront traités avec une certaine étendue dans les nouvelles écoles que nous nommons *centrales* parce qu'elles seront placées au centre des écoles primaires de chaque département et à la portée de tous les enseignés.

Quel plus beau spectacle que de voir dans toute la République s'élever ces savantes constructions où se réuniront, dans un foyer commun, les lumières de chaque. Vous y rassemblerez les hommes éclairés des collèges que vous allez supprimer ; en les unissant aux élèves sortis des écoles normales, ils seront forcés d'en suivre la direction.

C'est là que les gens de lettres qui, cachés au fond de leur cabinet y nourrissent salutairement le feu du génie, croient avec allégresse en répandre l'influence. C'est là aussi qu'après tant de campagnes célèbres, les amis des arts qui sont dans nos armées, viendront servir la patrie d'une manière aussi utile et moins dangereuse et unir les palmes des lettres aux lauriers de la victoire. C'est là enfin que vous recueillerez, de tous les points de chaque département les divers monuments des arts qui doivent servir à leur reproduction ; dispersés, ils sont sans objet et sans utilité ; réunis, exposés à l'admiration publique et à l'émulation du talent. ils allumeront dans les âmes, le feu qui les a créées.

Mais à cet égard. nous devons à la nation un grand exemple d'égalité et de fraternité. Vous avez dans la commune de Paris des richesses incroyables dans ce genre. Il est sans doute essentiel que les artistes et les savants trouvent dans cette métropole des sciences et des arts, les plus riches collections; mais n'accaparez pas une opulence inutile.

Pourquoi le superflu des cabinets et des bibliothèques de Paris ne serait-il pas versé dans les départements ? Gardez tous les chefs-d'œuvre uniques. Il est juste qu'ils fassent l'ornement des lieux qui les ont vu naître. Mais tous les doubles en fait de tableaux, de livres, de statues, de machines, d'objets quelconques d'études, vous en enrichirez les écoles départementales. Le génie portera ainsi sa flamme épuratrice jusqu'aux extrémités de la République. De là, par un effet réciproque reporté naturellement vers le centre, il se formera une circulation d'où dépendent l'embonpoint et la vie du corps social.

Les Écoles normales ont annoncé à la France le complément de l'instruction qui ne peut être que dans les écoles centrales. Vous ne laisserez pas l'édifice imparfait. L'univers, la postérité sauront qu'au milieu des orages d'une révolution inouïe, dans les crises d'une guerre dont vous soufflez l'embrasement sur vingt nations punies de leurs forfaits ; tandis que dans la terreur vous terrassiez d'une main le crime et l'immoralité,

et que de l'autre, vous cicatrisiez les plaies que
la patrie avait reçues de ses parricides enfants,
votre génie infatigable, combattant sans relâche
l'ignorance et le vandalisme qui menaçaient d'en-
velopper la République, élevait un temple immense, un temple éternel, et jusqu'à vous sans
modèle, à tous les arts, à toutes les sciences, à
à toutes les branches de l'industrie humaine et
que vous assuriez par ce chef-d'œuvre à la nation
française, sur les peuples de l'univers, une supériorité plus glorieuse que celle que nous avaient
donnée les succès de nos armées triomphantes (1).

(1) Lakanal avait précédemment, le 7 brumaire an III, fait
un rapport intéressant sur les Ecoles primaires, reproduisant
le projet qu'il avait présenté avec Sieyès et Daunou. La Convention l'avait écarté le 26 juin 1793. Ce rapport fut suivi du
décret du 27 brumaire an III, après une vive discussion, à laquelle prirent part : Duhem, Legendre, Lecomte, Romme, Du-
bois-Crancé, Thibaut, Boissier, Levasseur de la Sarthe et Clauzel.
Le projet de décret sur les Ecoles centrales fut adopté le 7 ventôse, an III (25 février 1795).

RAPPORT DE LAKANAL (1).

Quatre-vingt-neuf districts ont envoyé des états de leurs arrondissements d'écoles primaires; et, en les adoptant tels qu'ils sont, il en résulte 3,486 écoles pour 3,915,404 habitants. Comme ces districts sont pris au hasard, ils peuvent servir à trouver un terme moyen pour toute la République; il en résulte une population actuelle de 24,200,000 individus et un nombre de 20,500 écoles primaires.

Nous avons évalué à 200 liv. la location moyenne des bâtiments dont la jouissance est accordée à l'instituteur et à l'institutrice; ajoutant à cela leurs salaires, la dépense sera de 2,400 liv. pour chaque école primaire : l'ensemble de ces écoles, dans toute la République coûtera 49,200,000 liv.

Il se présente une question intéressante à soumettre à la Convention. La dépense des écoles primaires doit-elle être supportée en entier par le gouvernement? Des raisons d'un grand poids paraissent décider négativement cette question.

(1) Aperçu des dépenses des divers objets d'instruction publique, présenté au Comité d'instruction publique, par Lakanal, député à la Convention nationale, pour le département de l'Ariège, floréal, an III.

L'instruction des écoles primaires étant un bienfait dont les avantages s'étendent à tous les citoyens, la nation ne doit en supporter les frais que pour ceux qui sont dans l'impossibilité absolue d'y subvenir, et c'est pour les autres un devoir sacré de contribuer à cette dépense. D'ailleurs, quel emploi et plus noble et plus utile peuvent faire des dons de la fortune ceux qu'elle a favorisés, que celui d'en aider la propagation des lumières? Leur intérêt même leur en fait une loi. Tous les citoyens sans distinction étant appelés à remplir les fonctions du gouvernement et de voter dans les assemblées primaires, plus la masse du peuple sera éclairée, et moins ceux qui jouissent des avantages de la société devront craindre de se voir en danger de les perdre par des délibérations tumultueuses et irréfléchies.

Ce n'est donc point une mesure vexatoire que, d'établir une imposition additionnelle, basée sur les fortunes, et proportionnée à la quotité de la contribution de chaque citoyen, pour remplir une partie des dépenses occasionnées par l'établissement des écoles primaires.

Les états de contributions, publiés jusqu'à ce jour, donnent un résultat total de 379,222,411 liv. : en l'augmentant d'un dixième, qui s'élèverait à 37,922,241 liv., il ne resterait plus à la charge du trésor public qu'une somme de 11,300,000 liv. sur les frais de l'instruction publique,
ci . . . . 11,300,000 liv·

Le mode de répartition du dixième en sus qu'on vient d'indiquer, pourrait être choisi de manière à le rendre le moins onéreux qu'il soit possible à ceux qui ne jouissent que d'un petit revenu ; mais ces considérations ne sont pas de notre ressort ; nous terminerons cet article par les réflexions suivantes :

L'instruction primaire étant bien organisée remplacerait avec beaucoup d'avantage l'ancien culte public, pour lequel l'Assemblée constituante avait reconnu une dépense de 80,000,000 liv., et qui ne subsiste plus depuis que, conformément aux principes, la liberté des cultes est devenue une des bases de notre Constitution. Enfin, l'expérience et l'examen attentif des localités, fait par les représentants du peuple envoyés dans les départements pour monter l'instruction publique, donneront les moyens de modifier l'établissement des écoles primaires, et peut-être de le réduire beaucoup, sans diminuer son utilité réelle ; car, n'en doutons pas, les plans les mieux conçus ont toujours besoin d'être sanctionnés par l'exécution, et la Convention elle-même a plus d'une fois reconnu la vérité de ce principe.

La dépense pour les écoles primaires se trouverait donc réduite à la somme de 11,300,000 liv.

La population de la République étant estimée de vingt-six millions d'habitants, on aurait 80 à 87 écoles centrales, à raison d'une par population de 300,000 personnes, c'est-à-dire, une par département. Nous les porterons à 92, à cause des cinq écoles établies à Paris.

En prenant un taux moyen pour les communes où ces écoles seront établies, une moitié peut être considérée comme ayant une population au-dessous de 15,000 habitants, et l'autre moitié comme en ayant une supérieure, les villes dont la population excède 60,000 habitants étant en très petit nombre.

Ainsi, aux termes du décret, il se trouve 46 écoles dont les professeurs auront 3,000 liv., et 46 où ils auront un traitement de 4,000 liv.

D'un côté, pour chaque école composée de quatorze professeurs 42,000 liv. de l'autre . . . . 56,000 liv. } 4,508,000 liv.

Ajoutons, si l'on veut, un excédent de 100,000 liv. pour les communes dont la population s'élève au-dessus de 60,000 âmes ; il en résultera un total de 4,608,000 liv.

Plus, pour les frais d'expédition, 6,000 liv. ; ce qui fait 552,000 liv. On ne peut guère estimer à moins de 50 le nombre *des élèves de la Patrie*, peu fortunés et distingués par leurs heureuses dispositions qu'on se propose d'attacher à chaque école centrale, ni porter surtout, quant à présent, leur traitement à moins de 1,200 liv. ; ce qui fait 5,520,000 liv.

Mais un objet important se présente à l'examen ; un seul professeur est-il suffisant pour les parties les plus essentielles de l'enseignement public? Est-ce assez d'un seul professeur de mathématiques, d'un professeur de physique et de chimie expérimentale réunies, d'un seul professeur de langues anciennes et de langues vivántes? Borné éternellement aux premiers éléments, chacun de ces professeurs ne pourra donner à ses leçons le degré d'étendue nécessaire, ou, s'il prend une marche trop rapide, ses élèves seront bientôt dans l'impossibilité de le suivre. En vain voudrait-il une seconde année achever l'ouvrage de la première ; de nouveaux élèves le forceront de revenir sur ses pas et de se renfermer dans le même cercle. Le bien des uns ne pourra jamais s'opérer qu'au détriment des autres.

Quels sont, en effet, les élèves qui voudront fréquenter d'abord les écoles centrales? des enfants sortis, pour la plupart, tout nouvellement des écoles primaires avec des notions extrêmement légères et superficielles. Il faut donc d'abord les initier à des connaissances dont ils n'auront eu jusqu'ici aucune ou du moins qu'une très faible idée, et cette première opération exige tous les soins d'un professeur. L'ouvrage que celui-ci aurait ébauché, un autre ou lui-même le perfectionnerait une seconde année, et l'instruction recevrait par là toute l'étendue dont elle est susceptible. Observons que l'instruction des écoles centrales sera le dernier terme pour la grande majorité des élèves; elle ne saurait donc être ni trop développée, ni trop complète.

Ainsi le bien public semble exiger qu'il y ait dans chaque école centrale deux professeurs de mathématiques, deux professeurs distincts, l'un de physique et l'autre de chimie expérimentale ; deux professeurs de langues anciennes et de langues vivantes ; on pourrait même ajouter un second professeur des arts de dessin. Chacun d'eux alternerait et ferait un cours de deux années ; par là, le grand nombre des professeurs fixé par la loi serait augmenté de cinq. Ce qui donne un excédent de 1,675,000 livres; surcroît de dépense qui ne saurait arrêter, quand on considère l'avantage immense qui doit en résulter pour la République.

N'oublions pas en effet que du succès des écoles centrales dépend le succès des sciences, des lettres et des arts, et que, ne pas leur donner toute l'étendue et toute l'activité dont elles sont susceptibles, c'est paralyser en grande partie l'instruction publique.

Pour toute la dépense des écoles centrales, 12,655,000 livres.

1° Quatorze professeurs avec un traitement de 12,000 livres; ce qui fait 168,000 livres.

C'est aux écoles centrales à vivifier l'école normale ; ce sont elles qui doivent principalement fournir les moyens de se régénérer sans cesse, et de répandre, par une communication non interrompue, les fruits de ses travaux dans toutes les parties de la République. L'école normale doit être le chef-lieu de l'instruction, la métropole des connaissances humaines en France. On ne peut donc se dispenser d'envoyer chaque année, à l'école normale, un certain nombre d'élèves des écoles centrales, choisis parmi les jeunes gens sans fortune qui se seraient distingués par leurs talents. Nous supposons deux élèves au moins par école centrale, ce qui forme en tout 184; ils seraient nommés par l'assemblée des professeurs, et ce choix serait confirmé par l'administration du département. Leur traitement, vu les circonstances actuelles, ne pourrait être moindre de 3,600 livres. Total pour les 184 *élèves de la patrie*, 662,400 liv. Ajoutons pour les quatorze professeurs, 168,000 livres. Total pour les écoles normales, 830,400 livres.

En considérant l'instruction publique dans son organisation actuelle, deux réflexions s'offrent d'elles-mêmes à la pensée.

1° L'enseignement des écoles centrales remplit-il entièrement le but qu'on s'est proposé de donner à l'instruction?

2° L'école normale suffit-elle pour suppléer à ce que les écoles centrales peuvent laisser à désirer?

Ce n'est point certainement dans le nombre ni dans la nature des objets d'enseignement que l'instruction des écoles centrales peut paraître trop limitée. Sous ce double rapport, elle embrasse tout ce qu'il lui est possible d'emb rasser; mais peut-on espérer que chaque partie d'enseignement y soit portée à ce degré d'étendue nécessaire pour son entier et parfait développement? Bornée par la qualité des élèves et par la durée des différents cours, elle se trouve renfermée dans le cercle des éléments; on ne doute point que des professeurs habiles ne soient en état de s'élancer plus haut; mais des jeunes élèves, peu préparés d'avance, seraient-ils en état de s'élever avec eux? De bons principes, des connaissances générales, du goût, de l'aptitude aux sciences, voilà les principaux fruits qu'on peut attendre de l'instruction des écoles centrales; elles donneront à la République des hommes plus ou moins instruits ; c'est à un troisième degré d'instruction qu'il appartient de lui donner des savants.

Ce degré se trouve entièrement dans l'école normale ; mais unique dans son genre, suffit-elle pour tous les jeunes républicains qui voudraient trouver des moyens de cultiver de plus en plus leurs talents et d'étendre leurs connaissances ? L'éloignement, la difficulté des subsistances ne seraient-ils pas pour la plupart des obstacles insurmontables ? On ne saurait, en effet, regarder comme suffisant pour toute la République le nombre de deux élèves que nous avons proposé d'attacher à l'école normale.

Peut-être ces considérations pourront-elles déterminer l'établissement d'un troisième degré d'instruction distinct et séparé, intermédiaire entre les écoles centrales et l'école normale. Mais nous croyons qu'il existe un moyen plus simple, moins dispendieux, et capable de remplir également les vues d'utilité publique qui animent la Convention : ce serait de tripler dans un petit nombre d'écoles centrales les professeurs dont le genre exige une étude plus suivie, une application plus constante ; par là on épargne des frais d'établissement considérables, on simplifie la marche et on obtient les mêmes résultats.

Nous supposons donc cinq professeurs de plus dans dix écoles centrales seulement ; celles qui, par la localité et la population des communes où elles sont établies, semblent devoir être plus particulièrement le foyer des arts, des sciences ; le traitement de ces professeurs serait de 6,000 livres, ce qui ferait 300,000 livres.

La bibliothèque nationale, l'école publique des langues orientales, commerciales et diplomatiques, le muséum d'histoire naturelle, coûtent à la nation 300,000 liv. Les écoles de santé 410,600 liv. Nous n'avons pas parlé des observatoires qu'il importe d'organiser sans retard ; l'étude de l'astronomie mixte doit fixer particulièrement l'attention des législateurs de la France, par l'importance de ses découvertes pour la navigation, et surtout par ses rapports essentiels avec le bonheur et la liberté de l'espèce humaine. Les erreurs de l'astrologie, les vaines terreurs qui ont accompagné les éclipses, l'apparition des comètes, assiègent encore, pour ainsi dire, l'entendement humain et n'attendent, pour y pénétrer, que le retour de l'ignorance. Observons, d'ailleurs, que partout la superstition a placé son point d'appui dans un ciel imaginaire, pour agiter et pour asservir la terre, et que rien n'est plus propre à garantir les hommes de ces honteux et funestes effets que la connaissance du vrai système du monde, et la considération de l'immensité de l'univers.

En établissant, comme en Angleterre, un bureau des longitudes pour assurer les progrès de l'astronomie, les observatoires coûteront à la République la somme de 60,000 liv.

Réunissons maintenaat les sommes trouvées dans les articles précédents.

Nous aurons pour :

Les écoles primaires	11,300,000 liv.
Ecoles centrales	12,655,000 »»
Ecoles normales	830,400 »»
Augmentation des professeurs dans des écoles centrales . .	300,000 »»
Bibliothèque nationale, muséum d'histoire naturelle, école des langues orientales.	300,000 »»
Observatoire	60,000 »»
Ecoles de santé	410,000 »»
Total général . . .	25,856.000 liv.

Les résultats qu'offre cet aperçu doivent détruire complètement l'idée exagérée que l'on paraît avoir de ce que coûterait l'instruction publique ; et cette dépense doit devenir moindre, de jour en jour, en raison des diminutions de denrées de première nécessité.

RAPPORT DE FOURCROY (1)

Citoyens,

Les comités de salut public et d'instruction publique se sont occupés de l'état actuel des écoles destinées aux services publics, militaires ou civils. Ils ont senti que les besoins de l'Etat exigeaient une classe particulière d'institutions, qui d'ailleurs existent déjà, au moins pour la plupart ; loin de songer à en détruire aucune partie, ou à les confondre dans les écoles supérieures qui vous sont proposées sous le nom d'écoles centrales et d'écoles spéciales, ils ont cru devoir en faire un des principaux chapitres de l'organisation générale de l'instruction. Le comité d'instruction publique s'est spécialement chargé de prendre tous les renseignements possibles sur les établissements actuellement existants. Il a consulté les hommes habiles chargés de les diriger ; après avoir acquis une connaissance exacte de ces écoles particulières, il s'est concerté avec le comité de salut public pour les

(1) Rapport présenté à la Convention, le 4 vendémiaire an IV, par Fourcroy, député de Paris, sur les mesures prises par le Comité de salut public, pour l'établissement de l'*Ecole centrale des travaux publics*, décrété par la Convention, le 21 ventôse an III.

maintenir et les améliorer même d'après les motifs que je vais développer en peu de mots.

Les arts qui servent à la défense de la République sur terre et sur mer, la construction des places fortes, la fabrication et l'emploi des armes, la position des camps, l'élévation des arsenaux, la construction des vaisseaux, la navigation, l'établissement des ports et de tout ce qui leur appartient, l'entretien et la réparation des routes, des ponts, des chaussées, des canaux, l'exploitation des mines, la reconnaissance et la description exacte des terrains, des mers, des côtes ; tous ces arts qui président à la sûreté de l'empire et à sa prospérité intérieure, sont l'objet d'études particulières, qui demandent une grande et longue application. Il faut commencer ces études de bonne heure, les poursuivre avec constance pendant plusieurs années, et s'y livrer tout entier.

La République doit extraire en quelque sorte de toute la masse d'instruction qu'elle possède et du sein de tous les hommes éclairés qui l'habitent, un choix de citoyens les plus instruits, qui s'appliquent uniquement à l'artillerie, au génie militaire, à la construction et à la conduite des vaisseaux, aux travaux des ponts et chaussées, à la connaissance d'exploiter les mines, à la géographie civile, militaire et maritime ; il faut qu'elle soit sûre de trouver dans ce genre de connaissances les hommes les plus avancés et les plus forts de l'Europe. De là il suit que les écoles d'artillerie, de génie militaire, de construction navale, d'hydrographie et de marine, des ponts et chaussées, des mines et de géographie, sont un des besoins les plus impérieux du gouvernement. Aussi la tyrannie qui ne pouvait pas s'en passer a-t-elle été forcée de la respecter ; aussi ces écoles ont-elles été pendant dix-huit mois un asile ou un grand nombre d'hommes éclairés se sont réfugiés et ont échappé à la hache décemvirale.

Comme chacune de ces écoles est destinée à un service public, comme il importe que le gouvernement puisse y trouver dans tous les temps des citoyens capables d'exécuter les travaux qu'il doit leur confier, il est nécessaire que les sujets admis dans ces écoles y soient dans un nombre correspondant aux besoins du service, qu'ils se consacrent dès leur entrée dans cette carrière à servir l'Etat, qu'ils soient attachés à la partie qu'ils auront choisie : cette considération majeure exige que les élèves ne soient reçus dans ces écoles que d'après des épreuves qui constatent certaines études préliminaires, nécessaires pour l'intelligence des arts qu'on y enseigne, et qu'un examen sévère ne permette d'y faire entrer que des jeunes gens assez instruits pour profiter des leçons qu'on y donne, et se rendre dignes de servir la patrie dans les ports, les armées, les camps, les places, les vaisseaux, les routes et les canaux de l'empire. Dès qu'ils sont admis dans les écoles, ils sont en quelque sorte déjà liés au service de la République ; ils travaillent et vivent pour elle au moins en espérance ; ils ont déjà acquis des lumières qui doivent leur devenir profitables, et dont le développement lui appartient exclusivement. Il faut aussi que les travaux journaliers des élèves leur offrent en perspective une source de gloire, une existence assurée ; ils doivent donc être salariés, et une expérience de cinquante ans, pour beaucoup de parties de ce service, prouve la nécessité et l'avantage de cette pratique, qui nous a donné des ingénieurs, des artilleurs et des marins habiles.

I

CONSERVATION ET MODIFICATION DE L'ÉCOLE POLYTECHNIQUE (1).

Les besoins de la guerre et la nécessité non moins pressante de rétablir des parties importantes de l'instruction détruites par la révolution, vous déterminèrent, au mois de ventôse de l'an deuxième, à créer une école centrale de travaux publics, afin d'avoir un dépôt sacré d'où l'on pût tirer en tout temps les ressources que les sciences et les arts offrent au service de l'Etat.

Cette superbe institution, appelée depuis École polytechnique, a été élevée avec tous les soins qu'elle méritait. Vous avez pu juger, par les rapports qui vous ont été faits, par les écrits qui vous ont été distribués, combien ces soins avaient déjà d'heureux effets, combien ils promettaient une utilité encore plus grande pour l'avenir. Le but de cet établissement fut spécialement de former

(1) L'Ecole polytechnique, une des plus grandes et des plus utiles créations de la Convention avait été organisée sous le titre d'Ecole centrale des travaux publics, sur un rapport présenté par Fourcroy, dans la séance du 3 vendémiaire, an III.

des élèves pour les différentes professions d'ingénieurs que le République doit entretenir : on voulut aussi y donner l'instruction à ceux qui se proposeraient de cultiver les arts et les sciences pour leur compte particulier, ou pour reverser dans la société leurs connaissances acquises. Mais comme un ingénieur, de quelque genre que ce soit, ne se forme que par le travail de plusieurs années ; comme on avait plutôt à craindre l'entier dépérissement de l'instruction en France, qu'une trop grande extension dans les moyens de la propager, on conserva toutes les écoles particulières analogues à quelques-unes des parties d'étude de l'école polytechnique : on en créa même de nouvelles, enfin le gouvernement fut autorisé par vous à faire face à tous les services, de toutes les manières que les circonstances permettraient. Depuis ce temps, d'une part, la diminution de la guerre, et sa tendance à une cessation prochaine ; d'autre part l'organisation générale de l'instruction publique, qui a été préparée, et surtout l'expérience acquise par les premiers essais, ont mis vos comités dans le cas de combiner une nouvelle organisation de l'école polytechnique. Ils se sont pénétrés de l'extrême importance de donner un enseignement au niveau des lumières actuelles, à ceux qui ont besoin des sciences et des arts pour servir la patrie. Ils ont vu que, malgré la diversité des applications, les mathématiques et la physique étaient la base indispensable des études dont il s'agit ; que un établissement commun, et que l'école polytechnique, porterait plus qu'aucun autre, ces connaissances à un plus haut degré ; qu'il y aurait un meilleur choix dans les sujets ; que l'économie veut que l'on conserve ce qui existe déjà utilement : que ce serait une dépense superflue, que de créer plusieurs établissements pour enseigner les mêmes choses, lorsqu'un seul peut suffire, puisque ce serait évidemment redoubler le matériel, et employer plus d'agents, tandis que le nombre des maîtres habiles est malheureusement si restreint ; enfin qu'il n'y a pas à balancer pour tirer d'une école si heureusement commencée tous les avantages qu'elle peut procurer. C'est d'après ces considérations que vos comités ont tracé le plan qu'ils vous soumettent par le projet de décret qui vous a été distribué.

Ce n'est pas une création nouvelle qu'il s'agit de faire, c'est seulement un meilleur emploi de ce qui existe déjà. En réduisant les moyens à ce qui suffit au service de la République, on a calculé le nombre nécessaire chaque année à l'entretien de chaque genre de service ; ce nombre détermine celui des élèves de l'école polytechnique ; ainsi vos comités ont pensé qu'au lieu de quatre cents élèves que, dans sa première institution cette école devait contenir, il est convenable de n'en garder que trois cent soixante. Il n'y a d'autre innovation que dans l'admission des élèves qui se destinent à entrer dans l'artillerie, et que, dans les dispositions qui règlent les travaux et les études suivant les divers services auxquels se destinent les élèves ; ce qui sera dit dans la suite de ce rapport sur chaque école d'application particulière le fera mieux sentir encore.

II

ÉCOLES D'ARTILLERIE

Nous vous proposerons de conserver l'école de Châlons pour l'artillerie jusqu'après la guerre, de rétablir les écoles de régiments dont les exercices ont été suspendus par nos glorieuses campagnes, de les perfectionner même dans les lieux de garnison. L'enseignement de l'artillerie a été jusqu'ici fort au-dessous de l'état des lumières en France. Les officiers les plus instruits dans cette partie importante du service public s'en plaignent depuis longtemps : ils désirent que les élèves qu'on y admet soient plus forts qu'ils ne l'ont été jusqu'à présent. A Metz, on ne les occupait que de mathématiques, et le livre de Bezout était le seul objet de leurs études. La physique, la chimie, la géométrie descriptive, y étaient entièrement ignorées, quoique les bases de leur art en soient entièrement dépendantes. Aussi tout ce qui tient aux détails de construction, tous les arts qu'il est si important de bien connaître pour diriger convenablement l'emploi des machines de guerre, n'étaient-ils sus que d'un très-petit nombre d'hommes qu'un zèle ardent et des lumières peu communes portaient à des études plus complètes et plus étendues. Toutes ces études, toutes ces connaissances sont l'objet des travaux de l'école polytechnique, et doivent même être acquises en

partie avant d'entrer à cette école ; aussi propo-
sons-nous de renvoyer après la guerre l'étude
préliminaire de l'artillerie à cette école préparatoire, de ne laisser que jusqu'à la paix subsister
celle de Châlons qui est insuffisante ou ne serait
qu'un double emploi, et de rétablir, de restaurer
même avec plus de développement les écoles pratiques auprès des huit régiments d'artillerie. A
cette époque les jeunes gens, après deux ans au
moins d'études à l'école polytechnique, et munis
de connaissances suffisantes en géométrie, en
stéréonomie, en mécanique, en physique, en
chimie et en fortifications, passeront à ces écoles
pratiques, et y apprendront, avec une grande
facilité, tous les détails de la construction des
machines de guerre et l'exercice des manœuvres
d'artillerie. Ainsi le vœu des officiers les plus
habiles sera rempli, et la République jouira bientôt du fruit de ces institutions.

Les élèves, au sortir de l'école polytechnique,
seront de nouveau examinés, pour être reçus dans
les régiments d'artillerie, et ils n'obtiendront
d'avancement que d'après leurs connaissances et
leurs talents acquis dans la théorie et la pratique
des armes.

III

NOUVEL EXAMEN DES INGÉNIEURS

L'école du génie militaire sera la seconde école
d'application, où des élèves, au sortir de l'école
polytechnique ou préparatoire, seront admis

d'après un examen. L'école de Mézières a fourni d'une manière très heureuse l'instruction nécessaire aux élèves jusqu'en 1793 ; mais cette école se trouvant à cette époque, totalement désorganisée, la Convention la transféra à Metz, par son décret du 24 pluviôse an deuxième, tant pour mettre fin aux désordres et aux anciennes habitudes qui y existaient, que pour fournir à l'instruction militaire des moyens plus grands et plus multipliés. Elle décréta en même temps que toute la partie théorique, relative aux constructions, serait réunie à l'école des ponts et chaussées, et que l'école de Metz ne conserverait que la partie relative aux travaux militaires.

En provoquant ce décret, l'intention du gouvernement était de tirer les élèves du génie de l'école des ponts et chaussées, en attendant l'établissement de l'école centrale des travaux publics, devenue aujourd'hui l'école polytechnique, et destinée dès sa première formation, à donner à la République de bons artistes constructeurs, à répandre et avancer les connaissances nécessaires au perfectionnement de tous les arts.

Les besoins urgents et impérieux de la guerre n'ayant pas permis d'attendre que les élèves des ponts et chaussées fussent assez instruits, et cette école ne pouvant même fournir aux besoins des travaux civils, on fut forcé d'admettre directement à l'école de Metz des candidats qui avaient satisfait à un examen léger sur les éléments des mathématiques.

Il en est résulté que l'instruction de l'école de

Metz a dû comprendre les deux parties, théorique et pratique : mais l'enseignement n'a dû se faire que d'une manière superficielle, afin de fournir dans un très court espace de temps, non pas des ingénieurs, mais des citoyens propres à seconder les chefs du génie, soit dans les places de guerre, soit aux armées.

Cette mesure a fait naître un inconvénient majeur et très nuisible aux intérêts de la République, c'est que, pour donner une existence à ces citoyens, on les a reçus ingénieurs ; et à peine, il faut en convenir, connaissaient-ils les éléments de cet art difficile.

Les ministres, les généraux, les représentants du peuple, envoyaient à l'armée de jeunes citoyens qui n'avaient passé que quelques mois à l'école ; ils assistaient à quelque siège, ou faisaient un léger service dans les places, et devenaient sur-le-champ capitaines, même officiers supérieurs.

Il a fallu même, pour donner les moyens de subsistance à une trentaine d'élèves supprimés par l'effet de la loi du 14 ventôse dernier, les recevoir tous lieutenants ou capitaines du génie.

On sent le danger qu'il y aurait de confier la force de nos frontières à des jeunes gens dont la morale n'aura pas été assez éprouvée, et qui n'ont pas reçu l'instruction suffisante pour projeter et diriger les grands travaux de construction.

Si l'on veut ne pas perdre cet art conservateur qui, plus d'une fois, a sauvé la République, si l'on ne veut pas que les finances de l'État soient dila-

pidées ou mal employées, et si l'on ne veut confier les boulevards de la France qu'en des mains
sûres, il est urgent de décréter que tous les officiers du génie, qui n'ont pas passé à l'école le
temps nécessaire pour faire juger de leur capacité, seront tenus, pour conserver leurs services
de faire preuve de conduite et de savoir, et ne
seront reçus définitivement dans le corps du génie
qu'après un examen qui constatera leurs talents
et leur capacité.

IV

ÉCOLE DES PONTS ET CHAUSSÉES

La troisième école d'application est celle des
ingénieurs des ponts et chaussées. Il ne s'agit
que de donner de l'activité à l'école actuelle fondée en 1747, confirmée par l'Assemblée constituante en janvier 1791, de diminuer le nombre
des élèves qu'on y recevait, de n'y admettre de
jeunes gens que d'après un examen sévère, et
après trois ans d'études à l'école préparatoire ou
polytechnique. Voilà les seules modifications
nécessaires à son amélioration.

V

ÉCOLE DES MINES

L'exploitation des mines a fixé l'attention des
comités et elle fixera la vôtre. La prospérité d'un
empire tient plus ou moins à l'art de tirer parti
des richesses minérales ; l'Angleterre doit presque
exclusivement la sienne au charbon de terre et
aux travaux du fer. La France n'a rien à envier

à cet égard aux autres nations : elle n'a aucun reproche à faire à la nature. D'immenses masses de charbons et de minerais reposent sous son sol fertile et attendent les bras des républicains. Mais l'art des mines est encore dans l'enfance ; il faut donc lui donner une grande impulsion. Vos comités vous proposent de confirmer une institution qui a déjà été établie par le gouvernement, et qui promet les plus grands succès, en y ajoutant quelques moyens pour la pratique de l'art métallurgique.

Ce n'est que par l'enseignement donné dans les mines, par la réunion intime de la théorie et de la pratique, que les mineurs allemands ont acquis cette supériorité qui les distingue. La France est riche en mines de houille, de fer, de plomb, de zinc et d'antimoine. Elle offre, en outre, quelques mines d'argent, de cobalt et beaucoup de substances salines dont il est important de tirer parti pour les arts ; et cependant, en temps de paix, elle tire de la seule Angleterre pour plus de cinq millions de charbon de terre qu'elle paye de son numéraire, et d'autres nations étrangères, presque tous ses cuivres, ses laitons et même des fers et des aciers. Pour exploiter avec avantage les richesses minérales de la France, il faut apprendre aux départements qui les possèdent à les reconnaître, à les retirer du sol, et à en extraire les produits pour les arts. Dans cette intention le gouvernement avait établi une agence des mines vers la fin de l'an deuxième ; des cours d'instructions ont été institués auprès d'elle.

Trente élèves ont déjà accompagné cette année les inspecteurs dans les régions minéralogiques de la France. Malgré les fatigues et les privations de tous les genres, ces voyages ont déjà procuré des découvertes et des collections précieuses. Un journal des mines dont il vous a été déjà distribué neuf numéros, contient les travaux des membres de cette agence ; nous vous proposons de la conserver sous le nom de Conseil des mines auprès du ministère de l'intérieur. L'école pratique qui sera créée pour l'instruction des élèves, nous procurera aussi des mineurs, des fondeurs, de bons chefs de mines, des directeurs d'exploitation, de fonderies, de salines.

Les voyages des inspecteurs, des ingénieurs et des élèves, et leur réunion à Paris pour y augmenter leurs connaissances par un échange mutuel et de nouvelles études, continueront d'avoir lieu comme par le passé.

Cette utile institution, qui remplacera avec tant d'avantages l'ancien établissement qui n'a point résisté aux secousses de la révolution, devient surtout précieux à la France depuis les nouvelles richesses minérales que les Alpes et le Nord ajoutent à celles que la République possédait déjà. Le gouvernement profitera sans doute des lumières des mineurs allemands, que les circonstances heureuses où nous nous trouvons à cet égard rapprochent des Français, et qui, par une communication fraternelle répandront bientôt chez nous les pratiques et les procédés qu'une longue expérience a confirmés, et qui manquent encore à nos ateliers. Nous ne parlons point ici de tous les arts qui s'exercent sur les métaux, et dont le perfectionnement ou l'importation dans la République doit suivre immédiatement l'instruction répandue sur les mines et sur leur exploitation.

VI

CADASTRE.

La géographie publique, ou plutôt l'art de faire les cartes géographiques, si utile pour tous les genres de services publics, et qui tient de si près à toutes les branches de l'économie, réclame une école particulière ; et les comités ont cru devoir la placer parmi les écoles d'application, qui doivent toutes fournir des sujets pour la défense ou l'administration générale de la République. Les élèves de cette école n'y seront admis qu'après avoir passé un an à l'école polytechnique ; leur nombre sera fixé non seulement en considération du service ordinaire, mais encore en considération du travail extraordinaire et temporaire qu'exige la confection du cadastre et des autres entreprises géographiques commencées. Les comités ont pensé que l'opération du cadastre devait fixer votre attention ; et ils ont cru nécessaire de vous présenter l'état où est aujourd'hui ce beau travail. Le cadastre de la France a été ordonné par une loi du 16 septembre 1791.

Depuis cette époque, le corps législatif a rendu plusieurs décrets tendant à en accélérer l'organisation définitive. Enfin on a ouvert récemment un concours pour la nomination de vingt-cinq géographes destinés à commencer les opérations par le cadastre du département de la Seine. Le choix de ces géographes a été fait ; mais l'état des subsistances n'a pas encore permis de les répartir dans les communes : ils n'en ont pas moins été employés très utilement à la confection des grandes tables relatives à la nouvelle division des angles.

Le bureau central du cadastre a été, depuis son institution en 1791, employé dans diverses administrations aux objets relatifs à son institution. On a fait dans ce bureau un toisé général, le seul peut-être qui mérite de la confiance, de la superficie de chaque partie du territoire français. On y a construit plusieurs cartes générales de la France, pour offrir le tableau de l'ensemble des routes, de la navigation intérieure, des chaînes de montagnes et du nivellement, de l'hydrographie. On y a dressé plusieurs états extrêmement détaillés et méthodiques de la population considérée sous différents aspects, etc. ; enfin on y a entrepris les tables logarithmiques et trigonométriques les plus étendues et les plus exactes qui aient jamais été publiées et même conçues, et qui se rapportent à la nouvelle division décimale du cercle. Plus des trois quarts de ce vaste ouvrage sont déjà livrés à l'impression, dont on a chargé Firmin Didot, et dont les planches polytypées resteront en propriété à la République. L'exécution d'un semblable projet sera comptée parmi les services que la nation française a rendus aux *sciences* et aux arts.

Le bureau du cadastre s'est de plus occupé des nombreux détails relatifs à la préparation du travail des géographes, et des moyens d'assurer à ce travail la précision et l'uniformité qui doivent en assurer le succès et l'utilité.

1° Les cartes et plans qu'on lèvera du territoire français seront de trois sortes ; savoir : 1° les cartes trigonométriques à l'échelle de 1/10.000 qui représenteront les positions des principaux lieux et la peinture des accidents généraux du terrain.

2° Les plans de masse de commune comprenant le cours et les sinuosités des chemins, ruisseaux, rivières, etc., non seulement dans le périmètre de chaque commune et de ses sections, mais encore dans toute l'étendue de sa surface ; ces plans comprendront ainsi toutes les masses ou îles de propriétés dont la forme et l'étendue peuvent être considérées comme permanentes d'après l'invariabilité des lignes qui les circonscrivent.

3° Les plans nommés parcellaires, qui doivent donner la désignation individuelle et l'arpentage de toutes les propriétés particulières.

Cette division du travail nécessite une division correspondante dans les coopérateurs qui y seront employés, et qui, selon l'une des trois espèces de cartes dont ils s'occuperont, doivent avoir un degré d'instruction et d'aptitude très différent. C'est d'après cette considération que les géographes appelés pour commencer la levée des départements, ont été distribués en trois brigades, la première chargée de la partie trigonométrique, la deuxième des plans de masse, et la troisième de l'arpentage.

Les deux brigades ou classes qu'on occupera aux plans de masse et à l'arpentage ne peuvent pas, eu égard au grand nombre d'employés dont elles seront composées, être tirées d'aucun établissement particulier d'éducation : les connaissances et l'habitude pratique qu'elles exigent, sont de nature à pouvoir se rencontrer assez communément chez les hommes qui se sont adonnés par état ou par goût à la géodésie et à l'arpentage. En prenant toutes les précautions qui peuvent assurer de bons choix, et en employant les moyens de vérification combinés d'avance dans l'organisation du travail, on pourra obtenir des plans de masse et de détail dont la levée, le dessin et les calculs rempliront les conditions qu'il sera nécessaire d'exiger.

Il n'en est pas de même de la classe des géographes qui s'occupera des cartes trigonométriques : ceux-là doivent réunir, et les connaissances théoriques, et l'habitude pratique des opérations ; leur instruction exige des soins particuliers, et ne peut-être bien complète que dans une école publique. La partie théorique de cette instruction doit naturellement être confiée à l'école polytechnique ; quant à la partie pratique ou d'application, on doit y avoir pour objet non seulement de former des hommes habiles aux opérations géodésiques ou géographiques en général, mais de les habituer, par des exercices répétés, à avoir tous précisément la même méthode, les mêmes procédés, l'usage des mêmes instruments, enfin une identité parfaite dans les plus petits détails. Cette uniformité est impérieusement exigée par la nécessité de rendre tous les résultats du cadastre comparables entre eux, sans quoi on perdrait la plus grande partie des avantages qu'on doit en attendre.

La conséquence des observations précédentes est que, pour avoir d'une part des hommes instruits auxquels on puisse confier les opérations fondamentales du cadastre et pour obtenir de l'autre l'uniformité indispensable dans toutes les parties de ce vaste travail, il faut faire à l'école polytechnique la première éducation théorique des géographes ; les faire passer ensuite dans une école d'application que nous proposons d'établir à cet effet au bureau central du cadastre. Cette école sera ouverte à 20 élèves qui, au sortir de l'école polytechnique, viendront s'y exercer en commun, et ne seront employés dans les départements que lorsque tous les détails du mode uniforme de travail leur seront parfaitement familiers. Leurs exercices comprendront deux objets principaux ; le premier, relatif aux opérations à faire sur le terrain ; le second, renfermant le travail de cabinet.

Les opérations sur le terrain seront de 3 sortes :

1° La peinture de la configuration du sol, ou l'art de représenter par l'effet des couleurs et des ombres les vallées, les montagnes, les eaux, les variétés minéralogiques et les diverses productions du sol, etc.

2° Les mesures géométriques qu'on divisera en mesure des bases, faites, soit avec le bois, soit avec le métal, en ayant égard aux variations hygrométriques et thermométriques, employant d'abord les procédés perfectionnés qu'on a inventés récemment, et ajoutant même, s'il est possible à leur perfection, et en mesure des angles qu'on peut obtenir avec les cercles répétiteurs (instruments à l'usage desquels les élèves seront particulièrement exercés), et avec différents instruments gradués, à vision directe et réfléchie, ou qu'on peut prendre sur le fait et tracer, sans évaluation, avec la planchette ou autres instruments qui s'y rapportent.

3° Les observations astronomiques qu'on bornera à celles nécessaires pour orienter une suite de triangles et prendre la latitude d'un lieu.

Les travaux de cabinet auront deux objets :

1° Les opérations graphiques divisées en réduction géométrique ou tracé linéaire des cartes sur différentes échelles, soit en rapportant les angles avec différents instruments, soit, (ce qui est indispensable pour tous autres plans que ceux d'arpentage,) en plaçant immédiatement tous les sommets des angles dont les positions sont calculées d'avance par rapport à deux axes coordonnés ; et en dessin de la carte qui consistera à mettre au net et à reporter sur la réduction géométrique la peinture des accidents locaux dont on aura fait sur le terrain un croquis figuré.

2° Les calculs divisés en trigonométriques qui auront pour objet la solution pratique de tous les problèmes astronomiques et géodésiques que comportent la détermination des latitudes, l'orientement des triangles, les réductions au centre, à l'horizon, le calcul des triangles, etc. ; on exercera les élèves à l'usage des tables logarithniques jusqu'à ce qu'ils.en aient acquis une habitude consommée; et en calculs de toises qui auront pour objet l'évaluation des superficies : les élèves seront particulièrement exercés aux méthodes polygonométriques, par lesquelles on calcule immédiatement la surface des polygones, d'après les mesures angulaires et linéaires prises sur le terrain, et qui n'exigent ni l'usage du compas ni le tracé d'aucune ligne sur les plans.

On voit que par ces deux genres de travaux auxquels on exercera les élèves, il se formera, dans l'école qu'on vous propose, des hommes capables de rendre à la patrie tous les services qu'elle a droit d'en attendre, soit pour les départements qui en auront souvent besoin, soit pour la suite du cadastre dont il ne faut point abandonner la belle entreprise, soit à la suite des camps ou des armées lorsque les généraux ou les ingénieurs en chef auront besoin de leur coopération.

VII

ÉCOLE NAVALE.

L'étude nécessaire pour l'art de la navigation, ainsi que pour la conduite et la défense de la marine de l'Etat, se partage en trois branches principales ; savoir : celle de la construction des vaisseaux de guerre et des bâtiments de tous

les genres ; celle d'hydrographie ou des connaissances théoriques nécessaires à la navigation, et
celle de l'instruction pratique ou des courses destinées à apprendre par l'expérience tout ce qui
tient à la manœuvre des vaisseaux et à la guerre
de mer. De ces trois genres d'apprentissage, deux
ont été couronnés jusqu'ici de trop de succès pour
qu'ils ne soient pas maintenus. Nous vous proposerons donc de conserver l'institution des élèves
constructeurs ou ingénieurs des vaisseaux ; celle
des écoles d'hydrographie situées dans les ports,
qui porteront dorénavant le nom d'écoles de
navigation, et auxquelles nous vous proposerons
d'en ajouter quelques-unes qui manquent à certains ports.

Quant au troisième objet, il est d'une importance telle, que sans lui les deux autres ne
seraient qu'une pure et inutile spéculation, et que
l'Etat manquerait bientôt d'officiers habiles et
exercés pour conduire ses vaisseaux et faire respecter son pavillon. Il s'agit, par cette école pratique, complément nécessaire des deux autres, et
dont les nations fameuses par leurs succès mari-
times nous fournissent d'heureux exemples et
des modèles depuis longtemps en activité, de
former pour la marine de l'Etat des officiers
promptement expérimentés dans toute les parties
de la manœuvre des vaisseaux, et de leur donner
en deux ans l'expérience et l'habitude que huit
ou dix ans ne leur faisaient même point acquérir
dans les méthodes anciennes. Une corvette d'instruction, commandée par des officiers distingués

qui seront nécessairement d'habiles professeurs, ·
sera toujours armée pour une course uniquement
destinée à leur instruction : là, ils apprendront à
connaître dans tous les moments les diverses parties d'un vaisseau et leurs usages, les manœuvres
de tous les genres, le service de l'artillerie
navale ; on leur montrera l'art d'observer, de
prendre les hauteurs, de tenir la sonde et le loc,
de faire et de reconnaître les signaux, de rédiger
les journaux, de dessiner les gisements des côtes,
de prendre terre, d'appareiller, de relâcher, de
désarmer et d'armer, en un mot, tout ce qui
constitue, dans les plus petits détails comme
dans son ensemble, l'admirable art nautique,
depuis l'emploi du mousse jusqu'à celui du capi-
taine.

VIII

RÉSUMÉ. — CONCLUSION

Dans l'établissement de toutes les écoles destinées aux divers services publics, vos comités
n'ont jamais perdu de vue la nécessité de former
pour l'état des sujets très forts dans chaque
branche des arts de construction et de défense,
de faire que le gouvernement et l'administration
fussent pourvus avant tous les établissements
particuliers, que l'instruction des citoyens consacrés au service de l'empire fut élevée au niveau
des connaissances que les sciences et les arts ont
acquises en Europe et surtout en France. Ils n'ont
pas négligé non plus cette idée accessoire, mais
non moins utile à la prospérité de l'Etat, que les

écoles de services publics, quoique spécialement
consacrées aux administrations civiles ou militaires, pussent cependant,par une sorte d'extrava-
sion ou d'excédance utile, répandre des lumières
égales dans un grand nombre de professions
étrangères même aux besoins du gouvernement ;
en un mot que celui-ci eût à son service les
hommes les plus forts pour coopérer à ses travaux ; qu'il fût ainsi au courant de toutes les
découvertes pour en faire une utile application
à ses besoins ; qu'il profitât de tous les efforts de
l'esprit humain ; et néanmoins qu'une sorte de
trop plein constamment entretenue dans ces
écoles, pût verser sur toutes les classes d'occupations utiles de la société, une partie des lumières
et des connaissances qui gagneront d'ailleurs à
n'être pas concentrées et comprimées, comme
elles l'ont été trop jusqu'ici.

Enfin, l'organisation des écoles de· services
publics que vos comités de salut public et d'instruction publique vous présentent aujourd'hui,
réunit les avantages du perfectionnement pour ce
qui existait déjà, de l'assurance et de la conservation de ce qu'elles avaient de bon, d'une amélioration progressive certaine, de l'élévation des
connaissances qu'on y répand au niveau actuel
des sciences et des arts, de la liaison entre toutes
les études analogues par la préexistence de l'école
polytechnique au-devant de toutes les écoles
d'application, de la destruction de quelques préjugés de corporation, de l'économie dans les
moyens, de la communication qui favorise le

nivellement des lumières et leur accroissement naturel, d'une assez grande latitude donnée au gouvernement pour tirer tout le fruit possible de ces institutions, ainsi que d'une stabilité, d'une assiette définitive qui écarte le danger des innovations imprudentes et des prétendus systèmes régénérateurs. Si ces changements étaient nécessaires dans toutes les parties de l'administration publique, imprudemment étendus jusqu'à tous les établissements d'instruction, ils lui ont porté des coups funestes, ils ont presque fait reculer la raison humaine. Il est bien temps d'arrêter les progrès trop rapides de cette désorganisation qui, plaçant une génération tout entière fort au-dessous de celle qui l'a précédée, menaçait de plonger la France dans la barbarie.

RAPPORT DE DAUNOU (1).

Représentants du peuple,

Les lettres ont suivi, depuis trois années, la destinée de Convention nationale. Elles ont gémi avec vous sous la tyrannie de Robespierre ; elles montaient sur des échafauds avec vos collègues ; et, dans ces temps de calamités, le patriotisme et les sciences, confondant leurs regrets et leurs larmes, redemandaient aux mêmes tombeaux des victimes également chères.

Après le 9 thermidor, en reprenant le pouvoir et la liberté, vous en avez consacré le premier usage à la consolation, à l'encouragement des arts. La Convention n'a pas voulu, comme les rois, avilir les talents en les obligeant à solliciter ses dons ; elle s'est empressée d'offrir des secours honorables à des hommes dont l'indigence et la gloire auraient accusé la nation qu'ils avaient illustrée en l'éclairant.

Mais aujourd'hui vous devez porter plus loin votre sollicitude : il ne faut pas que votre mémo-

(1) Rapport sur l'organisation de l'instruction publique présenté à la Convention nationale par Danou, le 27 Vendemaire an IV. Ce projet donna lieu a la loi du 3 Qrumaire an IV.

rable session se termine sans que vous ayez enfin
organisé ce pouvoir moral qui doit servir de complément à ceux que vous avez constitués. Je
viens donc au nom de votre commission des Onze
et de votre Comité d'instruction, replacer sous
vos yeux le projet de loi qui sert de développement au titre VIII de l'acte constitutionnel, et
dont l'instruction publique est l'objet.

En 1789, l'éducation était vicieuse, sans doute,
mais elle était organisée.

Les établissements supérieurs, tout ce qui formait, pour ainsi dire, le sommet de l'instruction,
les académies, les sociétés, les lycées, les théâtres
avaient honoré la nation française aux yeux de
tous les peuples cultivés.

Là, des héritiers, toujours dignes de leurs pré-
décesseurs, recevaient depuis plus d'un siècle, et
portaient dignement, de génération en génération, de vastes dépôts de science et de gloire.

Là, les pensées des grands hommes étaient
continuées par de grands hommes.

Là, l'éloquence et la philosophie s'unissaient
quelquefois pour jeter aux pieds des trônes épou-
vantés de longs sillons de lumières à travers l'antique nuit des préjugés et des erreurs.

Là, se formait une sorte d'opinion publique,
qui, sans doute, n'était pas toujours pure, et qui
n'avait qu'une circulation lente et circonscrite
dans un assez étroit espace, mais qui l'accou-
tumait néanmoins à murmurer autour du gouvernement, et parvenait à l'intimider quelquefois ; en un mot, on ne pouvait pas dire qu'il n'y

eût point d'instruction chez un peuple où l'on commençait à méditer les écrits des d'Alembert, des Condillac, et surtout, de cet immortel auteur d'Émile, qui semblait être jeté par erreur dans nos temps modernes, et parmi des foules esclaves, comme le représentant de l'antiquité et la liberté.

Voilà ce qu'était parmi nous, en 1780, l'instruction publique, considérée dans ses degrés supérieurs. Mais, comme si le fléau de l'inégalité eût frappé inévitablement toutes les parties de l'édifice social, comme si le despotisme eut voulu se venger de l'audace de la pensée et de la révolte des lumières, il s'étudiait à les arrêter, à les entraver dans leur cours.

Le gouvernement avait élevé des barrières telles qu'il existait, en quelque sorte, des castes où s'isolait la science, et d'où elle ne pouvait plus descendre.

Tout était disposé pour ralentir les progrès du goût, pour interrompre le versement des connaissances, pour faire, en un mot, que dans les établissements du second ordre, on ne retrouvât presque plus rien de la physionomie et du caractère des premiers. Ce n'est pas que plusieurs universités, plusieurs collèges ne fussent justement renommés pour l'habileté des maîtres et pour l'émulation des disciples ; mais le plan que les uns et les autres étaient condamnés à suivre, égarait leurs talents et trompait leur activité. Je ne rappellerai point ici les institutions bizarres qui fatiguaient et dépravaient l'enfance, usaient la première jeunesse dans un pénible apprentissage de mots ; vain simulacre d'éducation, où la mémoire seule était exercée, où une année faisait à peine connaître un livre de plus, où la raison était insultée avec les formes du gouvernement ; où, enfin, rien n'était destiné à développer l'homme. ni même à la commencer. Mais c'était surtout à la porte des petites écoles que veillaient soigneusement l'ignorance, le fanatisme les préjugés de tous les peuples.

Ne soyons pas ingrats envers les hommes laborieux qui remplissaient dans nos écoles des fonctions trop infructueusement pénibles, avec un zèle digne d'être mieux appliqué.

N'imputons qu'à la tyrannie le crime d'avoir empoisonné ces premières sources de l'éducation, afin de n'avoir rien à craindre des progrès que l'instruction pouvait faire dans l'extrémité supérieure à l'influence de laquelle il était devenu trop aisé de soustraire la presque universalité de la nation.

Ainsi, tandis que le génie de quelques hommes s'élançait loin même des routes frayées de la science et de la raison, la superstition, s'emparant de bonne heure des esprits de la multitude, les dégradait au-dessous du niveau de l'intelligence commune, et condamnait un grand peuple à une éternelle enfance.

On voit quelle énorme irrégularité de lumières devait résulter sur le même sol et sous l'empire des mêmes lois, de la progression naturelle de ces deux efforts opposés, d'une part vers la perfection de toutes les connaissances humaines, de l'autre vers l'asservissement des facultés : et cet état de l'instruction publique était d'autant plus déplorable, que le despotisme se rattachait encore les écrivains illustres par les liens de l'intérêt, par la séduction de la faveur, par tout ce qui rendait le génie tributaire de la puissance.

Le même gouvernement qui courbait les peuples sous l'ignominieux empire de toutes les erreurs, avilissait **davantage** encore les hommes les plus éclairés, en les plaçant avec lui dans la sphère de toutes les immoralités et de tous les vices. Les résultats de ce système étaient d'une part l'ignorance, et la corruption de l'autre.

Vous voyez, représentants du peuple, que l'instruction publique était liée par trop de chaînes aux abus que vous avez renversés, pour qu'elle pût résister aux chocs de la Révolution.

Les établissements inférieurs devaient bientôt céder aux progrès de la raison publique, à la contagion des lumières, à l'effort des hommes de génie qui laissaient tomber de si haut les vérités les plus influentes, au brusque débordement des idées philosophiques qui se répandaient pour la première fois, peut-être recommandées par une sorte d'approbation générale, et revêtues du sceau même de la loi.

Les institutions intermédiaires, frappées des mêmes coups, ont disparu peu à peu avec les corporations qui les régissaient; et à l'égard des établissements supérieurs, ils étaient entraînés par leur propre corruption, par cette immoralité aristocratique dont ils renfermaient les funestes germes.

La cupidité y avait trop corrompu la gloire, pour qu'ils pussent pardonner à la Révolution les pertes dont elle les menaçait. Nous sommes obligés de convenir que les associations célèbres ont désavoué leur propre ouvrage, quand elles virent que la liberté, longtemps invoquée par leurs vœux, n'épargnerait pas des abus que leur intérêt aurait voulu sauver de la proscription générale.

L'anarchie vint ensuite; l'anarchie, dont les farouches regards étaient offusqués des restes de toutes les gloires, s'empressa de démolir, de disperser les débris des corps littéraires. Si son règne eût été plus long, elle les eût tous consommés.

Cependant d'autres causes plus immédiatement actives devaient contribuer à la désorganisation totale de l'instruction publique. L'amour de la liberté y concourut lui même, lorsqu'il entraîna loin des lettres, et qu'il transporta dans les camps des milliers d'instituteurs et d'élèves subitement transformés en d'intrépides vainqueurs. La France républicaine devait montrer les vertus et la valeur de Rome guerrière, avant de briller comme Rome victorieuse, de l'immortel éclat de tous les talents de la paix. Dans ces années de périls et de combats, les français ne pouvaient guère étudier qu'un seul art, celui de vaincre, et l'on doit convenir qu'ils y ont fait d'assez rapides et assez vastes progrès.

Enfin, les délires de l'esprit public, les divaga-
tions de l'opinion, les querelles des partis, les
guerres des factions, les distractions continuelles
de la pensée ; tout, jusqu'à l'intention même
d'améliorer l'instruction publique, en a dû suspendre la marche, en amener la décadence.

Tel est, citoyens, l'effet naturel de l'annonce d'une
réforme prochaine, que les établissements qui en
sont menacés s'ébranlent par cela même, et tombent de leur propre poids sans qu'aucune main
ait le courage de retenir ou de relever leur
caduque et provisoire existence.

On se trouve découragé par une sorte d'inquiétude vague ; on n'a plus cette émulation ardente, cette vigueur laborieuse qui donnent le
besoin et l'expérience du succès. Le trop sédui-
sant attrait de la paresse s'accroît de l'inutilité
vraisemblable du travail des esprits, et l'esprit
incertain ne poursuit plus la science avec cette
volonté ferme qui seule a le pouvoir de
l'atteindre.

Parmi les projets d'instruction publique, si
multipliés depuis six années, il en est ceux
auxquels vos comités ont cru devoir une attention particulière.

Le premier, présenté à l'Assemblée constituante
à la fin de sa session, est un monument de littérature nationale, qu'un même siècle est fier d'offrir
à la postérité à côté du discours préliminaire de
l'encyclopédie : c'est un frontispice aussi hardi,
aussi vaste des connaissances humaines, quoique
d'une architecture plus jeune, plus ornée et plus

éclatante. Mais, si ce travail est un magnifique tableau de l'état de lumières nationales, et une sorte d'itinéraire de leurs projets futurs Le projet de décret, qui le termine, ne présente pas aussi heureusement un bon système législatif de l'organisation matérielle de l'instruction.

Trop de respect pour les anciennes formes, l'idée d'entourer les instituteurs de liens et d'entraves, le désir de multiplier les places sans fonctions et les bureaux ministériellement littéraires, tout a trompé, dans les conclusions, l'attente de l'esprit étonné par les plus majestueux préliminaires.

C'est peut-être un défaut contraire que l'on peut reprocher au plan de l'illustre et malheureux Condorcet, de ce savant républicain, qui, proscrit fugitif, et jusque dans les bras de la mort, s'occupait encore du bonheur à venir de son pays, et victime de l'ingratitude des hommes, développait l'honorable système de la perfectibilité humaine.

Condorcet, l'ennemi des corporations, en consacrait une dans son projet d'instruction nationale ; il instituait en quelque sorte une église académique : c'est que Condorcet, l'ennemi des rois, voulait ajouter dans la balance des pouvoirs publics, un contre-poids de plus à ce pouvoir royal, dont l'existence monstrueuse, au milieu d'une constitution libre, était assez éprouvée par les alarmes et par les craintes de tous les amis de la liberté.

Sans le dire, ce n'est peut-être qu'à l'époque où nous sommes parvenus, qu'il était réservé de voir renaître l'instruction publique. Comme cette partie de l'établissement social appelle également les encouragements de la liberté et la protection de l'ordre. elle ne pouvait s'élever ni à côté de la corruption d'un trône, ni au milieu des sanglantes fureurs de l'anarchie. Il fallait peut-être aussi, pour ramener avec plus de charmes aux jouissances de la retraite, et à la paisible ambition de la gloire littéraire, il fallait, dis-je, cette longue expérience des agitations fatigantes, et cette lassitude de mouvements tumultueux.

En un mot un système d'instruction publique ne pouvait se placer qu'à côté d'une constitution républicaine : il avait besoin d'elle, mais aujourd'hui c'est elle à son tour qui la réclame comme un appui que rien ne peut suppléer.

Vos comités en rédigeant le projet qu'ils vous ont offert le 6 messidor, et qu'ils reproduisent aujourd'hui, ont trouvé du plaisir et de la gloire à s'emparer des richesses qu'avaient déjà répandues sur cette matière les hommes célèbres qui s'en étaient occupés ; nous n'avons fait que rassembler leurs idées éparses, en les raccordant aux principes de la constitution républicaine, nous nous honorons de recommander ce projet des noms de Talleyrand, de Condorcet et de plusieurs autres écrivains. Nous n'avons laissé que Robespierre, qui vous a aussi entretenus d'instruction publique, et qui, jusque dans ce travail, a trouvé le secret d'imprimer le sceau de sa tyrannie stupide, par la disposition barbare qui arrachait l'enfant des bras de son père, qui faisait une dure servitude du bienfait de l'éducation, et qui menaçait de la prison, de la mort, les parents qui auraient pu et voulu remplir eux-mêmes le plus doux devoir de la nature, la plus sainte fonction de la paternité.

Pour nous, nous avons cru devoir rechercher d'abord quelles étaient les limites naturelles de la loi dont nous aurons à vous présenter le projet, et nous avons aperçu ces limites dans les droits individuels que la constitution nous ordonnait de respecter.

Nous nous sommes dit : liberté d'éducation domestique, liberté des établissements particuliers d'instruction. Nous avons ajouté ; liberté des méthodes instructives ; car, dans l'art de cultiver les facultés de l'homme, il existe un nombre presque infini de détails secrets qui sont tout à fait inaccessibles à la loi, non seulement parce que dans leur extrême délicatesse ils n'ont point, encore, si j'ose ainsi parler, d'expression dans l'idiome du législateur ; non seulement parce qu'à l'égard de ces détails, la fidélité ou la négligence des maîtres serait toujours trop peu apparente, et qu'il n'est pas bon que la loi prescrive ce dont l'exécution ne pourrait être surveillée ; mais surtout parce qu'il ne faut point consacrer et déterminer par des décrets des procédés qui entre les mains de fonctionnaires habiles, peuvent s'améliorer par l'expérience de chaque jour. Je ne vous entretiendrai pas ni des écoles primaires ni des écoles centrales, dont l'organisation vous est depuis longtemps connue. Nous avons trouvé des moyens de la perfectionner, en recueillant les observations de cinq de nos collègues envoyés par vous, il y a quelques mois, dans les départements pour y préparer la création de ces écoles. Ils nous ont fait connaître les difficultés d'exécution qu'ils ont souvent rencontrées, et nous avons concerté avec eux les mesures les plus propres à répandre avec efficacité les bienfaits de l'instruction publique sur tous les points de votre immense territoire ; mais il faut le dire, le succès de ces établissements tient surtout au bon choix des instituteurs, à la sollicitude du gouvernement et à la composition des livres élémentaires.

Le troisième titre du projet de la loi que je vais soumettre à votre discussion, a pour objet les écoles spéciales, c'est-à-dire, celles qui sont particulièrement consacrées à l'enseignement exclusif d'une science, d'un art ou d'une profession.

Le système des écoles spéciales, trop peu connu ou du moins trop peu pratiqué jusqu'ici, dirige plus immédiatement, plus activement les efforts de l'esprit vers des objets déterminés : il ranime sans cesse l'émulation, par le spectacle toujours utile d'un but toujours prochain ; il écarte les séductions de la paresse, en retenant sous les yeux des élèves l'image du succès, de la réputation et de la fortune ; il concentre des forces qu'on se plaît trop à disséminer ; il diminue le nombre des hommes médiocres en tous genres, et il augmente au profit de la gloire nationale et de l'utilité publique le nombre des hommes supérieurs en un seul.

Il doit être facile de naturaliser ce genre d'enseignement chez un peuple qui veut secouer tout préjugé, et dépouiller les hommages même de l'estime de toute espèce de mouvement irréfléchi. Dans les écoles spéciales, les sciences seront plus raisonnablement et moins fanatiquement révérées. On ne leur érigera plus des autels ; on appréciera leurs bienfaits. Ce n'est plus de la superstition qu'on aura pour, elles, mais de la reconnaissance.

Enfin, on ne peut pas calculer les heureux résultats d'un système qui doit tenir les sciences et les arts dans un perpétuel rapprochement, et les soumettre à une réaction habituellement réciproque de progrès et d'utilité.

Nous avons emprunté de Talleyrand et de Condorcet le plan d'un institut national ; idée grande et majestueuse, dont l'exécution doit effacer en splendeur toutes les académies des rois, comme les destinées de la France républicaine effacent déjà les plus brillantes époques de la France monarchique. Ce sera en quelque sorte l'abrégé du monde savant, le corps représentatif de la République des lettres, l'honorable but de toutes les ambitions de la science et du talent, la plus magnifique récompense des grands efforts et des grands succès ; ce sera en quelque sorte un temple national, dont les portes, toujours fermées à l'intrigue, ne s'ouvriront qu'au bruit d'une juste renommée.

Cet institut raccordera toutes les branches de l'instruction ; il leur imprimera la seule unité qui

ne contriste pas le génie, et qui n'en ralentisse
pas l'essor ; il manifestera toutes les découvertes,
pour que celle qui aura le plus approché de la
perfection exerce le libre ascendant de l'estime,
et devienne universelle parce qu'elle sera sentie
la meilleure.

Vous verrez se diriger à ce centre commun, et
s'y porter par une pente naturelle et nécessaire,
tout ce que chaque année doit faire éclore de
grand, d'utile et de beau sur le sol fertile de la
France. Là des mains habiles diviseront, répandront, remueront partout ces trésors de science,
de lumière ; là, d'éclairés dispensateurs des couronnes du talent, allumant de toutes parts le feu
de l'émulation, appelleront les prodiges que l'activité française a la puissance et le besoin de produire. Là, se verront, s'animeront et se comprendront les uns les autres, les hommes les plus
dignes d'être ensemble ; ils se trouveront réunis
comme les représentauts de tous les genres de
gloire littéraire ; et certes il est temps que la
gloire aussi ressente l'influence de l'universelle
égalité, et qu'elle puisse ouvrir à la fois son temple au savant qui recommence Racine, à l'histo-
rien, à l'artiste, à l'orateur, à l'acteur célèbre qui
recrée les chefs-d'œuvre du théâtre, en leur donnant l'âme du geste, du regard, de la voix, et
qui achève ainsi Corneille et Voltaire.

Cependant, citoyens, dans le plan que nous
vous proposons, la République conserve beaucoup
d'autres moyens de seconder le progrès des
sciences, des lettres et des arts ; elle encourage

les efforts ; elle récompense les succès ; elle contribue avec discernement à toutes les dépenses de l'instruction, à ces tentatives honorables, à ces voyages studieux, à ces solennelles expériences, par lesquelles le génie interroge la nature, évoque la vérité, agrandit dans l'esprit humain les facultés de sentir et de connaître ; elle suscite partout la puissance de l'émulation, de ce sentiment généreux, le plus pur principe de l'activité humaine, et sans lequel l'égalité sociale ressemblerait au lit de ce tyran qui mutilait ses victimes ; enfin, elle distribue et répartit sur divers points du territoire les plus instructifs monuments de la nature et des arts, et surtout les livres, cet héritage que les siècles se transmettent, et qui forment aujourd'hui l'une des plus précieuses parties de la richesse nationale.

C'est par ces moyens, représentants du peuple, que vous allez multiplier, disséminer les ressorts, ou les occasions du moins, qui aident les talents à naître et à se développer, et les avertissent de leur destination, de leurs goûts et de leur puissance.

Mais le plus vaste moyen d'instruction publique est dans l'établissement des fêtes nationales. Là se manifeste et s'anime la nature, dont les livres ne réfléchissent que d'obscures et faibles images, lorsqu'ils ne les présentent pas sous des aspects faux et trompeurs.

Relevez donc au sein de la France ces brillantes solennités, qui offraient jadis aux communes assemblées de la Grèce le ravissant spectacle de tous les plaisirs, de tous les talents et de toutes les gloires. J'ignore s'il est dans les annales du monde des tableaux plus pleins de vie et de sentiments, plus faits pour donner aux humains la conscience de leurs forces et du pouvoir de leurs facultés, ·plus capables d'imprimer au génie des sensations profondes, de l'entraîner à des pensées grandes et augustes, que ces jeux antiques qui ont attaché aux noms de quelques bourgades des souvenirs immortels. Vous n'avez qu'à le vouloir, et ces prodiges vont renaître au milieu de vos départements.

N'habitez-vous pas un territoire riant et fertile? N'instituez-vous pas un peuple vif et industrieux? Certes, il appartient à ce peuple, autant qu'à tout autre, de déployer une activité riche et féconde aux yeux des nations et des siècles, et de mesurer la longue durée de sa liberté et de sa gloire par les époques de son émulation et de ses plaisirs solennels.

Renouvelez, il est temps, ces institutions bienfaisantes ; rassemblez-y les exercices de tous les âges ; la musique et la danse, la course et la lutte, les évolutions militaires et les représentations scéniques ; étalez-y toutes les richesses de la population, de l'industrie et des arts, que l'activité nationale vienne y donner la mesure de ses progrès dans tous les genres ; que le commerce y apporte les produits des manufactures ; que les artistes y présentent leurs chefs-d'œuvre et les savants leurs découvertes, tandis que l'histoire, la poésie, l'éloquence proclameront les triomphes de la liberté, et couvriront d'une impérissable splendeur tout ce qui aura été grand, utile, républicain et généreux.

Ce qui a le plus contrarié jusqu'ici l'établissement des fêtes publiques, c'est le nom des fêtes décadaires qu'on leur a quelquefois donné.

Le plan que je suis chargé de vous présenter a du moins cet avantage, qu'il fait clairement apercevoir que ces solennités peuvent exister sans se mettre en concurrence avec les cultes particuliers. Au surplus, ce que nous vous proposons n'est qu'un essai qui devra, dans des temps meilleurs, recevoir des développements utiles, au milieu des cultes divers, librement exercés, mais soumis aux lois de la République, le patriotisme deviendra bientôt le culte commun de tous les Français.

Représentants du peuple, après tant de secousses violentes, tant de soupçons inquiets, tant de guerres nécessaires, tant de défiances vertueuses ; après cinq années si pleines de tourments, d'efforts et de sacrifices, le besoin le plus universellement senti est sans doute celui de la bienveillance, du rapprochement, de la réunion, du repos dans le sein des passions douces et des sentiments paisibles.

Or, qui mieux que l'instruction publique exercera ce ministère de réconciliation générale ? L'instruction n'est-elle pas un centre où doivent revenir de toutes parts ceux au moins qui n'ont été divisés que par les conseils de la prévention ? Le temple des arts n'est-il pas l'asile nécessaire où tous ceux qui sont dignes d'exercer sur leur pays une grande influence doivent s'empresser de se réunir, puis qu'après tout il faudra bien qu'ils consentent à se voir un jour confondus dans les mêmes livres de gloire, et que, malgré leurs dissensions passagères, les fastes de la même immortalité recueilleront leurs noms et leurs ouvrages?

Oui, c'est aux lettres qu'il est réservé de finir la révolution qu'elles ont commencée, d'éteindre tous les dissentiments, de rétablir la concorde entre tous ceux qui les cultivent; et l'on ne peut se dissimuler qu'en France, au dix-huitième siècle, et sous l'empire des lumières, la paix entre les hommes éclairés ne soit le signal de la paix du monde (1).

---

(1) Sur un rapport de Lakanal la Convention ajouta à la loi du 3 Brumaire an IV, deux articles dont le premier porta que : chaque école primaire serait divisée en deux sections, l'une pour les garçons et l'autre pour les filles. La Convention déclara le lendemain que sa mission était terminée.

RAPPORT DE FOURCROY (1).

Citoyens législateurs,

Lorsque de grandes secousses ont déchiré le sein du globe et renversé les édifices qui en couvraient la surface, les hommes ne peuvent réparer solidement leur ancien ouvrage, et relever les monuments écroulés qu'après avoir eu le temps d'en recueillir et d'en étudier les ruines. Ils commencent par rassembler les débris avec méthode ; ils cherchent, dans leur rapprochement, l'ancienne ordonnance que l'art leur avait donnée ils veulent toujours faire mieux qu'ils n'avaient fait d'abord ; mais ils n'y parviennent jamais qu'à l'aide des tentatives répétées, des efforts soutenus, et du temps qui commande aux uns et aux autres.

Tel est le sort des institutions renversées par le bouleversement des empires. Ceux qui sont appelés les premiers à les rétablir, quel que soit le talent qu'ils y consacrent et le courage qu'ils y portent, ne peuvent pas se flatter de faire un ouvrage durable. Les oscillations poli-

(1) Discours prononcé par A. F. Fourcroy, orateur du Gouvernement consulaire, sur un projet de loi relatif à l'instruction publique. Séance du corps législatif du 30 germinal an X.

tiques qui durent encore impriment à leurs nouvelles créations un caractère de faiblesse qui
tend à les détruire dès leur naissance. Il faut que
tous les germes de dissension et de discorde
soient étouffés, que tous les esprits soient rap-
prochés par le besoin et le désir du repos, que le
calme soit entièrement rétabli, que les malheurs
soient oubliés ou près de l'être, que la paix,
réparatrice de tant de maux, ait consolé la terre,
pour que les institutions puissent prendre la
vigueur et la solidité qui en assurent la durée.

Cette vérité, que l'histoire de tous les peuples
nous a révélée, et que la nôtre confirme avec
tant de force depuis douze années, est surtout
applicable à l'organisation de l'instruction publique, qui tient une place si éminente dans l'économie des nations, puisqu'elle perpétue dans leur
sein les connaissances sur lesquelles reposent leur
soutien et leur prospérité.

Placé dans les heureuses circonstances dont je
viens de parler, le gouvernement, en portant ses
regards et sa vigilance sur l'état actuel des Ecoles
publiques, en les comparant avec le besoin et les
vœux des citoyens, a reconnu que plusieurs des
institutions anciennes exigeaient quelques réformes, et que celles qui ont été établies par la loi
du 3 brumaire an IV, quoique dirigées par des
vues plus grandes et plus libérales que les anciens
Collèges des Universités qu'elles ont remplacés,
n'avaient point obtenu tout le succès que le législateur en avait espéré. Constamment occupé de
ce qui existe, pour conserver ce qui est bien, pour

corriger ce qui est défectueux, pour réformer ce qui est mal, le gouvernement, éclairé sur l'état actuel des écoles centrales, n'a pu le dissimuler que le peu d'utilité du plus grand nombre de ces écoles ne permettait pas de les maintenir.

Effrayé de la nullité presque totale des écoles primaires, et des suites que doit amener un état de choses qui laisse une grande partie de la génération donnée des premières connaissances indispensables pour communiquer avec celles qui la précèdent et qui doivent la suivre, il a senti que la réorganisation de nos écoles était un des besoins les plus urgents, et qu'il était impossible d'en ajourner plus longtemps l'exécution.

Les écoles spéciales de sciences et d'arts utiles, soit celles qui ont résisté aux orages de la Révolution, soit celles dont on doit l'établissement à la Convention nationale, n'ont pas moins appelé l'attention du gouvernement. En général les institutions d'études supérieures ont eu des avantages plus marqués, soit par l'ancienneté même de l'existence de quelques-unes d'entre elles, et par l'habitude contractée d'en suivre l'instruction ; soit par l'utilité plus prochaine et plus immédiatement sentie des objets d'enseignement qu'on y trouve. Mais ces écoles offrent encore des lacunes indispensables à remplir. Il n'y a pas d'écoles de droit et de jurisprudence, dont il est impossible de se passer.

Trois écoles de médecine sont trop peu nombreuses pour l'étendue du territoire, et pour la population actuelle de la France.

Enfin Paris qui renferme presque tous les genres d'instruction approfondie dans ses écoles spéciales, ne peut plus rester seul parmi plusieurs villes populeuses, abondantes en richesses et en ressources, où les sciences et les arts doivent porter de nouvelles lumières et diriger l'industrie de leurs nombreux habitants. La loi du 3 brumaire an IV n'a pas seulement rendu un service signalé au peuple français en recréant des institutions renversées par les malheurs des temps, elle a solennellement annoncé et promis dès écoles spéciales aux départements.

Ces trois motifs, la nécessité d'organiser des écoles primaires, celle de corriger les défauts que ses années d'existence ont montré dans l'institution des écoles centrales, enfin, celle d'établir les écoles spéciales qui manquent au territoire agrandi et à la masse de population augmentée du peuple français, ont déterminé le gouvernement à s'occuper d'une nouvelle organisation de l'instruction publique.

Le gouvernement, en recherchant un nouveau mode d'enseignement approprié à l'état actuel des connaissances et au génie de la nation française, a cru nécessaire de sortir de la route accoutumée. Instruit par le passé, il a rejeté les formes anciennes des universités, dont la philosophie et les lumières appelaient la réformation depuis près d'un demi-siècle, et qui n'étaient plus d'accord avec les progrès de la raison ; il n'a vu dans les écoles centrales que des institutions trop nombreuses, trop également, trop uniformément

organisées pour des départements inégaux ou
variés en population, en ressources et en moyens.
Il a pris néanmoins ce que chacun de ces deux
systèmes successivement adoptés avait de bon, et
il en a fait disparaître les abus. Sans perdre de
vue la réussite qui est due aux bons maîtres et
aux habiles professeurs, il a surtout songé au
moyen d'assurer la·réussite des nouvelles écoles
par le concours des élèves.

Il a pensé que pour fonder les institutions littéraires sur une base solide, il fallait commencer
par y attacher des élèves, et peupler les classes
d'étudiants, pour ne pas courir le risque de ne
les peupler que de professeurs. Tel est le but·qu'il
a voulu frapper en créant un nombre assez considérable de pensions nationales pour que leurs
fonds distribués dans les lycées puisse suffire à
leur entretien.

Le fondement total du nouveau système est
établi sur cette conception, dont la grandeur est
digne du peuple français, et dont la convenance
au temps présent sera facilement sentie par tous
ceux qui savent apprécier l'état des circonstances
où nous vivons.

De nombreuses familles signalées par les services que leurs chefs ont rendus à la cause de la
liberté, verront une carrière ouverte pour leurs
enfants, et y trouveront une indemnité des sacrifices qu'elles ont faits à leur pays. Les défenseurs
de la patrie recevront, dans leurs enfants, la
récompense due à leur courage, à leurs longs
travaux et à leur infatigable constance. Le talent

de l'étude, le travail et les premiers succès de l'enfance et de la jeunesse conduiront à un état assuré autant qu'honorable ceux qu'une bonne éducation aura déjà placés dans la vraie route du savoir. L'émulation et l'espérance renaîtront partout ; les parents soigneront dans leurs enfants l'instruction première, qui les conduira désormais à des places assurées et à une fortune légitime. Les peuples réunis à la France, qui, parlant une langue différente et accoutumés à des institutions étrangères, ont besoin de renoncer à d'anciennes habitudes et de se former sur celles de leur nouvelle patrie, ne peuvent trouver chez eux les moyens nécessaires pour donner à leurs fils l'instruction, les mœurs, le caractère qui doivent les confondre avec les Français.

Quelle destinée plus avantageuse pour eux et en même temps quelle ressource pour le gouvernement, qui ne désire rien tant que d'attacher ces nouveaux citoyens à la France ! Combien d'espérances ne sont pas renfermées dans cette génération, qui, choisie parmi la jeunesse studieuse, s'élèvera pour tous les genres de gloire ! Quelle pépinière d'hommes éclairés pour tous les états, pour toutes les conditions, et quelle masse de lumières répandues dans toutes les classes de la société ! Mais il ne suffit pas de montrer les avantages généraux du système adopté dans le nouveau projet de loi ; il faut en décrire le mécanisme, en développer les différentes parties, et le faire connaître dans toute son étendue au Corps législatif qui doit le juger.

Neuf titres le partagent et en distribuent les dispositions de manière à les présenter dans leur place respective, et à donner à la loi toute la clarté et toute la méthode qui lui est nécessaire.

Le premier titre, contenu dans un seul article, divise l'enseignement et les écoles en quatre degrés, dont il donne la nomenclature générale. Le titre second traite des écoles primaires. Quatre articles suffisent pour en déterminer l'organisation D'après leurs dispositions, une de ces écoles pourra appartenir à plusieurs communes ; les maires et les conseils municipaux choisiront les instituteurs, leur fourniront un logement aux frais des communes, et fixeront la rétribution qui sera payée par les parents. Ces écoles seront placées sous la responsabilité des sous-préfets.

Avec de pareilles dispositions, il serait difficile que les petites écoles ne fussent point établies ; elles permettent l'emploi de tous les moyens ; elles ne supposent point ces rapports de calculs entre les écoles et la population que repoussent toutes les circonstances de localités. Détachée des revenus communaux, toujours trop faibles pour y subvenir, partout l'institution des écoles primaires ne rencontrera plus cet obstacle qui en a jusqu'ici paralysé l'établissement.

Le gouvernement, en recherchant les causes qui ont empêché jusqu'à présent l'organisation de ces écoles, malgré les efforts de plusieurs assemblées, et malgré les dispositions de la loi du 3 brumaire an IV, les a reconnues dans une trop grande uniformité de mesures, et dans la véritable impossibilité de payer les maîtres sur les fonds publics. L'expérience de ce qui se faisait autrefois l'a convaincu qu'il faut en confier le soin aux administrations locales, qui y ont un intérêt direct, et qui en feront dans chaque commune une affaire de famille. Une surveillance active, une attention soutenue, des soins non discontinués, seront indispensables, il est vrai, pour obtenir la réussite de ces institutions ; il faudra échauffer le zèle des municipalités, intéresser la gloire des fonctionnaires qui, placés plus près du peuple, en connaissent mieux les besoins ; il faudra faire revivre la bienfaisance si naturelle au cœur des Français, et qui renaîtra si promptement lorsqu'on connaîtra le respect religieux que le gouvernement veut porter aux dotations locales. Tous ces moyens de succès seront employés par les administrateurs ; et le gouvernement qui en connaît tout le prix, ne négligera rien de ce qui est nécessaire pour l'obtenir.

Le titre III a pour objet les écoles secondaires, destinées à l'enseignement des connaissances littéraires et des premiers éléments des sciences.

Le gouvernement regrette que l'état des finances ne lui ait pas permis d'entreprendre leur établissement, et de recréer ce que les collèges anciens avaient d'utile, en éloignant les abus qui s'y étaient introduits. Ce n'est qu'après avoir reconnu que les moyens nécessaires pour cette opération importante ne sont pas en ce moment à sa disposition, qu'il a cru devoir adopter un autre mode. Depuis la suppression des collèges et des universités, des écoles anciennes ont pris une nouvelle extension, et il s'est formé un assez grand nombre d'établissements particuliers pour l'instruction littéraire de la jeunesse. Je pourrais citer ici avec éloge, parmi ces institutions particulières, anciennes ou nouvelles, les écoles de *Sorrèze*, de *Juilly*, de *La Flèche*, les pensionnats d'*Evreux*, de *Fontainebleau*, de *Metz*, et plusieurs autres encore qui se sont soutenus ou élevés avec éclat depuis la Révolution.

Le gouvernement a pensé que, s'il réunissait des moyens d'encouragement à ce que l'industrie particulière a déjà produit dans ce genre, les écoles secondonnés qui existent, prendraient une plus grande activité, et de nouvelles écoles seraient bientôt ajoutées aux anciennes. On verra par la suite qu'un examen et les concours établis pour placer un certain nombre d'élèves de ces établissements dans les lycées, constituent l'un des plus sûrs de ces moyens, celui dont l'exemple de l'école polytechnique annonce la réussite.

Le Gouvernement propose d'y joindre pour encouragement, la concession d'un local pour l'institution de nouvelles écoles secondaires, et des gratifications annuelles aux cinquante maîtres de ces écoles qui se distingueront le plus.

En invitant les communes qui en sont privées, à former de pareilles institutions à leurs frais, le Gouvernement, à qui plusieurs demandes de cette nature ont été déjà faites, a lieu d'espérer que les villes qui ont eu autrefois des collèges dont les bâtiments sont restés à leur disposition, s'empresseront de concourir à leur rétablissement.

On peut prévoir que les avances nécessaires pour cette entreprise, toujours plus utile que coûteuse, seront bientôt couvertes et remboursées par les parents qui voudront placer leurs enfants dans la carrière des lettres et des arts. Ceux des publicistes qui pensent, avec Smith, que l'instruction doit être abandonnée aux entreprises particulières, trouveront dans cette partie du projet de la réalisation de leurs idées. Ceux qui croient au contraire que le Gouvernement doit offrir à tous, les moyens d'instruction, reconnaîtront qu'il a fait, à cet égard, tout ce qu'il peut faire dans les circonstances où il est placé. Il aurait fallu plus de deux millions de dépenses annuelles pour établir, aux frais du Trésor public, deux cent cinquante écoles secondaires, et toutefois ce nombre indispensable eût été inférieur à celui des collèges qui existaient en 1790, et qui devaient presque tous leur existence à des fondations particulières.

Une nouvelle espérance se présente à la pensée du législateur dans l'établissement de ces écoles secondaires par les communes ; il voit naître entre ces institutions littéraires et celles des particuliers une louable et noble émulation, garant certain du succès des unes et des autres ; car l'émulation dans la carrière des lettres et des arts conduit à la gloire, et ne tourne jamais qu'au profit de la société, tandis que la rivalité dans la route de l'ambition et de la fortune ne produit que la haine, la jalousie et la discorde.

Le titre IV du projet de loi traite des lycées qui remplaceront les écoles centrales. Il y en aura un au moins par arrondissement de tribunal d'appel. On ne détermine ni leur nombre, ni leur placement dans le projet, parce qu'ils doivent être choisis d'après toutes les convenances réunies, parce que cette réunion ne peut être que le produit de lentes informations, de renseignements positifs, de comparaisons difficiles, parce qu'enfin le Gouvernement ne peut renoncer à l'espoir de surpasser dans cette nouvelle organisation, le nombre de trente-deux, auquel il s'était d'abord fixé.

Dans les lycées, ce qui était autrefois enseigné dans les collèges pourra être cumulé avec les objets d'enseignement des écoles centrales. On y comprendra l'étude de la littérature ancienne et moderne dans tous ses degrés, et celle des sciences mathématiques et physiques, nécessaires dans le plus grand nombre des professions. On a supprimé ce qu'il y avait de suranné et de surabondant, ce qui péchait par les deux genres d'excès dans les institutions précédentes. Tout ce qui appartient à une éducation libérale se trouvera compris dans les lycées ; néanmoins ils ne seront pas tous uniformes et égaux. Les localités, la population, les ressources, les habitudes, les dispositions pour diverses connaissances, les besoins, variés, comme le sol et l'industrie, exigent impérieusement une diversité dans le genre et le nombre des sciences enseignées. La loi doit cependant fixer un minimum en ce genre, puisqu'il est nécessaire qu'aucune de ces écoles nationales ne soit dépourvue du caractère d'universalité d'enseignement sur lequel elles sont fondées, et qui en constitue le type. Aussi le projet exige-t-il au moins huit professeurs ; mais il laisse au Gouvernement le droit d'en augmenter le nombre, ainsi que celui des objets d'instruction dans ceux des lycées qui le mériteront par le nombre et les progrès de leurs élèves.

Les lycées recevront quatre genres d'élèves ; ceux que le Gouvernement y placera immédiatement ; ceux des écoles secondaires qui y entreront par le concours, les enfants que les parents y mettront en pension, et des élèves externes.

L'enseignement y sera progressif, depuis les premiers principes des langues et de la littérature des anciens, qui doivent commencer toute éducation libérale, jusqu'aux éléments des sciences, qui ont reçu un si grand accroissement en France durant le dernier tiers du xviii° siècle. Les élèves, à tous les degrés de l'instruction, y trouveront dans des classes successives et graduées tous les genres de connaissances qui peuvent les guider dans le plus grand nombre des états de la société, et celles mêmes qui doivent initier quelques-uns d'entre eux dans l'étude approfondie des sciences.

Une des parties du projet qui le distingue le plus de l'état actuel des établissements d'instruction, c'est le genre de l'administration des lycées. Le vide laissé dans la loi du 3 Brumaire sur cette partie, a rendu difficile, incertaine, variable ou nulle l'administration des écoles centrales. Dans les lycées dont un pensionnat nombreux est la base, où une population studieuse sera rassemblée, ce vide, s'il y avait existé, aurait eu des effets bien plus fâcheux encore que dans les écoles centrales, dont tous les élèves sont des externes. On a donc dû s'occuper de former une administration forte. Un supérieur sous le nom de proviseur, surveillera en chef toutes les parties. Il aura sous lui deux fonctionnaires, l'un attaché aux études comme censeur, l'autre occupé du matériel comme procureur. Le premier surveillera tout ce qui appartient à la discipline, à l'étude, à la conduite des élèves, il les suivra partout; il s'occupera de l'emploi de leur temps, de leurs progrès, de leurs mœurs. Le second dirigera toutes les parties des dépenses de l'établissement: il s'assurera de la bonne dispensation, de l'entretien, du renouvellement des fournitures de tous les genres. Ces deux fonctionnaires subordonnés au proviseur, formeront avec lui un conseil qui comprendra toute l'administration intérieure.

Les professeurs ne s'occuperont que de leurs travaux et de leurs leçons. Ils n'en seront point détournés par des détails administratifs; ils n'auront la discipline des écoliers que dans leurs classes, et par rapport aux devoirs qu'il leur donneront à faire. Aucun soin étranger aux études et aux progrès des élèves ne les empêchera de se livrer à leurs honorables et pénibles fonctions. Les muses veulent posséder tout entiers et sans partage les hommes qui s'attachent à elles.

Un bureau composé des principaux magistrats et du proviseur, vérifiera les comptes, et aura la surveillance générale, ainsi que le maintien de l'ordre. Cette marche ancienne de l'administration des écoles a eu trop d'effets heureux pour qu'on ne s'empresse pas de l'emprunter des temps antérieurs à la Révolution.

Il manquait encore dans les institutions que celles ci doivent remplacer, une inspection destinée à surveiller sans cesse les écoles et l'état des études. Le plan nouveau remplit cette lacune. Trois inspecteurs généraux, nommés par le premier consul, revêtus de la force et de la dignité si nécessaires à leur importante mission, parcourront les lycées, les visiteront avec beaucoup de soin, et éclaireront le Gouvernement, dont ils seront en quelque sorte l'œil toujours ouvert dans les écoles, sur leur état, leurs succès ou leurs défauts. Cette nouvelle institution sera la clé de voûte et tiendra toutes les parties de l'administration studieuse dans une activité soutenue, sans laquelle elles pourraient languir et se détériorer.

Les administrateurs immédiats des lycées seront nommés par le premier consul. Chacun des professeurs ne le sera par le premier magistrat de la République, pour la première organisation des lycées, que sur deux candidats présentés au Gouvernement par les trois inspecteurs généraux des études, réunis à trois membres de l'Institut, qui parcourront à cet effet les départements pour y examiner les hommes propres à cette utile fonction. Par la suite, et les lycées une fois organisés, la présentation sera toujours de deux sujets ; mais l'un d'eux sera présenté par les trois inspecteurs généraux, et l'autre par le conseil administratif réuni aux professeurs de l'école où la place sera vacante. Ainsi sera garanti le bon choix des hommes destinés à former la jeunesse et à lui donner tout à la fois une instruction solide, et l'exemple de mœurs pures.

Tous les fonctionnaires des lycées, administrateurs et professeurs, seront promus des écoles plus faibles dans les plus fortes, suivant le zèle et le talent qu'ils montreront dans leurs fonctions ; le mérite et les services rendus trouveront ainsi leur récompense, et elle deviendra en même temps profitable à l'instruction. Tel est le système des écoles destinées à remplacer tout à la fois et une partie des anciens collèges et les écoles centrales. Quoique le *minimum* du nombre des lycées ne soit que le tiers de ces dernières, en supposant qu'on n'en établisse qu'un par arrondissement de tribunal d'appel, il embrassera réellement et plus d'objets d'enseignement, et des parties d'instruction plus utiles ; et d'ailleurs six années d'expérience ont bien prouvé que le nombre des écoles centrales qui se sont distinguées a toujours été au-dessous de celui qui est porté ici pour le *minimum* des établissements qu'on propose. Sous ce rapport, il n'y aura donc réellement point de suppression, et tout annonce au contraire qu'il existera un véritable accroissement dans l'instruction publique.

On reconnaîtra surtout le caractère d'augmentation et de perfectionnement dans le titre V, consacré aux écoles spéciales. On est convenu de désigner par ce nom celles des écoles publiques supérieures où l'on enseigne en particulier, et dans toute leur profondeur, les sciences utiles, la jurisprudence, la médecine, l'histoire naturelle, etc. Il ne faut pas confondre néanmoins ce genre d'écoles avec celles du génie, de l'artillerie, des ponts et chaussées, d'hydrographie, de géographie, qui, toutes spéciales qu'elles sont essentiellement en raison des sciences qu'on y enseigne en particulier, sont mieux déterminées cependant par le nom d'écoles de services publics, à cause de l'utilité immédiate qu'en retire le Gouvernement. Nous montrerons bientôt le rapport qui existe entre ce genre d'écoles et celles dont il est question ici.

Le titre V du projet ne traite que des premières, ou des écoles spéciales proprement dites, et n'embrasse point les écoles de services publics. Après avoir montré les écoles spéciales comme le dernier degré d'instruction, ce titre prononce le maintien de celles qui existent déjà, et donne l'énumération d'un assez grand nombre de nouvelles écoles spéciales. Il pourra y avoir dix écoles de droit. Ces institutions si utiles, qui n'existent plus depuis près de dix années, reprendront, par une nouvelle organisation, la splendeur et l'importance qu'elles avaient perdues longtemps avant la Révolution. Au moment de les établir, on fixera pour ces écoles un mode d'examen des élèves, plus sûr que l'ancien pour déterminer leur capacité, et plus propre que lui à garantir aux citoyens le degré de confiance que doivent mériter des hommes aux lumières et à la probité desquels ils sont forcés de livrer la défense de leur honneur et de leur fortune.

Aux trois écoles de médecine qui existent aujourd'hui, il pourra en être ajouté trois nouvelles. Ce nombre de six, inférieur à ce qu'il y avait autrefois de facultés de médecine, présentera cependant dans l'organisation un perfectionnement qui n'a peut-être jamais existé. Pour apprécier la vérité de cette assertion, également applicable aux écoles de droit, on n'a qu'à se rappeler le discrédit, on pourrait dire même l'avilissement où la plupart de ces deux genres d'écoles étaient tombées, et le ridicule qui couvrait depuis longtemps les examens et les réceptions des docteurs en droit et en médecine. Au reste, comme ces établissements importent beaucoup à la sûreté des citoyens, et comme ils demandent des dispositions législatives et pénales, leur organisation fera le sujet d'une loi particulière.

Les sciences physiques et mathématiques ont fait trop de progrès en France; leurs applications aux arts utiles, aux services publics, et à la prospérité générale sont trop multipliées et trop directes pour qu'il ne soit pas nécessaire d'en répandre le goût, d'en développer l'instruction, et de leur ouvrir de nouveaux asiles où leur enseignement puisse offrir tout à la fois les moyens d'en étendre les avantages et d'en favoriser les progrès. Il sera donc établi quatre écoles spéciales nouvelles d'histoire naturelle, de physique et de chimie, et une école spéciale consacrée aux mathématiques transcendantes.

Les arts mécaniques et chimiques qu'on enseigne depuis si longtemps dans plusieurs universités d'Allemagne, sous le nom de *technologie*, auront deux écoles spéciales placées dans les villes les plus riches en industrie et en manufactures. Généralement désirées, ces écoles contribueront à la prospérité nationale par les méthodes nouvelles qu'elles feront connaître, les instruments et les procédés peu connus ou inconnus encore qu'elle répandront, les bons modèles de machines qu'elles montreront ; en un mot, par tous les moyens que la mécanique et la chimie fournissent aux arts.

Une école d'économie publique, éclairée par la géographie et l'histoire, sera ouverte pour ceux qui voudront approfondir les principes des gouvernements et l'art de connaître leurs intérêts respectifs. Sans lui donner ces trop nombreuses distributions de cours et de classes qui tiennent plus au faste qu'à la richesse de la science, on trouvera dans cette nouvelle école un ensemble de connaissances qui n'a point encore existé dans la France.

L'art de la guerre, dont les temps modernes et le peuple français ont donné de si grands exemples et de si éclatantes leçons, aura son école spéciale, et cette école, telle que le gouvernement l'a conçue, en recevant comme soldats des jeunes gens sortis des lycées, formera pour ses armées, des officiers habiles dans la théorie comme dans la pratique et dans l'administration militaire.

Aux trois écoles principales d'art du dessin, actuellement en activité, il en sera ajouté une quatrième, devenue nécessaire depuis que ces arts ramènent dans nos demeures le goût pour les belles formes, dont la Grèce antique nous a laissé de si grands modèles. Cette nouvelle école ne portera aucune atteinte à celles qui existent déjà dans quelques villes, et surtout dans celle de la ci-devant Belgique Loin de songer à détruire celles-ci, le gouvernement, en rendant justice au zèle des citoyens qui les soutiennent à leurs frais, et des maîtres qui y font connaître et revivre le talent des fameux peintres flamands, ne négligera aucun moyen d'en étendre l'utilité et d'en favoriser l'accroissement.

Il y aura un professeur d'astronomie dans chacun des observatoires en activité, et l'art de la navigation tirera de nouveaux secours de ces écoles, la plupart placées dans de grands ports. La connaissance du ciel, et l'étude des mouvements des corps célestes, qui reçoit chaque année des accroissements bien remarquables par les efforts réunis des géomètres les plus illustres et des observateurs les plus infatigables, peut avoir trop d'influence sur les progrès de la civilisation, pour que le gouvernement ne soit pas empressé d'en favoriser les progrès et d'en répandre les lumières.

Les langues des peuples voisins, avec lesquels nous avons des communications si fréquentes, seront enseignées dans plusieurs lycées ; c'est tout à la fois un hommage que nous devons aux nations éclairées qui nous environnent et une utile préparation au commerce.

Enfin la musique et la composition auront aussi huit professeurs placés sur différents points du territoire français. Nous ne devons pas négliger un art qui adoucit les mœurs, qui échauffe le courage, et qui nous procure tant de jouissances.

L'agriculture, que la tradition seule communique, que l'exemple, les expériences et les méthodes, étendues peu à peu dans les campagnes, perfectionnent avec lenteur, mais avec certitude, n'a pas paru de nature à être enseignée dans les écoles spéciales, parce qu'elles seraient fréquentées par ceux qui ne cultivent pas, et parce que ceux qui travaillent aux champs ne les suivraient point, ou les suivraient sans les entendre : c'est aux propriétaires à professer ce grand art dans leurs possessions et aux sociétés d'agriculture à répandre les bonnes pratiques dans leurs départements respectifs. D'ailleurs, les principes des sciences naturelles qui sont applicables à toutes les branches d'économie rurale, seront donnés dans un assez grand nombre d'établissements, pour que tous ceux qui ont à cœur le progrès de cet art nourricier, en puisent les moyens dans les lycées et dans les écoles spéciales.

La nomination des Professeurs des écoles sera faite autrement que celle des lycées ; leur degré d'instruction plus relevé, leur nombre moins multiplié, exigeaient une présentation différente. Deux sujets, l'un indiqué par l'Institut national, l'autre par les trois inspecteurs généraux, seront préséntés au gouvernement pour chaque place et pour la première formation des écoles spéciales nouvelles.

Un troisième sujet, présenté par l'école spéciale elle-même, concourra avec les deux sujets proposés, comme il vient d'être dit, pour remplir une place vacante dans les écoles spéciales une fois organisées. Le premier Consul nommera l'un de ces sujets qui lui auront été indiqués par le savoir et par les maîtres de la science.

Toutes ces écoles spéciales nouvelles seront placées près de quelques lycées, au nombre d'une, de deux, ou même de plus de deux, suivant leurs rapports, leur influence réciproque, et l'importance des villes où ces lycées seront établis. Il est bien reconnu que rapprochées les unes des autres, elles s'éclairent mutuellement, se fortifient, s'élèvent et s'agrandissent par leur contact et par une sorte de réaction les unes sur les autres. Elles seront d'ailleurs régies comme les lycées auxquelles elles appartiendront, et par le même conseil administratif.

Le projet présente, séparée des autres écoles spéciales et dans le titre VI qui lui est consacré, l'organisation spéciale de l'art de la guerre, qui mérite d'avoir son enseignement particulier chez un peuple que cet art a le plus illustré et le mieux servi dans les temps modernes. Cette séparation dans un titre particulier n'a pas seulement pour objet de faire ressortir cette institution importante, mais elle était commandée par la nature même de l'école, et par la nécessité de la distinguer des autres écoles spéciales, soit parce que son objet est véritablement indépendant des lycées, soit parce qu'elle doit être soumise à une administration et à une discipline différentes de celles qui régiront ces institutions.

On ne doit pas confondre cette nouvelle école avec l'ancienne école militaire. Outre qu'elle ne sera pas destinée à une . caste particulière qui n'existe plus. le mode d'enseignement qui y sera donné l'éloignera beaucoup de l'établissement qui portait le même nom. Elle sera ouverte à tous les élèves des lycées qui se seront distingués dans leurs études, et qui y seront admis par un véritable concours. Cinq cents de ces élèves y seront entretenus pendant deux ans aux frais de la République ; ils y recevront toute l'instruction qui y est nécessaire aux hommes de guerre, soit dans la théorie, soit dans l'administration, soit dans la pratique de l'art militaire.

Le nombre de ces élèves surpassant de beaucoup les élèves qui pourront être placés dans chacun des autres genres d'écoles spéciales, les deux cent cinquante jeunes gens qui y entreront chaque année, seront pris, soit parmi les pensionnaires nationaux, soit parmi les pensionnaires non nationaux et les élèves externes des lycées ; savoir, cent parmi les premiers, et cent cinquante parmi les seconds. Il a paru juste d'ouvrir ici la carrière de l'art militaire à tous les élèves des lycées, de les appeler tous à ce concours, et de distribuer même le plus grand nombre des places aux élèves non pensionnés par la patrie, afin de présenter aux parents qui les auront entretenus près des lycées, la perspective d'un avancement fait pour alléger leurs sacrifices. Les élèves seront soumis à la discipline militaire ; leurs deux années d'exercices et d'étude dans l'art de la guerre leur seront comptés pour temps de service ; ceux d'entre eux qui, pendant deux ans, se seront le plus distingués dans leurs études, et par leur conduite, entreront officiers dans les corps au sortir de l'école.

Comme cet établissement doit être régi autrement que les écoles spéciales précédentes, il sera placé dans les attributions du ministre de la guerre, et les professeurs en seront nommés immédiatement par le premier Consul.

Le titre VII contient une des parties les plus importantes du projet de loi ; on y traite des élèves nationaux.

Sur six mille quatre cents pensionnaires ou élèves entretenus près des lycées, deux mille quatre cents seront pris immédiatement par le gouvernement parmi les enfants des citoyens qui ont bien servi la République, et pendant dix ans parmi les enfants des habitants des départements réunis, et quatre mille seront choisis, d'après un concours, parmi les élèves des écoles secondaires.

La base du système qui constitue la nouveauté

de ce nouveau plan, et la différence d'avec tous ceux qui ont été proposés · jusqu'ici, repose tout entière sur cette dernière disposition. L'expérience d'une école fameuse dès son berceau, comme elle l'est après sept années d'existence, a donné la première idée de la création des quatre mille élèves placés aux lycées par un concours. On doit à l'école de l'établissement polytechnique les grandes études faites en mathématiques, le goût si répandu de cette science, et la formation d'une foule d'écoles où on les enseigne aujourd'hui.

En voyant cette multitude d'écoles particulières, ouvertes depuis sept années à la science des calculs, en comptant le nombre considérable d'élèves qui viennent y puiser une instruction faite pour leur ouvrir une carrière fructueuse, on serait tenté de craindre que cette ardeur pour les mathématiques ne repoussât et ne fît négliger d'autres branches non moins utiles de connaissances. Cet exemple au moins est une grande et utile leçon pour le législateur. Il permet d'espérer que la création de quatre mille pensions dans les lycées rendra plus florissantes les écoles secondaires actuelles, et qu'elle engagera les communes ou les individus à en établir de nouvelles. Ainsi le sort des lycées doit fixer et améliorer celui des écoles particulières qui tiennent aujourd'hui lieu des collèges ; ils doivent devenir un puissant motif d'encouragement pour en fonder de nouvelles dans les lieux où il n'y en a point encore, surtout pour les villes qui, possédant autrefois un ou plusieurs collèges, se trouvent privées depuis près de dix années, de cette source d'instruction.

Lorsque les élèves auront fini leurs six années d'études dans les lycées, leur application et leurs progrès trouveront, au premier terme de leurs travaux, une nouvelle carrière d'espérance et de succès. Deux dixièmes d'entre eux seront placés dans les diverses écoles spéciales, où ils continueront d'être instruits et entretenus aux frais du trésor public, de manière à acquérir avec gloire un état et une existence assurés dans la République. Jamais avantage plus grand n'a été offert à la jeunesse studieuse. La bonne conduite, l'attachement à leurs devoirs, les études fructueuses, conduiront ceux des élèves qui se seront le plus distingués, à puiser dans les sciences ou dans les arts libéraux les moyens de parvenir à une profession honorable. Jurisprudence, médecine, mathématiques, physique, art militaire, manufacture, diplomatie, administration, astronomie, commerce, peinture, architecture, toutes les routes du savoir et des talents qui rendent les hommes chers et utiles à leurs semblables, leur seront ouvertes. Ceux qui ne passeront pas par ce genre de concours dans les écoles spéciales, pourront se destiner, par une étude particulière des mathématiques aux écoles de services publics, et s'ouvrir ainsi une autre carrière non moins glorieuse et non moins avantageuse dans le génie, l'artillerie, la marine, les ponts-et-chaussées, les mines et la géographie.

Le gouvernement n'a pas parlé de ces dernières

écoles spéciales connues depuis quelques années sous la dénomination précise d'écoles *d'applications* ou de *services publics*. Destinées à lui fournir des sujets éclairés pour fortifier et défendre les places de l'Etat, élever ses monuments publics, ouvrir ses routes, creuser ses canaux, construire et diriger ses flottes, rectifier l'exploitation de ses mines, toutes ces écoles sont dans une activité, et jouissent d un éclat qui ne laissent presque rien à désirer. Placées plus près du gouvernement, parce qu'elles lui sont plus immédiatement utiles, elles doivent être laissées à sa direction immédiate. Il doit avoir la faculté de les disposer, de les modifier suivant ses besoins; mais il ne peut méconnaître les rapports et les contacts qui existent entre elles et les lycées et les autres écoles spéciales dont il vous propose aujourd'hui la création. Il sait que, puisqu'elles ont toutes les affinités intimes, elles doivent avoir aussi des influences réciproques les unes sur les autres. Les élèves des premières peuvent devenir les élèves des secondes, l'émulation doublera leurs efforts, et le bien qui doit résulter de ce concours rejaillira tout entier sur la prospérité publique.

L'article qui termine le titre VII autorise le gouvernement à distribuer en quantité inégale les élèves nationaux dans les lycées, Si le partage uniforme était établi par la loi, on voudrait en vain et contre la nature des choses, élever toutes les écoles au même niveau, et ce genre de nivellement pourrait bien amener une médiocrité égale dans toutes, sans produire, sans faire même espérer une supériorité remarquable dans aucune. D'ailleurs il n'y aurait plus d'émulation, de concurrence pour faire mieux et pour atteindre la perfection. Toute ouverture, toute voie aux récompenses serait interdite, et le but de la loi serait manqué.

Le titre VIII a pour objet la fixation générale des pensions, et leur emploi pour l'entretien des lycées. Il fixe le terme moyen des six mille quatre cents pensions à 700 francs. Il laisse au gouvernement à déterminer et à varier le taux de ces pensions pour chaque lycée : les unes en effet, pourront s'élever au-dessus de 700 fr. et les autres être réduites à 500 fr., suivant les lieux où ces écoles sont placées et suivant le prix des vivres et des denrées de ces différents lieux. Ces pensions serviront à la nourriture, à l'entretien et à l'instruction des élèves. Celle que payeront les parents pour leurs enfants seront égales aux pensions du gouvernement parce qu'il ne doit y avoir aucun prétexte de prééminence entre les élèves, ni aucune espérance laissée aux spéculations des administrateurs.

Les élèves externes des lycées, comme ceux des écoles spéciales, payeront une rétribution qui devra être proposée par les bureaux d'administration des lycées et confirmée par le gouvernement.

Non seulement les pensions serviront à la nourriture et à l'entretien des élèves, elles fourniront encore au traitement fixe des trois administrateurs et des professeurs des lycées, qui sera déterminé par le gouvernement, et prélevé sur ces pensions. A ce traitement fixe sera joint un traitement supplétif, pris sur celles des pension- naires non-nationaux et sur la rétribution des externes; et ce supplément sera également fixé par le gouvernement. Par là le mérite et le zèle des professeurs, du censeur et du procureur de chaque lycée, recevront une récompense propor- tionnée au nombre des élèves qu'ils attireront. On a jugé convenable de ne pas comprendre dans cette disposition les proviseurs des lycées, qui recevront immédiatement du gouvernement un supplément d'honoraires relatif à leur traitement et à leurs services.

Dans le neuvième et dernier titre du projet de loi, sont comprises plusieurs dispositions géné- rales qui en complètent le système et qui n'appar- tiennent à aucun des titres précédents : tels sont l'entretien des bâtiments des écoles, mis à la charge des communes où elles seront placées ; la défense de donner le nom d'Institut et de Lycée à aucun des établissements particuliers; la fixation d'une retraite pour les administrateurs et les pro- fesseurs des écoles; l'acceptation par le gouver- nement des dons, legs et fondations en faveur de l'instruction. Je dois répéter, relativement à ce dernier article, que le gouvernement, frappé des malheurs dont a été suivie la destruction presque totale des dotations anciennes des établissements d'instruction, et de la nécessité de rappeler la bienfaisance et l'amour des lettres à l'une de ses plus douces et de ses plus utiles conceptions, est bien déterminé à entourer du respect le plus profond et le plus inaltérable ces dotations, comme les fruits les plus précieux de la philanthropie, et à consacrer par des monuments durables la reconnaissance nationale pour les bienfaiteurs de l'humanité qui feront ce grand et noble usage de leur fortune.

Je ferai ici une remarque générale sur l'ensemble du projet. Il semble ne rien contenir sur l'éducation des enfants et des jeunes gens, et l'avoir ainsi isolée de l'instruction. Mais outre que, dans les écoles bien organisées, l'étude et la culture des lettres est un grand moyen de bonne éducation, les deux bases sur lesquelles celle-ci repose, sont à la disposition du gouvernement, soit dans les règlements que l'organisation des écoles exigera, soit dans le choix des maîtres et des fonctionnaires de ces institutions. Le bon et l'entier emploi du temps, des occupations réglées qui le partageront tout entier, et surtout de bons exemples, des mœurs pures et douces dans les chefs, voilà le véritable cours de morale qu'il faut faire suivre à la jeunesse, et la vraie manière de faire prendre à ses passions naissantes la direction qui doit la conduire à son bonheur et à celui des autres.

Le projet ne présente point de titre sur les dépenses de l'instruction, et sur les fonds qui y seront affectés. Il fixe cependant le taux, le nombre et par conséquent le montant des pensions destinées à l'entretien des lycées ; quant aux autres dépenses, surtout celles des écoles spéciales, elles feront partie du budget présenté, chaque année, au Corps Législatif, et seront comprises dans les fonds attribués au ministère de l'intérieur. Cependant il est utile à l'exposé du projet que le Corps Législatif soit instruit du total des dépenses que le nouveau plan exigera, et quoiqu'on ne puisse donner ici sur cet objet qu'un simple aperçu, il suffira néanmoins pour éclairer les législateurs.

Aux 4,480,000 francs distribués en six mille quatre cents pensions dans les lycées, il faut ajouter 2 millions pour les écoles spéciales, 560,000 fr. pour les 700 élèves entretenus chaque année auprès de ces dernières écoles, 150,000 fr. pour les gratifications des cinquante maîtres des écoles secondaires, 120,000 fr. pour le traitement et les voyages des trois inspecteurs généraux, pour les frais d'examens annuels des élèves des écoles secondaires, et pour quelques dépenses imprévues.

Ces sommes réunies forment un total de 7,313,000 fr. pour toute l'instruction publique, ce qui excède de près de 2 millions les dépenses attribuées à cette partie de l'administration dans les dernières années Mais cette augmentation qui, d'ailleurs n'aura lieu que peu à peu et d'ici à dix-huit mois au plus tôt, paraîtra sans doute faible, si on la compare aux avantages qui naîtront du nouveau système. A la vérité on n'a porté dans le calcul approximatif les dépenses des écoles spéciales, soit anciennes, soit nouvelles, qu'à 2 millions, quoiqu'elles paraissent devoir coûter davantage, à en juger par celles qui existent déjà, parce qu'on suppose que la rétribution exigée des élèves des écoles de droit et de médecine, soit pour en suivre les leçons, soit pour y acquérir, par les examens et la réception, le droit d'en exercer les professions, suffira en peu de temps aux frais de leur entretien, et que ces frais seront diminués pour les autres écoles spéciales par la rétribution qu'on imposera aux élèves qui les fréquenteront. Si ce secours n'était pas compté. il faudrait ajouter au moins 690,000 fr. à la somme indiquée, et l'instruction coûterait 8 millions au lieu de 7,310,000 fr. Dans tous les cas, ce surcroît de dépenses de 2 millions et demi à peu près ne pèsera que très peu sur le trésor public, puisque, sans parler de quelques anciennes fondations qui subsistent encore, la loi du 29 ventôse, an IX, affecte un fonds particulier de domaines nationaux pour ce service important ; et ce fonds, à mesure qu'il sera réalisé, pourra fournir au gouvernement le moyen de donner à l'instruction publique un développement qu'il ne serait pas prudent d'adopter aujourd'hui, mais qu'ii est permis d'espérer pour un temps peu éloigné.

Voilà, citoyens législateurs, et les bases et les motifs du projet que le gouvernement soumet aujourd'hui à vos lumières. Il espère que vous y reconnaîtrez l'esprit qui l'anime pour la prospérité de l'Etat ; que vous y trouverez les moyens d'atteindre le but vers lequel plusieurs autres projets ont sans doute été dirigés sans qu'ils aient pu y parvenir encore. Il ne s'est pas dissimulé les objections de tous les genres qui pourraient y être faites. Ce sujet, comme tous les problèmes indéterminés, est de sa nature susceptible de tous les écarts de l'imagination, de tous les prestiges qu'elle peut enfanter. C'est un champ vaste et sans limite où la pensée peut s'égarer dans mille routes diverses, et où les meilleurs esprits peuvent errer sans se rencontrer jamais. Pour bien juger un plan d'instruction publique, pour porter dans ce jugement un esprit indépendant et dégagé de toute prédilection, de toute préoccupation en faveur d'un système, il faudrait en quelque sorte oublier tout ce que les autres ont publié, tout ce qui a existé jusqu'ici, faire presque abnégation de ses propres idées. Peut-être est-il permis de croire, d'après les divergences d'opinions, des théories, de la pratique même, que la recherche de la vérité admet, dans ce genre d'institution une diversié de méthodes, comme il en existe dans les sciences les plus exactes. Ce n'est donc pas la manière individuelle de voir et de sentir qu'il faut consulter ici, car elle ne ferait que conduire à un dissentiment dont il serait impossible de prévoir le terme. Il s'agit véritablement de savoir si le plan qu'on propose convient au peuple français, s'il s'accorde avec les idées libérales adoptées aujourd'hui, avec la marche du gouvernement, avec les moyens qui sont à sa disposition; il s'agit de le comparer à l'état actuel de l'instruction, aux besoins, aux habitudes du peuple français, aux convenances du moment. Faut-il ajouter ici que ce plan a réuni l'assentiment de quelques-uns des hommes dont l'Europe estime les grandes lumières, et consulte avec fruit les méditations? En vous le présentant avec confiance, le gouvernement qui le croit approprié au génie des Français, désire surtout que vous y trouviez le germe de toutes les améliorations et de l'extension future dont il lui paraît être susceptible. En l'adoptant comme loi de l'Etat, il pense que vous aurez rendu un nouveau service au peuple, et décrété l'une des bases les plus solides de la prospérité publique (1).

(1) Le savant Fourcroy qui s'était, sous la Convention, signalé parmi les républicains ies plus prononcés, se rallia avec empressement au gouvernement de l'auteur du coup d'Etat du 18 Brumaire. Son rapport en est la preuve. Le projet présent, par Chaptal, ministre de l'Intérieur, au mois de novembre 1800 conservait quelques-unes des mesures libérales de la Convention, et comprenait dans son plan les *écoles centrales*. Le même ministre provoqua, par une circulaire du 25 ventôse an IX (16 mai 1801) une vaste enquête sur l'état de l'enseignement en France avant 1789. D'après l'ordre du premier Consul, trois orateurs du Gouvernement, Rœderer, Regnault de Saint-Jean-d'Angely et Fourcroy présentèrent le projet de loi dont ce dernier fut le rapporteur, et qui devint, après les discussions auxquelles il donna lieu au Tribunat et au Corps législatif, la loi du 11 floréal an X.

TABLE DES MATIÈRES

SAINT-QUENTIN. — IMPRIMERIE JULES MOUREAU.